全国电力行业"十四五"规划教材

船舶与海洋工程电气与信息类系列教材

船舶电机及电力拖动

主　编　夏益辉
副主编　方　芳　高　嵬　孙　盼
编　写　赵镜红　张　彬　杨　律　熊义勇
　　　　严思念　王铁军　姜晓弋
主　审　张俊洪

中国电力出版社
CHINA ELECTRIC POWER PRESS

内 容 提 要

本书为全国电力行业"十四五"规划教材。

本书是在传统电机学与电机拖动教材的基础上，突出船用电机的特点，结合编者多年的教学经验编写而成的。

全书共分8章，内容包括磁路、直流电机、直流电力拖动、变压器、交流电机的共同性理论、异步电动机、三相异步电动机的电力拖动、同步电机等。各章均配有适量的例题和习题。

本书重点阐述电机的基本原理与结构，对称稳态运行时电机的基本理论、分析方法以及运行特性等，介绍了电力拖动的基本知识，详述了直流电力拖动系统和三相异步电动机电力拖动系统的机械特性和系统的起动、调速及制动方法。对于船用电机的一些独特问题，如船舶直流电力推进系统的调速，船舶电站中的直流发电机双机并联运行和同步发电机双机并联运行等问题进行了较为详尽的阐述。

本书可作为普通高等学校电气工程及其自动化，以及机械类、能源动力类、自动化类专业的教学用书，也可供相关工程技术人员学习参考。

图书在版编目（CIP）数据

船舶电机及电力拖动/夏益辉主编．—北京：中国电力出版社，2023.9（2025.1重印）
ISBN 978－7－5198－7959－4

Ⅰ.①船… Ⅱ.①夏… Ⅲ.①船舶－电机 ②船舶－电力传动 Ⅳ.①U665

中国国家版本馆CIP数据核字（2023）第138771号

出版发行：中国电力出版社
地　　址：北京市东城区北京站西街19号（邮政编码100005）
网　　址：http://www.cepp.sgcc.com.cn
责任编辑：牛梦洁（010－63412528）
责任校对：黄　蓓　马　宁
装帧设计：郝晓燕
责任印制：吴　迪

印　　刷：固安县铭成印刷有限公司
版　　次：2023年9月第一版
印　　次：2025年1月北京第二次印刷
开　　本：787毫米×1092毫米　16开本
印　　张：16.75
字　　数：412千字
定　　价：48.00元

版 权 专 有　侵 权 必 究

本书如有印装质量问题，我社发行部负责退换

序 言

建设海洋强国是中华民族伟大复兴的重大战略任务，船舶及相关技术是实现"建设海洋强国"这一战略目标所需的关键物质和技术基础。电气系统作为船舶的"血液系统"，是船舶赖以生存的基础，船舶电气工程领域科学技术的进步将极大地促进我国船舶建造和运用水平的提高，为实现建设海洋强国战略目标发挥积极作用。

船舶电气工程是关于船用电气设备和船舶电气与控制系统的设计建造理论、运行控制方法以及工程应用技术的专业学科，是电气科学与技术的重要组成部分。船舶电气工程主要研究对象为船舶以及海洋结构物（如海上石油钻井平台等）上所有与电气有关的基础理论、工程技术与运用方法，涉及船用电机、船舶电力系统及其自动化、船舶电力推进、电力传动控制、电能变换等多个技术领域，具有自己鲜明的特色。

近年来，我国船舶电气工程领域获得了很大的发展，大量新技术应用于船舶电气系统。高品质、大容量、智能化的船舶电力系统产生了新的网络结构、运行模式、保护策略、控制与应急转换方法以及故障重构、接地及保护方案，基于高效率、模块化功率器件的新型电能变换技术，采用网络化、数字控制的船舶机械电气传动控制技术，以高功率密度新型推进电机及控制系统为代表的现代船舶电力推进技术等，在船舶电气系统中得到了广泛应用，显著提升了船舶电气工程领域的技术水平。

为充分反映船舶电气工程领域的技术进步，总结已有科研成果，普及并传播新的理论、方法和科学技术知识，并满足船舶电气工程专业本科教学需求，形成教材的体系化和系列化，海军工程大学电气工程学院组织多名长期从事船舶电气领域教学和科研的专家，编写了一套船舶电气工程专业系列教材。本系列教材充分展示了船舶电气工程领域的基本理论方法、设计制造工艺、最新科研成果和发展动态，可以作为船舶电气工程领域专业技术人员和高等院校相关专业师生的教材和综合性参考书。

张晓锋

2022 年 5 月

前　　言

　　进入21世纪后，在电力推进和综合电力技术的引领下，舰船电气工程发展迅猛。作为舰船上的重要设备，电机无论在数量还是容量上都有大幅度的增长。因此"电机及其拖动"毋庸置疑是舰船领域工程技术人员必需掌握的重要专业知识，同时也是院校舰船电气工程和动力工程等相关专业学员必备的专业基础知识。

　　本书旨在让学员掌握舰船电力系统中所涵盖的主要电机的基本原理、基本方法和主要特性，并掌握基本的电力拖动知识。目前电机拖动类教材是根据工程技术的一般应用而设置内容的，而舰船上的电机在类型或应用环境上有其独特之处。此外，在舰船上要求工程技术人员不仅要会使用设备，还要能够维护维修设备，这种岗位的特殊性对课程的知识结构也提出了相应的要求。和传统电机拖动类教材相比，本书具有以下特点：

　　（1）目前水下潜艇仍以直流电力系统为主，为此本书对直流电机相关章节的内容进行了充实，并增加了直流发电机并联运行分析和直流电力推进系统的调速方法介绍。

　　（2）水面舰船的电站是独立小容量交流电力系统，其励磁方式和并联运行分析与陆上大电网系统有所不同，因此除了介绍同步发电机与大电网并联运行的内容，本书还详细介绍了双机并联运行的调节规律。

　　（3）本书结合现代装备介绍了新型特殊电机，例如十二相整流发电机、交直流双绕发电机等。

　　（4）本书结合舰船上工程技术人员的岗位要求，对主要类型电机增加了故障现象、原因和排除方法的介绍。

　　多年来，我们在本校教学中采用了本教材内容，并反复在实践中进行改进，最终形成了目前版本。

　　本书主要编写分工为夏益辉、方芳两位同志编写了第1~3章，高嵬、孙盼和杨律三位同志编写第5和第6章，姜晓弋、熊义勇两位同志编写了第4章，赵镜红、张彬两位同志编写了第7、8章，王铁军和严思念两位同志编写了舰船新型电机以及电机的故障及排除内容并精选了全书的习题。

　　限于作者水平，本书难免存在缺点，恳请读者提出宝贵意见。

编　者
2023年1月

目　　录

序言
前言
绪论 ……………………………………………………………………………………… 1
 0.1 电机及电力拖动在国民经济中的作用 …………………………………… 1
 0.2 船用电机的概况 …………………………………………………………… 2
 0.3 本课程的任务 ……………………………………………………………… 3
第1章 磁路 …………………………………………………………………………… 4
 1.1 磁的基本物理量和铁磁材料特性 ………………………………………… 4
 1.2 常用的基本电磁定律 ……………………………………………………… 8
 1.3 磁路的基本定律及计算 …………………………………………………… 11
 习题 ……………………………………………………………………………… 13
第2章 直流电机 ……………………………………………………………………… 15
 2.1 直流电机的基本工作原理和结构 ………………………………………… 15
 2.2 直流电机的电枢绕组 ……………………………………………………… 23
 2.3 直流电机的磁场 …………………………………………………………… 30
 2.4 电枢的感应电动势和电磁转矩 …………………………………………… 34
 2.5 直流发电机 ………………………………………………………………… 37
 2.6 直流电动机 ………………………………………………………………… 47
 2.7 直流电机的换向 …………………………………………………………… 52
 2.8 特种直流电机 ……………………………………………………………… 58
 2.9 直流电机的故障和处理* …………………………………………………… 60
 本章小结 ………………………………………………………………………… 64
 习题 ……………………………………………………………………………… 65
第3章 直流电力拖动 ………………………………………………………………… 69
 3.1 电力拖动的动力学基础 …………………………………………………… 69
 3.2 直流电动机的机械特性 …………………………………………………… 73
 3.3 直流电动机的起动 ………………………………………………………… 76
 3.4 直流电动机的调速 ………………………………………………………… 80
 3.5 直流电动机的制动 ………………………………………………………… 86
 本章小结 ………………………………………………………………………… 92

---

* 为学员自学内容。

习题 ··· 92

第 4 章 变压器 ··· 95
4.1 变压器的工作原理和主要结构 ·· 95
4.2 变压器的空载运行 ·· 99
4.3 变压器的负载运行 ··· 104
4.4 等效电路的参数测定 ·· 109
4.5 标幺值 ·· 112
4.6 变压器的运行特性 ··· 113
4.7 三相变压器 ·· 116
4.8 特殊变压器 ·· 122
4.9 变压器的使用和故障检测 ·· 124
本章小结 ··· 128
习题 ··· 129

第 5 章 交流电机的共同性理论 ··· 133
5.1 交流绕组的一般知识 ·· 133
5.2 三相单层绕组 ·· 135
5.3 三相双层绕组 ·· 137
5.4 正弦磁场下交流绕组的感应电动势 ·· 139
5.5 感应电动势中的高次谐波 ··· 142
5.6 正弦电流下单相绕组的磁通势 ··· 147
5.7 正弦电流下三相绕组的磁通势 ··· 151
本章小结 ··· 157
习题 ··· 158

第 6 章 异步电机 ··· 160
6.1 异步电机的结构和基本工作原理 ··· 160
6.2 异步电机的运行分析 ·· 164
6.3 异步电机的功率、转矩和工作特性 ··· 176
6.4 三相异步电机的单相运行及单相异步电机 ·· 183
6.5 异步发电机 ·· 186
6.6 异步电机的常见故障 ·· 188
本章小结 ··· 190
习题 ··· 191

第 7 章 三相异步电动机的电力拖动 ··· 194
7.1 三相异步电动机的机械特性 ··· 194
7.2 三相异步电动机的起动 ·· 196
7.3 三相异步电动机的调速 ·· 203
7.4 三相异步电动机的制动 ·· 210
本章小结 ··· 212

习题 ………………………………………………………………………………… 213
第8章　同步电机 ……………………………………………………………………… 215
　8.1　同步电机的基本工作原理和结构 …………………………………………… 215
　8.2　同步发电机的运行分析 ……………………………………………………… 219
　8.3　同步发电机的运行特性 ……………………………………………………… 228
　8.4　同步发电机的并联运行 ……………………………………………………… 231
　8.5　同步电动机和调相机 ………………………………………………………… 243
　8.6　特殊同步电机 ………………………………………………………………… 246
　8.7　同步电机的故障与处理 ……………………………………………………… 252
　　本章小结 ………………………………………………………………………… 252
　　习题 ……………………………………………………………………………… 254

参考文献 ………………………………………………………………………………… 257

绪 论

0.1 电机及电力拖动在国民经济中的作用

在现代社会中，电能的应用非常广泛。与其他形式的能量相比，电能具有大量生产、来源广泛、集中管理、便于输送、使用方便等优点，是信息化智能化发展的基础。而电机是一种与电能密切相关的能量转换装置。

概述来讲，电机是一种工作原理基于电磁感应定律和电磁力定律，实现机电能量转换或电能特性变换的机械，具有电能生产、传输和使用或作为电量之间、电量与机械量之间的变换器的功能，是工业、农业、交通运输业和家用电器的重要组成部分，对我国经济建设有着重要的作用。电机分类的方法有很多，按其功能可分为：

（1）发电机——把机械能转换成电能。
（2）电动机——把电能转换成机械能。
（3）变压器、变频机、变流机等——分别用于改变电压、频率、电流。
（4）控制电机——在自动控制系统中作为执行、监测和解算元件。

应该指出，从基本原理上看，发电机和电动机只不过是电机的两种运行方式，它们本身是可逆的，这种特性称为电机的可逆性。

可以通过图0-1所示的电力系统示意图来体会电机在其中所发挥的重要作用。首先，在电能的生产单元发电厂中，发电机是火力发电厂、水力发电厂、核发电厂、柴油机发电厂、燃气轮机发电厂等的主要设备，通过汽轮机、水轮机等带动发电机，把燃烧的热能、水流的机械能或原子核裂变的原子能转变为电能。在电能传输单元中，变压器发挥了关键的作用，为了减少远距离传输中电能的损耗，应当采用高压输电，使用升压变压器把发电机发出的电压上升至110、220、330、550kV或更高。电能到达用电区域后，再使用降压变压器把电压降至各种用电设备所需的1kV、380、220V等低电压。最后，在电能的分配和使用单元，大部分的电能都经由电动机转化为机械能来驱动负载工作。在机械、纺织、冶金、石油、煤炭和化学工业中，广泛应用电动机驱动各种生产机械，一个现代化的工厂需要几百台以至几万台各种不同的电动机；在交通运输业中，需要各种专用电机，如汽车电机、船用电机和航空电机，至于电车、电气机车需要具有优良起动性能和调速性能的牵引电动机，特别是近代关于电动汽车和以直线电动机为动力的磁悬浮高速列车的开拓，推动了新型电动机的发展；随着农业机械化的发展，电力排灌、谷物和农产品加工，都需用电动机拖动；在各种自动控制系统中，需要各种各样的控制电机作为系统元件；一个工业化国家的家庭，家用电器的电机达三四十台以上。在现代社会的所有行业和部门中，都需要并且愈来愈广泛地使用电机。

社会生产的要求，人类生活的追求，推动着科学技术和电机理论的新发展，例如最近超导体技术、磁流体发电技术、电力电子技术与计算机技术的新突破，催促着新一代电机的研究与开拓，为电机技术展现了激动人心的广阔前景。

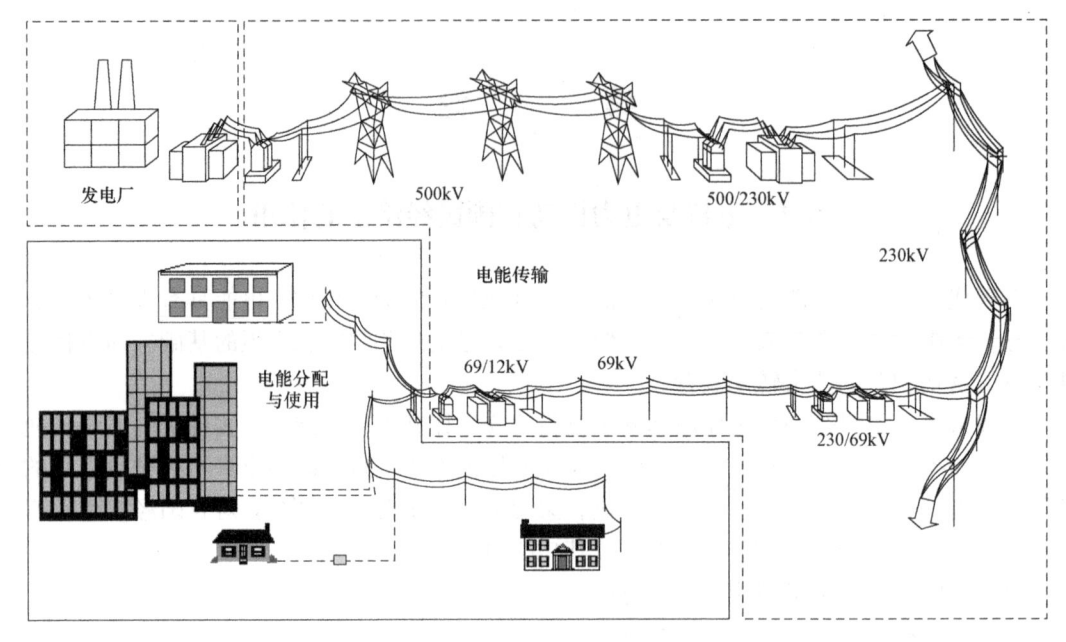

图 0-1 电力系统示意图

0.2 船用电机的概况

船用电机包括船用直流电机、同步电机、异步电机、中频发电机等。船用发电机与原动机（柴油机、汽轮机、燃气轮机）配套，构成船舶的主电站和应急电站，为船舶动力设备、照明设备和生活设施提供电源。船用电动机与风机、泵机、压缩机、起货机、锚机、系缆机及其他电动辅机设备配套，用于船上通风、给排水、消防、起货、起锚、系缆等，同时为船上工作人员和乘客提供必需的生活条件。电力推进电动机则用于船舶主动力推进。

船用电机的基本原理及结构与陆用电机是相同的，但是船用电机产品的工作条件，不同于陆用产品，其主要特点是：

(1) 气候环境条件更加恶劣多变。我国海域辽阔，气候复杂多样，大部分属温带和亚热带，最北部和南部属寒带和热带，船舶机舱温度比外界温度高，远洋航行船舶和舰艇的气候条件将更为恶劣。这样对船用电机的设计和结构来说，需要考虑高温、高湿、盐雾、油雾、霉菌等方面的影响因素。

(2) 机械环境条件不稳定。连续航行的船舶，需要考虑倾斜和摇摆的影响因素，还要考虑船舶自身产生的振动，海浪冲击的影响因素。

(3) 电磁兼容性要求高。在船舶上对于强电设备（如同步发电机、直流电机），要抑制其传导干扰和辐射干扰，对电子产品（如自动电压调整装置、电子调速装置等），要考虑其抗干扰能力，从整体上讲是要考虑电磁兼容性。

(4) 可靠性和安全性要求高。船舶是一个海上流动的场所，且活动空间很小，维修条件和维修能力比陆上差，要求船用电气设备具有高的可靠性和安全性。

国际船电标准和船级社规范，对船用电机产品温升极值、电压和频率的变化、短路特性、电压调整率、并联运行指标、绝缘材料阻燃及滞燃要求等电气性能都作出了比陆用产品更高要求的规定。

0.3 本课程的任务

电机与拖动基础是电气工程、动力工程等专业的主要专业基础课程。本课程是在学习了高等数学、物理学和电路等基础理论课程后开设的。基础理论课是分析理想化的、相对单纯的问题；但本课程研究的是电机这一实际的工程问题，它是电、磁、力、运动等物理问题的综合。其特点是电磁过程与空间运动相结合；理论分析与电机结构相结合；以及铁磁非线性对电、磁、力的影响；工艺、材料对运行分析的影响等。因此，在学习方法上要有一个综合分析能力培养的转变；要注意掌握电机的特殊分析方法，如绕组理论、旋转磁场理论、自励原理、谐波分析、相量图（特别是时间相量与空间相量图）、电机等效电路、电机的额定值、折算值、标幺值等。相关习题也要在分析和理解的基础上去寻求计算方法。本课程特别重视实验课，要求通过实验掌握运行操作与测试等基本技能，并加深对电机运行性能和理论分析的认识。

本课程将按照直流电机、变压器、异步电机、同步电机的顺序分别阐述四种电机的基本理论、分析方法和运行特性，并通过实验掌握操作与实验基本技能。此外，在直流电机之后将讲述直流电力拖动问题，在异步电机之后将讲述三相异步电动机的电力拖动问题。学习本课程为进一步学习专业课做好准备，并为今后从事专业方面的工作打下坚实的基础。

第1章 磁　　　路

电机是实现能量转换的机械，它所依据的主要原理是电磁感应原理，电和磁是构成电机的两大要素，磁在电机中是以场的形式存在，磁场的强弱和分布，不仅关系到电机的性能，还决定电机的体积和重量，所以计算和分析电机磁场，对研究电机是十分重要的。

仿照电路原理中将电流集中通过的路径称为电路，将磁通集中通过的路径称为磁路，本课程中将磁场以磁路方式进行简化处理。

本章介绍电机中铁磁材料的磁化特性、常用的基本电磁定律、磁路的基本定律及磁路的计算方法。

1.1　磁的基本物理量和铁磁材料特性

1.1.1　磁的基本物理量

1. 磁感应强度（磁通密度）B

磁感应强度 B 是描述磁场强弱及方向的物理量。磁感应强度 B 的单位为：特斯拉（T）。

2. 磁通 Φ

穿过某一截面 S 的磁感应强度 B 的通量，称为磁通 Φ，即

$$\Phi = \int_s B \cdot dS \tag{1-1}$$

对于图 1-1 所示的均匀磁场，$\Phi=BS\sin\theta$，θ 为 B 与 S 之间的夹角。如果 S 与 B 垂直，有 $\Phi=BS$。

磁通 Φ 的单位为：韦伯（Wb）。

3. 磁通势 F

对于电磁场而言，电流是产生磁场的源泉。电流的大小与方向决定着磁场的强弱与方向。类似于电路中的电动势激励产生回路电流，在磁路分析中，引入磁通势的概念，磁通势在磁回路中激励产生磁通。对于图 1-2 所示的磁路，由 N 匝载流线圈产生的磁场，定义其磁回路磁通势为磁通所包围的所有电流之和，即

$$F = Ni \tag{1-2}$$

磁通势的单位为：安培（A）或安匝（AT）。

4. 磁场强度 H

对于图 1-2 所示的磁路，假设磁路的平均长度为 l，可以认为磁通势 F 沿着 l 降落在整个磁回路上，定义磁场强度 H 为单位长度的磁通势

$$H = F/l = Ni/l \tag{1-3}$$

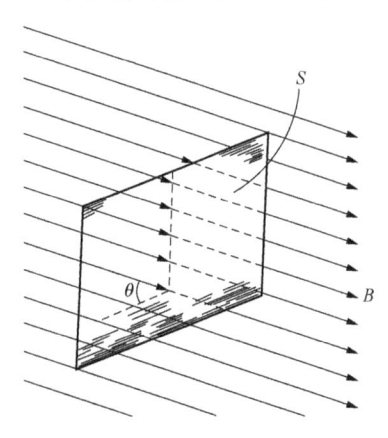

图 1-1　均匀磁场中的磁通

磁场强度的单位为安/米（A/m）。

5. 磁导率 μ

磁场强度与它所产生的磁感应强度之间的比值关系称为磁导率 μ，有

$$B = \mu H \tag{1-4}$$

磁导率 μ 反映了磁场中介质的导磁性能，磁导率 μ 越大的介质，导磁性能越好，在相同磁场强度的激励下，产生的磁场越强。磁导率的单位是 H/m。真空磁导率为

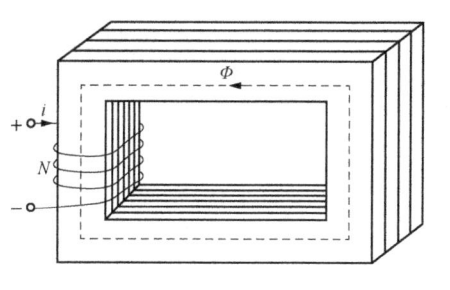

图 1-2 电流激励的磁场

$$\mu_0 = 4\pi \times 10^{-7} \text{H/m} \tag{1-5}$$

其他导磁介质的磁导率通常用 μ_0 的倍数来表示，有

$$\mu = \mu_r \mu_0 \tag{1-6}$$

式中：μ_r 为导磁介质的相对磁导率。一般说来，电机中常用的铁磁材料的相对磁导率 $\mu_r = 2000\sim6000$，但由于铁磁材料的饱和特性，它不是常数；非磁性材料的相对磁导率 $\mu_r \approx 1$，且为常数。

1.1.2 铁磁材料特性

1. 高导磁性

铁磁材料（磁性材料）包括铁、钴、镍以及它们的合金。铁磁材料具有高导磁性能，是由于铁磁材料内部存在很多很小的磁畴，磁畴是铁磁材料中天然被强烈磁化了的小区域。当没有外磁场时，这些磁畴排列杂乱无序，磁场相互抵消，对外不显示磁性。在外界磁场的作用下，这些磁畴沿着外界磁场方向做有序排列，顺着外磁场方向的磁畴增加，逆着外磁场方向的磁畴减小，形成一个附加磁场叠加在外磁场上。铁磁材料的每个磁畴都具有很强的磁场，它们产生的附加磁场远高于非铁磁材料在同一外界磁场下所产生的附加磁场。磁畴如图 1-3 所示。

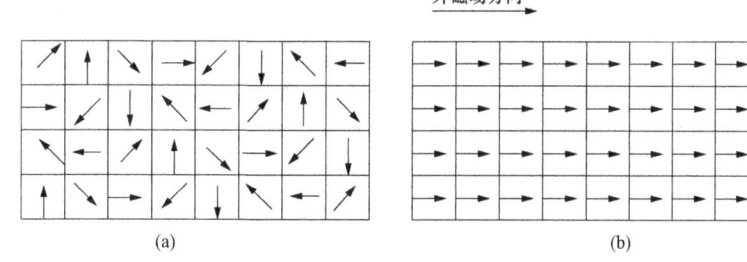

图 1-3 磁畴
(a) 未磁化；(b) 磁化后

2. 磁饱和现象

非铁磁材料中，由于 $\mu \approx \mu_0$ 为常数，磁感应强度（磁通密度）B 与磁场强度 H 成正比（$B = \mu_0 H$），它们之间是线性关系。但铁磁材料的磁导率不是常数，因此 B 与 H 的关系是非线性的，如图 1-4 所示。从图中可以看到，当 B 增大到一定的程度，这时如果外磁场 H 继续增加，B 的增加将非常缓慢。

根据 $B = f(H)$ 变化曲线，可以由 $\mu = B/H$ 得到铁磁材料的磁导率与磁场强度的变化曲线 $\mu = f(H)$，如图 1-4 所示。从图中曲线可以看到，在开始磁化时，μ 较小，以后迅速增

大达到最大值后，μ 又再次变小。上述这种当 H 增加时，B 的增加变慢，及随着 H 的增加而磁导率 μ 变小的现象，称为磁饱和现象。

根据磁畴的特点，可对磁饱和现象进行解释。将铁磁材料的磁化曲线分为四段：Oa 段是磁化初始阶段，外磁场 H 较弱，与外磁场方向接近的磁畴发生偏转，顺外磁场方向的磁畴缓慢增加，因此随着 H 的增加 B 缓慢增加；在 ab 段，外磁场 H 较强且不断增加，绝大部分非顺磁方向的磁畴开始转动，甚至少量逆外磁场方向的磁畴也发生倒转，B 迅速增加；在 bc 段，外磁场进一步加强，这时大量的磁畴已经转到顺磁方向，非顺磁方向或逆磁方向磁畴的转动不断减少，B 的增加逐渐缓慢下来，开始出现磁饱和现象；在 c 点后，几乎所有磁畴都转到与外磁场一致的方向，H 再增加，B 的增加也很有限，出现了深度饱和，B 和 H 的关系最终类似于真空中的情况。

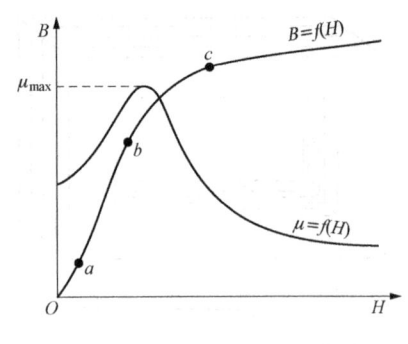

图 1-4 铁磁材料的磁化曲线

磁化曲线开始拐弯的点（图 1-4 中的 b 点）称为膝点。设计电机和变压器时，为使主磁路获得较大的磁通密度，又不致需要太大的励磁电流，从而节省铁心和励磁绕组材料，通常将额定工作点选择在膝点附近。

3. 磁滞现象

若对铁磁材料进行周期性的磁化，则测取的 B-H 曲线如图 1-5 所示。可见铁磁材料在交变的磁场内被磁化的过程中，磁化曲线是一条具有单方向性的闭合曲线，称为磁滞回线。从磁滞回线上看，B 的变化总是滞后于 H 的变化，这种现象称为磁滞现象。

由图 1-5 可见，当 H 开始从零增加到 H_m 时，B 相应地从零增加到 B_m；以后如逐渐减小磁场强度 H，B 值将沿曲线 ab 下降。当 $H=0$ 时，B 值并不等于零，而等于 B_r，这种去掉外磁场之后，铁磁材料内仍然保留的磁通密度 B_r，称为剩余磁通密度，简称剩磁。要使 B 值从 B_r 减小到零，必须加上相应的反向外磁场，此反向磁场强度称为矫顽力，用 H_c 表示。

铁磁材料按剩磁 B_r 和矫顽力 H_c 的大小可分为软磁材料和硬磁材料，如图 1-6 所示。

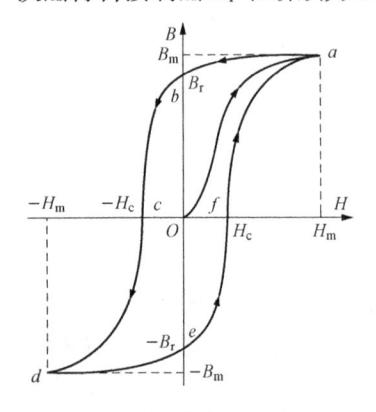

图 1-5 铁磁材料的磁滞回线

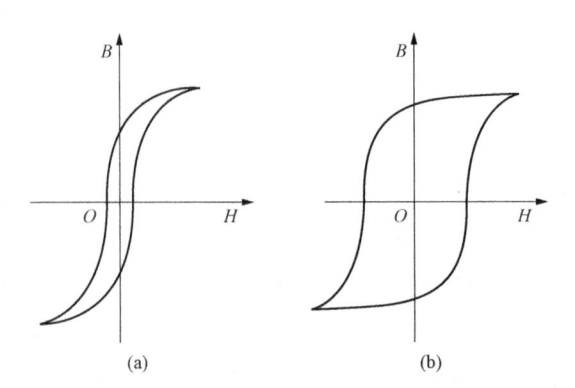

图 1-6 不同铁磁材料的磁滞回线
（a）软磁材料；（b）硬磁材料

软磁材料：磁滞回线窄、剩磁 B_r 和矫顽力 H_c 小的材料称为软磁材料。常用的软磁材料有铸铁、铸钢和硅钢片等。软磁材料的磁导率较高,常用作电机和变压器的铁心。

硬磁材料:磁滞回线宽、剩磁 B_r 和矫顽力 H_c 大的材料称为硬磁材料。由于剩磁 B_r 大,可用来做永久磁铁。常用的硬磁材料有铁氧体、稀土钴和镍铝钴等。

4. 铁心损耗

当铁磁材料置于交变磁场中时,被反复磁化,此时铁磁材料中将引起能量损耗,称为铁心损耗。铁心损耗分磁滞损耗和涡流损耗两部分。

(1) 磁滞损耗。当铁磁材料置于交变磁场中被反复交变磁化时,致使磁畴之间不停地摩擦,消耗能量,造成损耗,这种损耗称为磁滞损耗。磁滞回线所包含的面积表示了单位体积铁磁材料在一个磁化周期的过程中消耗的能量,即

$$p_{hc} = V \oint H dB \tag{1-7}$$

式中: p_{hc} 为每磁化一周引起的磁滞损耗; V 为铁磁材料的体积。

工程上采用经验公式计算每秒钟消耗的磁滞损耗能量

$$p_h = k_h V f B_m^n \tag{1-8}$$

式中: k_h 为铁磁材料的磁滞损耗常数; f 为磁场交变的频率, B_m 为磁化过程中的最大磁通密度,指数 n 与铁磁材料有关,取 $n=1.5\sim2.0$。

由于硅钢片的磁滞回线面积小,而且导磁性能好,可有效减小铁心体积,因此,大多数电机、变压器或普通电器的铁心都采用硅钢片制成。

(2) 涡流损耗。铁磁材料同时也是电的导体,故当穿过铁心的磁通发生交变时,铁心内将感应出电动势和电流。感应电流在铁心内部围绕磁通呈漩涡状流动,称为涡流,见图 1-7。涡流在铁心中引起电阻损耗,称为涡流损耗。

铁磁材料采用电工钢中加入硅,可以增大涡流回路的电阻,减小涡流损耗。不计饱和影响,正弦交流电流所激励的交变磁场中的涡损耗的经验公式为

$$p_e = k_e V f^2 \tau^2 B_m^2 \tag{1-9}$$

式中: k_e 为由铁磁材料决定的涡流损耗系数; τ 为叠片的厚度; f 为磁场交变的频率, B_m 为磁化过程中的最大磁通密度; V 为铁磁材料的体积。

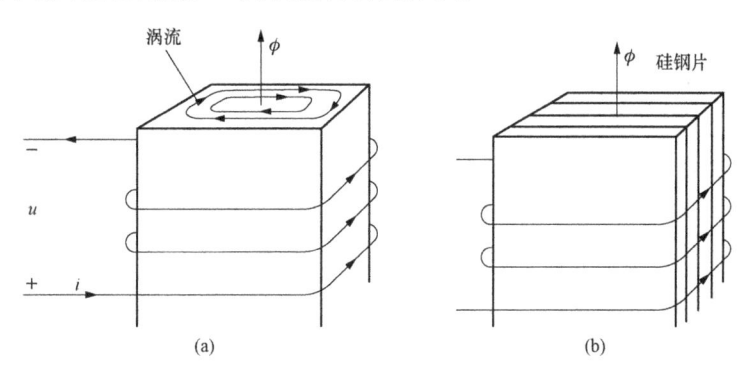

图 1-7 铁磁材料中的涡流
(a) 整块钢;(b) 硅钢片

式 (1-9) 表明,要减小涡流损耗,铁心不应用图 1-7 (a) 所示的整块钢材料来制作,而应当采用图 1-7 (b) 所示的叠片形式,同时应尽量减小硅钢片的厚度。在实际电机中,

铁心一般都采用硅钢片叠压而成，同时注意片与片之间要涂以绝缘漆。

1.2 常用的基本电磁定律

电机是转换能量形态的一种机械。发电机把机械能转换成电能，电动机把电能转换成机械能，变压器把一种电压的电能变成另一种电压的电能。电机能量转换的工作原理都是建立在全电流定律、电磁力定律和电磁感应定律等的基础之上。掌握这些基本定律，是理解、研究电机基本理论的基础。

1. 安培环路定律（全电流定律）

安培环路定律的数学表达式为

$$\oint_l H \mathrm{d}l = \sum_{k=1}^n I_k \qquad (1-10)$$

它表明磁场强度 H 沿任一闭合路径的线积分等于穿过该闭合面的电流的代数和，积分回路的绕行方向和产生该磁场的电流方向符合右手螺旋定则。以图1-8为例，磁场强度 H 沿闭合路径 L 的线积分 $\oint_l H \mathrm{d}l = -i_1 + i_2 - i_3$。

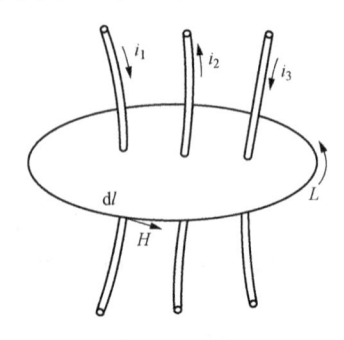

图1-8 安培环路定律

在磁路中，磁通势为磁通所包围的电流之和。因此，对于图1-2所示的均匀磁路，有

$$F = \sum_{k=1}^n I_k = \oint_l H \mathrm{d}l = Hl \qquad (1-11)$$

2. 电磁力定律

载流导体在磁场中受到力的作用，这种力是磁场和电流相互作用产生的，称为电磁力。当磁场与导体相互垂直，作用在长度为 l 的导体上的电磁力为

$$f = Bli \qquad (1-12)$$

此时，电磁力的方向可由左手定则判别：把左手掌伸开，大拇指与其余四指垂直，磁力线垂直进入掌心，四指指向电流的方向，则大拇指所指的方向就是电磁力的方向。

3. 电磁感应定律

（1）电磁感应定律。设一个匝数为 N 的线圈放在磁场中，如图1-9所示。经过单个线圈的磁通为 Φ，与 N 匝线圈交链的磁链 $\psi = N\Phi$。当磁链 ψ 随时间发生变化时，线圈内部会感应电动势。规定感应电动势的正方向与磁通的正方向符合右手螺旋关系，感应电动势见式（1-13）

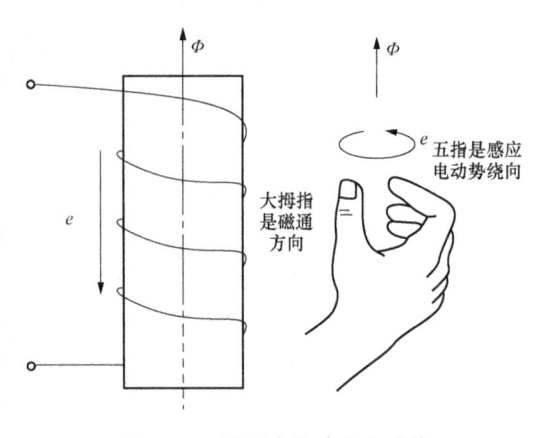

图1-9 线圈中的感应电动势

$$e = -\frac{\mathrm{d}\psi}{\mathrm{d}t} = -N\frac{\mathrm{d}\Phi}{\mathrm{d}t} \qquad (1-13)$$

该式说明：由电磁感应产生的电动势与线圈的匝数和磁通的变化率成正比。式（1-13）

右边的负号表示：该感应电动势倾向于在线圈内产生电流以阻碍磁链的变化。当磁链增加时，感应电动势为负，它产生的电流为负，这一电流产生的磁通也为负，阻碍了磁链的增加；当磁链减少时，感应电动势为正，它产生的电流为正，这一电流产生的磁通也为正，阻碍了磁链的减少。

在电机学中，由于磁链的变化产生感应电动势有两种基本情况，下面分别进行讨论。

1) 变压器电动势。线圈在磁场中相对静止，感应电动势是由于磁通随时间变化而在线圈中产生的，后文将介绍的变压器工作原理就是这种情况，因此称此种电动势为变压器电动势。

设和线圈交链的磁通随时间按正弦规律变化，即 $\Phi=\Phi_m\sin\omega t$，$\omega=2\pi f$ 是磁通变化的角频率，Φ_m 是磁通的幅值，则感应电动势为

$$e = -N\frac{\mathrm{d}\Phi}{\mathrm{d}t} = -N\omega\Phi_m\cos\omega t = E_m\sin(\omega t - 90°) \tag{1-14}$$

式中 $E_m=N\omega\Phi_m$，是感应电动势的幅值。

式 (1-14) 表明当磁通随时间按正弦规律变化时，线圈内的感应电动势随时间按正弦规律变化，但在相位上滞后于磁通 90°。感应电动势的有效值为

$$E = \frac{E_m}{\sqrt{2}} = \sqrt{2}\pi fN\Phi_m = 4.44fN\Phi_m \tag{1-15}$$

电动势与磁通的相位关系如图 1-10 所示。

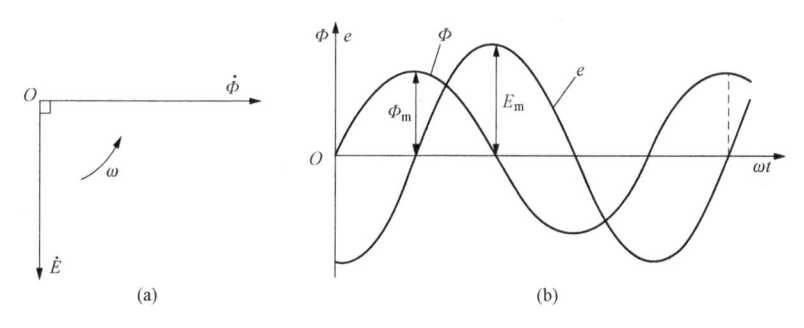

图 1-10 电动势与磁通的相位关系

2) 运动电动势。当磁场恒定时，由于线圈与磁场之间有相对运动感应出来的电动势称为运动电动势或速率电动势。

如图 1-11 所示，串接一个灯泡的半封闭的金属框经一个非固定的金属条形成一个封闭的平面。图中 ⊕ 表示磁力线方向垂直进入纸面。金属条在外力作用下，沿图中所示方向运动。此时在 dt 时间内移动的距离为 dx，则金属条和金属框构成的回路交链的磁通量的变化 $\mathrm{d}\Phi=-Bl\mathrm{d}x$，$l$ 为金属条切割磁场的有效长度，匝数 N 等于 1。由式 (1-13)，感应电动势为

$$e = -N\frac{\mathrm{d}\Phi}{\mathrm{d}t} = Bl\frac{\mathrm{d}x}{\mathrm{d}t} = Blv \tag{1-16}$$

当磁力线和导体运动方向垂直，可根据右手定则判别运动电动势的方向：右手伸开，使大拇指和其余四指垂直，手心对着磁力线，大拇指指向导体运动方向，则四指所指方向为电动势方向，如图 1-12 所示。

图 1-11 运动电动势的产生　　　　图 1-12 右手定则

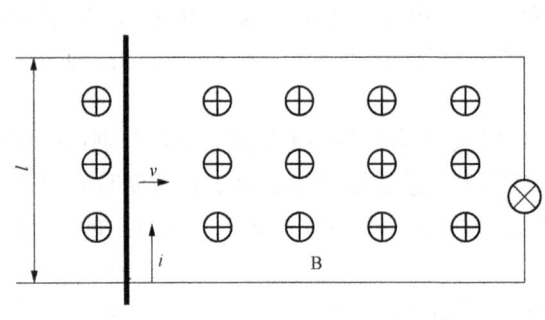

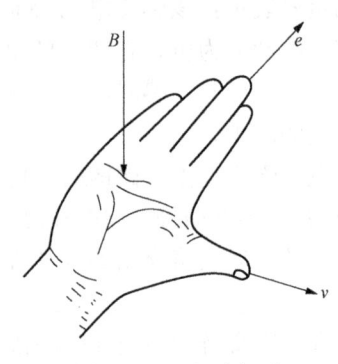

(2) 自感电动势与自感。结合全电流定律和电磁感应定律，可以得出这样的结论：当线圈中有电流经过时，会产生与线圈本身交链的磁通 Φ；若电流随时间变化，则产生的磁通 Φ 也随时间变化，而变化的磁通将在线圈内感应电动势。由于线圈电流本身随时间变化而在线圈内感应的电动势称为自感电动势，用 e_L 表示。

$$e_L = -N\frac{d\Phi}{dt} = -\frac{d\psi}{dt} \tag{1-17}$$

自感磁链由线圈电流 i 产生，单位电流所产生的自感磁链称为线圈的自感系数 L，简称自感，单位为亨（H），将 $L=\dfrac{\psi}{i}$ 代入式 (1-17)，有

$$e_L = -\frac{d\psi}{dt} = -L\frac{di}{dt} \tag{1-18}$$

铁磁材料的 μ_{Fe} 比空气的磁导率 μ_0 大几百倍到几千倍，当线圈通入单位电流时，铁磁材料产生的磁链将远远大于非铁磁材料，所以铁心线圈的自感比空心线圈的大得多。同时，铁磁材料的磁导率 μ_{Fe} 不是常数，它随着磁路饱和程度的增加而下降，因此铁心线圈的自感不是常数，而空心线圈的自感是常数。

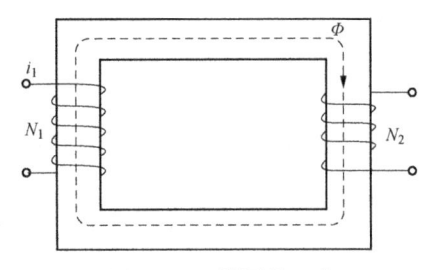

图 1-13 线圈的互感

(3) 互感电动势与互感（见图 1-13）。在相邻两个线圈中，当线圈 1 的电流 i_1 发生变化时，由它产生并与线圈 2 相交链的磁通 Φ 也发生变化，并在线圈 2 中感应电动势 e_{M2}。由相互感应产生的电动势称为互感电动势。与自感类似，定义单位电流所产生的互感磁链为线圈的互感系数 M，$M=\psi/i_1$，简称互感，单位也为亨（H），有

$$e_{M2} = -N_2\frac{d\Phi}{dt} = -\frac{d\psi}{dt} = -\frac{d(Mi_1)}{dt} = -M\frac{di_1}{dt} \tag{1-19}$$

同理可得，当线圈 2 的电流 i_2 发生变化时，由它产生并与线圈 1 相交链的磁通也发生变化，将在线圈 1 中感应电动势 e_{M1}。

$$e_{M1} = -N_1\frac{d\Phi}{dt} = -\frac{d\psi}{dt} = -\frac{d(Mi_2)}{dt} = -M\frac{di_2}{dt} \tag{1-20}$$

1.3 磁路的基本定律及计算

与电路相仿，将磁通比拟为电流，则磁路是电机、电器中磁通所经过的路径。磁路一般由铁磁材料制成，磁通也有主磁通和漏磁通之分。习惯上，主磁通行经的路径称为主磁路，漏磁通行经的路径称为漏磁路。磁路计算就是要确定磁通势、磁通和磁路结构（包括材料、形状、尺寸等）的关系。磁路的欧姆定律、磁路的基尔霍夫第一定律和磁路的基尔霍夫第二定律很好地揭示了此关系。

1.3.1 磁路的基本定律

（1）磁路的欧姆定律。图 1-14 是无分支磁路，铁心上绕有 N 匝线圈，线圈中流过电流 i_1，铁心截面积为 S，平均磁路长度为 l，材料的导磁率为 μ。不考虑漏磁，假定整个磁路的磁通相等。根据全电流定律有

$$\oint H \mathrm{d}l = Hl = Ni \tag{1-21}$$

因磁场强度 $H=\dfrac{B}{\mu}$，磁感应强度 $B=\dfrac{\Phi}{S}$，得 $\dfrac{\Phi l}{\mu S}=Ni$，得

$$\Phi = \dfrac{Ni}{l/\mu S} = \dfrac{F}{R_\mathrm{m}} = \Lambda_\mathrm{m} F \tag{1-22}$$

式中：磁阻 $R_\mathrm{m}=\dfrac{l}{\mu S}$，磁导 $\Lambda_\mathrm{m}=\dfrac{1}{R_\mathrm{m}}=\dfrac{\mu S}{l}$。

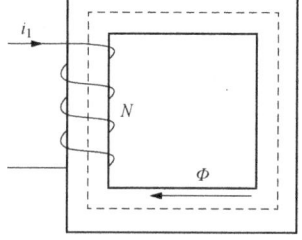

图 1-14 磁路的欧姆定律

式（1-22）表明，磁通量 Φ 与磁通势 F 成正比，与磁阻 R_m 成反比，与电路的欧姆定律相似，故此式称为磁路的欧姆定律。

（2）磁路的基尔霍夫第一定律。图 1-15 将磁路分成 l_1、l_2、l_3 三段，各段的磁通、磁导率、截面积和平均长度分别为：

1）第一段 Φ_1、μ_1、S_1、l_1。
2）第二段 Φ_2、μ_2、S_2、l_2。
3）第三段 Φ_3、μ_3、S_3、l_3。

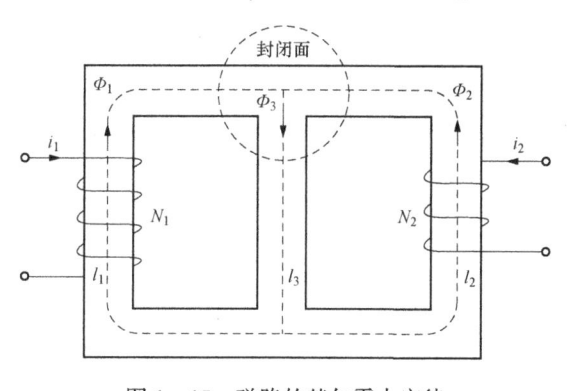

图 1-15 磁路的基尔霍夫定律

不计漏磁时，在图 1-15 中 Φ_1、Φ_2、Φ_3 汇合处作一封闭面，有

$$\sum \Phi = \Phi_1 + \Phi_2 - \Phi_3 = 0 \tag{1-23}$$

这就是磁路的基尔霍夫第一定律：进入（或流出）任一封闭面的总磁通等于零，或进入任一封闭面的磁通等于流出该封闭面的磁通。

（3）磁路的基尔霍夫第二定律。图 1-15 中，沿 l_1 和 l_3 组成的闭合磁路，根据全电流定律有

$$F_1 = N_1 i_1 = \oint H \mathrm{d}l = H_1 l_1 + H_3 l_3$$

$$= \dfrac{B_1}{\mu_1} l_1 + \dfrac{B_3}{\mu_3} l_3 = \dfrac{\Phi_1 l_1}{\mu_1 S_1} + \dfrac{\Phi_3 l_3}{\mu_3 S_3}$$

$$= \Phi_1 R_{m1} + \Phi_3 R_{m3}$$

同理，沿 l_1 和 l_2 组成的闭合磁路，根据全电流定律有

$$F = F_1 - F_2 = N_1 i_1 - N_2 i_2 = H_1 l_1 - H_2 l_2 = \Phi_1 R_{m1} - \Phi_2 R_{m2}$$

磁路计算中，常把 $H_i l_i$ 称为该段的磁压降，$\sum H_i l_i$ 称为闭合回路的总磁压降。根据上面两式得出：在任何闭合磁路中，磁通势的代数和等于磁压降的代数和，即

$$\sum F_i = \sum N_i i_i = \sum \Phi_i R_{mi} \tag{1-24}$$

从以上定理可见，磁路和电路有一定的相似性，为了更好地理解，表 1-1 列出了磁路和电路中对应的物理量和有关定律。

表 1-1　　　　　　　　磁路和电路中对应的物理量和有关定律

磁　　　路	电　　　路
磁通 Φ	电流 i
磁通势 F	电动势 e
磁阻 R_m	电阻 R
磁压降 Hl	电压降 u
磁导 Λ_m	电导 G
欧姆定律 $\Phi = F/R_m$	欧姆定律 $i = u/R$
基尔霍夫第一定律 $\sum \Phi = 0$	基尔霍夫第一定律 $\sum i = 0$
基尔霍夫第二定律 $\sum F = \sum Hl = \sum \Phi R_m$	基尔霍夫第二定律 $\sum e = \sum u = \sum iR$

1.3.2 简单磁路计算

电机、变压器的设计过程中，需要进行磁路的分析和计算。在磁路的分析过程中，当气隙很小时可以忽略漏磁的影响。磁路计算分已知磁通求磁通势和已知磁通势求磁通两类问题，这里只讨论已知磁通求磁通势这类问题。已知磁通求磁通势时，可按下列步骤进行计算：

(1) 将磁路进行分段，每段磁路是均匀的、同介质的。
(2) 根据给定磁通，计算各段磁通密度。
(3) 根据各段的磁通密度，求出对应的磁场强度。
(4) 根据各段的磁场强度和平均磁路长度，计算磁压降。
(5) 根据磁压降，计算出所需磁通势。

例 1-1　图 1-16 中，有一闭合铁心磁路，铁心截面积 $S = 1 \times 10^{-3} \text{m}^2$，磁路的平均长度 $l = 0.3\text{m}$，气隙长度为 $\delta = 0.5 \times 10^{-3} \text{m}$。铁心的磁导率 $\mu_{Fe} = 5000 \mu_0$，套装在铁心上的励磁绕组为 500 匝，试求在铁心中磁通 $\Phi = 1 \times 10^{-3} \text{Wb}$ 时所需的励磁磁通势和励磁电流。

解　磁路分铁心和气隙两段，忽略漏磁，截面积都为 $1 \times 10^{-3} \text{m}^2$，磁路的平均

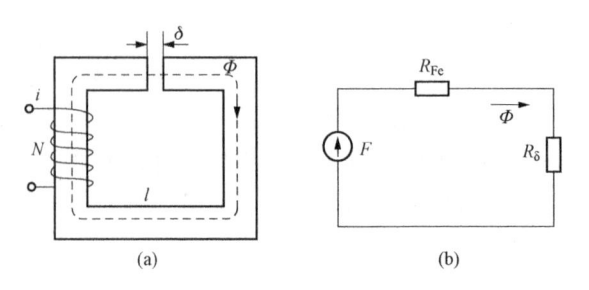

图 1-16　简单的磁路计算
(a) 磁路模型；(b) 磁等效电路

长度分别为 $l=0.3\text{m}$，$\delta=0.5\times10^{-3}\text{m}$。已知 $\Phi=1\times10^{-3}\text{Wb}$，计算各段磁通密度。

铁心部分：$B_l=\dfrac{\Phi}{S}=\dfrac{1\times10^{-3}}{1\times10^{-3}}=1(\text{T})$

气隙部分：忽略磁场在气隙两边的漏磁，认为 $B_\delta=B_l=1(\text{T})$

气隙部分的磁场强度：$H_\delta=\dfrac{B_\delta}{\mu_0}=\dfrac{1}{\mu_0}=\dfrac{1}{4\pi\times10^{-7}}=7.96\times10^5(\text{A/m})$

铁心部分的磁场强度：$H_l=\dfrac{B_l}{\mu_{\text{Fe}}}=\dfrac{1}{5000\mu_0}=\dfrac{1}{5000\times4\pi\times10^{-7}}=159.15(\text{A/m})$

气隙部分的磁压降：$H_\delta\delta=7.96\times10^5\times0.5\times10^{-3}=398.00(\text{A/m})$

铁心部分的磁压降：$H_l l=159.15\times0.3=47.75(\text{A})$

所需磁通势：$F=NI=H_l l+H_\delta\delta=47.75+398.00=445.75(\text{A})$

励磁电流：$I=\dfrac{F}{N}=\dfrac{445.75}{500}=0.89(\text{A})$

例 1-2 若在例 1-1 中气隙的长度 $\delta=0\text{m}$，所需磁通势为多少？

解 本题中磁路仅为一段，由例 1-1 已计算的所需铁心部分的磁压降，有

所需磁通势：$F=NI=H_l l=47.75(\text{A})$

励磁电流：$I=\dfrac{F}{N}=\dfrac{47.75}{500}=0.096(\text{A})$

通过例 1-1 和例 1-2，可以看出气隙的长度虽然很小，但是在气隙上降落的磁压降远大于铁磁材料上降落的磁压降；气隙的磁场强度远大于铁磁材料中的磁场强度，因此，气隙中的能量密度也大于铁磁材料中的能量密度。

习 题

1-1 感应电动势 $e=-N\dfrac{\text{d}\Phi}{\text{d}t}$ 中的负号表示什么意思？

1-2 电机和变压器的磁路常采用什么材料制成，这种材料有哪些主要特性？

1-3 磁滞损耗和涡流损耗是什么原因引起的？它们的大小与哪些因素有关？

1-4 什么是软磁材料？什么是硬磁材料？

1-5 在图 1-17 中，当给线圈外加正弦电压 u_1 时，线圈内为什么会感应出电动势？当电流 i_1 增加和减小时，判断感应电动势的实际方向。

1-6 在图 1-18 所示的磁路中，线圈 N_1、N_2 中通入直流电流 I_1、I_2，试问：

(1) 电流方向如图所示时，该磁路上的总磁通势为多少？

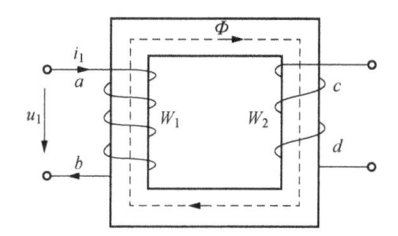

图 1-17 习题 1-5 图

(2) 若 N_2 中电流 I_2 反向，总磁通势又为多少？

(3) 若电流 I_2 方向不变，在图中 a、b 处切开形成一空气隙 δ，总磁通势又为多少？

(4) 比较（1）、（3）两种情况下铁心中的 B、H 的相对大小，以及（3）中铁心中 H 和气隙中 H 的相对大小。

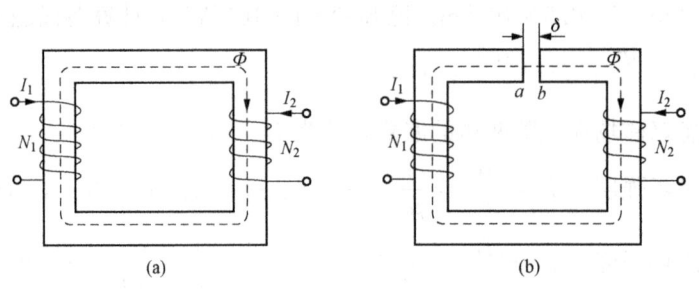

图 1-18 习题 1-6 图

1-7 图 1-19 中，如果铁心用 D_{23} 硅钢片叠成，截面积 $S_{Fe}=1.225\times10^{-3}\text{m}^2$，铁心的平均长度 $l_{Fe}=0.4\text{m}$，空气隙 $\delta=0.5\times10^{-3}\text{m}$，线圈的匝数为 $N=600$ 匝，试求产生磁通 $\Phi=1.1\times10^{-3}\text{Wb}$ 时所需的励磁磁通势和励磁电流。（已知此种情况下该硅钢片的磁导率 $\mu_{Fe}=0.00294\text{H/m}$）

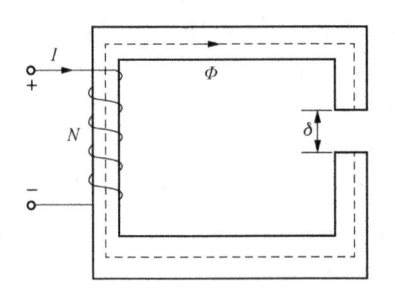

图 1-19 习题 1-7 图

1-8 一个有铁心的线圈，线圈电阻为 2Ω。将其接入 110V 交流电源，测得输入功率为 22W，电流为 1A，试求铁心中的铁耗及输入端的功率因数。

第 2 章 直 流 电 机

直流电机包括直流发电机与直流电动机。直流发电机把机械能转换为直流电能；直流电动机把直流电能转换为机械能。

直流电机是以直流电为主要电源的船舶上的重要电工设备。在这些船舶上，直流发电机用来向全船电器设备供电；直流电动机用来拖动工作机械。由于具有良好的起动、制动和调速性能，直流电动机适用于对起动和调速性能要求高的工作机械，如舵机、锚机、推进电机等。当然，作为最早出现的电机类型，直流电机存在一些缺点，如结构上比交流电机复杂，可靠性较差，在电刷下易产生火花，维护保养工作繁重等。因此，在新型船舶上越来越多地采用交流电作为主要电源。但是，直流电仍然是现有的常规潜艇等船舶上的主要电源，在这些船舶上大多采用直流电机来产生电能和拖动工作机械。

本章主要介绍直流电机的构造、工作原理、运行特性以及使用等问题。

2.1 直流电机的基本工作原理和结构

2.1.1 直流电机的基本工作原理

直流电机的工作基于电磁感应与电磁力定理。直流发电机使绕组在磁场中旋转感生出交流电，经换向器和电刷整流为输出的直流电。直流电动机是将直流电流通过换向器和电刷逆变为交流电后再引入绕组中，使该绕组在磁场中产生恒定的转矩来拖动工作机械。

1. 直流发电机的基本工作原理

图 2-1 所示是一个最简单的直流发电机模型，两个磁极由永久磁铁制成，在空间固定不动。磁极分别为 N 极和 S 极。在两磁极之间安放一个线圈 abcd，线圈的两根端线焊接在两个互相绝缘且与轴同步旋转的半圆形的铜环上，这两个铜环称为换向器。换向器上放置电刷 A、B，电刷在空间是固定不动的。通过电刷与换向器接触可将负载和线圈构成一个闭合电路。

若该线圈由原动机带动逆时针方向恒速旋转，根据电磁感应定律可知，每一导体中将感应出电动势，电动势方向由右手定则确定，在图 2-1 所示瞬间，导体 ab 中的电动势方向为由 b 至 a，而导体 cd 中的电动势则由 d 至 c。当线圈旋转 180°，导体 ab 中的电动势方向为由 a 至 b，而导体 cd 中的电动势则由 c 至 d。为了便于讨论，设导体处于 N 极下时电动势为正。当线圈旋转时，每根导体轮流处于 N 极与 S 极下，导体中电动势为正、负交替变化的

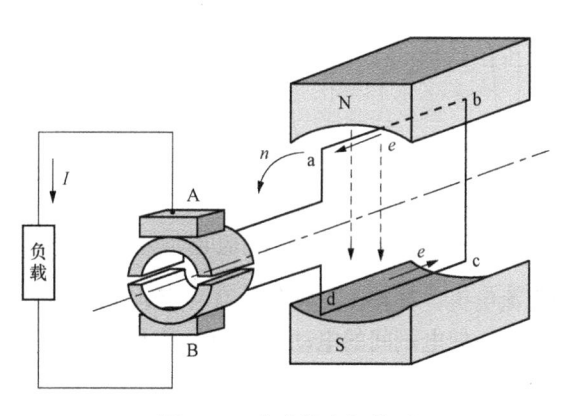

图 2-1 直流发电机模型

交变电动势。导体电动势瞬时值为

$$e = Blv \tag{2-1}$$

式中：B 为导体所处位置磁通密度；l 为导体有效长度；v 为导体的线速度。

由于导体长度 l 是不变的，当发电机转速为恒值时，导体电动势将随磁通密度 B 呈正比变化。在直流电机中，磁极下磁通密度 B 沿空间的分布如图 2-2（a）所示，则与之呈正比的导体电动势随时间的变化如图 2-2（b）所示，从图中可见，导体电动势 e 在时间上的变化规律和磁通密度 B 在空间上的分布波形是相同的。

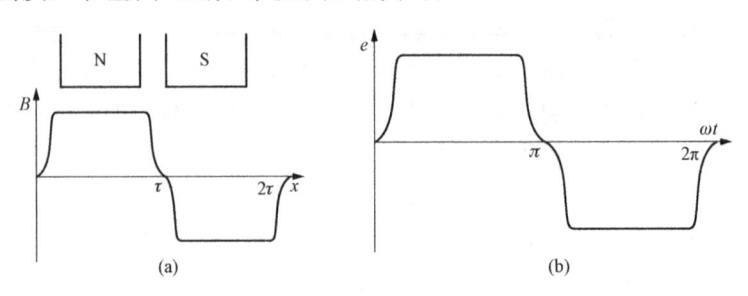

图 2-2 导体中感应电动势的波形
(a) 磁通密度沿空间的分布；(b) 导体电动势随时间的变化

从图 2-1 可见，线圈电动势为两根导体电动势之和，即 $e_{da} = e_{ba} + e_{dc} = 2e$，线圈电动势为导体电动势两倍。

由上述发电机模型可知，直流发电机线圈中的电动势是交变的。但是通过电刷和换向片以后，在电刷 A、B 两端引出的电动势则为直流电动势。图 2-1 所示瞬间，线圈电动势方向是由 d 到 a，故线端 a 及与它相联的换向片 A 为正极（此处注意感应电动势的方向是从负指向正的）；d 及与它相联的换向片 B 为负极，电刷 A、B 之间电动势 e_{AB} 为正值。当电枢转过 180°后，导体 ab 处于 S 极下，导体 dc 处于 N 极下，这时它们的电动势方向均相反，于是线圈电动势也变为由 a 指向 d。此时，a 为负极，d 为正极。而此时与线端 a 相联的换向片也移到下面，变为与电刷 B 接触，故 B 刷仍为负极；而与线端 d 相联的换向片变为与电刷 A 接触，所以 A 刷仍为正极，也就是说电刷 A、B 之间电动势方向不变，即 e_{AB} 仍为正值。由此可见，当电枢旋转时，虽然线圈本身的电动势是交变电动势，但因换向器随线圈旋转，而电刷静止不动，故电刷 A、B 的极性不变，电动势 e_{AB} 为一脉动的直流电动势，如图 2-3 所示。

从图 2-3 可见，电刷间的电动势虽然方向不变，但在最大值 E_m 与 0 之间脉动，不能满足实际的需要。为了减小这种脉动，可以通过增加线圈和换向片的数目来满足需要。实际应用

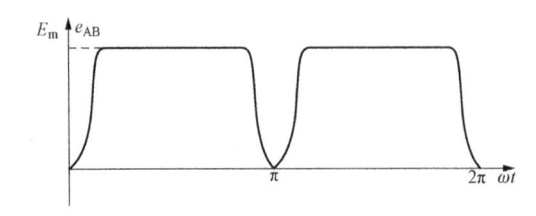

图 2-3 单线圈时电刷输出的电动势波形

的直流电机，在转子上均匀开有一定数量凹槽，其中嵌入一定数量的线圈，线圈数和换向片数的增多，使电刷间的电动势脉动程度大大减少。通常当每极下的线圈大于 8 时，其电动势最大或最小瞬时值与平均值之差小于平均值的 1%，故可以认为是恒定的直流电动势，如图 2-4 所示。

2. 直流电动机的基本工作原理

图 2-1 所示模型电机，如将直流电源接到两个电刷上，便是直流电动机的模型，如图 2-5 所示。

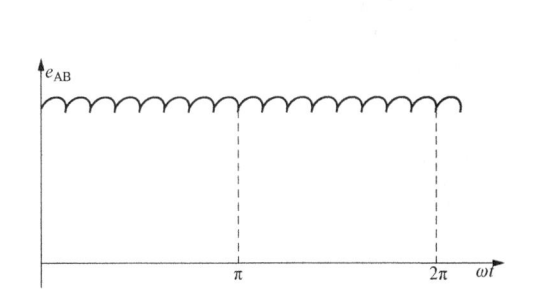

图 2-4 采用 8 个线圈串联后的输出电动势波形

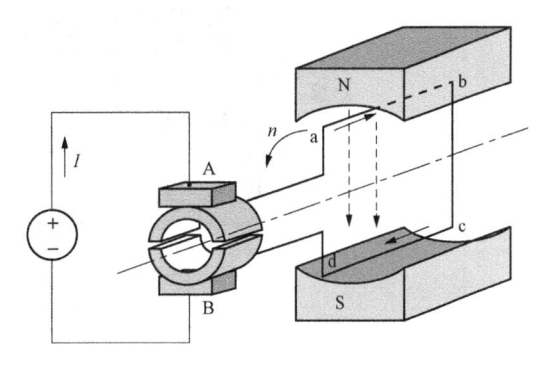

图 2-5 直流电动机的工作原理

图中假定电刷 A 接电源正极，电刷 B 接电源负极。当导体 ab 在 N 极下时，线圈电流由 a 端流入 d 端流出，如图 2-5 所示，根据左手定则可知，此时作用于两根导体上的电磁力 F 形成逆时针方向的电磁转矩 T，因而使电枢逆时针方向旋转。当导体 cd 转到 N 极下时，线圈电流方向变为由 d 端进去 a 端出来，根据左手定则可知，此时作用于两根导体上的电磁力仍然是使电枢按逆时针方向旋转，即电磁转矩的方向是恒定的，注意此时线圈中的电流是交变的。

从上述分析可知，在直流电动机中，虽然加在电刷上的是直流电源，但在电枢旋转过程中，通过换向器的作用，使线圈中流过交流电流，从而使作用于线圈上的电磁转矩方向不变，当然，

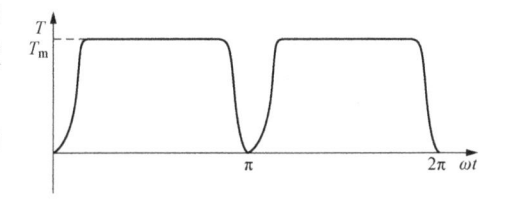

图 2-6 电磁转矩波形

对于一个线圈来说，它产生的电磁力与电磁转矩在数值上也是脉振幅度较大的（如图 2-6 所示）。与感应电动势类似，在实际电机中，由于线圈数和换向片数较多，因此，对于整个电枢来说，由各个线圈产生的总的电磁转矩，不仅方向一定且数值上也是基本恒定的。

2.1.2 直流电机的主要结构

直流发电机和直流电动机在结构上是相同的，它们都是由定子部分和转子部分所组成，图 2-7 是一台具有两对磁极的直流电机结构剖面图。各部分结构简要介绍如下。

1. 定子部分

定子部分通常指电机中静止部分及其机械支撑。它的主要任务是产生磁场，它是电机磁路的组成部分，并对整个电机起机械支撑作用，包括机座、磁轭、主磁极、换向极等，如图 2-8 所示。

(1) 机座和磁轭。一般直流电机的机座和磁轭采用整体形式，它担负着双重作用，既作为电机机座，又是构成磁路的磁轭。所用材料要求具有良好的导磁性能，一般采用厚钢板弯成圆筒形焊接起来，或者采用铸钢件。机座下端焊有两个底脚，用来安装电机；两端有螺孔，用来固定端盖。机座是整个电机的支撑部件，不仅定子上的各个部件固定在机座上，转子也是通过端盖和轴承而支承在机座上的。

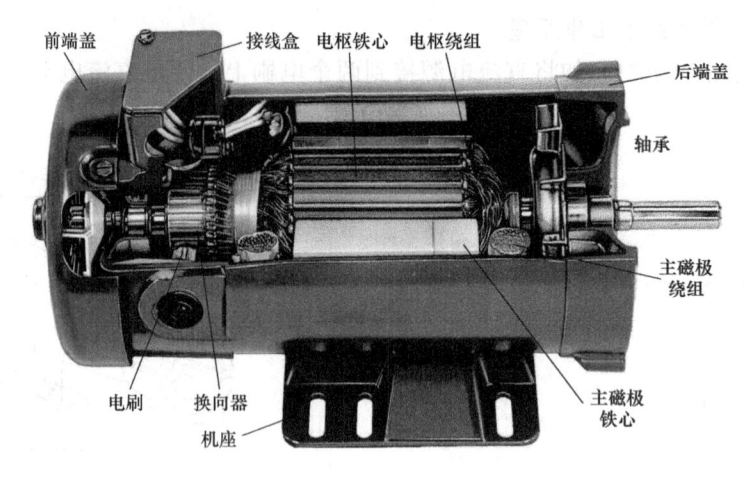

图 2-7 直流电机基本结构图

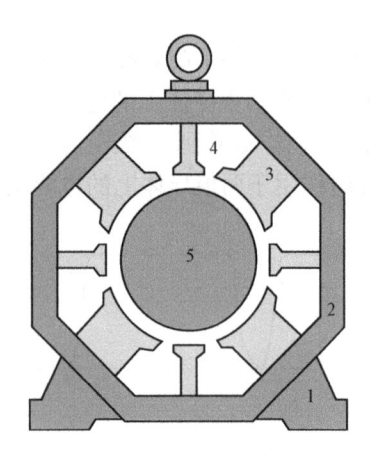

图 2-8 机座和磁轭
1—机座；2—磁轭；3—主磁极；
4—换向极；5—电枢

从图 2-8 中可以看出，主磁极和换向极都固定在机座上，机座和磁极组成一个整体，因此它也是闭合磁路中的一段。

（2）主磁极。主磁极简称主极，其主要作用是在电机气隙中产生按一定形状分布的磁通密度。主磁极由主磁极铁心及套在它上面的励磁绕组组成（如图 2-9 所示）。主磁极铁心一般用 0.5～3mm 的低碳钢板冲制叠压而成，并用铆钉铆紧，再用螺钉固定在磁轭上。主磁极的励磁绕组用绝缘铜线绕制而成，绕组和铁心间用绝缘纸、蜡布或云母纸绝缘起来。主磁极铁心和磁轭间垫有薄钢片，用来调整磁极与电枢之间的空气隙的大小。

主磁极在电机中都是成对出现的，其极性沿圆周是 N、S 交替的。两极和四极电机的磁路如图 2-10 所示。主磁极的励磁线圈通电流时便产生磁场，在两极电机中，磁通由 N 极的铁心穿过空气隙进入转子铁心，然后由转子铁心出来，经另一空气隙进入 S 极铁心，再

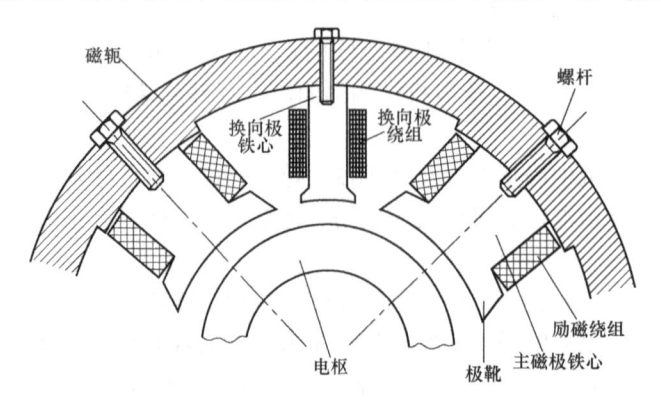

图 2-9 主磁极、换向极的安装

经过磁轭形成闭合回路,如图2-10(a)所示。四极电机磁路如图2-10(b)所示,磁通沿相邻两极而闭合。各个磁极上的励磁线圈通常是串联的,其相邻两主磁极线圈中电流环绕方向是相反的,从而保证各个磁极的极性为N—S相间。

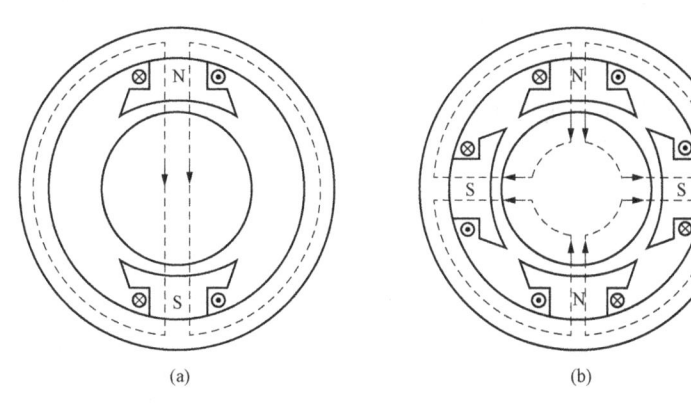

图2-10 两极和四极电机的磁路
(a)两极电机磁路;(b)四极电机磁路

(3)换向极。容量大于1kW的直流电机在相邻两主磁极之间另装有一个小磁极,通常称为换向极,或称作附加极,其作用是改善换向,防止刷下产生电磁火花。一般有几个主磁极就有几个换向极;也有个别特殊情况,换向极的个数少于主磁极个数。

换向极的结构与主磁极相似,如图2-11所示。它由换向极铁心和换向极绕组组成。在换向要求高的场合,换向极铁心是用钢片并加绝缘再叠装而成,要求不高时用钢板加工而成。换向极绕组一般用粗扁铜线绕制而成。

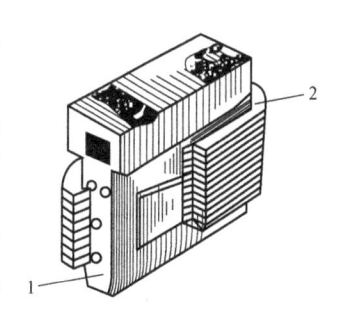

图2-11 换向极
1—换向标铁心;2—换向标绕组

2. 转子部分

直流电机的转子如图2-12所示,它包括电枢、换向器、风扇和转轴等。

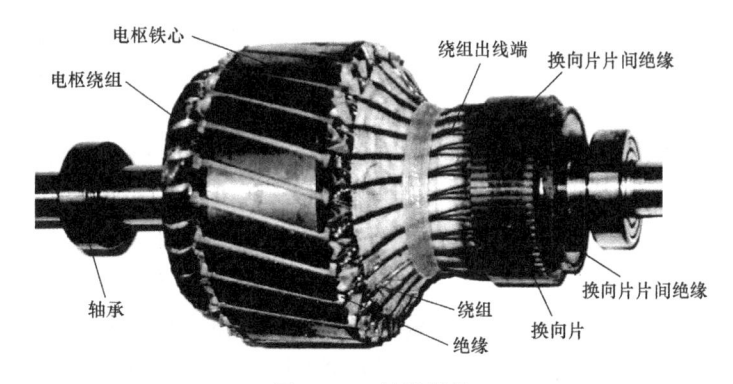

图2-12 转子结构

(1)电枢。电枢包括电枢铁心和电枢绕组两部分。

电枢铁心构成电机磁路的一个部分,当电枢在磁场中旋转时,穿过铁心的磁通方向不断变化，故在其中将有涡流及磁滞损耗产生，为了减少铁耗，电枢铁心通常由 0.5mm 的硅钢片叠压而成，其表面经过绝缘处理，硅钢片冲有槽形，用来安放线圈。电枢铁心冲片示意图如图 2-13 所示（图中只画出了部分槽）。

将线圈的有效导体边安放在铁心的槽中（见图 2-14），导体与导体之间，线圈与线圈之间，线圈与铁心之间都要求可靠绝缘。为防止电机转动时线圈被甩出，槽口必须加槽楔。各个线圈按照一定规律与换向片连接起来，就组成了电枢绕组。电机工作时，电枢绕组嵌放在槽中的导体将感应电动势并通过电流。

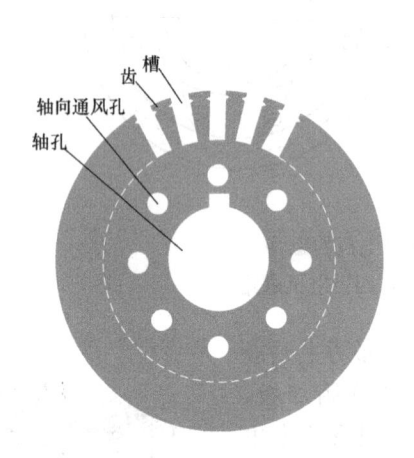

图 2-13　电枢铁心冲片示意图

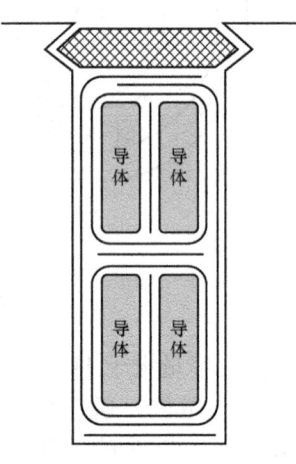

图 2-14　安放在槽中的导体

（2）换向器。换向器是直流电机的重要部件，它的作用是使直流发电机电刷间获得直流电动势；使直流电动机获得恒定电磁转矩。换向器是由许多换向片所组成。换向片彼此以云母片相互绝缘，如图 2-15 所示。换向片由铜制成，尾端开沟或接有连接片，以供电枢线圈端线焊在其中。

换向器的结构形式有多种，中小型电机常用燕尾式结构，它的换向片下端呈燕尾式，以便用 V 形截面的压圈夹紧，在燕尾与 V 形压圈间垫有 V 形云母环。整个换向器用键固定在转轴上。

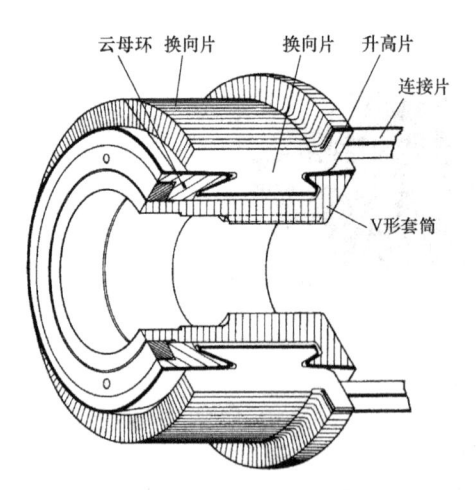

图 2-15　换向器

（3）风扇。风扇装在电机的轴上，用来加强电机的通风冷却，使电机不致因过热而烧坏。

3. 其他部分

其他部分包括电刷装置、端盖、通风孔等。

（1）电刷装置。电刷的作用：一是将直流电机旋转的电枢绕组与外电路相连；二是与换向器配合，在发电机中把电枢绕组中的交流电动势整流为输出的直流电动势，在电动机中将外部的直流电流逆变为交流电流引入电枢绕组。电刷装置由刷架、刷握和电刷组成，如图 2-16 所示。刷架固定于前端盖上，刷架上装有刷握和电刷（见图 2-17）。电刷通常用石墨等制成，刷后装有用细铜丝编织成的引线，电刷置于刷握中的刷盒内，用弹簧压力使电刷与换向器接触。根据电刷通过电流大小的不同，每个刷杆支臂上装有一个电刷或一组并联的电刷。同极性刷杆连接在一起，由导线引出电机外。

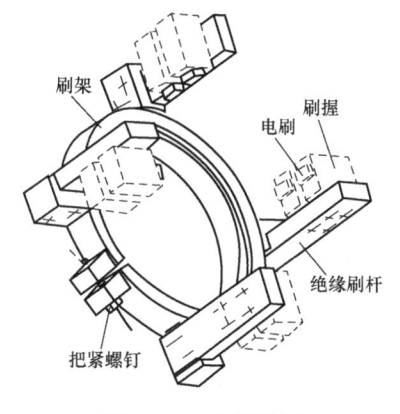

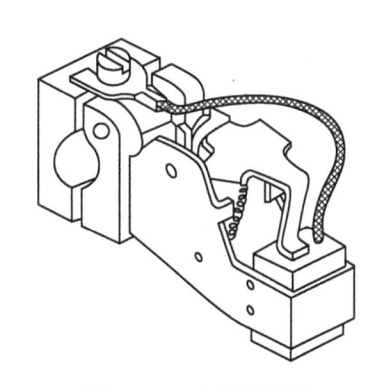

图 2-16　电刷装置　　　图 2-17　电刷与刷握

电刷装置与换向器的配合工作示意图如图 2-18 所示。

(2) 端盖。它固定在机座两端，在换向器一端称为前端盖，靠风扇一端的称为后端盖，端盖中间装有轴承，用来支撑电枢。船舶上使用的电机端盖一般都采用铸钢或用钢板焊接而成。

(3) 通风孔。为了电机冷却需要，在电机两端的端盖上开有进风和出风口，电机运转时，借助风扇将机外冷空气吸入机内，冷却磁极、电枢部件。在端盖进出风口上，装有带孔网罩，以防止异物落入电机，该种形式一般称为防护式结构。也有的电机制作成封闭式，适用于特殊工作环境。

2.1.3　直流电机的额定值

电机制造厂在设计电机时，规定了电机正常运行时电压、电流、功率等容许的数值，这些数值称为额定值。额定值一般标记在电机的铭牌或产品说明书上。

图 2-18　电刷装置与换向器的配合工作示意图

直流电机的额定值一般有以下几项：

(1) 额定功率 P_N(kW)，表示在温升和换向等条件限制下，正常使用时，电机输出的功率。电动机额定功率是指其转轴上所输出的机械功率；发电机额定功率是指其出线端所输出的电功率。

(2) 额定电压 U_N(V)，指电机在额定工作情况下，电机引线两端之间平均电压。

一般中小型直流电动机的额定电压为 110、220、440V 等几级；发电机额定电压为 115、230、460V 等几级。

有的发电机在铭牌上标有两个电压数值，这种发电机可在规定的电压范围内变化使用，该电机称为调压发电机。有的电动机在铭牌上标有两个或三个电压数值，这类电动机可在规定的电压范围内变换电压使用，该电机称为幅压电动机。例如铭牌上标有 185/220/320V，这表示该电机正常工作电压是 220V，而当电压在 185~320V 的范围内，电动机也能工作。

(3) 额定电流 I_N(A)，直流发电机的额定电流为

$$I_N = \frac{P_N \times 10^3}{U_N} \quad (2-2)$$

式中：P_N 单位为 kW；U_N 单位为 V。

直流电动机的额定电流为

$$I_N = \frac{P_N \times 10^3}{U_N \eta_N} \quad (2-3)$$

式中：η_N 为电动机在额定工作情况下运行时的效率。

(4) 额定转速 n_N(r/min)，是指电机在额定条件下运行时的转速，单位为转/分（r/min）。

(5) 温升与绝缘等级，温升是指电机在运行中绕组发热而升高的温度。铭牌中所列温升的数据是指电机允许温升，即允许比规定的环境温度高出的度数，以℃为单位。对于船用电机，规定环境温度为 45℃，若铭牌中标出温升为 75℃，则说明该电机的绕组最高允许温度为 45+75=120（℃）。

电机允许温升的数值取决于其绕组所采用的绝缘材料，绝缘等级越高，其允许温升就越高。电机中常用的绝缘材料有 A 级、E 级和 B 级三种，其允许温升见表 2-1。

表 2-1 常用绝缘材料的允许温升

绝缘等级	绝缘材料	允许温升（环境温度为 45℃）
A	普通漆包线、漆布、青壳纸等	55℃
E	高强度漆包线、聚酯薄膜等	70℃
B	用云母、石棉、玻璃丝和有机黏合物制成的材料	75℃

(6) 励磁方式又称激磁方式。对于直流发电机其励磁方式有他励、并励和复励；对于直流电动机其励磁方式有并励、串励和复励。

(7) 额定励磁电压（V），是指电机在额定情况下运行，加于励磁绕组两端的电压。

(8) 额定励磁电流（A），是指电机在额定情况下运行，励磁绕组中通过的电流。

例 2-1 某直流发电机，额定功率为 19.6kW，额定电压为 230V，额定转速为 1450r/min，额定工作时的效率 η_N=85.5%，求额定电流与额定工作时的输入功率。

解 (1) 额定功率为

$$P_N = U_N I_N$$

有

$$I_N = \frac{P_N}{U_N} = \frac{19.5 \times 10^3}{230} = 85(A)$$

(2) 效率为

$$\eta = \frac{P_2}{P_1}$$

式中：P_2 为输出功率；P_1 为输入功率。

额定运行时的输出功率就是额定功率 P_N，因此额定运行时的输入功率为

$$P_1 = \frac{P_N}{\eta_N} = \frac{19.5}{0.855} = 22.8(kW)$$

例 2-2 某直流电动机，额定功率为 2.2kW，额定电压为 220V，额定转速为 1000r/min，

额定工作时的效率为 79%，求额定输入功率与额定电流。

解 （1）额定输入功率

$$P_1 = \frac{P_N}{\eta_N} = \frac{2.2}{0.79} = 2.79 (\text{kW})$$

（2）额定电流

$$I_N = \frac{P_1}{U_N} = \frac{2.79 \times 10^3}{220} = 12.68 (\text{A})$$

2.2 直流电机的电枢绕组

2.2.1 概述

电枢绕组是直流电机的重要组成部分。不论是发电机还是电动机，都必须通过电枢绕组中的电流与气隙磁场相互作用才能实现能量转换。因此，了解电枢绕组的构成方法与原理是掌握直流电机运行规律的必要的基础。

根据不同的连接方法，电枢绕组可分为：单叠绕组、单波绕组、复叠绕组、复波绕组及混合绕组等类型。不同类型的电枢绕组，主要在于它们的连接规律不同，其差别在于从电刷外看进去，电枢绕组具有不同的并联支路数，从而获得不同的额定电压和电流的电机，以满足实际的需要。

船舶上，中小型电机通常使用单波绕组；船舶主推进电机功率较大，一般采用单叠绕组。从电枢绕组组成来看，其中单叠绕组和单波绕组是两种基本的形式，复叠、复波和混合绕组可以看作单叠、单波绕组的不同组合，因此，掌握了单叠、单波绕组的连接规律和特征就不难掌握其他类型电枢绕组的连接规律和特征。

2.2.2 绕组的一般知识

分析电枢绕组的构成，首先分析其绕组元件的组成、连接规律，然后利用绕组展开图研究其特征。

1. 绕组元件

从分析最简单的直流发电机模型的电枢绕组可以知道，它是由线圈连接而成，线圈的首端和末端分别和两个换向片相连，线圈是构成绕组的基本单元，在电机学中又称为元件。

容量较大的电机通常采用单匝绕组元件，小型电机一般都采用多匝的绕组元件。

绕组元件的两个有效边分别放置在电枢铁心的两个槽的上层和下层，称为上元件边（或上层边）和下元件边（下层边），如图 2-19 所示。实际电机中，为了提高槽的利用率和简化制造工艺，常在槽中每一层放置多个元件边，为此，引入虚槽的概念，如果槽内上层有 u 个元件边，每个实际槽就包含 u 个虚槽。因此虚槽数 Z_e、实际槽数 Z、元件数 S 以及换向片数 K 之间有如下关系

$$Z_e = uZ = S = K \tag{2-4}$$

2. 第一节距 y_1

元件的两个有效边之间的跨距，称作第一节距，又称元件跨距，用字母 y_1 来表示，其数值通常按所跨的虚槽数来表示。在电机中，为了得到最大的电动势，要求线圈的两

个有效边的电动势相加,即两个有效边应处在相邻的不同极性的磁极下,它们相隔大约一个极距 τ(极距是指每个主磁极在电枢表面占据的距离或相邻两主极之间的距离,用电枢表面圆周所跨弧长或该弧长所对应的虚槽数来表示),如图 2-20 所示。上元件边以实线表示,下元件边以虚线表示。设电机的极对数为 p,电枢外径为 D_a,电枢的虚槽数为 Z_e,则

$$\tau = \frac{\pi D_a}{2p} \quad \text{或} \quad \tau = \frac{Z_e}{2p} \tag{2-5}$$

$$y_1 = \frac{Z_e}{2p} \pm \varepsilon = \tau \pm \varepsilon \tag{2-6}$$

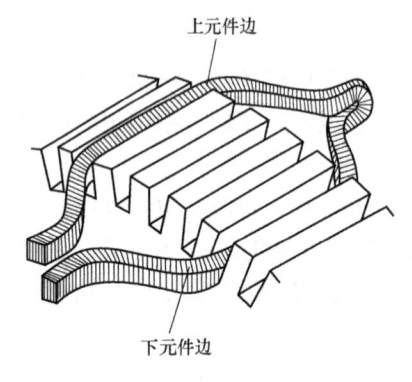

图 2-19 绕组元件

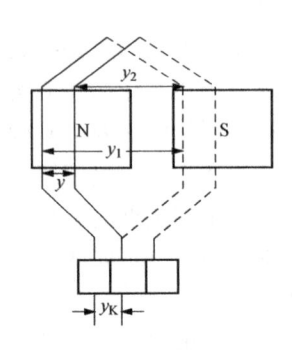

图 2-20 元件的节距

式中:ε 为使 y_1 凑成整数的一个分数。

$y_1 < \frac{Z_e}{2p}$ 称作短距绕组;$y_1 > \frac{Z_e}{2p}$ 称作长距绕组;$y_1 = \frac{Z_e}{2p}$ 称作整距绕组。前两种绕组的电动势比整距绕组电动势略有减少,但短距绕组由于能节省铜,且能改善换向,因此,在既可以取长距又可以取短距的情况下,通常采用短距。

3. 第二节距 y_2

第二节距 y_2 定义为元件的下层边与其相连接的元件的上层边之间的距离,以虚槽数表示。对于叠绕组,$y_2 < 0$;对于波绕组,$y_2 > 0$。

4. 合成节距 y

合成节距 y 定义为相串联的两元件的对应边之间的距离,以虚槽数表示,有

$$y = y_1 + y_2 \tag{2-7}$$

5. 换向器节距 y_K

换向器节距 y_K 定义为元件的两个出线端所连接的两个换向片之间的跨距,以换向片数表示。合成节距和换向器节距在数值上总是相等的,有

$$y = y_K \tag{2-8}$$

2.2.3 单叠绕组

为了分析方便,现以某直流发电机为例来研究单叠绕组的连接规律,已知电机参数为 $p=2$,$Z_e=Z=S=K=16$。

1. 绕组的节距

根据已知参数，求出元件跨距（第一节距），即

$$y_1 = \frac{Z}{2p} \pm \varepsilon = \frac{16}{4} = 4$$

显然极距

$$\tau = \frac{Z_e}{2p} = 4$$

单叠绕组的合成节距

$$y = y_K = 1$$

第二节距

$$y_2 = y - y_1 = -3$$

2. 单叠绕组的展开图

图 2-21 将电机的电枢表面展成平面，这样可以更清楚地看出各元件和换向片如何连接为电枢绕组。图 2-22 是完整的绕组展开图。图中画出了某一瞬间各主磁极的位置，这些磁极均匀分布在电枢圆周上。由于电枢旋转而磁极是固定在定子上的，因此电机运行时磁极与定子槽之间的相对位置不断变化，画图时可以画任一瞬间的情况，因此可以选定任意位置，一般来说选择一个对称的位置画图会比较方便。

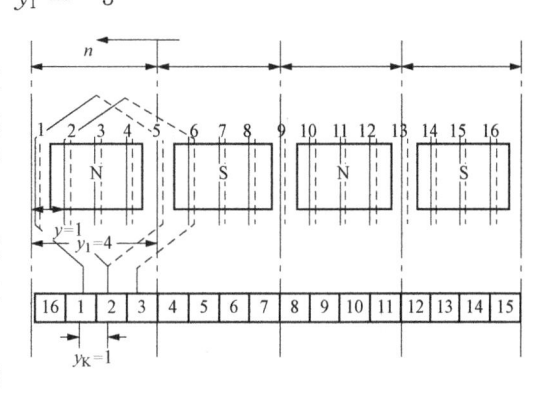

图 2-21 单叠绕组的元件边与槽的分布图

图 2-22 中单叠绕组的连接规律如下：元件 1 的两个元件边分别接在换向片 1、2 上，元件 2 的上层边线端接在换向片 2 上，和元件 1 的下层边相连，它的下层边线端接在换向片 3 上；元件 3 的上层边线端接在换向片 3 上，与元件 2 的下层边相连。依此类推，依次将 16 个元件连接完，元件 16 的下层边连到换向片 1 上，与元件 1 上层边相连，整个绕组元件组成一个闭合回路，其连接规律简图如图 2-23 所示。

按照图 2-22 中标明的电枢的旋转方向，根据右手定则可以判断出每根导体中的感应电动势的方向，注意图中的磁极是悬浮于槽和导体之上的。根据判定的结果，上层边处在同一极性磁极下的各元件电动势方向是相同的。

电机工作时电刷被弹簧压在换向器的表面上，在展开图中把它们画在换向器的下方，宽度等于一个换向片宽。电刷的位置不能任意放置，在元件完全对称的情况下，一般将电刷中心线对准磁极的中心线。这时被电刷短路的元件的两个有效导体边正好位于磁极之间的分界线（称为电枢的几何中性线）上，它们的感应电动势接近于零，而相邻电刷间串联的各元件的电动势都是相加的，这种情况使得正负电刷间获得最大感应电动势。一般有几个磁极就放置几个电刷。根据图 2-22 中的感应电动势的方向，将 N 极下的电刷接在一起就是电机的正极，而 S 极下的电刷接在一起就是电机的负极。

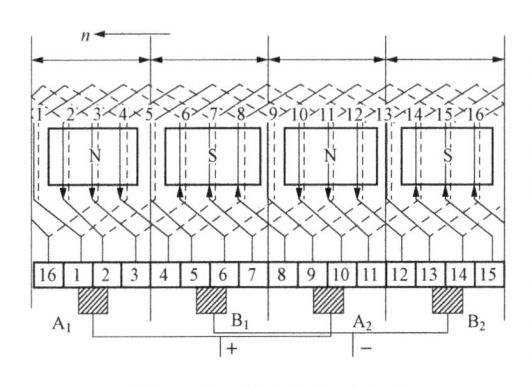

图 2-22 单叠绕组展开图

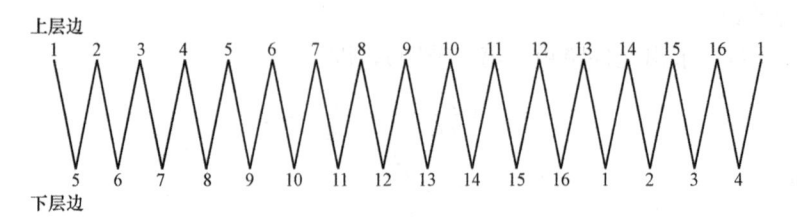

图 2-23 单叠绕组元件连接规律简图

3. 单叠绕组的并联支路

图 2-22 中的绕组元件形成了一个大的闭合回路，由于磁极和线圈是对称和均匀分布的，所以这个闭合回路的总电动势为 0，闭合回路中不存在环流。通过电刷的连接将这个大的闭合回路分割成了 4 条并联支路，如图 2-24（a）所示。为了描述得更加清晰，更加符合普通电路图的规范形式，将该电路等效成图 2-24（b）的形式。

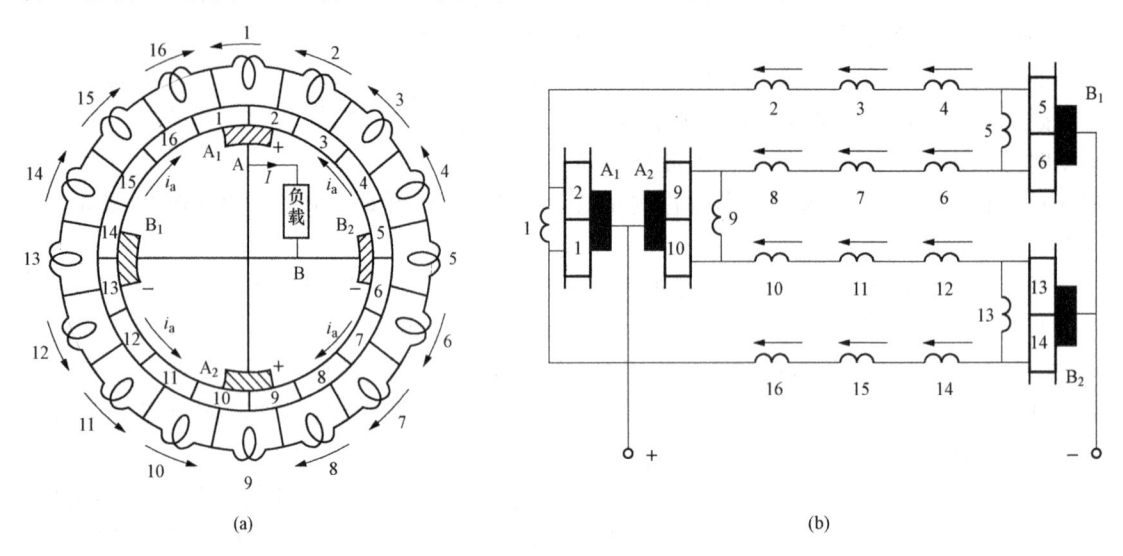

图 2-24 单叠绕组并联支路图
(a) 闭合回路图；(b) 等效电路

从图中可见，上层边在同一个磁极下的元件电动势方向相同，串联成一条支路。如果磁极数目增多，则电枢并联的支路数将随之增多。故单叠绕组的特点之一是电枢绕组的并联支路数等于电机的磁极数。由于磁极总是成对出现，因此并联支路也是成对出现，所以，电枢绕组的支路对数等于电机的磁极对数，即

$$a = p \tag{2-9}$$

式中：a 为支路对数；p 为磁极对数。

当电枢旋转时，磁极和电刷位置不动，因此以上所画的电路图是某一时刻的瞬时电路，随着时间变化，每个元件将不断按顺序移到它前面一个元件的位置上，但总的电路结构仍然是闭合回路不会变化，支路数也不会变化，只是每条支路上的元件将会不同。

单叠绕组的电刷数目应等于磁极数目，安装全副电刷称为全额电刷。显然，正负电刷之间电动势即为支路电动势。如果任意去掉一副电刷，将使电枢绕组的一对支路不能工作，降

低电机的容量。

2.2.4 单波绕组

1. 绕组的节距

单波绕组的元件跨距 y_1 与单叠绕组是一样的，即

$$y_1 = \frac{Z_e}{2p} \pm \varepsilon \tag{2-10}$$

单波绕组与单叠绕组连接规律是不同的，单叠绕组是将相邻槽的元件串联起来，而单波绕组是将两个相距约两个极距的元件串联。为了完成这样的连接，其换向节距 y_K 和合成节距 y 应使相串联的两个元件占据相邻的两对磁极的相同位置，两个元件的感应电动势大小和方向近似相同。如果电机有 p 对磁极，当沿电枢向一个方向绕一周经过了 p 个串联元件以后，其最后所连的换向片与起始的换向片总共跨过的换向片数为 py_K 且最后所连的换向片必须接在与起始的换向片相邻的位置上，绕组才能继续往下连接，故

$$py_K = K \mp 1 \tag{2-11}$$

因此，单波绕组元件换向器节距和合成节距满足以下关系

$$y_K = y = \frac{K \mp 1}{p} \tag{2-12}$$

式中取负号时，绕组元件绕制一周后，第 py_K 个换向片落在第 1 个换向片的左边，故称为左行绕组；当取正号时，称为右行绕组。取负号可以使绕组端接短些。左行、右行单波绕组如图 2-25、图 2-26 所示。

下面以 $2p=4$，$Z_e=Z=S=K=15$ 的左行单波绕组为例，分析并画出绕组的展开图。首先计算绕组的节距为

$$y_1 = \frac{Z}{2p} \pm \varepsilon = \frac{15}{4} \pm \varepsilon = 3$$

$$y_K = y = \frac{K \mp 1}{p} = \frac{15-1}{2} = 7$$

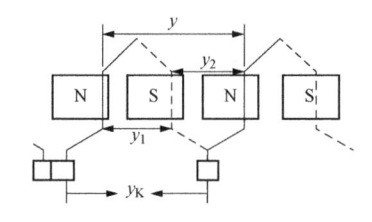

图 2-25 左行单波绕组　　　　图 2-26 右行单波绕组

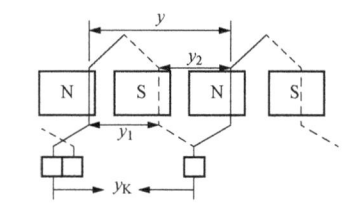

根据计算结果，第 1 个元件上层边放在 1 号槽，下层边应放在 4 号槽，元件的出线端分别接在换向片 1 和 8；与它相串联的元件是第 8 号元件，8 号元件位于相邻的 N 极下与 1 号元件相似的位置，与 1 号元件距离大约 2 个极距（见图 2-27）。显然两个元件中的感应电动势大小和方向基本相同。8 号元件的出线端接在 8 号和 15 号换向片上。对于 $p=1$ 的电机，两个元件串联后绕电枢一周，回到起始的 1 号换向片相邻的换向片上，两个串联元件像波浪一样跨过电枢圆周，因此称为单波绕组。

2. 单波绕组的展开图

图 2-28 是单波绕组展开图。元件 1、8 串联后，再依次与 15、7、14、6、13、5、12、4、11、3、10、2、9 相连，最后 9 与 1 相连形成一个大的闭合回路。连接规律简图如图 2-29 所示。

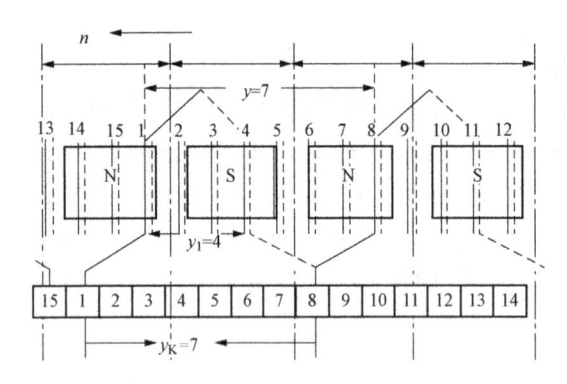

图 2-27　单波绕组的元件边与槽的分布图

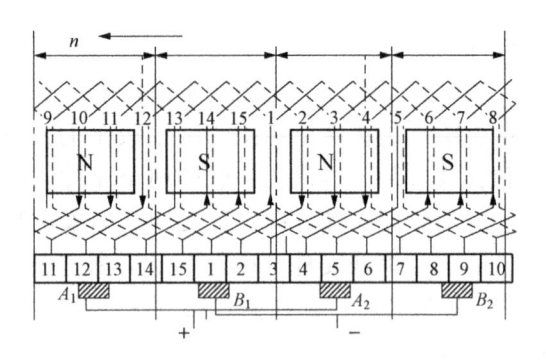

图 2-28　单波绕组展开图

与单叠绕组一样，单波绕组展开图中磁极和导体的位置是相对变化的，图中画出的只是某个瞬时的情况。

与单叠绕组一样，在元件完全对称的情况下，将电刷中心线对准磁极的中心线，这时被电刷短路的元件的两个有效导体边正好位于电枢的几何中性线上，从而使得正负电刷间获得最大感应电动势。一般有几个磁极就放置几个电刷。将 N 极下的电刷接在一起就是电机的正极，而 S 极下的电刷接在一起就是电机的负极。

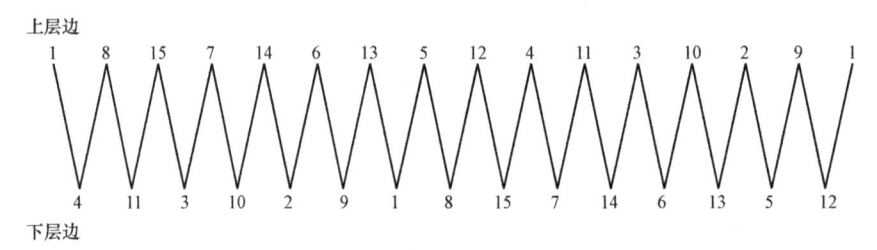

图 2-29　单波绕组元件连接规律简图

3. 单波绕组的并联支路

从单波绕组的连接规律来看，它是将各个 N 极下元件串联后形成一条支路，再将 S 极下的元件串联后形成另一条支路。因此不论电机磁极数是多少，其并联支路数总共只有 2 条，故单波绕组的并联支路对数 $a=1$。单波绕组的并联支路图如图 2-30 所示。

由于单波绕组只有两条并联支路，理论上只需安放两组电刷就能工作，图 2-30 中若去掉电刷 A_2、B_2 将不会影响绕组的支路数。但实际上单波绕组仍然安放全额电刷，即电刷组数总等于主磁极数。这样每组电刷负担电流将减小，电刷尺寸也可相应减小，因而换向器的轴向长度也可缩短。

2.2.5　其他类型绕组简介

电枢绕组还有复叠绕组、复波绕组及混合绕组（蛙绕组）。

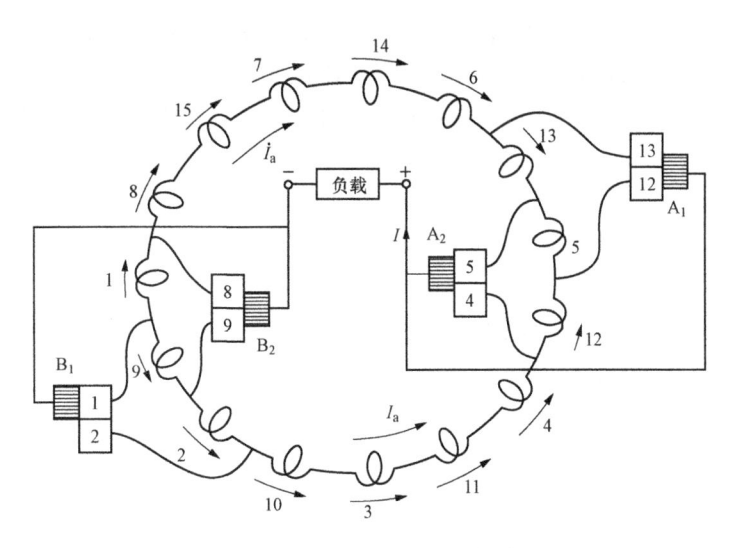

图 2-30 单波绕组的并联支路图

1. 复叠绕组

复叠绕组的第一节距与单叠绕组相同，合成节距和换向器节距 $y=y_K=m$，m 是大于 1 的整数。这样，每绕过电枢一周只能把总元件的 $\frac{1}{m}$ 串联起来，因此需要 m 周才能把所有元件都绕完。m 叠绕组是由 m 个单叠绕组构成，因此它的并联支路对数是单叠绕组的 m 倍，即 $a=mp$。

2. 复波绕组

如果在波绕组绕线时，每绕电枢一周将 p 个元件串联后不是与起始的换向片相邻，而是与它相差 2 片、3 片或 m 片，则称为复波绕组。如果相差 m 片，就称为 m 波绕组。这时换向器节距 y_K 为

$$py_K = K \mp m$$
$$y = y_K = \frac{K \mp m}{p} \tag{2-13}$$

其元件跨距 y_1 的决定方法与单波绕组相同。

一般情况下 m 波绕组是由 m 个单波绕组组成，故它的并联支路对数等于 m，即 $a=m$。

3. 混合绕组

混合绕组是由一套叠绕组和一套波绕组按照一定规律混合而成的绕组，由于其绕组元件外形很像青蛙，因此又称为蛙绕组。例如，采用一套单叠绕组和一套 $m=p$ 的复波绕组构成混合绕组，则单叠绕组的并联支路对数为 $a=p$，复波绕组的并联支路对数为 $a=m=p$，两套组成混合绕组通过电刷并联后总的并联支路对数 $a=2p$。混合绕组除了有较多的并联支路数外，其突出优点是可以较好地解决大型直流电机的换向困难问题。因此，在电机电流较大，需要较多并联支路时，通常采用这种绕组，如某些潜艇主电站的直流发电机采用的就是混合绕组。

各种直流电枢绕组的主要差别在于并联支路数的多少。元件数目一定时，支路多，则每条支路中串联的元件数就少。通常根据电机的额定电压和额定电流来选择绕组类型。一般来

说，单波绕组支路数少，用于小容量电机或电压较高或转速较低的电机；复波绕组可用于多极数、低速的中、大型电机；单叠绕组的支路数比单波绕组多，主要用于中等容量、正常电压和转速的电机；复叠绕组用于低压大电流的电机；混合绕组常用在转速较高、换向困难的大型直流电机。

2.3 直流电机的磁场

为了弄清稳态运行时直流电机内的电磁过程，必须先对空载和负载时电机内部的磁场（特别是气隙磁场）有清楚的了解。

2.3.1 直流电机的励磁方式

直流电机中的磁场主要是由主磁极产生的，而主磁极要产生磁场，其励磁绕组中必须有电流流过。直流电机的励磁方式是指励磁绕组的供电方式，一般来说有他励和自励两大类，其中自励又分为并励、串励和复励三种情况。

1. 他励

他励直流电机的励磁绕组由其他的独立直流电源供电，如图 2-31（a）所示。图中，U 为电枢电压，U_f 为励磁电压，I_a 为电枢电流，I_f 为励磁电流。图中正方向假定采用发电机惯例。

2. 并励

并励直流电机的励磁绕组和电机的电枢绕组并联，电枢电压等于励磁电压，如图 2-31（b）所示。并励绕组是由截面积较小的导线绕成，匝数较多，电阻值较大，励磁绕组中通过电流较小，约为电机额定电流 I_a 的 1‰～5‰。

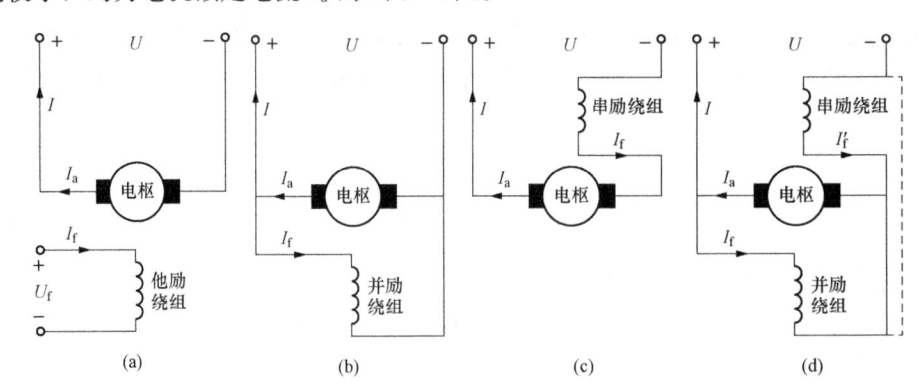

图 2-31 直流电机的励磁方式
(a) 他励；(b) 并励；(c) 串励；(d) 复励

3. 串励

串励直流电机的励磁绕组和电机的电枢绕组串联，电枢电流等于励磁电流，如图 2-31（c）所示。由于其励磁绕组通过全部电枢电流，故串励绕组由截面积较大的导线绕制而成，其匝数较少，电阻值较小。

4. 复励

如图 2-31（d）所示，它的励磁绕组分成两个部分，一部分与电枢绕组串联，另一部分与电枢绕组并联。复励绕组还可以进一步细分，两部分励磁绕组产生的磁场相消为差复励，相长为积复励；如按图中的实线连接为短复励，虚线连接为长复励。

2.3.2 空载时直流电机的磁场

直流电机空载是指电枢电流等于零，或者很小，可以忽略不计的情况。由于电枢电流为零，所以空载时直流电机内的磁场由励磁绕组的磁通势单独产生，如图2-32所示。

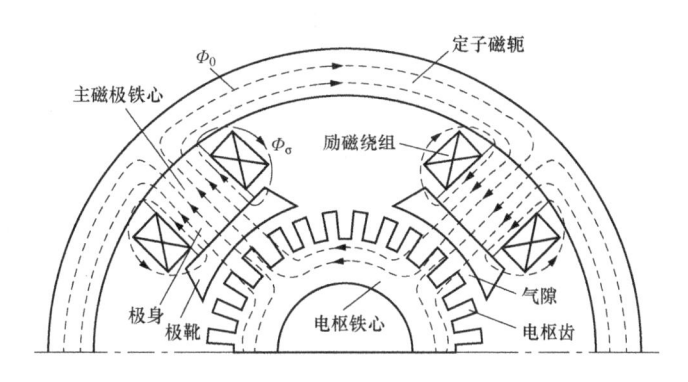

图2-32 空载磁场的分布

空载时主磁极的磁通分为主磁通Φ_0和主磁极漏磁通Φ_σ两部分。主磁通通过气隙，形成气隙磁场。在主磁极极靴范围内，气隙较小且近似相等，故极靴下沿电枢圆周各点的主磁场较强且磁通密度相同；在极靴范围以外，气隙较大，主磁场显著减弱，到两极之间的几何中性线处，磁场等于零。不计电枢齿、槽的影响时，直流电机的空载气隙磁场分布如图2-33所示，图中τ为极距。

显然，空载时气隙磁场的强弱和励磁磁通势F_0的大小有关，图2-34称为电机的磁化曲线，$\Phi_0 = f(F_0)$。磁化曲线的起始部分几乎是一条直线。这是因为主磁通Φ_0很小时，磁路中的铁磁部分没有饱和，铁磁部分磁阻远小于气隙磁阻，可以忽略不计，而气隙磁阻是常量。因此，此时$\Phi_0 = f(F_0)$是线性关系。随着Φ_0的增大，铁磁部分逐渐饱和，磁导率急剧下降，磁阻快速上升，不能再忽略不计，因此磁化曲线向下弯曲。在工程实际中，为了最经济地利用材料，电机的额定工作点一般设计在磁化曲线开始弯曲的"膝点"附近，如图2-34中b点所示。

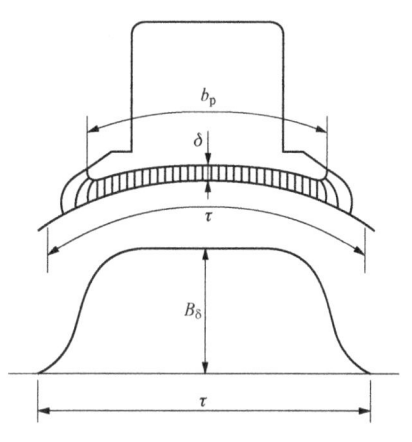

图2-33 直流电机的空载气隙磁通密度分布图

2.3.3 负载时的电枢磁场和电枢反应

当电机带上负载时，电枢绕组中就有电流流过，电枢电流将产生电枢磁通势；此时，气隙磁场就由主磁极磁通势和电枢磁通势两者的合成磁通势所建立。负载时电枢磁通势对主磁极磁场的影响称为电枢反应。下面先研究电枢磁通势的性质和大小，为简单计，设电枢表面光滑，绕组为整距，构成元件的导体均匀地分布在电枢表面。

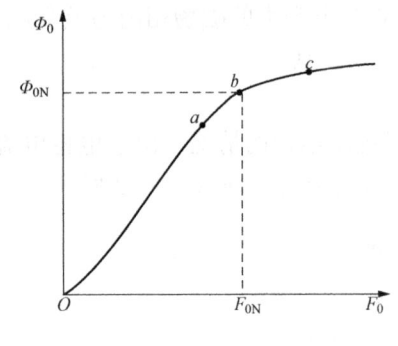

图 2-34 电机的磁化曲线

1. 交轴电枢磁场和交轴电枢反应

设电刷放在几何中性线上，如图 2-35 所示（在实际电机中，电刷放在磁极中心线下的换向片上，与该处换向片相连的元件位于电枢的几何中性线上。画示意图时通常省去换向器，而把电刷直接放在几何中性线上）。在直流电机中，支路电流通过电刷引入或引出，因此电刷是电枢表面电流分布的分界线。在图 2-35（a）中，若电枢上半个圆周的电流为流出，下半个圆周为流入，该电枢磁通势将建立一个两极的电枢磁场，如图中虚线所示。从图 2-35（a）可见，电枢磁通势的轴线总是与电刷轴线重合，所以当电刷位于几何中性线上时，电枢磁通势恰好与主磁极轴线正交，故通常称为交轴电枢磁通势。

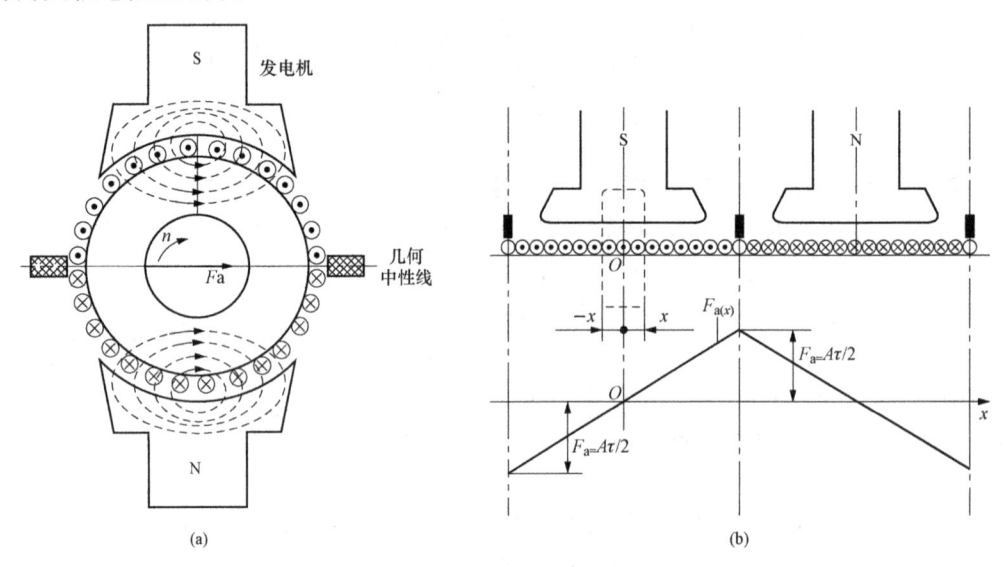

图 2-35 交轴电枢磁通势
(a) 电枢磁场；(b) 电枢磁通势

把电枢外圆从几何中性线处展开，如图 2-35（b）所示。以电枢表面主磁极中心下的位置作为原点 O，距原点 $+x$ 和 $-x$ 处沿着磁力线取一条与主磁极轴线对称的细小闭合磁路，若电枢表面每单位长度的安培导体数为 A，则此回路所包含的电流 $A \cdot 2x$ 就是作用于该细小闭合磁路的电枢磁通势。不考虑饱和，磁路中铁磁材料的磁阻可以忽略，故磁通势全部作用于两段气隙上，假设气隙均匀，则作用于 x 处的电枢磁通势 $f_a(x)$ 应为

$$f_a(x) = \frac{2Ax}{2} = Ax, \quad -\frac{\tau}{2} \leqslant x \leqslant \frac{\tau}{2} \tag{2-14}$$

式中：A 为电负荷，$A = \dfrac{Z_a i_a}{\pi D_a}$；$Z_a$ 为电枢绕组的总导体数；i_a 为导体内的电流；D_a 为电枢外径。

$f_a(x)$ 为负时表明磁通势方向相反。式（2-14）表示，电枢磁通势沿电枢表面呈三角形分布；到 $x = \tau/2$ 处（即几何中性线处），交轴电枢磁通势将达到最大值 F_a，有

$$F_{\mathrm{a}} = A \frac{\tau}{2} (安/极) \tag{2-15}$$

以上分析无论在电枢静止还是旋转时，都是正确的。电枢旋转时，组成各支路的元件虽然在不断轮换，但由于换向器的换向作用，组成每一支路的元件电流方向总是保持不变，从而使电枢磁通势总在空间保持固定不动。

若忽略铁心磁阻，则在电枢表面 x 处，气隙中的电枢磁场 $B_{\mathrm{a}}(x)$ 应为

$$B_{\mathrm{a}}(x) = \mu_0 H_{\mathrm{a}} = \mu_0 \frac{f_{\mathrm{a}}(x)}{\delta(x)} = \frac{\mu_0 A x}{\delta(x)} \tag{2-16}$$

式中：$\delta(x)$ 为气隙长度。

由于极靴下的气隙较小且基本为均匀，所以极靴下的电枢磁场与 x 成正比；由于极间气隙较大，所以极间部分的电枢磁场大为削弱；于是整个交轴电枢磁场在气隙内沿电枢表面呈马鞍形分布，如图 2-36 所示。

下面以发电机为例，进一步分析交轴电枢反应的性质。

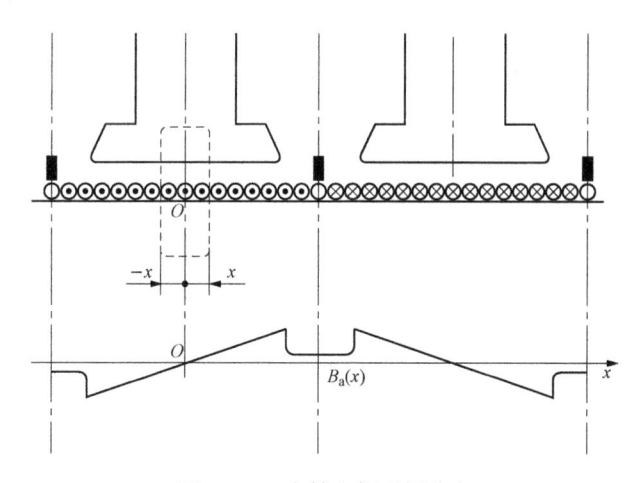

图 2-36 交轴电枢磁场分布

在图 2-37 中，电枢以顺时针方向旋转，由右手定则可知，S 极下导体中的感应电动势为从纸面穿出（用⊙表示），N 极下导体中的感应电动势为进入纸面（用⊗表示）。在发电机中，电枢电流与感应电动势的方向一致，因此图中的⊙和⊗也代表电枢导体中电流的方向。不难看出，此时电枢磁通势是交轴电枢磁通势，产生交轴电枢磁场。把主磁场 B_0 和交轴电枢磁场 B_{a} 沿电枢表面的分布曲线逐点相加，即可得到不计磁饱和时气隙内合成磁场的分布曲线 B_{δ}，如图 2-37（b）中实线所示。由图中不难看出：

（1）交轴电枢磁场在半个极下对主磁极磁场起去磁作用，在另半个极下则起增磁作用，引起气隙磁场畸变，使电枢表面磁通密度等于零的位置（称为物理中性线）偏离几何中性线。对于发电机，物理中性线顺着电机旋转方向移过 α 角；对于电动机，逆着旋转方向移过 α 角。

（2）不计磁饱和时，交轴电枢磁场对主磁极磁场的去磁作用和增磁作用恰好相等。总体上看，交轴电枢反应既无增磁，也无去磁作用。

（3）考虑磁饱和时，增磁边将使该部分铁心的饱和程度提高、磁阻增大，从而使该处实

际的气隙磁场比不计饱和时略弱，如图 2-37（b）中虚线所示；去磁边的实际气隙磁场则与不计饱和时基本一致。因此负载时每极下的磁通量将比空载时略少，即饱和时交轴电枢反应具有一定的去磁作用。

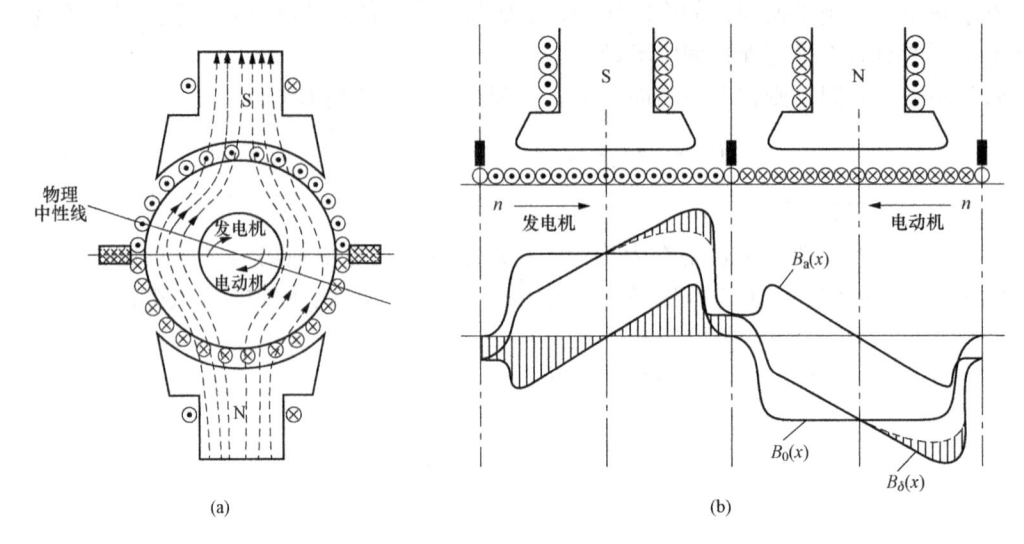

图 2-37 交轴电枢反应
(a) 电机磁场；(b) 磁场分布

综上所述，实际电机中，交轴电枢反应不但使气隙磁场畸变，物理中性线偏移，而且还有去磁作用。

2. 直轴电枢磁通势和直轴电枢反应

若电刷从几何中性线移过 β 角，相当于在电枢表面移过距离 b_β 的弧长。此时，电枢磁通势将出现两个分量：一个分量是 $\tau - 2b_\beta$ 范围内的载流导体所产生的交轴电枢磁通势，如图 2-38（b）所示；其最大值为

$$F_{aq} = A\left(\frac{\tau}{2} - b_\beta\right) \tag{2-17}$$

另一个分量是由 $2b_\beta$ 范围内的载流导体所产生的，此磁通势的轴线与主极轴线重合，因此称为直轴电枢磁通势，如图 2-38（c）所示；其最大值为

$$F_{ad} = Ab_\beta \tag{2-18}$$

也就是说，如果电刷不在几何中性线上，则电枢反应除交轴电枢反应之外，还存在直轴电枢反应。从图 2-38 不难看出，若电机为发电机，电刷逆电枢旋转方向移动 β 角，对主磁极磁场而言，直轴电枢反应将是增磁的；反之，若电刷顺旋转方向移动 β 角，直轴电枢反应将是去磁的。电动机的情况与发电机恰好相反。

2.4 电枢的感应电动势和电磁转矩

在理解气隙磁场分布的基础上，本节将导出电枢的感应电动势和电磁转矩公式，它们是建立直流电机基本方程和研究运行性能的基础。

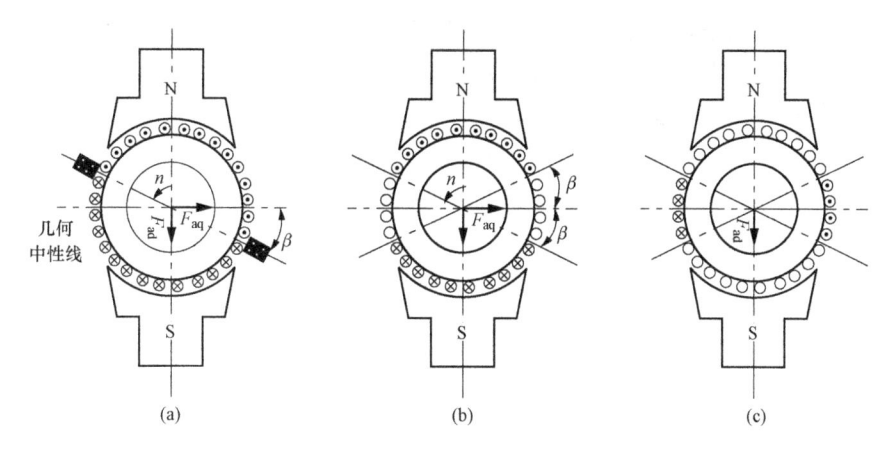

图 2-38 电刷偏离几何中性线时的电枢磁场
(a) 电枢磁通势；(b) 交轴分量；(c) 直轴分量

2.4.1 电枢绕组的感应电动势

直流电机的电枢旋转时，电枢导体"切割"气隙磁场，电枢绕组中就会产生感应电动势。

设气隙磁场的分布如图 2-39 所示，电刷放置在几何中性线上。电枢导体的有效长度为 l，导体"切割"气隙磁场的速度为 v，则每根导体中的感应电动势应为

$$e = B_\delta l v \tag{2-19}$$

式中：B_δ 为导体所在处的气隙磁通密度。

电枢绕组的电动势 E_a 应为一条支路中各串联导体的电动势的代数和。若电枢绕组的总导体数为 Z_a，每一支路的串联导体数等于 $Z_a/(2a)$，则

$$E_a = \sum_{k=1}^{Z_a/(2a)} e_k = lv \sum_{k=1}^{Z_a/(2a)} B_\delta(x) \tag{2-20}$$

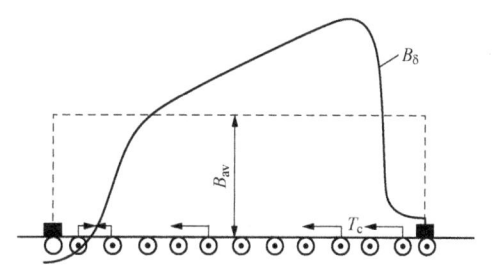

图 2-39 气隙中磁通密度的波形

式中各点的气隙磁通密度 $B_\delta(x)$ 互不相同。为简单计，引入平均气隙磁通密度 B_{av}，它等于电枢表面各点气隙磁通密度的平均值，则 $\sum_{k=1}^{Z_a/2a} B_\delta(x) = B_{av} \dfrac{Z_a}{2a}$，式（2-20）可改写为

$$E_a = lv \frac{Z_a}{2a} B_{av} \tag{2-21}$$

考虑到 $v = 2p\tau \dfrac{n}{60}$，τ 为极距，$2p\tau$ 为电枢周长，将 v 代入式（2-21），可得电枢绕组的感应电动势公式

$$E_a = 2\frac{pn}{60}\frac{Z_a}{2a}(B_{av}\tau l) = \frac{pZ_a}{60a}n\Phi = C_e n\Phi \tag{2-22}$$

式中：Φ 为每极的总磁通量，$\Phi = B_{av}\tau l$；C_e 为电动势常数，$C_e = \dfrac{pZ_a}{60a}$。

例 2-3 一台直流发电机数据：$2p=6$，总导体数 $Z_a=780$，并联支路数 $2a=6$，运行角速度 $\Omega=40\pi\text{rad/s}$，每极磁通 $\Phi=0.0392\text{Wb}$。试计算：

(1) 发电机的感应电动势。

(2) 当转速 $n=900\text{r/min}$，磁通不变时的感应电动势。

(3) 当磁通 $\Phi=0.0435\text{Wb}$，$n=900\text{r/min}$ 时的感应电动势。

解 (1) 电动势常数为

$$C_e = \frac{pZ_a}{60a} = \frac{3\times 780}{60\times 3} = 13$$

转速

$$n = \frac{30}{\pi}\Omega = \frac{30}{\pi}\times 40\pi = 1200(\text{r/min})$$

感应电动势

$$E_a = C_e\Phi n = 13\times 0.0392\times 1200 = 611.5(\text{V})$$

(2) 当 $C_e\Phi$ 不变时，$E_a\propto n$。因此 $n=900\text{r/min}$ 时的感应电动势为

$$E_a = \frac{900}{1200}\times 611.5 = 458.6(\text{V})$$

(3) 当 C_e 和 n 不变时，$E_a\propto\Phi$。因此 $\Phi=0.0435\text{Wb}$ 时的感应电动势为

$$E_a = \frac{0.0435}{0.0392}\times 458.6 = 508.9(\text{V})$$

2.4.2 电枢的电磁转矩

当电枢绕组内通有电流时，电枢的载流导体与气隙磁场相作用，就会产生电磁转矩。

直流电机中一个极下的载流导体其电流方向均相同，而不同极下载流导体电流方向虽有变化，但产生的电磁转矩方向是一致的。所以只要计算一个极下载流导体上所受到的电磁转矩，然后乘以 $2p$，即可得到作用在整个电枢上的电磁转矩。

设导体中的电流为 i_a，则作用在该处载流导体上的电磁转矩 T_c 应为

$$T_c = B_\delta l i_a \frac{D_a}{2} \tag{2-23}$$

式中：D_a 为电枢外径。

由于一个极下的载流导体数为 $Z_a/2p$，因此作用在一个极下载流导体上的电磁转矩 T_p 应为

$$T_p = l i_a \frac{D_a}{2}\sum_1^{Z_a/2p} B_\delta(x) = \frac{Z_a}{2p}B_{av}l i_a \frac{D_a}{2} \tag{2-24}$$

作用在整个电枢上的电磁转矩为

$$T_{em} = 2pT_p = Z_a B_{av} l i_a \frac{D_a}{2} \tag{2-25}$$

再考虑到 $\pi D_a = 2p\tau$，$\Phi = B_{av}l\tau$，支路电流 $i_a = I_a/2a$，I_a 为电枢电流，可得直流电机的转矩公式

$$T_{em} = Z_a B_{av} l \frac{I_a}{2a}\frac{p\tau}{\pi} = \frac{p}{2\pi}\frac{Z_a}{a}\Phi I_a = C_T \Phi I_a \tag{2-26}$$

式中：C_T 为转矩常数，$C_T = \frac{pZ_a}{2\pi a}$。

例 2-4 一台四极的他励直流发电机，$P_N=82\text{kW}$，$U_N=230\text{V}$，$n_N=970\text{r/min}$，如果每极的合成磁通等于空载额定转速下具有额定电压时每极磁通，试求当电机输出额定电流时的电磁转矩。

解 额定电流为

$$I_N = \frac{P_N}{U_N} = \frac{82 \times 10^3}{230} = 356.5(\text{A})$$

额定电枢电流为

$$I_{aN} = I_N = 356.5(\text{A})$$

依题意有

$$E_a = C_e \Phi n = U_N$$

$$C_e \Phi = \frac{U_N}{n_N} = \frac{230}{970} = 0.2371$$

$$C_T \Phi = \frac{30}{\pi} C_e \Phi = \frac{30}{\pi} \times 0.2371 = 2.2643$$

电磁转矩

$$T_{em} = C_T \Phi I_{aN} = 2.2643 \times 356.5 = 807.2(\text{N} \cdot \text{m})$$

2.5 直流发电机

2.5.1 直流发电机的基本方程

发电机带负载稳定运行，是一个将机械能转换电能的过程。在能量转换过程中存在三种平衡关系：在电路方面必须满足基尔霍夫定律，即电压平衡关系；在功率方面必须符合能量守恒定律，即功率平衡关系；在机械力方面必须满足转矩平衡法则，即转矩平衡关系。

1. 电压平衡方程

以他励直流发电机为例，其稳态运行时的等效电路如图 2-40 所示。根据电路的基尔霍夫定理，图中电枢回路的电压平衡方程为

$$U = E_a - I_a R_a \qquad (2-27)$$

式中：U 为发电机端电压；I_a 为电枢电流；E_a 为电枢感应电动势；R_a 为电枢绕组的内电阻。

励磁回路的电压平衡方程为

$$U_f = I_f(R_f + R_j) \qquad (2-28)$$

式中：U_f 为励磁电压；I_f 为励磁电流；R_f 为励磁绕组的内电阻；R_j 为人为串接的励磁回路的调节电阻。

对于如图 2-41 所示的并励直流发电机，电枢回路的电压平衡方程同式 (2-27)，励磁回路的电压平衡方程同式 (2-28)，只是此时的励磁电压等于端电压 U，即 $U_f=U$。此外，还满足电流关系

$$I_a = I_f + I \qquad (2-29)$$

其他励磁方式的直流发电机，同样可以列写出电压平衡方程，读者可自行练习。

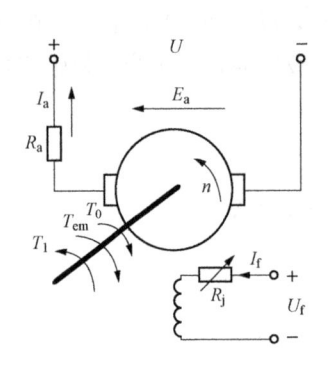

图 2-40　他励直流发电机稳态运行时等效电路 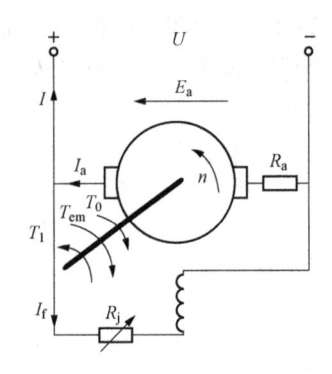　　　图 2-41　并励直流发电机等效电路

2. 功率平衡方程

定义直流电机的电磁功率 P_{em} 为电枢绕组感应电动势 E_a 与电枢电流 I_a 的乘积，根据感应电动势和电磁转矩公式，可得

$$P_{em} = E_a I_a = \frac{pZ_a}{60a}\Phi n I_a = \frac{pZ_a}{2\pi a}\Phi I_a \frac{\pi}{30}n = T_{em}\Omega \tag{2-30}$$

式（2-30）表明，电磁功率既可以表示为电功率 $E_a I_a$ 的形式，也可以表示为机械功率 $T_{em}\Omega$ 的形式，事实上，电磁功率就是电机中完成了电能和机械能相互转化的那部分功率。在直流发电机中，是将机械功率 $T_{em}\Omega$ 转化为电功率 $E_a I_a$，而电动机中则相反。

设原动机输入的机械功率为 P_1，这个功率并不能全部转换为电枢电路的电功率 $E_a I_a$，其中一小部分机械功率将在能量传递过程中损耗掉，这些损耗包括：

（1）机械损耗 p_{mec}，由于轴承内的摩擦，电刷与换向器的摩擦、电枢和风扇与空气之间的摩擦而引起的损耗。

（2）铁心损耗 p_{Fe}，由于电枢铁心在磁场中旋转而引起的磁滞与涡流损耗。

（3）杂散损耗 p_{ad}，又称为附加损耗，产生的原因很复杂，如主磁场的脉动畸变，金属紧固件中的铁耗和换向元件的附加铜耗等，很难准确计算，通常估算约为额定功率的 $0.5\% \sim 1\%$。

去掉这些损耗，剩下的就是电磁功率，即

$$P_1 - (p_{mec} + p_{Fe} + p_{ad}) = P_{em} = T_{em}\Omega = E_a I_a \tag{2-31}$$

由于这些损耗在空载时就存在，因而它们之和称为空载损耗 p_0，因此得

$$P_1 = P_{em} + p_0 \tag{2-32}$$

电枢发出的电功率 $E_a I_a$（即电磁功率 P_{em}），也不是全部输出给负载，因为它的一小部分要消耗于电枢电路的铜损耗 $p_{cua} = I_a^2 R_a$ 和励磁电路的铜损耗 $p_{cuf} = I_f^2 R_f$（指自励发电机，若他励发电机则由其他直流电源供给），其余部分才是输出给负载的电功率 $P_2 = UI$，即

$$P_{em} - (p_{cua} + p_{cuf}) = P_2 \tag{2-33}$$

将 $P_{em} = P_1 - (p_{mec} + p_{Fe} + p_{ad})$ 代入式（2-33），移项后得

$$P_1 = P_2 + (p_{mec} + p_{Fe} + p_{ad} + p_{cua} + p_{cuf}) = P_2 + \sum p \tag{2-34}$$

式中：$\sum p$ 为总的功率损耗，$\sum p = (p_{mec} + p_{Fe} + p_{ad} + p_{cua} + p_{cuf})$。

上述功率平衡关系可用图 2-42 的示意图来表示。

3. 转矩平衡方程

将式（2-32）两边同除以角速度 Ω，得原动机输入的机械转矩，它是驱动转矩，与转速方向一致

$$\frac{P_1}{\Omega} = \frac{P_{em}}{\Omega} + \frac{p_0}{\Omega} \quad (2-35)$$

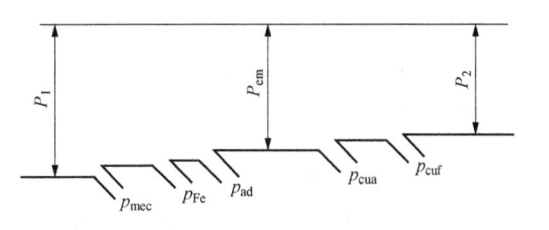

图 2-42 直流发电机的功率流图

式中：$\frac{P_{em}}{\Omega} = T_{em}$ 为发电机的电磁转矩，它是制动转矩，与转速方向相反，大小为 $T_{em} = C_T \Phi I_a$；$\frac{p_0}{\Omega} = T_0$ 为空载损耗引起的空载转矩，也是制动转矩。

将上式写成转矩形式，有

$$T_1 = T_{em} + T_0 \quad (2-36)$$

这就是直流发电机的转矩平衡方程。发电机稳定运行时，转速保持不变，轴上的驱动转矩和制动转矩处于平衡状态。

4. 发电机的效率 η

效率是表示输出功率 P_2 所占输入功率 P_1 的百分比，它是说明发电机性能好坏的一个重要指标。效率 η 可表示为

$$\eta = \frac{P_2}{P_1} \times 100\% = \frac{P_2}{P_2 + \sum P} \times 100\% \quad (2-37)$$

由于总损耗中的铜损耗 p_{cua} 与 I_a 的平方成正比，因此电机的效率将随负载的变化而变化。效率 η 与输出功率 P_2 的关系，即 $\eta = f(P_2)$ 称为效率特性，如图 2-43 所示。由图可见，随着 P_2 的增加效率也随之上升，通常在额定负载的 3/4 左右达到最大值，随后 P_2 再增加效率反而降低。

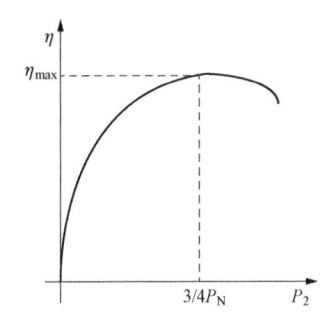

图 2-43 直流发电机的效率特性

直流发电机在额定负载时的效率与电机的容量有关。10kW 以下的电机，额定负载时的效率为 75%～85%；10～100kW 的电机额定负载时的效率为 85%～90%；100～1000kW 的电机，额定负载时的效率为 88%～93%。

例 2-5 一台并励直流发电机的数据为：$P_N = 1.9\text{kW}$，$U_N = 230\text{V}$，$n_N = 1450\text{r/min}$，$R_a = 3.2\Omega$，$R_f = 400\Omega$。设空载损耗为额定功率的 4%，试求额定负载下的电枢电流、电动势及效率。

解

额定负载电流 $I_N = \dfrac{P_N}{U_N} = \dfrac{1.9 \times 10^3}{230} = 8.26(\text{A})$

额定励磁电流 $I_f = \dfrac{U_N}{R_f} = \dfrac{230}{400} = 0.58(\text{A})$

电枢电流 $I_a = I_N + I_f = 8.26 + 0.58 = 8.84(\text{A})$

发电机的电动势 $E_a = U + I_a R_a = 230 + 8.84 \times 3.2 = 258.3(\text{V})$

电枢电路铜损耗为 $p_{cua} = I_a^2 R_a = 8.84^2 \times 3.2 = 250.1(\text{W})$

励磁铜耗为 $p_{cuf} = I_f^2 R_f = 0.58^2 \times 400 = 134.5(W)$

空载损耗 $p_0 = P_N \times 4\% = 1.9 \times 10^3 \times 4\% = 76(W)$

额定负载下的总损耗 $\sum p = 250.1 + 134.5 + 76 = 460.6(W)$

额定负载下发电机的效率为 $\eta = \dfrac{P_2}{P_2 + \sum P} \times 100\% = \dfrac{1.9}{1.9 + 0.46} \times 100\% = 80.5\%$

2.5.2 他励直流发电机的运行特性

直流发电机运行时，通常可测得的物理量有端电压 U、负载电流 I、励磁电流 I_f 和转速 n 等。一般情况下，若无特别说明，总认为拖动发电机的原动机转速是稳定的，且为额定值 n_N。剩下的物理量之间的关系，称为发电机的运行特性，主要有以下几种。

1. 空载特性

空载特性是当 $n=$ 常数，$I=0$ 时，$U_0 = f(I_f)$ 的关系曲线。因为空载运行时，$U_0 = E_a = C_e \Phi n \propto \Phi$，$I_f \propto F_f$，故 $U_0 = f(I_f)$ 的关系曲线本质上就是发电机的磁化曲线。空载特性的测定可以通过实验进行，图 2-44 为他励直流发电机的接线图。实验中保持转速恒定，开关 S 断开，调节电阻 R_j，使 I_f 由零开始单调增长，直至 $U_0 \approx (1.1 \sim 1.3) U_N$ 为止。记录若干组 U_0 和 I_f 的数据，即可绘出空载特性曲线，如图 2-45 所示。图中，由于电机有剩磁，故 $I_f = 0$ 时，发电机还有一个不大的电压，称为剩磁电压，约为额定电压的 $2\% \sim 4\%$。

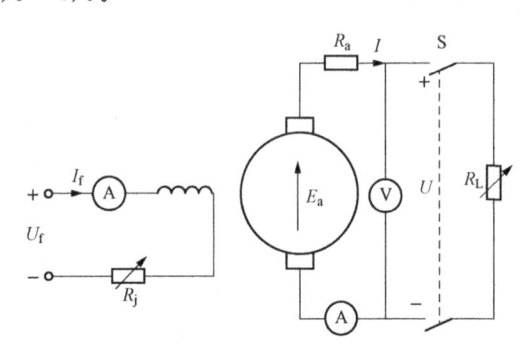

图 2-44 他励直流发电机的接线图

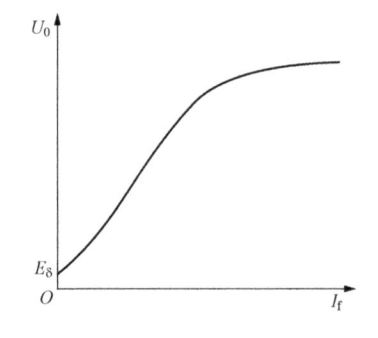

图 2-45 他励直流发电机的空载特性曲线

以上所得空载特性曲线是相对于某一恒定转速而测定的，如果给定转速增大或减小，空载特性曲线将会与转速成正比地向上或向下移动。

2. 外特性

外特性是当 n 为常数，I_f 为常数时，$U = f(I)$ 的关系曲线。实验线路图仍如图 2-44 所示，实验中合上开关 S，调节负载电阻，使负载电流由零开始逐渐增加至略大于额定电流，调节过程中保持转速和励磁电流的恒定。记录若干组 U 和 I 的数据，即可得外特性曲线，如图 2-46 所示。

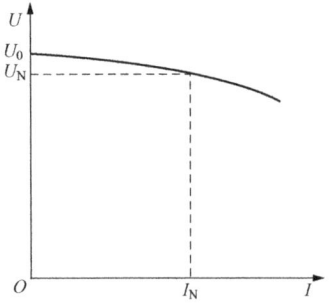

图 2-46 他励直流发电机的外特性曲线

从图 2-46 可以看出，随着负载电流的增大，发电机的端电压将下降。其下降原因可从电枢回路的电压方程来分析，电枢回路可写出如下的电压方程式

$$U = E_a - IR_a = C_e\Phi n - IR_a \qquad (2-38)$$

式中：R_a 为电枢回路总的内阻（包括电枢绕组电阻、换向极绕组电阻和电刷接触电阻）。

由式（2-38）可以看出，随着负载电流 I 的增加，内电阻压降 I_aR_a 也在增加；另外由于电枢磁场的增强，交轴电枢反应的去磁作用也增强，气隙磁通 Φ 降低，感应电动势 E_a 也将降低，这两个影响都引起发电机端电压的下降。

他励直流发电机的外特性，还与所保持的转速以及励磁电流的数值大小有关，当转速和励磁电流保持不同数值时，将获得不同的外特性曲线。

为了说明发电机由空载到额定负载时其电压变化的程度，通常用电压变化率或电压调整率 ΔU 来表示。由图 2-46 可见，发电机由额定负载（$I=I_N$，$U=U_N$）到空载（$I=0$，$U=U_0$）时，电压变化了 ΔU，把 ΔU 的数值用额定电压的百分比来表示，即电压变化率 ΔU 为

$$\Delta U = \frac{U_0 - U_N}{U_N} \times 100\% \qquad (2-39)$$

发电机的电压变化率是反映发电机性能的一个重要数据，一般他励发电机 ΔU 约为 5%～10%。

3. 调节特性

调节特性是当 n 为常数，U 为常数时，$I_f = f(I)$ 的关系曲线。实验线路图仍如图 2-44 所示，实验中合上开关 S，调节负载电阻改变负载电流后，调节励磁电流以保持端电压恒定不变。与此同时，保持转速不变。记录若干组 I 和 I_f 的数据，即可得调节特性曲线，如图 2-47 所示。

调节特性随负载电流增大而上翘，原因是为了保持端电压不变，励磁电流必须随着负载电流的增大而增大，以补偿端电压的下降趋势。

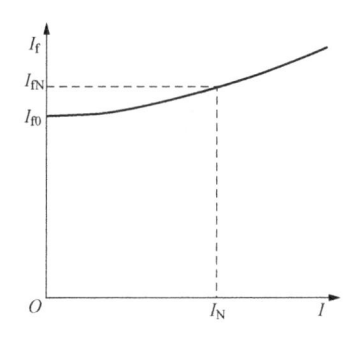

图 2-47 他励直流发电机的调节特性曲线

2.5.3 并励直流发电机的自励建压与运行特性

1. 并励直流发电机的自励建压

并励直流发电机自励建压是指发电机由原动机拖动到一定转速并处于空载情况（S 断开）下，发电机端将建立一定数额的电压，其原理线路连接如图 2-48 所示。由于并励直流发电机由电枢本身供给励磁电流，无需另外直流电源，因此得到广泛应用。下面来分析并励发电机的自励建压过程，并讨论自励建压的条件。

由于建压过程中发电机是空载运行，$I=0$。此时 $I_a = I_f$，电枢电流值较小，因此可以忽略电枢回路内电阻压降和电枢反应的去磁作用，近似有 $U_0 \approx E_a = C_e\Phi n$。也就是说，并励发电机空载特性 $U_0 = f(I_f)$ 与他励发电机类似，其特性曲线正比于磁路的磁化特性曲线，如图 2-49 中的曲线 1 所示。电机端电压 U_0 同时也是励磁电压，因此 U_0 与 I_f 还要满足励磁回路的约束 $U_0 = I_f(R_f + R_j)$，曲线 2 是励磁回路的伏安特性，它是过原点的直线，它的斜率取决于励磁回路的总电阻。曲线 1 和 2 的交点就是并励发电机的工作点，此处发电机励磁电流为 I_{f0}，已建立电压 U_{0N}。并励直流发电机要成功建立电压，必须满足一定的条件。

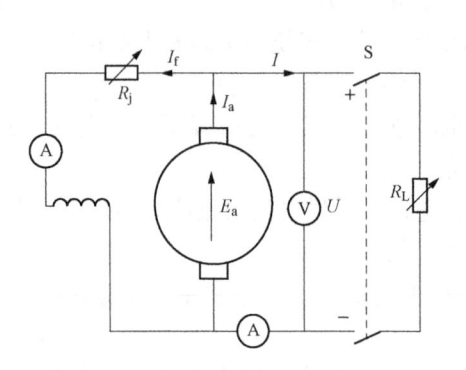

图 2-48 并励直流发电机的接线图

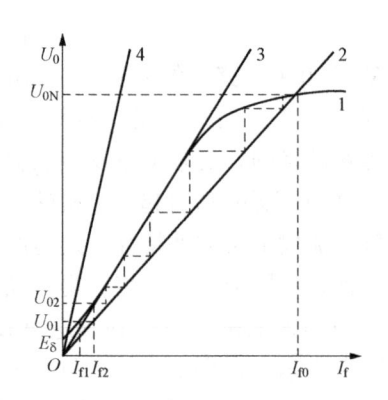

图 2-49 并励直流发电机的自励过程与条件

首先，电压建立之前要求电机磁路中必须有剩磁，这是自励建压过程启动的关键。如果没有剩磁，电机中 $\Phi=0$，电枢绕组中不会感应电动势，因此电压始终为 0。而当电机中存在一定的剩磁 Φ_δ 时，电枢绕组切割剩磁磁场感应电动势，发电机端部将出现一个很小的剩磁电压 $U_0=E_\delta$，如图 2-49 所示。剩磁电压 $U_0=E_\delta$ 加在励磁绕组上，产生很小的励磁电流 I_{f1}。这个很小的励磁电流 I_{f1} 必然激励出励磁磁场 Φ_1，如果励磁绕组接线正确的话，Φ_1 和剩磁 Φ_δ 方向一致，互相叠加，电机中的主磁通增强，从而使端电压增大至 U_{01}。增大的端电压使励磁电流随之增大至 I_{f2}，激励出更强的磁场，增强的磁场又使得端电压进一步增大，如此反复作用，直至图中的交点处稳定工作，之后励磁电流和端电压保持不变，自励建压过程结束。从图中可知，当励磁回路的电阻大于或等于曲线 3 所示的电阻时，它与电机空载特性曲线 1 的交点不能满足建压的要求，曲线 3 对应的励磁回路的电阻值称为临界电阻。

综上所述，并励直流发电机的自励建压的条件为：
（1）电机应有剩磁。
（2）励磁绕组接线正确，保证励磁磁通和剩磁磁通方向一致。
（3）励磁回路电阻应当小于临界电阻，以确保电机有一个恰当的端电压。

转速对于并励发电机电压建立有着直接影响，在上述分析中，如转速降低，则由电动势公式 $E_a=C_e\Phi n$ 可知，其空载特性将下移，对应的临界电阻随之变小。因此，励磁回路电阻对某一转速能自励时，当转速降低，可能不能自励。

2. 并励直流发电机的外特性

并励发电机的外特性是当励磁回路总电阻 $R_f+R_j=$ 常数，转速 $n=$ 常数时，电枢端电压与负载电流之间的关系，即 $U=f(I)$ 对应关系。

图 2-50 中曲线 1 表示并励发电机外特性。为了便于比较，该图也给出了同一电机作为他励发电机时所得到的外特性，如图中曲线 2 所示。由图中可以看出，并励发电机端电压的降低比他励发电机的大。这是因为并励发电机端电压的降低，不仅是由于电枢反应的去磁作用和电枢回路电阻压降，还由于端电压下降时，励磁电流 I_f 也跟着呈正比地减少。励磁电流的减少，将引起电机磁通、电枢电动势和端电压的进一步下降，也就是说，引起并励发电机电枢端电压降低有三个因素，因此它的电压变化率 ΔU 比他励发电机 ΔU 要大，一般可达 30% 左右。

3. 并励发电机的调节特性

并励发电机的调节特性是当 $n=$ 常数，$U=U_N$ 时，励磁电流与负载电流之间关系，即 $I_f=f(I)$ 对应关系。图 2-51 为并励发电机调节特性。从图中可以看出，负载电流增大时，应调节励磁电路电阻，增大励磁电流来保持发电机的端电压不变。

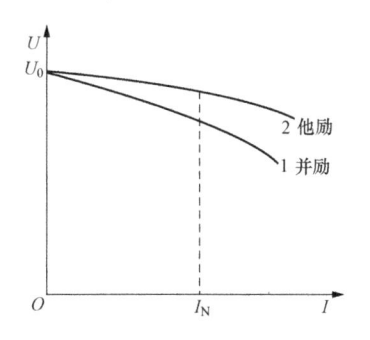

图 2-50 直流发电机的外特性曲线

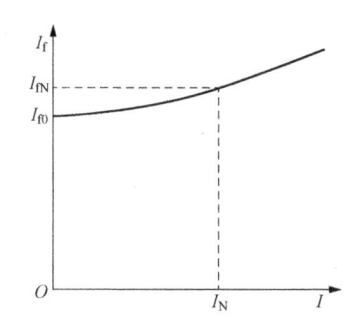

图 2-51 并励直流发电机的调节特性曲线

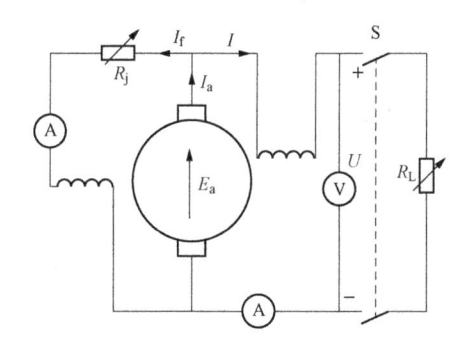

2.5.4 复励直流发电机的特点

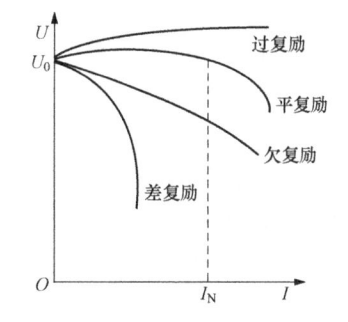

复励直流发电机的接线如图 2-52 所示，它的主磁极上除了有并励绕组外，还装有串联在主电路中的串励绕组。并励绕组的励磁电流较小，并励绕组的导线细而匝数多；串励绕组的励磁电流就是电枢电流，因此串励绕组的导线粗而匝数少。

空载时，串励绕组中没有电流，所以它不起作用。因此复励发电机的自励建压与并励发电机相同。带上负载后除并励绕组产生磁场外，负载电流通过串励绕组又产生一个磁场，若两者方向一致，称为积复励，相反则为差复励。

在积复励发电机中，负载电流对发电机端电压的影响有两个方面，一方面存在电枢反应的去磁作用和电枢电阻压降的影响，使得端电压随着负载电流的增大而减小；另一方面又存在着串励绕组的强磁作用，使端电压增大。因此积复励发电机的端电压的变化情况，要看上述两个方面的作用的相对强弱而定。积复励发电机按照额定负载时的端电压等于、大于或小于空载电压而分为平复励、过复励和欠复励三种。在平复励发电机中，额定负载时串励磁场的强磁作用造成的电压增大恰好补偿此时电压减小的趋势。如果补偿不足，则此时端电压下降，称为欠复励；如果补偿过渡，则此时端电压上升，称为过复励。复励发电机的外特性如图 2-53 所示，其中差复励发电机的串励绕组产生去磁作用，使得端电压大幅下降。

图 2-52 复励直流发电机的接线图

图 2-53 复励直流发电机的外特性

由上述可知，平复励直流发电机在负载变动的情况下，其电压基本上稳定，因此一般的直流发电机都采用这种类型。差复励直流发电机常用作电焊发电机等需要这种特殊外特性的地方。

2.5.5 直流发电机的并联运行*

在船舶直流电站中，通常有两台以上的发电机并联运行，发电机的并联运行能提高设备的利用率和供电的可靠性。为了便于分析，下面先讨论并励发电机并联运行，然后再讨论复励发电机的并联运行。

1. 并励发电机的并联运行

如图 2-54 所示，假定发电机 G_1 已经连接到电网并带上负载稳定运行。现在由于电网的负载增多，需要把发电机 G_2 并联到电网中，发电机接入电网并联运行的条件和步骤以及负载的转移和调整如下。

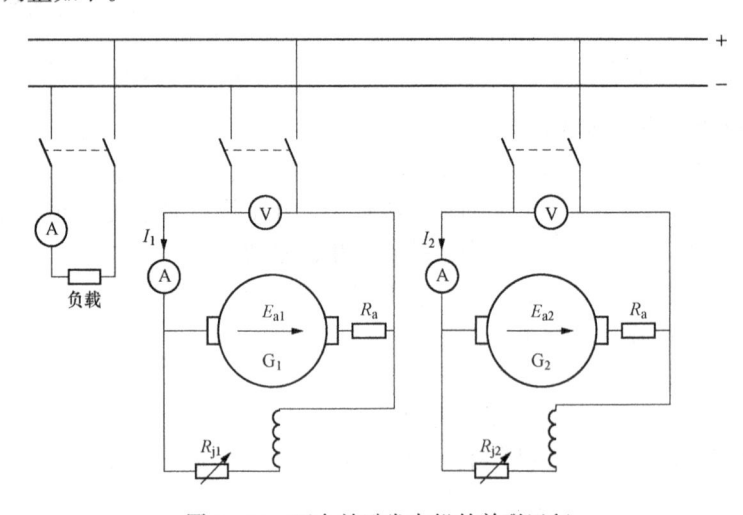

图 2-54 两台并励发电机的并联运行

（1）并联的条件。发电机 G_2 接入电网应不影响电网的正常供电，为此必须满足以下两个条件：

1）发电机 G_2 的正负极性和电网的极性相同。

2）发电机 G_2 的电动势 E_{a2} 等于电网电压 U。

要求极性相同是为了避免两台发电机构成互为短路（极性相反时）的严重事故。在发电机电动势 E_{a2} 与电网电压相等的情况下，G_2 接入电网时，$I_2=0$，此时它不分担负载，对电网电压没有影响。如 E_{a2} 高于 U，则发电机 G_2 接入后就立即分担一部分负载，并引起电网电压升高；如 E_{a2} 低于 U，则发电机 G_2 接入后将出现反流。此两种情况都将影响电网的正常供电，且后一情况尤为不利。

（2）负载的转移和调整。当发电机 G_2 接入电网后，在保持电网电压稳定的情况下，可以把发电机 G_1 的负载的一部分或全部转移给发电机 G_2。为此，必须同时调整两台发电机的励磁电流，即在增加 G_2 的励磁电流的同时，还要减小 G_1 的励磁电流。如要求两台发电机的负载均衡，则在操作过程中应观察两台发电机的电流表使之逐渐相等，在这一过程中要注意保持电压表的读数不变。

为什么要同时改变两台发电机的励磁电流才能使电网电压维持不变呢？对此，可分析如下。

设两台发电机的电枢电阻相等,即 $R_{a1}=R_{a2}=R_a$,且励磁电流很小可忽略不计,即 $I_{a1} \approx I_1$,$I_{a2} \approx I_2$。于是可用图 2-55(a)所示的电路图表示两台发电机的并联工作。图中虚线框起来部分为一有源二端口网络,依据戴维南定理,这一二端口网络可以用一个电动势为 E 的电压源和内阻 R_0 串联来等效代替,如图 2-55(b)所示。电动势 E 为 ab 两端开路时的电压,其值为 $E=\dfrac{E_{a1}+E_{a2}}{2}$;内阻 $R_0=\dfrac{R_a}{2}$。

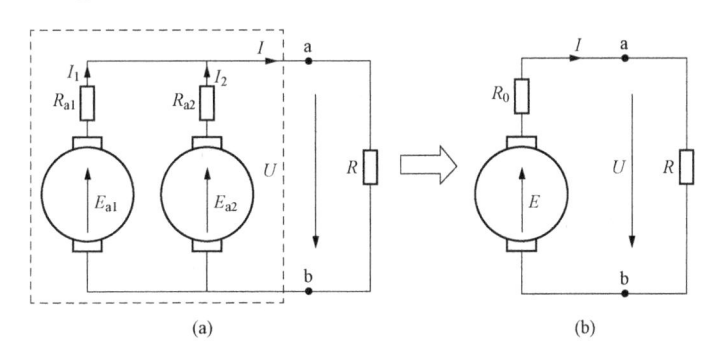

图 2-55 两台并励发电机并联运行的等效电路
(a)发电机并联工作;(b)等效电路

由图 2-55(b)可知,电网电压 U 为

$$U = IR = \frac{E}{R_0+R}R = \frac{\dfrac{E_{a1}+E_{a2}}{2}}{\dfrac{R_a}{2}+R}R = \frac{R}{R_a+2R}(E_{a1}+E_{a2}) \tag{2-40}$$

式(2-40)说明,由于两台发电机在公共的汇流条上并联工作,电网电压 U 是由它们的电动势 E_{a1} 和 E_{a2} 共同来决定的。只有当 E_{a1} 和 E_{a2} 向相反的方向改变时,才能保持 U 不变。

为什么调节励磁电流能转移负载呢?依据电动势平衡方程式 $E_a=U+I_aR_a$ 可得

$$\left. \begin{aligned} I_{a1} &= \frac{E_{a1}-U}{R_{a1}} \\ I_{a2} &= \frac{E_{a2}-U}{R_{a2}} \end{aligned} \right\} \tag{2-41}$$

式中电网电压 U 不变,故当 E_{a2} 增加,E_{a1} 减小时,电流 I_{a2} 增加,I_{a1} 减小,即转移了负载。如需停用发电机 G_1,只要把 I_{a1} 减小到接近于零时,断开开关,将发电机 G_1 撤出。

(3)负载的合理分配。在一般情况下,两台功率相同的发电机并联运行时,我们希望负载电流相等,这样能充分利用发电机容量。为此要求两台发电机应具有相同的外特性,如图 2-56(a)所示,由图中可看出,由于在并联运行时,它们的端电压是相等的,因此不论电网负载如何,两台发电机总是分担同样多的负载,即 $I_1=I_2$。图 2-56(b)表示外特性不一致的情况,图中假定两台发电机的空载电压相等,可以看出,电压相等时,两台发电机负载分配不均。此时不能自动地实现合理的负载分配,而要随时随地去注意调节励磁电流。因此并联运行的发电机应有相同的外特性曲线。此外,它们的原动机转速特性(即转速随负载而变化的情况)也要比较接近。

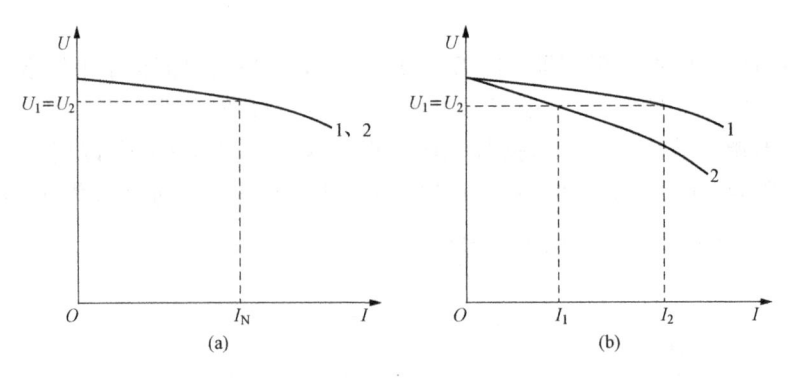

图 2-56 外特性对并联运行的影响
(a) 外特性一致；(b) 外特性不一致

2. 复励发电机的并联运行

复励发电机并联运行的条件和负载转移的方法与并励发电机相同，不过要多一条均衡线。图 2-57 是复励发电机并联运行的接线图，图中连接 a、b 两点连线为均衡线。对均衡线的作用说明如下。

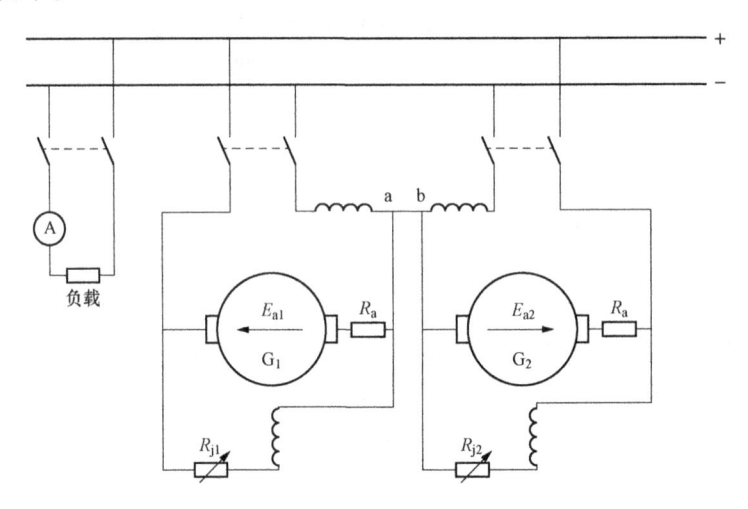

图 2-57 复励发电机并联运行的接线图

常用的平复励或过复励发电机其外特性曲线有上升部分，这种发电机在并联运行时会出现不稳定现象：例如由于某种原因（如励磁电流或转速稍为增加），发电机 G_1 的电动势 E_{a1} 变大，它使电流 I_{a1} 增大。I_{a1} 的增大，通过串励磁场的作用引起电动势 E_{a1} 增大，于是 I_{a1} 又继续增大。与此同时，由于 E_{a1} 升高使电网电压 U 升高，因此发电机 G_2 的电流 I_{a2} 会减小 $\left(I_{a2}=\dfrac{E_{a2}-U}{R_{a2}}\right)$，其串励磁场随之也减弱，并引起电动势 E_{a2} 减小，于是 I_{a2} 又继续减小。最后发展到发电机 G_2 的电流反向，而发电机 G_1 则过载，破坏了发电机的并联运行。为了消除这一不稳定现象，复励发电机并联运行必须连接均衡线，采用均衡线后，两台发电机的串励绕组便并联起来了，这时两个串励绕组中的电流与各自的电阻成反比，即它们始终按一定的比例分配，二者同时增大或同时减小，因而保证 E_{a1} 和 E_{a2} 也同时增大或同时减小，于是复励发电机的并联运行便能保持稳定。

另外,串励磁场很强的复励发电机,如果出现大的"反流",便有可能使剩磁消失甚至将剩磁充反,因此当开关因反流而自动断开后,在建立发电机的电压时,应注意检查发电机剩磁的极性。

2.6 直流电动机

2.6.1 直流电动机的基本方程

直流电动机和直流发电机在结构上相似,同一台直流电机可以作为发电机运行,也可以作为电动机运行。上述两种运行方式在一定条件下可以互相转化,称为直流电机的可逆性。

本节主要讨论直流电动机在能量转换过程中的电压、转矩和功率的平衡关系。这些关系是分析电动机各种问题的依据。

1. 电动势平衡方程

以并励直流电动机为例,其稳态运行时的等效电路如图2-58所示,图中给定的电压电流正方向按照电动机惯例,图中电枢感应电动势方向与电枢电流方向正好相反,因此电动机中的这个电动势称为反电动势。根据电路的基尔霍夫定理,图中电枢回路的电动势平衡方程为

$$U = E_a + I_a R_a \qquad (2-42)$$

式中:U 为发电机端电压;I_a 为电枢电流,E_a 为电枢感应电动势;R_a 为电枢绕组的内电阻。

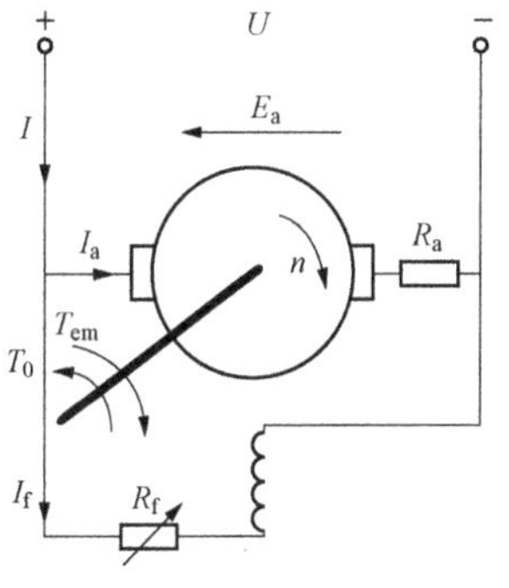

励磁回路的电动势平衡方程为

$$U = I_f(R_f + R_j) \qquad (2-43)$$

图 2-58 并励直流电动机等效电路

式中:I_f 为励磁电流;R_f 为励磁绕组的内电阻;R_j 为人为串接的励磁回路的调节电阻。

电动机电流、电枢电流和励磁电流满足方程

$$I = I_f + I_a \qquad (2-44)$$

其他励磁方式的直流电动机,同样可以列写出电动势平衡方程,读者可自行练习。

2. 功率平衡方程

并励直流电动机从电源输入的电功率为 $P_1 = UI$,它的一小部分消耗于励磁损耗 $P_{cuf} = I_f^2(R_f + R_j)$ 和电枢电路铜损耗 $P_{cua} = I_a^2 R_a$,其余的电功率转换为机械功率,这部分功率又称为电磁功率 P_{em},即

$$P_{em} = P_1 - (P_{cuf} + P_{cua}) \qquad (2-45)$$

电磁功率转化的机械功率尚不能全部被利用,还需扣除铁心损耗 p_{Fe}、机械损耗 p_{mec} 和杂散损耗 p_{ad} 后,才是轴上的输出功率,即

$$P_{em} - (p_{mec} + p_{Fe} + p_{ad}) = P_{em} - p_0 = P_2 \qquad (2-46)$$

式中:p_0 为空载损耗,$p_0 = p_{mec} + p_{Fe} + p_{ad}$,其成分和物理意义与发电机的空载损耗完全相同。

由式(2-45)、式(2-46)可得

$$P_1 - (p_{cuf} + p_{cua} + p_{mec} + p_{Fe} + p_{ad}) = P_1 - \sum p = P_2 \qquad (2-47)$$

式中：$\sum p$ 为电动机总的功率损耗，$\sum p = p_{cuf} + p_{cua} + p_{mec} + p_{Fe} + p_{ad}$。

直流电动机的功率流如图 2-59 所示。

与发电机一样，电动机的效率为

$$\eta = \frac{P_2}{P_1} \times 100\% = \frac{P_2}{P_2 + \sum p} \times 100\% \quad (2-48)$$

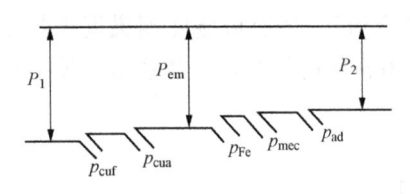

图 2-59 直流电动机的功率流图

3. 转矩平衡方程

将式（2-46）两边同除以角速度 Ω，得

$$\frac{P_{em}}{\Omega} = \frac{P_2}{\Omega} + \frac{p_0}{\Omega} \quad (2-49)$$

式中：$\frac{P_2}{\Omega} = T_2$ 为轴上所带的负载转矩，它是制动转矩，与转速方向相反；$\frac{P_{em}}{\Omega} = T_{em}$ 为发电机的电磁转矩，它是驱动转矩，与转速方向相同，大小为 $T_{em} = C_T \Phi I_a$；$\frac{p_0}{\Omega} = T_0$ 为空载损耗引起的空载转矩，是制动转矩。将式（2-49）写成转矩形式

$$T_{em} = T_2 + T_0 \quad (2-50)$$

这就是直流电动机的转矩平衡方程。电动机稳定运行时，转速保持不变，轴上的驱动转矩和制动转矩处于平衡状态。

如果电机变速运行，则轴上的驱动转矩和制动转矩不再平衡，它们应满足转子运动方程

$$T_{em} - (T_2 + T_0) = J \frac{d\Omega}{dt} \quad (2-51)$$

式中：J 为转轴的转动惯量。

由上式可知，当驱动转矩大于制动转矩时，$\frac{d\Omega}{dt} > 0$，转速上升；反之，转速下降。

2.6.2 并（他）励直流电动机的工作特性

电动机用于拖动生产机械运行时转速 n、电磁转矩 T_{em} 和效率 η 与负载 P_2 的关系曲线称为工作特性。直流电动机的工作特性因励磁方式而异，可用计算法求得，但大多用实验方法确定。本节讨论并励直流电动机的工作特性（他励直流电动机的工作特性和并励直流电动机相同，不再另述）。

1. 转速特性

并励直流电动机的接线图如图 2-60 所示，转速特性即转速与负载的关系曲线 $n = f(P_2)$，实验中保持 $U = U_N =$ 常值，$I_f = I_{fN} =$ 常值（对应于 $P_2 = P_N$，$n = n_N$ 时的励磁电流值）。图 2-60 中，电枢回路中的起动电阻 R_{st} 在起动完成后切除。实验结果见图 2-61，随着 P_2 的增加，转速 n 略有下降。

分析其原因，根据并励直流电动机电枢回路方程 $U = E_a + I_a R_a = C_e \Phi n + I_a R_a$，稍作变换后得到

$$n = \frac{U - I_a R_a}{C_e \Phi} \quad (2-52)$$

由式（2-52）可知，当 P_2 增加时，I_a 随之增加，由于 U 和 I_f 保持不变，式中电枢回路内阻的压降 $I_a R_a$ 增大，转速 n 随 I_a 线性下降。如果考虑到电枢反应的去磁作用，转速特性的尾部会出现上翘，如图中的虚线所示。从式（2-52）来看，并励直流电动机的励磁绕

组一定要可靠连接,因为如果磁通 Φ 为 0 或接近于 0,轻载时会造成转速过高的飞车事故,重载时会电流过大烧毁电机。

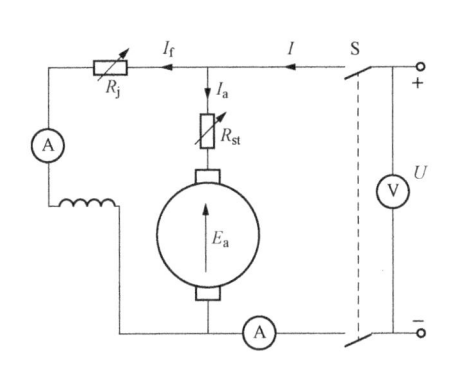

图 2-60 并励直流电动机的接线图

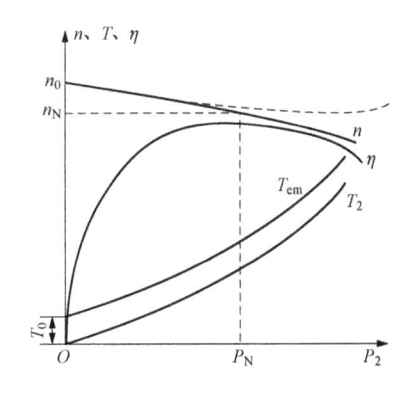

图 2-61 并励直流电动机的工作特性

2. 转矩特性

实验线路图同图 2-60,转矩特性即转矩与负载的关系曲线 $T_{em}=f(P_2)$,实验中保持 $U=U_N$=常值,$I_f=I_{fN}$=常值。将式 (2-50) 改写为

$$T_{em} = T_2 + T_0 = \frac{P_2}{\Omega} + T_0 \tag{2-53}$$

而 $T_2=\dfrac{P_2}{\Omega}$ 是一条略微上翘的经过原点的直线(其原因是随着 P_2 增加,转速 Ω 略有下降),故 T_{em} 曲线可由 T_2 曲线平移得到,其与纵轴的交点对应于空载转矩 T_0,如图 2-61 所示。

3. 效率特性

效率特性即效率与负载的关系曲线 $\eta=f(P_2)$,效率特性曲线可由实测的 P_1 和 P_2 计算而得,典型曲线见图 2-61。普通电机大都在接近额定功率前效率取最大值,此时电机中的可变损耗和不变损耗相等。

例 2-6 一台并励直流电动机的额定数据为 $P_N=17\text{kW}$,$U_N=220\text{V}$,$I_N=88.9\text{A}$,$n_N=3000\text{r/min}$,$R_a=0.0896\Omega$,励磁回路电阻 $R_f=181.5\Omega$,若忽略电枢反应的影响,试求:

(1) 电动机的额定输出转矩。
(2) 在额定负载时的电磁转矩。
(3) 额定负载时的效率。
(4) 在理想空载($I_a=0$)时的转速。

解

(1) 电动机的额定输出转矩 $T_N = \dfrac{P_N}{\Omega_N} = \dfrac{17000 \times 60}{2\pi \times 3000} = 54.1(\text{N}\cdot\text{m})$

(2) 额定励磁电流 $I_{fN} = \dfrac{U_N}{R_f} = \dfrac{220}{181.5} = 1.2(\text{A})$

额定电枢电流 $I_{aN} = I_N - I_{fN} = 88.9 - 1.2 = 87.7(\text{A})$

电枢电动势 $E_{aN} = U_N - I_{aN}R_a = 220 - 87.7 \times 0.0896 = 212(\text{V})$

电磁功率 $P_{em} = E_{aN}I_{aN} = 212 \times 87.7 = 18592(\text{W})$

电磁转矩 $T_{em} = 9.55\dfrac{P_{em}}{n_N} = 9.55 \times \dfrac{18592}{3000} = 59.2(\text{N}\cdot\text{m})$

(3) 空载转矩 $T_0 = T_{em} - T_N = 59.2 - 54.1 = 5.1(\text{N} \cdot \text{m})$

空载损耗 $p_0 = T_0 \Omega = 5.1 \times \dfrac{2\pi \times 3000}{60} = 1601(\text{W})$

额定输入功率
$$P_{1N} = P_{em} + I_a^2 R_a + I_f^2 R_f = 18592 + 87.7^2 \times 0.0896 + 1.2^2 \times 181.5$$
$$= 19542.5(\text{W})$$

额定效率 $\eta_N = \dfrac{P_N}{P_{1N}} \times 100\% = 86.9\%$

(4) 因为额定运行时有 $C_e \Phi = \dfrac{E_{aN}}{n_N} = \dfrac{212}{3000}$

$$n_0 = \dfrac{U_N}{C_e \Phi} = \dfrac{220 \times 3000}{212} = 3111(\text{r/min})$$

2.6.3 串励与复励电动机的工作特性

1. 串励电动机的转速特性

串励电动机的接线图如图 2-62 所示。其特点是励磁绕组与电枢串联在一个电路中,串励绕组通过的就是电枢电流,所以它的导线较粗而匝数较少。串励绕组的转速特性即转速与负载的关系曲线 $n = f(P_2)$,实验中保持 $U = U_N =$ 常值。实验结果如图 2-63 所示。

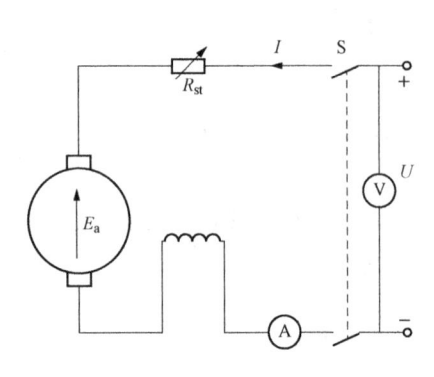

图 2-62 串励直流电动机的接线图 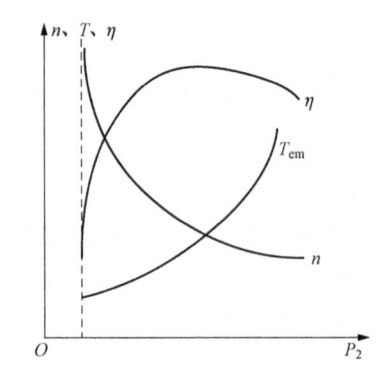   图 2-63 串励直流电动机的工作特性

串励电动机的转速随着负载的增加而快速下降,原因分析如下:首先写出串励电动机运行时的电枢回路方程(此时 R_{st} 已被切除) $E_a = U - I(R_a + R_f)$,稍作变换得

$$n = \dfrac{U - I(R_a + R_f)}{C_e \Phi} \tag{2-54}$$

由于串励电动机的主磁通是随电枢电流而变化的,因此当负载增加时,不仅由于电枢内阻压降的增加而使转速下降,更重要的是由于负载增加时,电枢电流增大,主磁通随之增强,从而使转速显著下降。

串励电动机在空载或轻载时,转速将大大超过额定值,即产生"飞车"现象。因此,串励电动机决不允许在空载或轻载(低于额定负载的 20%~25%)的情况下起动或运行,否则将由于转速过高而造成事故,例如电枢绕组的绑线断裂,绕组损坏,换向器飞散等。据此,串励电动机与工作机械的连接一般都不采用皮带连接,以免因皮带断裂或滑脱而造成电动机空载。

串励电动机由于起动转矩较大和具有软的转速特性,因此,常用作起动电动机(起动内燃机用）、起重电动机和电钻电动机等。此外船舶上的小电风扇也常用串励电动机。

2. 串励电动机的转矩特性

根据式（2-53），由于转速随着负载快速下降，因此串励电动机的转矩特性曲线 $T_{em}=f(P_2)$ 是一条快速上扬的曲线，如图 2-63 所示。之所以如此，是由于负载的增加，I 增加，磁通 Φ 增大，不饱和时 $\Phi \propto I$，从而 $T_{em}=C_T\Phi I \propto I^2$，即便考虑饱和影响，转矩也按大于电流的一次方的速率增加。因此，串励电动机有很大的起动转矩和很强的过载能力，尤其适合于电力机车一类的牵引负载。

3. 复励电动机的工作特性

串励电动机虽然具有大的起动转矩，但是由于不允许在空载和轻载的情况下运行，因此限制了它的应用范围。为了解决这一问题，可以采用复励电动机。复励电动机的实验接线如图 2-64 所示。复励电动机的转速特性如图 2-65 所示，为了便于比较，图中还画出了并励和串励电动机的转速特性。由图可见，积复励电动机的转速特性介于并励和串励电动机之间，其曲线的形状与串励绕组匝数的多少有关。如串励绕组匝数多，则转速特性接近于串励电动机；如串励绕组的匝数少，则电动机工作时并励绕组起主要作用，特性便接近于并励电动机。而差复励电动机运行时可能不稳定，通常是不采用的，只是在极个别的情况下，如为了得到转速不随负载而变的特性，偶尔采用串励磁场很弱的差复励电动机。

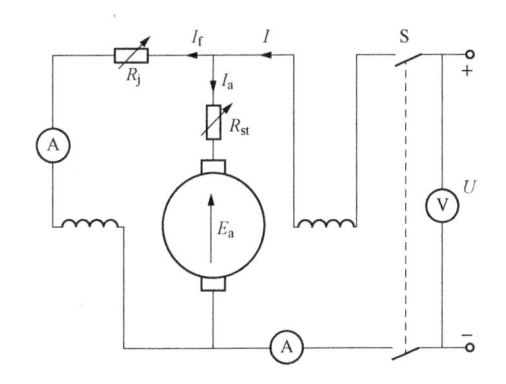

图 2-64 复励直流电动机的接线图

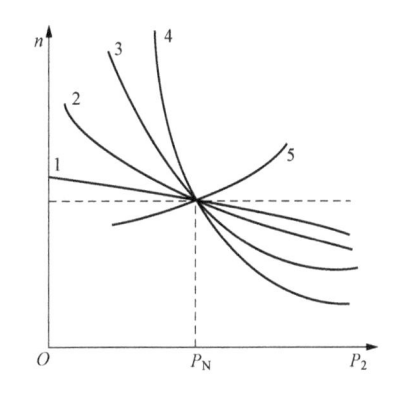

图 2-65 直流电动机的转速特性
1—并励电动机；2—励为主的复励电动机；
3—串励为主的复励电动机；4—串励电动机；
5—差复励电动机

复励电动机由于起动转矩较大，空载时转速又不太高，并能承受较大的超载，所以应用很广泛。船舶上的电动机大都是复励电动机，对于负载转矩大的工作机械采用串励为主的复励电动机，如锚机、起重机等；而水泵、油泵以及通风机等则采用并励为主的复励电动机，这种电动机由于加入了很弱的串励，因此即使当电枢反应去磁作用很强时仍能获得下降的转速特性，从而保证电动机稳定运行。

使用复励电动机时，必须注意，不要把励磁绕组错接成差复励，因为电动机接成差复励后，削弱了主磁通，减小了起动转矩，延长了起动时间，使起动电流作用的时间变长，有可能使保险丝（也称熔丝）烧断或自动空气开关跳闸，电动机也就不能完成其起动过程，即使起动起来了，也由于主磁通随着电流的增大而减弱，电动机将不能稳定地工作，其转速将升至很高。

2.6.4 电动运行与发电运行的比较

电机运行在发电机与电动机两种状态，其区别主要在于电枢电动势 E_a 与电磁转矩 T_{em} 的性质与作用不同。表 2-2 为电动运行与发电运行的比较。

表 2-2　　　　　　　　　　电动运行与发电运行的比较

相关量	发电机状态（发电运行）	电动机状态（电动运行）
电动势公式	$E_a = C_e \Phi n$ I_a 与 E_a 方向一致	$E_a = C_e \Phi n$（反电动势） E_a 与 I_a 方向相反
电动势平衡方程	$U = E_a - I_a R_a$ $E_a > U$	$U = E_a + I_a R_a$ $E_a < U$
电磁转矩公式	$T_{em} = C_T \Phi I_a$（制动转矩） T_{em} 与 n 方向相反	$T_{em} = C_T \Phi I_a$（驱动转矩） T_{em} 与 n 方向一致
转矩平衡方程（稳态）	$T_1 = T_{em} + T_0$ T_1 为原机拖动转矩 T_0 为空载制动转矩	$T_{em} = T_2 + T_0$ T_2 为负载制动转矩 T_0 为空载制动转矩
电磁功率	$P_{em} = T_{em} \Omega = E_a I_a$（机械功率转换为电功率）	$P_{em} = E_a I_a = T_{em} \Omega$（电功率转换为机械功率）
功率平衡方程	$P_2 = P_1 - \sum p$ $P_1 = T_1 \Omega$ $P_2 = UI$	$P_2 = P_1 - \sum p$ $P_1 = UI$ $P_2 = T_2 \Omega$

2.7 直流电机的换向

换向情况的好坏对直流电机的工作有着极大影响，当换向不好时，电刷下会发生火花，严重时会使电刷和换向器受到损坏，使电机不能正常工作，换向火花是直流电机最普遍、最常见的故障。因为换向火花的存在，直流电机很难做成高速、大容量的机组。而且在船上，电刷下火花将向周围产生电磁波，对无线电通信产生干扰，影响其他设备正常运行。因此，保证电机换向良好，是直流电机使用和维修中的一项重要任务。

本节将介绍换向过程、换向的电磁理论，并进一步分析火花发生的原因和改善换向的方法。

2.7.1 直流电机的换向过程

直流电机的换向是指电枢绕组中的某一元件经电刷从一条支路进入另一条支路，元件电流发生变化的过程。图 2-66 是单叠绕组换向示意图。设换向元件编号为 1，电刷宽为 b_s，换向片宽度 b_k，$b_k = b_s$，电刷固定，换向器以线速度 v_k 按图示方向运动。

当电刷仅与换向片 1 接触时，见图 2-66（a），元件 1 属于电刷右边的支路，其中电流为 i_a；当电机转动，换向器向左运动，电刷同时与换向片 1 和 2 接触，见图 2-66（b），元件 1 被电刷短路，换向过程进行，电流从 i_a 开始衰减。待到电刷与换向片 2 完全接触，见图 2-66（c），元件 1 改属电刷左边的支路，元件中的电流反向为 $-i_a$，元件 1 的换向过程结束。

在理想的换向过程中，流经电刷接触面的电流始终与接触面积成正比，当电刷离开换向

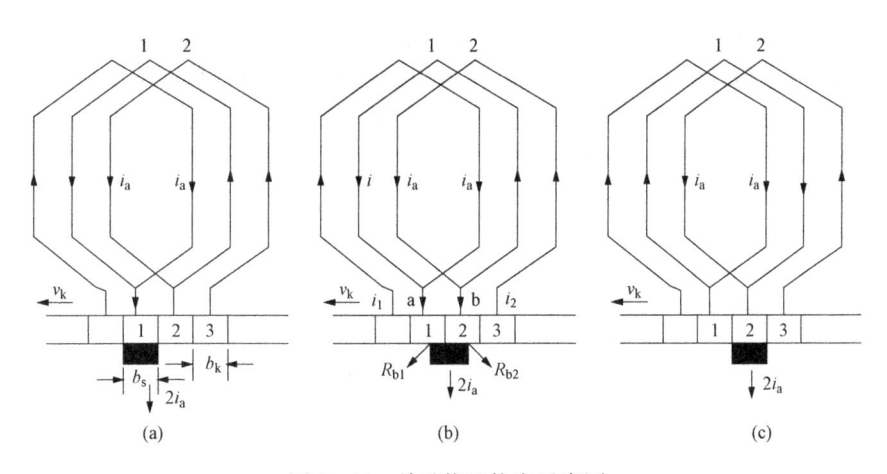

图 2-66 单叠绕组换向示意图

(a) 电刷与换向片 1 接触；(b) 电刷与换向片 1、2 接触；(c) 电刷与换向片 2 接触

片时电流随时间线性地从 i_a 自然过渡到 $-i_a$，因此不产生换向火花，如图 2-67 所示。元件 1 的换向过程从 t_a 开始，至 t_b 结束，其时间间隔称为换向周期 T_k（$T_k = t_b - t_a$）。通常换向过程都很短暂，T_k 的大小也就只有几个毫秒。

而在实际的换向过程中，因为存在换向元件的电抗电动势和电枢反应电动势等，阻碍了换向元件中电流的变化，导致了电刷上的电流密度不等，产生了换向火花。

2.7.2 换向的电磁理论

事实上，换向过程除了电磁过程外，还伴随着复杂的机械、化学、热力学等过程，且相互影响，准确分析非常困难，本书只讨论其中的电磁理论。

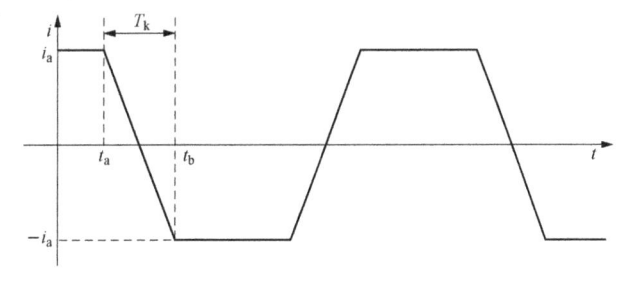

图 2-67 换向元件的电流

首先假设：

(1) 电刷和换向片接触表面均匀地流过电流，即它们之间是面接触。

(2) 电刷与换向片每单位面积上接触电阻为一常数，而与电流密度即总接触面积的大小无关，即接触面积与接触电阻成反比。

(3) 认为换向元件中的合成电动势 Σe 在换向周期内保持不变，计算时取它在换向周期内的平均值。

下面具体运用电磁感应定律和电路定理探讨换向元件内的电动势和电流的变化规律。

1. 换向元件中的电动势

换向元件中存在着两种不同性质的电动势，分别进行讨论。

(1) 旋转电动势 e_w。换向元件的元件边在换向的过程中从电枢表面移过的距离称为换向区域。设换向区域内磁场的磁通密度为 B_w，电枢表面的线速度为 v_a，换向元件匝数为 N_y，元件边长度为 l，则换向元件中的旋转电动势大小为

$$e_w = 2N_y B_w l v_a \tag{2-55}$$

(2) 电抗电动势 e_r。换向元件在换向周期内电流从 $+i_a$ 变为 $-i_a$，故与换向元件交链的

磁通要发生变化,并在元件中感应电动势。这种电动势的作用是企图阻止电流的变化,通称为电抗电动势。换向元件中的电抗电动势只考虑漏磁场的作用,其中同时存在自感电动势 e_L 和互感电动势 e_M 两种成分,前者为换向元件自身电流变化对漏磁场的影响,后者为其他换向元件电流变化对漏磁场的影响,总括起来写成漏感压降的形式为

$$e_r = e_L + e_M = -L_r \frac{di}{dt} \tag{2-56}$$

于是,换向元件中的合成电动势便是 e_w 和 e_r 的代数和,即 $\sum e = e_w + e_r$。在没有安装换向极且电刷位于几何中性线的情况下,e_w 和 e_r 都是阻碍电流变化的,且电机负载越重,转速越高,e_w 和 e_r 越大。

2. 换向元件中的电流

为简化处理,假设如图 2-66 (b) 所示,电刷的宽度不大于换向片宽,可得换向元件和电刷闭合回路的关系式为

$$i_1 R_{b1} - i_2 R_{b2} + i R_0 = e_r + e_w = \sum e \tag{2-57}$$

式中:e_r 为换向元件的电抗电动势;e_w 为由换向区外界磁场所感应的电动势;R_{b1}、R_{b2} 为换向片与电刷的接触电阻;R_0 为换向元件的内电阻;i 为换向元件流过的电流。

因为 $i_1 = i_a + i$,$i_2 = i_a - i$,则回路方程为

$$(i_a + i) R_{b1} - (i_a - i) R_{b2} + i R_0 = \sum e$$

$$i = i_a \frac{R_{b1} - R_{b2}}{R_{b1} + R_{b2} + R_0} + \frac{\sum e}{R_{b1} + R_{b2} + R_0} = i_n + i_k \tag{2-58}$$

式中:i_n 为直线换向电流;i_k 为附加换向电流。

设 R_b 为整个电刷完全与某一换向片接触时的电阻,则

$$R_{b1} = R_b \frac{T_k}{T_k - t} \quad R_{b2} = R_b \frac{T_k}{t}$$

式中:t 为距开始换向的时间;T_k 为换向周期。

代入式 (2-58),得

$$i_n = i_a \frac{1 - \dfrac{2t}{T_k}}{1 + \dfrac{R_0}{R_b} \dfrac{t}{T_k}\left(1 - \dfrac{t}{T_k}\right)} \tag{2-59}$$

由于线圈内阻远小于接触电阻,因此常忽略 R_0,有

$$i_n = i_a \left(1 - \frac{2t}{T_k}\right) \tag{2-60}$$

(1) 当 $\sum e = 0$ 时(直线换向),有

$$i = i_a \left(1 - \frac{2t}{T_k}\right), \quad i_k = 0 \tag{2-61}$$

这种换向特点是:换向电流均匀地从 i_a 变化到 $-i_a$,并且在换向周期内任一瞬间,电刷下电流是均匀分布的,处处相等的。因而,电刷的接触层中的损耗和发热量较小,是一种理想的换向情况。电流变化如图 2-68 中的曲线 1 所示。

(2) 当 $\sum e > 0$ 时(延迟换向),有

$$i = i_n + i_k, \quad i_k > 0 \tag{2-62}$$

这种换向特点是:后刷边的电流密度变大,而前刷边电流密度减小,当 $\sum e$ 值很大时,

后刷边电流密度很大，发热较大，很大的电流密度突然断开，便导致了火花的产生。其电流变化如图 2-68 中的曲线 2 所示。

(3) 当 $\Sigma e < 0$ 时（超越换向），有

$$i = i_n + i_k, \quad i_k < 0 \quad (2-63)$$

这种换向特点是：前刷边的电流密度变大，而后刷边电流密度减小，当 Σe 的绝对值较大时，前刷边电流密度大，发热较量高，容易形成火花，使换向困难。电流变化如图 2-68 中的曲线 3 所示。

3. 换向理论的补充*

经典电磁换向理论是从电刷与换向器呈理想面接触，单位面积接触电阻为常数出发的。然而，电刷与换向器之间的滑动接触只能是有限点接触，并且点接触之和也只占电刷表面积很小一部分。当通过电刷的电流较小时，主要通过这些接触点传导；而当电流较大，如平均电流密度达到 $10 \sim 15 \text{A/cm}^2$ 时，接触点处的实际电流密度就可能达到每平方厘米数千安培，致使接触点被烧成红热或白热，具备热放射条件。红热时放射出带正电荷的离子，白热时放射出电子。如果离子速度很高，还会发生碰撞电离，在接触点之间的空气隙内形成电弧导电。另外，由于换向器的旋转和电刷的振动，接触点不断变换位置，则在接触点断开和接通瞬间可能存在足够高的电压，这也将导致火花和电弧产生。总之，电流足够大后，离子传导将起主要作用，并随电流增加而不断加强，使接触压降几乎维持不变。这就是关于接触面的点接触和离子导电理论，它是经典电磁换向理论的补充。

此外，还有化学方面的补充。由于空气中含有水蒸气，电刷和换向器表面都会覆盖一层水膜。电流通过时，产生电解作用，电刷和换向器就成为电解的两个电极，正极产生氧，负极产生氢，最终结果会在换向器表面形成一层氧化亚铜的薄膜。虽然电刷的摩擦作用倾向于破坏这层薄膜，但电流经过时的局部高温又维护着这一表面氧化过程，并在破坏和形成之间维持一种动态平衡，使氧化膜的存在成为客观事实。由于氧化膜电阻较高，能有效抑制附加换向电流分量 i_k，因而有利于换向。实践证明，氧化膜的形成，对电机的良好换向有重要作用；此外，氧化膜表面吸附的水分和碳、石墨等电刷结构材料的粉末也对加强润滑、减小磨损有积极意义。以上被称为接触面的氧化膜理论。

从以上新理论可以看出，经典电磁换向理论只适用于定性分析。虽然工程实际中也用它来进行定量分析，并作为直流电机的主要设计依据，但大多还要结合电机的换向试验（无火花区域试验法）对电刷位置进行调整，才能较好地解决换向问题。

2.7.3 改善换向的措施

改善换向的目的在于消除电刷下的火花。这里，主要从消除火花的电磁原因入手，介绍一些常用的改善换向的方法。

电磁换向理论表明，附加换向电流 i_k 是导致延迟或超越换向，进而产生火花的根本原因。因此，改善换向必须从减小 i_k 入手，有两种途径：

(1) 减小换向回路的合成电动势 Σe。要使 Σe 减小，办法之一是减小电抗电动势 e_r。具体是减小元件匝数和降低等效漏磁导。这对于有电枢铁心并通过电枢绕组实现能量转换的电

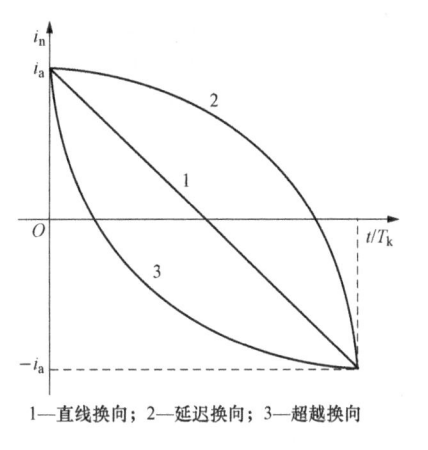

图 2-68 换向电流曲线

1—直线换向；2—延迟换向；3—超越换向

机来说，实现难度较大，收效比较有限。

（2）另一方法是在换向区域内建立一个适当的外磁场，使它在换向元件内产生旋转电动势来与电抗电动势相抵消，从而使得$\sum e \approx 0$。为此，可采用设置换向极和移动电刷两种方法，这是一种更积极也更有效的方法，在工程实际中得到了较多的应用。

下面就装置换向极、移动电刷这两种方法分别讨论。

1. 装置换向极

装置换向极是改善换向的最有效方法，除少数小容量电机外，现代直流电机几乎都装有换向极。

换向极（N_c，S_c）装在主磁极（N，S）间的几何中心线上（即主磁场的磁中性线或称交轴上），作用是产生一个换向磁场B_k。图 2-69 是一台两极直流电机安装换向极的示意图。图中将置于换向器几何中性线上的电刷直接画到电枢几何中性线上，并置于换向极下，这是工程习惯，也是为了作图方便。

换向极要在换向区域内产生所希望的换向磁场，必须包含两个分量：一个分量用以平衡交轴电枢反应磁通势F_{aq}；另一个分量$F_{\delta k}$用以建立换向极下气隙磁通密度B_k。忽略铁心中的磁压降，每个换向极的磁通势为

$$F_k = F_{aq} + F_{\delta k} \tag{2-64}$$

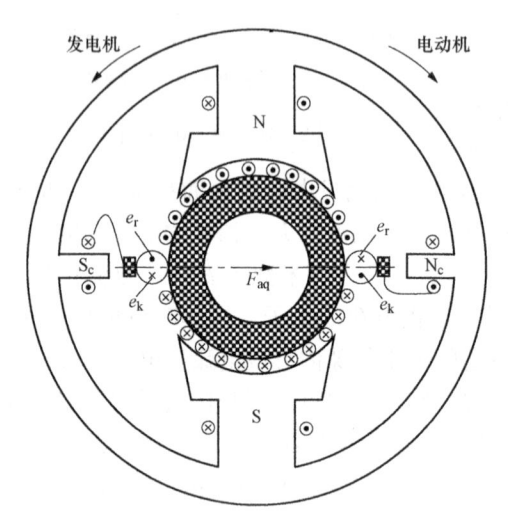

图 2-69 两极直流电机安装换向极的示意图

B_k的大小要根据所需要的e_k来决定。理想情况下，e_k和e_r在任意瞬间都能完全抵消，但实际上很难做到。因为e_k取决于B_k的波形，而e_r取决于换向电流的变化规律。因此，折中的解决方法是要求它们的平均值能相等，即$e_k = e_{rav}$。由于$e_k \propto B_k$，$e_{rav} \propto I_a$。所以要在任何负载下都满足$e_k = e_{rav}$，必须使$B_k \propto I_a$，即换向极磁通势应正比于电枢电流I_a。为此，换向极绕组必须与电枢绕组串联，并要求在设计电机时尽量使换向极磁路不饱和。后者通常用降低换向极铁心磁通密度和增加换向极磁路气隙等办法来实现。

由于要求e_k和e_r的方向相反，而e_r的作用总是企图阻止电流的变化，即与换向前的电流方向相同，则e_k的方向也就是换向后的电流方向。结合图 2-69 可以验证，对于发电机，换向极极性与换向元件即将进入的主磁极极性相同；对于电动机，则与即将进入的主磁极极性相反（或者说是与刚离开的主磁极极性相同）。由于两种运行状态转换时，电流方向相同则转向必然会改变，而转向相同时势必要求改变电流方向。因此，换向极极性一旦确定，将不会受到电机运行状态转换的影响。也就是说，无论电机是作发电机运行还是作电动机运行，换向极极性都是保持不变的。

普遍说来，换向极磁通势的方向与交轴电枢反应磁通势的方向相反。

2. 移动电刷位置

在无换向极电机中，把电刷从换向器上的几何中性线移开一个适当的角度，使换向区域也跟着从电枢上的几何中性线移开一相应角度而进入主磁极之下，利用主磁场来代替

换向极所产生的换向磁场，也可获得必要的旋转电动势以抵消电抗电动势。与设置换向极极性的原理一致，对发电机，电刷应顺转向偏移；对电动机，则为逆转向偏移，如图2-70所示。

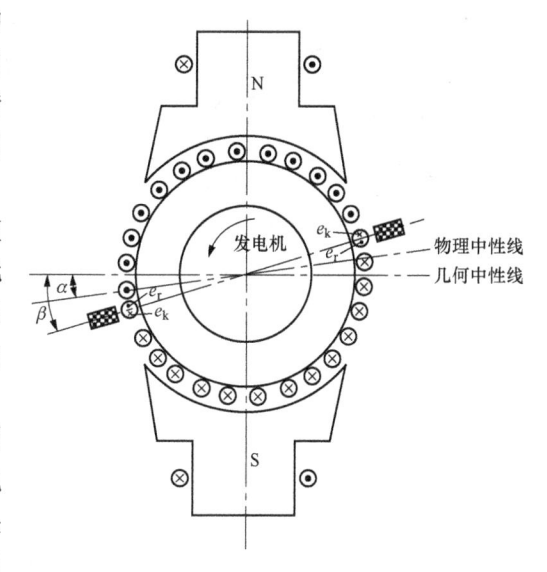

从图中可以看出，电刷移动的角度 β 应大于物理中性线移动的角度，以确保换向元件能够置于极性相符的磁场之下。β 的大小以产生适当的 e_k，能抵消 e_r 从而实现良好换向为准，β 通常由实验调整。

移动电刷有两个缺点。其一是移动电刷后产生去磁作用的直轴电枢反应，使发电机的电压降低，使电动机的转速升高。特别是电动机，移动电刷后应经过试验，以防止出现转速随负载增加而上升的不稳定现象。其

图 2-70 移动电刷改善换向

二是由于电抗电动势 e_r 随负载而变化，因此必须随着负载的变化而不断调节电刷的位置，这是很难做到的。因此，这种方法在实际中已很少采用。

2.7.4 环火及补偿绕组

1. 环火的形成

当电机承受冲击负载或突然短路时，电枢电流急剧增加，换向元件中的电抗电动势 e_r 也随之变大。但是，由于换向极铁心中的涡流屏蔽作用，换向磁场 B_k 以及 e_k 的变化会滞后，以致 e_r 会在短时间内远大于 e_k，造成过度延迟换向，从后刷边产生强烈的电弧，并随换向器运动而拉长，加上电动力的作用，拉长速度有可能超过换向器线速度 v_k，如图 2-71 所示。此外，由于电枢电流激增导致电枢反应加强，磁场畸变更严重，从而使得换向器上某些换向片间的电压显著上升而产生电位差火花，并使换向器周围空气电离。这样，电磁性火花和电位差火花汇合在一起，严重时形成跨越正、负电刷之间的电弧，使整个换向器被一圈火环包围，称为环火。

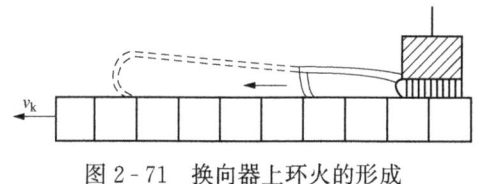

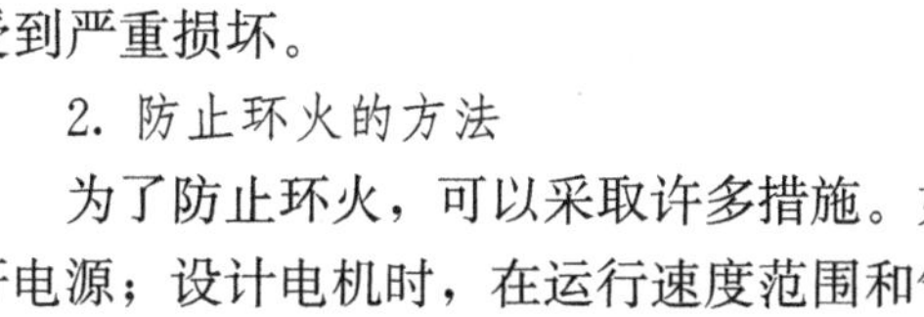

图 2-71 换向器上环火的形成

发生环火就相当于电枢绕组经电刷短路，损坏的不仅是换向器和电刷，电枢绕组同样会受到严重损坏。

2. 防止环火的方法

为了防止环火，可以采取许多措施。如装置快速自动开关，当电流达到设定值时自动断开电源；设计电机时，在运行速度范围和气隙磁场强度两方面确保相邻两换向片间的最高电压不超过允许值；加强换向极磁通势使得正常运行时的换向过程稍带一定程度的超越性质；沿电弧路径安装绝缘隔板等。但是，最有效的措施仍是安装补偿绕组。

安装补偿绕组的目的在于尽可能地消除电枢反应引起的磁场畸变，以减少产生电位差火花的可能性。为此，把补偿绕组嵌放在主磁极极靴上的专门冲制的槽内。为了对极弧下的电枢反应磁场实行完全补偿，要求补偿绕组的线负荷与电枢线负荷相等，但方向相反，因此，

绕组中应通入电枢电流,即与电枢绕组串联。通常,绕组设计为轴向同心式,跨极靴嵌放(即两个元件边对称安放在两相邻磁极极靴下的对应槽内),如图 2-72 所示。

安装补偿绕组后,由于交轴电枢反应磁通势已大部分被抵消,因而换向极所需的磁通势大为减小,随之换向极的漏磁也相应减小,对换向也是有利的。补偿绕组能够防止电位差火花的产生,起着防止环火的作用。但是,补偿绕组结构复杂,用铜量增加,因此,仅在负载经常变化的大、中型电机中才采用,如轧钢电机等。

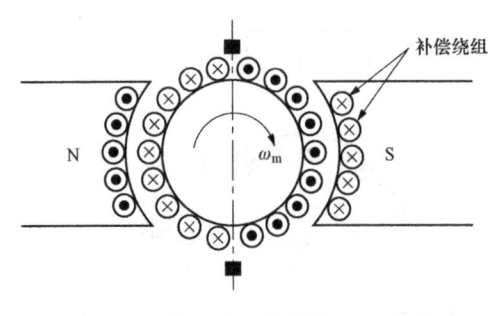

图 2-72 补偿绕组

2.8 特种直流电机

前面,以普通用途的直流发电机和电动机为对象,全面地讨论了直流电机的内部电磁过程和特性。本节将扼要介绍一些特种直流电机的原理及特点。

2.8.1 直流伺服电动机

直流伺服电动机是一种把输入的电信号转变为转轴上的角位移及角速度来执行控制任务的直流电动机,它广泛地用在自动控制系统中。

对直流伺服电动机的主要要求是:①要求具有线性的机械特性,在输出一定转矩时,它的转速和转向应能准确反映输入电信号的数值和极性;②要求具有良好的起动和调速性能,应有较宽的调速范围,并能快速地跟随电信号变化。

直流伺服电动机的功率通常都很小,约在几瓦至几百瓦之间,它的励磁方式只有他励式和永磁式。由于直流电动机运行时必须具有励磁磁场和电枢电流两个条件,因此直流伺服电动机的控制方法有电枢控制和磁极控制两种,现将其工作原理分述如下。

1. 电枢控制的直流伺服电动机

这种伺服电动机的接线如图 2-73 所示。励磁绕组长期接在一个电压恒定的直流电网上,即 $U_f=$ 常值,用以产生恒定的磁通 Φ_0。电枢绕组接到控制电压 U_{k0} 上,作为控制绕组。当没有控制信号时,$U_{k0}=0$,$I_{k0}=0$,电机没有转矩,转子静止不动。但当控制信号一来,$U_{k0}\neq 0$,$I_{k0}\neq 0$,便产生电磁转矩,其大小为 $T_{em}=C_T\Phi_0 I_{k0}$,此转矩将驱动电机转动。如果电信号 U_{k0} 的极性改变,则 I_{k0} 反向,随之电磁转矩的方向也跟着反过来。如果电信号的数值在改变,则直流伺服电动机处于改变电枢电压的调速状态,它的机械特性是一组平行直线,如图 2-73 所示,图中转速及转矩用标幺值表示,其基值 n_{01} 为控制电压等于额定电压时的空载转速,T_{01} 为上述电压下的起动转矩。由图可见,转矩一定时,直流伺服电动机的转速与控制电压成正比。于是转向反映了 U_{k0} 的极性,转速反映了 U_{k0} 的数值。

机械特性的线性关系,是直流伺服电动机的优点。

电枢控制的直流伺服电动机的励磁绕组和磁极,可用永久磁铁来代替。代替后的电机具有磁极高度降低,从而电机体积缩小,热损耗减小,控制线路简化等优点,是现代常用的类型。

2. 磁极控制的直流伺服电动机

磁极控制的直流伺服电动机的接线如图 2-74 所示。电枢绕组长期接在一个电压恒定的

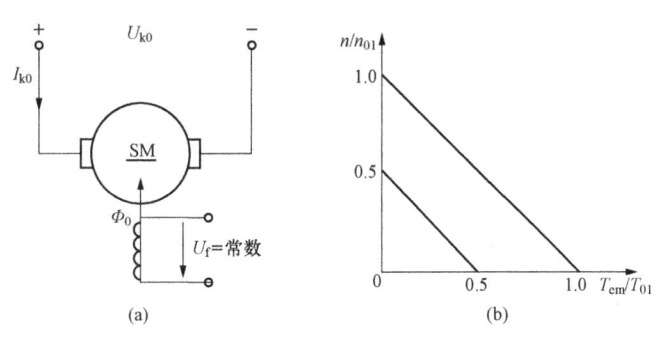

图 2-73 电枢控制的直流伺服电动机的接线图
(a) 直流伺服电动机接线；(b) 直流伺服电动机的机械特性

直流电网上，即 U_a =常值。励磁绕组作为控制绕组。当没有信号时 $U_{k0}=0$，$I_{k0}=0$（不计剩磁），这时虽然电枢中有由 U_a 产生的电流 I_a 通过，但电磁转矩却等于零，因而转子静止不动。当信号 $U_{k0}\neq 0$，励磁绕组有电流通过而产生主磁通 Φ_{k0}，此时转子受到电磁转矩 $T_{em}=C_T\Phi_{k0}I_a$ 的作用而转动。当信号极性改变时，主磁通方向改变，随之转矩及转向也反过来。于是转向和转速也反映了控制电压的极性和数值。

电枢控制的直流伺服电动机的性能一般较磁极控制的优良，因此实际上大多采用电枢控制，只在某些小功率电机采用磁极控制。

直流伺服电动机在机械方面要求尽量减小轴承以及电刷和换向器之间的摩擦转矩，以改善低速性能，从而扩大调速范围。它的转子一般都比较细长，转动惯量较小，以便提高快速响应能力。

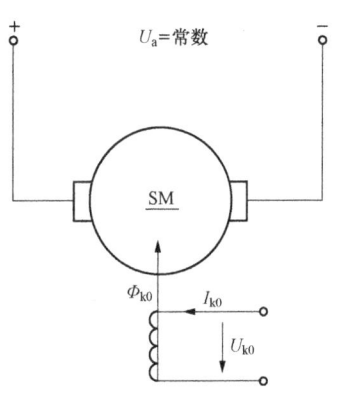

图 2-74 磁极控制的直流伺服电动机的接线图

2.8.2 直流测速发电机

直流测速发电机是一种把机械上的旋转角速度转变成电信号的直流发电机，所以它可看成是直流伺服电动机的逆运行状态。它广泛用于自动控制、测量技术及计算技术的装置中。

直流测速发电机的励磁方式也有他励、永磁两种。永磁式直流测速发电机不需要另加励磁电源，也不存在因励磁绕组温度变化而引起的特性变化，因此多被采用。

对于直流测速发电机的主要要求有：

(1) 输出电压的数值和极性应准确地反映轴上的角速度的大小和转向。即输出电压和转速是线性关系，并且正、反转特性一致。

(2) 输出电压的交流分量要小，不灵敏区要小。

(3) 温度变化对发电机输出特性的影响要小。

直流测速发电机的接线如图 2-75 所示，它的负载电阻 R_L 的数值通常是固定不变的。

当空载时，磁通 $\Phi=\Phi_0$ 等于常值，空载端电压等于电动势而与转速 n 呈正比，E_a 的极性取决于旋转方向，于是电枢电压的数值和极性反映了轴上的转速和转向。

负载后，若负载电阻为 R_L，则输出电压为

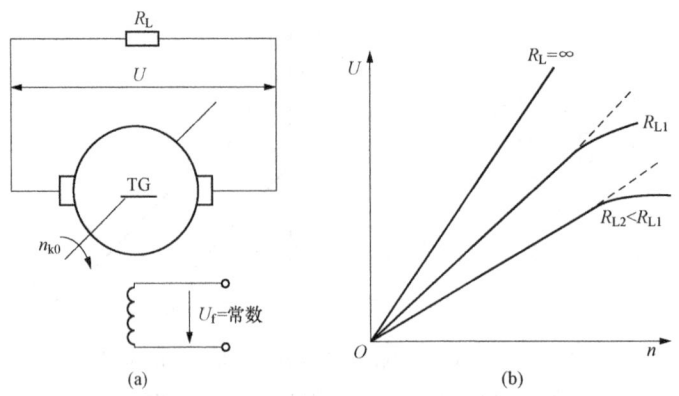

图 2-75 直流测速发电机的接线图
(a) 接线示意图；(b) 电压转速特性

$$U = I_a R_L = \frac{E}{1+\frac{R_a}{R_L}} = \frac{C_e \Phi}{1+\frac{R_a}{R_L}} n \qquad (2-65)$$

如果忽略电枢反应的影响，则 $\Phi = \Phi_0 =$ 常值。于是仍可认为负载后，发电机的输出电压基本上与转速呈线性关系，不过随着负载电阻的减小，输出电压 U 变得低些。

实际上，负载后速度较高时电枢电动势提高，电枢电流增大，交轴电枢反应较强，若磁路进入饱和，则将出现电枢反应的去磁作用，磁通 Φ 减小，输出电压也就不与转速呈正比，而是略微小了些，见图 2-75（b）。同时，电枢回路的总电阻 R_a 中还包括电刷的接触电阻，而接触电阻往往随负载电流的大小而变化，因此也会破坏输出电压与转速的线性关系。为克服这种非线性，可在磁路各部分选用较低磁通密度，使交轴电枢反应不起去磁作用，从而维持气隙磁通量不变；以及降低电刷接触电压降的相对值，这可通过采用高的输出电压或用低接触压降的电刷（如银—石墨电刷等）来达到。

对于他励式直流测速发电机，由于气候和运行时间长短不同，影响励磁绕组温度，从而影响励磁磁通势和它所产生的磁通量，输出电压就出现偏差。如果在励磁回路串入一个不受温度变化影响的电阻（如康铜或锰铜），当它的电阻值占整个励磁回路总电阻的百分值足够大时，则励磁回路磁通势受温度影响就相对地减小了。

总之，直流伺服电动机和直流测速发电机的工作原理和基本结构与普通直流电机一样。只是由于它们是控制电机，要求具有线性的输入——输出工作特点，所以在结构上采取了一些措施。对这些电机来说，主要是技术性能，经济性和性能指标居于次要地位。

2.9 直流电机的故障和处理[*]

本节主要讨论直流电机各种故障的产生原因和处理方法。
2.9.1 直流发电机不能建立电压或电压过低
1. 发电机不能建立电压

从并励直流发电机的自励建立电压条件来分析故障原因。并励发电机的自励条件为：①电机应有剩磁；②励磁绕组接线正确，要求励磁绕组端线的极性与电机的转向都要正确；③励磁回路电阻应小于临界电阻。因此，综合起来，故障原因有表 2-3 中所列的七种。

表 2-3　　　　　　　　　发电机不能建压的原因和处理方法

序号	故障原因	处理方法
1	并励绕组断路或励磁电路中电阻过大	用万用表检查，发现断路处应把接；发现电阻过大，应检查线路各接触处是否良好，有无松动及脱线、锈污、并进行清洁上紧
2	没有剩磁	用直流电源（常用蓄电池）加于并励绕组使其磁化，接线时应正对正、负时负。所加直流电压应低于额定励磁电压且通一下即可
3	并励绕组的端线接反	调换并励绕组的端头
4	发电机反转	改变发电机的旋转方向
5	电枢电路断路	用万用表检查电枢电路，并检查电刷和换向器接触是否良好
6	电枢绕组中有层间短路	检查电枢绕组
7	电枢电路引出线之间短路或励磁绕组引出线之间短路	测量各绕组和电路的直流电阻、电压降或绝缘电阻，以确定故障原因并消除之

2. 发电机空载时达不到额定电压

发电机空载时不能达到额定电压的故障原因与处理方法见表 2-4。

表 2-4　　　　　发电机空载时不能达到额定电压的故障原因与处理方法

序号	故障原因	处理方法
1	转速太低	将转速升高到额定值
2	励磁电路电阻太大	检查励磁变阻器，减小其阻值，使励磁电流增大
3	电刷偏离几何中性线	用感应法检查并调整电刷位置
4	励磁绕组中有较严重的短路或极间连线接错	测量并比较各个磁极线圈的电阻，或向励磁绕组中通以直流电流，测量并比较各个磁极线圈上的电压降。用磁针检查各主极的极性。针对故障情况加以排除
5	某个磁极上并励线圈与串励线圈之间短路	用高阻计检查。找出短路点，用绝缘材料隔开
6	电枢绕组中有较严重的短路	用万用表测量电枢绕组电阻，与正常工况下电阻值进行比较
7	主磁极铁心与机壳之间的钢垫片未垫上	垫上原来的钢垫片

3. 发电机空载电压正常，带负载后电压明显下降

发电机负载后电压明显下降的故障原因和处理方法见表 2-5。

表 2-5　　　　　　发电机负载后电压明显下降的故障原因和处理方法

序号	故障原因	处理方法
1	原动机的转速太软（转速随负载增大而明显降低）	检查原动机的调速器
2	电刷偏离几何中性线（直轴电枢反应的去磁作用很强）	逆转向转移电刷，或用感应法检查与调整电刷位置
3	复励发电机误接成差复励	调换串励绕组两端
4	换向极绕组接反（此时电刷下必定有强烈的火花）	检查换向极极性。如极性不正确，应调换换向极绕组两端

2.9.2 电动机不能起动或转速不正常

电动机常见的故障是不能起动,转速过高或过低。

1. 电动机不能起动

电动机不能起动的故障原因和处理方法见表 2-6。

表 2-6　　　　　　　　电动机不能起动的故障原因和处理方法

序号	故障原因	处理方法
1	主电路中熔丝烧断了	检查电源和熔丝
2	电刷与换向器之间接触不良	检查电刷压力和换向器表面是否清洁
3	电刷偏离中性线很多	用感应法调整电刷位置
4	机械负载过大或转子被卡住	检查机械负载的情况并调整之;用手对转子进行盘车检查,根据情况进行处理
5	线路连接有错误(如将励磁电路误与起动电阻并联)	检查线路连接是否正确,并按正确接法更正之
6	励磁电路断线	用万用表检查

2. 电动机转速不正常

电动机转速不正常的故障原因和处理方法见表 2-7。

表 2-7　　　　　　　　电动机转速不正常的故障原因和处理方法

情况	故 障 原 因	处 理 方 法
转速过低	电源电压太低	用万用表测量电源电压
	机械负载太大	减轻负载
	电刷顺转向偏离几何中性线	调整电刷位置
	起动电阻未全部切除	检查起动变阻器
	换向极绕组接反(此时电刷下必定有强烈的火花)	检查换向极极性。若极性不正确,应调换换向极绕组两端
	电枢绕组中有短路或断路	用万用表测量电枢绕组电阻,与正常工况下电阻值进行比较
转速过高	电源电压太高	用万用表测量电源电压
	电刷逆转向偏离几何中性线	调整电刷位置
	复励电动机误接成差复励	调换串励绕组两端
	励磁电路断线,励磁绕组中有断路或短路,极间连线接错	用万用表检查励磁电路。检查励磁绕组有无故障。用磁针检查各主极极性
	主磁极气隙增大	在主磁极铁心与机壳之间加垫钢垫片
	某个磁极上并励线圈与串励线圈之间短路	用高阻计检查,在短路处垫上绝缘。将并励线圈和串励线圈隔开

2.9.3 电机温升过高或局部过热

电机按规定时间运转后,如果温升超过额定值(即过热),就表示电机有故障,必须迅速检查和排除故障,以免故障扩大,造成损失。

电机过热首先应查明是整个电机过热还是局部过热,以便于分析其原因。

1. 整个电机温升太高

故障原因和处理方法见表2-8。

表2-8 整个电机温升太高的故障原因和处理方法

序号	故障原因	处理方法
1	电机长期过载或未按规定使用(如:"短时""断续"工作的电机用于长期带负载运行)	降低负载和按规定使用
2	散热不良,通风沟堵塞	拆卸查看,用压缩空气进行吹洗
3	外力通风的风量不足	加风量

2. 电机局部过热

故障原因和处理方法见表2-9。

表2-9 电机局部过热的故障原因和处理方法

	故障原因	处理方法
电枢过热	(1) 电枢绕组内部或换向片之间短路。 (2) 电枢绕组中有部分线圈的引线头接反了(发生于修理电枢绕组后)。 (3) 具有叠式绕组的多极电机,其气隙偏差过大或均压线脱焊。 (4) 电动机励磁电流太小。 (5) 电枢与极靴摩擦	(1) 检查电枢绕组找出短路的线圈或换向片,按故障情况修复。 (2) 检查电枢绕组,重接引线头。 (3) 检查气隙并调整到符合规定的要求,对脱焊的均压线应予重新焊接。 (4) 检查励磁电路,把励磁电流增至额定值。 (5) 校正气隙大小
励磁绕组过热	(1) 并励绕组局部短路(如线圈内部匝间短路,整个线圈短路,或并励线圈和串励线圈短路)。 (2) 发电机气隙过大。 (3) 串励和换向极绕组由于焊接质量差,在大电流时引起过热	(1) 测量各励磁线圈的直流电阻值,找出有短路的线圈,更换之。 (2) 检查和调整气隙。 (3) 重新焊接
转轴过热	(1) 滑油不清洁或油量太少。 (2) 轴承损坏。 (3) 轴弯曲或端盖未装正	(1) 查看油质油量,清洗轴承更换滑油。 (2) 细听运转声音,更换轴承。 (3) 转动轴,仔细察看,校正轴的中心线或校正端盖位置
换向器过热	(1) 电刷下有强烈火花。 (2) 电刷压力过大。 (3) 电刷牌号不适当或电刷质量不好(例如电刷太硬,或电刷接触压降太大)	(1) 检查电刷火花并排除之。 (2) 校正弹簧压力。 (3) 更换电刷

2.9.4 电刷下发生火花

潜艇直流电机在运行时,要求电刷下无火花或只允许很微小的火花。但是直流电机的换向过程是很复杂的,由于机械和电磁的种种原因,刷下往往会产生不能允许的火花,烧坏换向器和电刷表面,使电机无法运行。因此,及时排除火花,修复有故障的换向器和电刷装置,是一项很重要的任务。电刷下发生火花的故障原因和处理方法见表 2-10。

表 2-10　　　　　　　电刷下发生火花的故障原因和处理方法

	故障原因	处理方法
机械原因	(1) 换向器表面不清洁。 (2) 换向器表面不平,外形不圆或有偏心。 (3) 换向片之间的云母片突出。 (4) 换向器片间有铜末和碳屑。 (5) 刷握太脏,电刷不能上下活动。 (6) 电刷与换向器的接触面没有磨好或接触面上有油污。 (7) 电刷的压力太松或太紧	(1) 用布和酒精清洁换向器。 (2) 用车床光圆,再用 00 号玻璃砂纸磨光。 (3) 用挖深云母片工具剔低云母片（称为剔槽）,使云母片比换向片低 1mm 左右。 (4) 用挖深云母片工具刮清或用压缩空气吹,并清洁干净。 (5) 用干净布清洁刷握。 (6) 研磨电刷。如有油污应先清洗之。 (7) 调整各电刷的压力。应力求一致。一般电机应按 150~250g/cm² 来选择,牵引电动机和起重电动机等应按 250~400g/cm² 来选择
电磁原因	(1) 电刷不在几何中性线上（空载时就有火花）。 (2) 换向极绕组接反（或个别换向极线圈联反）,在轻载时即有强烈火花且随负载增加而更加强烈。 (3) 各刷杆之间的距离差别较大（空载时在部分电刷下有明显的火花）。 (4) 电枢绕组断线或电枢线圈与换向片之间脱焊或焊接不良（在轻载时,全部电刷下有强烈的火花,且断线处或脱焊处的换向片有明显的烧坏痕迹）。 (5) 均压线断路或脱焊（与这些均压线相连的换向片烧焦发黑）。 (6) 换向极绕组匝间短路。 (7) 换向极气隙不适当	(1) 用感应法调整电刷位置。 (2) 用指南针检查各磁极极性。 (3) 调整各刷杆之间的距离使之均匀分布。 (4) 更换断路的电枢线圈,对脱焊或焊接不良的应重新焊接。 (5) 更换断路的均压线或重新焊接。 (6) 更换换向极绕组。 (7) 调整换向极气隙

本章小结

直流电机的工作原理是建立在电磁感应定律和电磁力定律上的。通过换向器和电刷结构,直流电机实现了机械能与直流电能之间的转换。

直流电机的结构有定子和转子两大部分,定子和转子之间存在着气隙。定子主要用来建立磁场并起机械支撑和防护的作用。转子是电枢,用来感应电动势和通过电流,起着机电能量转换的作用。而气隙中的磁场是实现机电能量转换的媒介，空载时，气隙磁场由励磁电流建立；电机带负载时，电枢电流对气隙磁场产生影响，称为电枢反应，根据电刷位置的不同，分为交轴电枢反应和直轴电枢反应。

转子上的电枢绕组是电机的核心部件，它由若干个绕组元件按一定的规律连接起来。按其连接方式的不同，分为叠绕组、波绕组和混合绕组等。

电枢绕组的感应电动势为 $E_a=C_e\Phi n$，即感应电动势的大小取决于每极磁通 Φ 和转速 n。电枢的电磁转矩 $T_{em}=C_T\Phi I_a$，即电磁转矩的大小取决于每极磁通 Φ 和电枢电流 I_a。这两个公式必须牢固掌握。

直流发电机把机械能转换为直流电能。电动势平衡方程、功率平衡方程和转矩平衡方程是直流发电机的基本方程。直流发电机的励磁方式分为他励、并励、串励和复励。并励直流发电机自励建压必须符合三个条件：①电机中必须有足够剩磁；②励磁绕组与电枢的连接和电枢旋转方向必须正确配合；③励磁回路的电阻必须小于与电机运行转速相对应的临界电阻。直流发电机的端电压 U 受励磁电流 I_f 和负载电流 I_a 的影响，外特性 [$U=f(I_a)$，I_f 不变] 和调节特性 [$I=f(I_f)$，U 不变] 是表征发电机运行性能的重要特性。直流发电机的并联运行能提高设备的利用率和供电的可靠性，两台发电机并联运行的条件是端电压的大小和极性相同，并联运行的发电机常常要进行负载的转移和调整以使负载的分配合理。

根据电机的可逆原理，改变外界条件，直流发电机就可以作直流电动机运行。直流电动机将直流电能转换为机械能。直流电动机的基本方程式也包括电动势平衡方程、功率平衡方程和转矩平衡方程。直流电动机的工作特性有转速特性、转矩特性和效率特性。

换向是直流电机的关键问题之一。绕组元件在换向过程中，元件内的电流要改变方向，而元件内的感应电动势却阻碍电流改变方向。在换向回路断开时，元件中的电磁能量要释放出来，可能产生火花。改善换向的措施包括装换向极和移动电刷。为了防止发生环火，常在主磁极下安装补偿绕组。

在特种直流电机中介绍了直流伺服电动机、直流测速发电机。直流伺服电动机和直流测速发电机与普通直流电机结构相似，但是作为控制电机，要求其输入和输出的关系是线性的。

最后介绍了直流电机的一些常见故障和处理方法，以备今后工作中参考。

习 题

2-1 试判断下列情况电刷两端电压是直流还是交流？
(1) 磁极不动，电刷与电枢同时旋转。
(2) 电枢不动，电刷与磁极同时旋转。
(3) 磁极与电刷都固定不动，电枢旋转。

2-2 在直流电机中换向器—电刷的作用是什么？

2-3 直流电机电刷放置原则是什么？

2-4 一台六极直流发电机原为单波绕组，如改制成单叠绕组，并保持元件数、每个元件的匝数、每槽元件数、磁极数不变，问该电机的额定功率是否改变？

2-5 一台四极单叠绕组的直流发电机，若出现以下故障，将会出现什么现象？

(1) 若电枢绕组有一线圈断线。

(2) 若相邻的两组电刷脱落。

(3) 若有一主磁极失磁。

2-6 交轴电枢反应对每极磁通量有什么影响？直轴电枢反应的性质由什么决定？

2-7 一台直流发电机电刷顺着电枢旋转方向偏离一个角度，分析其电枢反应。

2-8 直流电机的励磁方式有哪几种？每种励磁方式的励磁电流或励磁电压与电枢电流或电枢电压有怎样的关系？

2-9 他励直流发电机由空载到额定负载，端电压为什么会下降？并励发电机与他励发电机相比，哪个电压变化率大？

2-10 并励发电机的自励建压条件是什么？

2-11 有一并励发电机，当顺时针方向旋转时，电压能建立到额定值。现将该发电机改为逆时针方向旋转，它的电压能否建立起来？为什么？

2-12 一台并励发电机，在额定转速下，将磁场调节电阻放在某位置时，电机能自励。后来原动机转速降低了，但磁场调节电阻不变，而电机不能自励，为什么？

2-13 在励磁电流和转速不变的情况下，发电机负载时电枢绕组感应电动势与空载时电枢绕组感应电动势大小相同吗？为什么？

2-14 一台他励发电机和一台并励发电机，如果其他条件不变，将转速提高20%，问哪一台的空载电压提高得更高？为什么？

2-15 直流电机的感应电动势与哪些因素有关？若一台直流发电机在额定转速下的空载电动势为230V（等于额定电压），试问在下列情况下电动势变为多少？

(1) 磁通减少10%。

(2) 励磁电流减少10%。

(3) 转速增加20%。

(4) 磁通减少10%，同时转速增加10%。

2-16 如何改变并励、串励、积复励直流电动机的转向？

2-17 一台并励直流电动机，正转时转速为1500r/min。改变转向后，励磁电流和电枢电流都与正转相同，但转速却变成了1450r/min。这是什么原因？

2-18 一台他励直流电动机，当所拖动的负载转矩不变时，电机端电压和电枢附加电阻的变化都不能改变其稳态下电枢电流的大小，这一现象应如何理解？对串励电动机情况又如何？

2-19 试分析在下列情况下，直流电动机的电枢电流和转速有何变化（假设电机不饱和）：

(1) 电枢端电压减半，励磁电流和负载转矩不变。

(2) 电枢端电压减半，励磁电流和输出功率不变。

(3) 励磁电流加倍，电枢端电压和负载转矩不变。

(4) 励磁电流和电枢端电压减半，输出功率不变。

(5) 电枢端电压减半，励磁电流不变，负载转矩与转速的平方成正比。

2-20 换向元件在换向过程中可能出现哪些电动势？它们对换向各有什么影响？

2-21 换向极的作用是什么？装在哪里？其绕组如何励磁？其极性如何安排？

2-22 有换向极的直流发电机改作电动机运行，换向绕组要不要改装？

2-23 某台直流电机在运行时后刷边出现火花，如在换向极根部加装钢垫片，运行时便无火花，为什么？

2-24 一台装有换向极且换向良好的他励直流电动机，当改变电源电压极性来改变转向而其换向绕组不做改接时，仍能换向良好吗？

2-25 一台直流发电机额定功率为 200kW，额定电压为 230V，额定转速为 1450r/min，额定效率为 90%，求此时的输入功率和额定电流。

2-26 一台直流电动机额定功率为 10kW，额定电压为 220V，额定转速为 1500r/min，额定效率为 86%，求该电机的额定输入功率及额定电流。

2-27 一台直流电动机，电枢电流为 15.4A，磁极数 $2p=4$，单波绕组，元件数 $S=27$，每元件匝数 $N_c=3$，每极磁通量等于 0.025Wb，问电机的电磁转矩为多少？若元件数不变，改为单叠绕组，极数与每极磁通量不变，电磁转矩又为多少？

2-28 一台直流发电机，$2p=8$，当 $n=600$r/min，每极磁通 $\Phi=0.004$Wb 时，$E_a=230$V，试求：

(1) 若为单叠绕组，则电枢绕组应有多少导体？

(2) 若为单波绕组，则电枢绕组应有多少导体？

2-29 一台四极直流发电机，电枢绕组为单叠绕组，每极磁通为 0.038Wb，电枢总导体数为 152 根，转速为 1200r/min，求电机空载时的电枢电动势。若改为单波绕组（N、Φ 不变），问空载电动势为 220V 时电机转速为多少？

2-30 试画出一单叠绕组展开图：极数 $2p=4$，槽数和换向片数 $Z=K=22$。

2-31 已知一台并励直流发电机，额定功率 $P_N=10$kW，额定电压 $U_N=230$V，额定转速 $n_N=1450$r/min，电枢电阻 $R_a=0.486\Omega$，励磁绕组电阻 $R_f=215\Omega$，额定负载时的电枢铁损耗 $p_{Fe}=442$W 和机械损耗 $p_{mec}=104$W，求：

(1) 额定负载时的电磁功率和电磁转矩。

(2) 额定负载时的效率。

2-32 一台并励直流发电机，$P_N=35$kW，$U_N=115$V，$n_N=1450$r/min，电枢电阻 $R_a=0.0243\Omega$，励磁电路电阻 $R_f=20.1\Omega$。求额定负载时的电磁功率及电磁转矩。

2-33 一台并励直流电动机，额定数据为：$U_N=110$V，$I_N=28$A，$n_N=1500$r/min，电枢回路总电阻 $R_a=0.15\Omega$，励磁电路总电阻 $R_f=110\Omega$。若将该电动机用原动机拖动作为发电机并入电压为 U_N 的电网，并忽略电枢反应的影响，试问：

(1) 若保持电枢电流不变，此发电机转速为多少？向电网输出的电功率为多少？

(2) 当此发电机向电网输出电功率为零时，转速为多少？

2-34 一台并励直流发电机数据如下：$P_N=46$kW，$n_N=1000$r/min，$U_N=230$V，极对数 $p=2$，电枢电阻 $R_a=0.03\Omega$，励磁回路电阻 $R_f=30\Omega$，把此发电机当电动机运行，所加电源电压 $U_N=220$V，保持电枢电流为发电机额定运行时的电枢电流。试求：

(1) 此时电动机转速为多少（假定磁路不饱和）？

(2) 发电机额定运行时的电磁转矩为多少？

(3) 电动机运行时的电磁转矩为多少？

2-35 一台直流发电机，$P_N=240$kW，$U_N=230$V，换向极下空气隙 $\delta_k=0.009$m，电

刷放在几何中性线上。因为换向不良，将换向极绕组单独供电进行换向试验，发现在额定负载时，换向极绕组电流调到900A时得到无火花换向，试问：

(1) 这台电机属于延迟换向还是超越换向？

(2) 为使换向极绕组和电枢串联后在满载时换向良好，换向极气隙应做如何调整？

第3章 直流电力拖动

直流电动机通过传动机构拖动生产机械构成直流电力拖动系统。由于直流电动机具有极其可贵的调速性能，可以实现大范围平滑而经济地调速，且调速设备简单、可靠、操作方便，因此，直流电力拖动系统应用广泛，特别是在拖动性能要求较高的场合，常选择直流电力拖动系统。

3.1 电力拖动的动力学基础

3.1.1 电力拖动系统的组成

由于电动机与其他的原动机相比具有无可比拟的优点，所以由电动机拖动生产机械构成的电力拖动系统应用极其广泛。电力拖动系统由电动机、传动机构、工作机构、电动机的控制设备和电源等组成，如图3-1所示。电动机把电能转化为机械能，传动机构将机械能从电动机传递到工作机构，工作机构泛指能执行某一特定任务的生产机械，控制设备是系统中实施控制功能的所有硬、软件的总称。电源向电动机和控制设备供电。

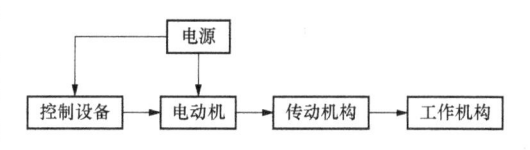

图3-1 电力拖动系统的组成

3.1.2 电力拖动系统的运动方程

在电力拖动系统中，传动机构和工作机构多种多样，存在大量的旋转或直线运动。本节将首先介绍简单的单轴旋转系统的运动方程，然后讨论如何将多轴旋转系统和包含直线运动环节的系统简化为等效的单轴旋转系统，并列写相应的运动方程。

1. 单轴旋转系统的运动方程

单轴旋转系统是单台电动机直接与生产机械同轴连接，运动系统没有传动机构，电动机与生产机械以同一转速旋转。图3-2为该系统的示意图。图中 T_{em} 为电磁转矩，T_L 为总负载转矩，$T_L = T_2 + T_0$，T_2 为负载转矩，T_0 为电动机空载转矩。根据力学中的刚体转动定律，可以写出单轴旋转系统的运动方程为

$$T_{em} - T_L = J \frac{d\Omega}{dt} \qquad (3-1)$$

式中：J 为单轴系统的转动惯量，包括电动机和生产机械的转动惯量之和，单位为 $kg \cdot m^2$；Ω 为电动机的角速度，单位为 rad/s。

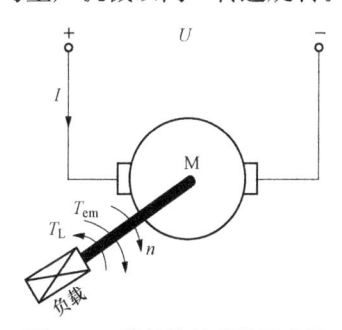

图3-2 单轴旋转系统示意图

转动惯量的工程实用形式为

$$J = \frac{GD^2}{4g} \qquad (3-2)$$

以上介绍的是三种典型的负载特性，实际负载可能是几种典型负载的综合，应根据实际情况进行分析。

3.1.4 电力拖动系统的稳定运行条件

电动机和它所拖动的生产机械能否稳定运行，取决于电动机的机械特性和负载转矩特性的配合是否得当。电动机的机械特性是指电磁转矩与转速之间的特性关系，即 $n=f(T_{em})$。根据式（2-22）、式（2-26）、式（2-42），可得他励直流电动机的机械特性 $n=\dfrac{U}{C_e\Phi}-\dfrac{R_a}{C_eC_T\Phi^2}T_{em}$。在保持电源电压、励磁电流不变的情况下，他励直流电动机的机械特性是一条下倾的直线，如图 3-7（a）中的曲线 1。假设该电机带一螺旋桨负载，负载转矩特性如图中的曲线 2 所示。系统要稳定运行，首先，曲线 1 和曲线 2 必须有交点，因为只有在交点处才满足 $T_{em}=T_L$，转轴所受的拖动转矩和负载的制动转矩大小相等，方向相反，转轴处于平衡状态，系统转速稳定。因此，图中的 A 点称为系统的运行点或工作点。但是，是否只要是电机的机械特性曲线和负载转矩特性曲线的交点就是稳定运行点呢？答案是：不一定。电力拖动系统的运行是不是稳定必须满足以下条件：假设电力拖动系统已经运行于某一转速，若外界短时扰动（如负载突变）使转速发生变化，当扰动消失后，能够恢复之前的转速，则称系统的运行是稳定的，反之则是不稳定的。

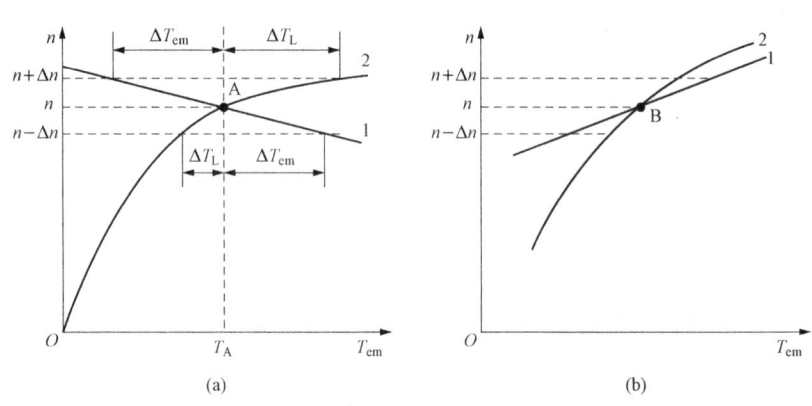

图 3-7 电力拖动系统的稳定性分析
（a）稳定运行；（b）不稳定运行

下面根据图 3-7 来具体分析电力拖动系统的稳定运行条件。首先由图 3-7（a）可知，在机组两条特性曲线的交点 A 处，$T_{em}=T_L=T_A$，$T_{em}-T_L=J\dfrac{d\Omega}{dt}=0$，$\Omega$ 为定值，机组运行于转速 n，A 点为工作点。当外界扰动使得系统转速升高至 $n+\Delta n$，此时电动机电磁转矩减小为 $T_{em}-\Delta T_{em}$，负载转矩增大为 $T_L+\Delta T_L$，此时转轴的运动方程为 $\Delta T=T_{em}-\Delta T_{em}-T_L-\Delta T_L=-\Delta T_{em}-\Delta T_L=J\dfrac{d\Omega}{dt}<0$，系统将减速，直至恢复原来的转速，重新工作于 A 点。如果外界扰动使得系统转速降低至 $n-\Delta n$，此时电动机电磁转矩增大，负载转矩减小，系统将增速，直至重新工作于 A 点。也就是说，此电力拖动系统能够稳定运行于两条特性曲线的交点 A。

再来分析图 3-7（b），假设系统运行于 B 点，当外界扰动使得系统转速升高，此时电动机的电磁转矩和负载转矩都增大,但是电动机的电磁转矩增大得更多,因此转轴的运动方程为 $\Delta T = T_{em} + \Delta T_{em} - T_L - \Delta T_L = \Delta T_{em} - \Delta T_L = J\dfrac{d\Omega}{dt} > 0$,转速将进一步增大,扰动消失后系统不会回到 B 点。同理,如果外界扰动使得系统转速减小,此时电动机的电磁转矩和负载转矩都减小,但是电动机的电磁转矩减小得更多,$\Delta T = -\Delta T_{em} + \Delta T_L = J\dfrac{d\Omega}{dt} < 0$,转速将进一步减小,扰动消失后系统也不会回到 B 点。因此,B 点不是稳定运行点。

由以上分析可知,工作点是稳定运行点需满足以下条件:当转速变化 $\Delta n > 0$ 时,转轴上的转矩变化必须满足 $\Delta T < 0$,唯如此才能在扰动消失后使转速下降回到工作点。同理,当转速变化 $\Delta n < 0$ 时,转轴上的转矩变化必须满足 $\Delta T > 0$,才能使转速自行升高回到原来的值。也就是说,转速的变化和转矩的变化方向是相反的,用数学描述为

$$\dfrac{dT}{dn} = \dfrac{d(T_{em} - T_L)}{dn} < 0 \quad \text{或} \quad \dfrac{dT_{em}}{dn} < \dfrac{dT_L}{dn} \tag{3-9}$$

式(3-9)说明电力拖动系统的稳定运行条件是:负载转矩特性曲线的切线斜率要大于电动机机械特性曲线的切线斜率。

3.2 直流电动机的机械特性

3.1 节讨论电力拖动系统的稳定性时涉及了电动机的机械特性,机械特性是指电动机的转速 n 与电磁转矩 T_{em} 的关系 $n = f(T_{em})$。他励直流电动机的机械特性的一般表达式为

$$n = \dfrac{U}{C_e\Phi} - \dfrac{R_a + R_c}{C_e C_T \Phi^2} T_{em} \tag{3-10}$$

由式(3-10)可见,电动机的机械特性与端电压 U、每极磁通 Φ 及电枢回路外接调节电阻 R_c 有关。当然,励磁方式不同,机械特性 $n = f(T_{em})$ 也将不同。

3.2.1 他(并)励直流电动机的固有机械特性

他(并)励直流电动机的固有机械特性是指 $U = U_N$,$\Phi = \Phi_N$(即 $I_f = I_{fN}$)且 $R_c = 0$ 时的 $n = f(T_{em})$ 关系,是一条下倾的直线,由式(3-10)可得

$$n = \dfrac{U_N}{C_e\Phi_N} - \dfrac{R_a}{C_e C_T \Phi_N^2} T_{em} = n_0 - \beta_N T_{em} \tag{3-11}$$

式中:$n_0 = \dfrac{U_N}{C_e\Phi_N}$ 为 $T_{em} = 0$ 时的转速,称为理想空载转速;β_N 为固有机械特性的斜率。

由于 R_a 值很小,故 β_N 也很小,因此特性曲线下倾的斜度很小,也称特性曲线比较"硬",即负载变化时转速变化很小。

电动机实际空载时,电磁转矩并不为零,仍需克服机械摩擦和风阻带来的空载转矩,此时 $T_{em} = T_0$,对应的实际空载转速 n_0' 会略小于 n_0。

上述特性是假设 $\Phi = \Phi_N$ 不变得到的,电机实际运行时,电枢电流会产生电枢磁场从而带来电枢反应。电枢电

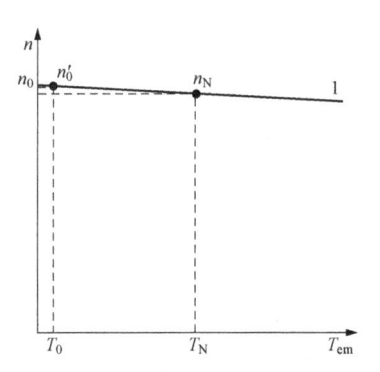

图 3-8 他(并)励直流电动机的固有机械特性

流较小时,其影响可忽略;当电枢电流较大时,电枢反应的去磁作用会使 Φ 下降,令机械特性曲线的尾部上翘。上翘的机械特性带负载运行时是不稳定的,常需要增设少量的串励绕组来补偿电枢反应的去磁作用,以维持特性曲线下倾的趋势,保证电力拖动系统运行的稳定性,这些串励绕组也称为稳定绕组。

例 3-1 某他励直流电机 $P_N=20\text{kW}$,$U_N=220\text{V}$,$n_N=1500\text{r/min}$,$I_N=100\text{A}$,电枢回路电阻 $R_a=0.2\Omega$,试求:

(1) 额定负载时的电磁功率和电磁转矩;

(2) 负载转矩 $T_L=0.8T_N$ 时的电机转速和电枢电流。

解 根据已知条件:

(1) 额定负载时的感应电动势 $E_{aN}=U_N-I_N R_a=200(\text{V})$

电磁功率 $P_{em}=E_{aN}I_N=20000\text{W}=20(\text{kW})$

于是电磁转矩 $T_{em}=\dfrac{P_{em}}{\Omega_N}=9.55\dfrac{P_{em}}{n_N}=127.3(\text{N}\cdot\text{m})$

(2) 电动机稳定运行时 $T_{em}=T_L=0.8T_N$

根据电磁转矩公式 $T_{em}=C_T\Phi I_a=0.8T_N=C_T\Phi_N(0.8I_N)$

此时电枢电流 $I_a=0.8I_N=80(\text{A})$

根据(1)中的结果 $C_e\Phi_N=\dfrac{E_{aN}}{n_N}=0.133$

电机的转速 $n=\dfrac{U_N}{C_e\Phi_N}-\dfrac{R_a}{C_e\Phi_N}I_a=1533.8(\text{r/min})$

3.2.2 他(并)励直流电动机的人为机械特性

他(并)励直流电动机的人为机械特性是指人为改变直流电动机的端电压 U,磁通 Φ 或电枢回路串入电阻 R_c,所得到的机械特性 $n=f(T_{em})$。根据所改动的参数不同,人为机械特性分为以下三种。

1. 电枢回路串电阻的人为机械特性

保持 $U=U_N$,$\Phi=\Phi_N$ 不变,在电枢回路中串入电阻 R_c,机械特性的表达式变为

$$n=\dfrac{U_N}{C_e\Phi_N}-\dfrac{R_a+R_c}{C_e C_T\Phi_N^2}T_{em}=n_0-\beta_R T_{em} \tag{3-12}$$

式中:β_R 为机械特性的曲线斜率。

显然,电枢回路串联电阻的人为机械特性仍然是一条下倾的直线,如图 3-9 所示。与固有机械特性相比较,两者的理想空载转速 n_0 相同,而 $\beta_R>\beta_N$,电枢回路串联电阻的人为机械特性的斜率较大,因此特性变软,负载变化时,转速的变化较大。所串入的电阻越大,特性越软。

2. 改变电枢电压的人为机械特性

保持 $R_c=0$,$\Phi=\Phi_N$ 不变,只改变电枢电压 U,机械特性的表达式变为

$$n=\dfrac{U}{C_e\Phi_N}-\dfrac{R_a}{C_e C_T\Phi_N^2}T_{em}=n_0'-\beta_N T_{em} \tag{3-13}$$

改变电枢电压的人为机械特性如图 3-10 所示。与固有机械特性相比较,两者的理想空载转速 n_0 不相同,但直线的斜率都为 β_N,因此改变电枢电压将得到一簇与固有机械特性平行的直线,也就是说,这种人为机械特性硬度不变,负载变化时,转速稳定性良好。由于电

机不能在过电压状态下运行，因此改变电枢电压时应当保证电枢电压在额定电压以下。

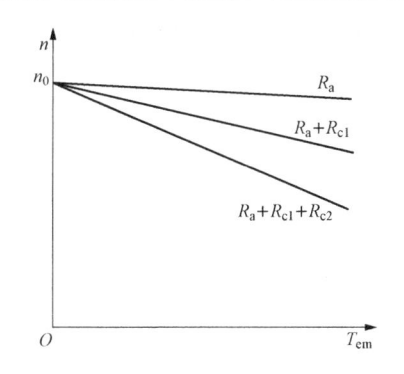

图 3-9　他（并）励直流电动机的电枢
回路串电阻的人为机械特性

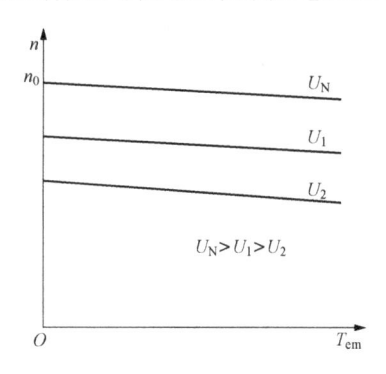

图 3-10　他（并）励直流电动机的改变
电枢电压的人为机械特性

3. 减弱电动机磁通的人为机械特性

保持 $U=U_N$，$R_c=0$，只改变主磁通 Φ 时，机械特性的表达式变为

$$n = \frac{U_N}{C_e\Phi} - \frac{R_a}{C_eC_T\Phi^2}T_{em} = n_0'' - \beta_\phi T_{em} \tag{3-14}$$

由于电动机额定运行时磁路已近饱和，所以电动机只能从额定磁通向下减弱磁通。减弱磁通的人为机械特性如图 3-11 所示。与固有机械特性相比较，减弱磁通时理想空载转速 n_0'' 增大，人为机械特性曲线的斜率 β_ϕ 也增大，因此特性变软。Φ 越小，特性越软。

3.2.3　串励与复励直流电动机的机械特性*

串励直流电动机的机械特性表达式同式（3-10），设磁路不饱和，则串励直流电动机中的磁通正比于励磁电流，励磁电流等于电枢电流，所以有 $\Phi=K_fI_a$（K_f 为磁通和电枢电流的比值），则 $T_{em}=C_T\Phi I_a=\frac{C_T}{K_f}\Phi^2$，带入式（3-10）得

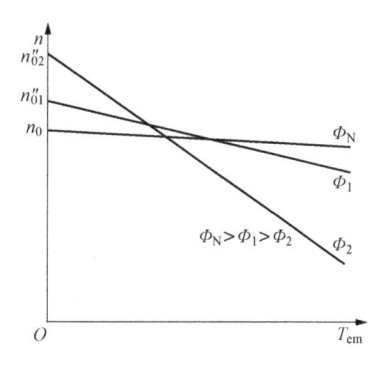

图 3-11　他（并）励直流电动机的
减弱磁通的人为机械特性

$$n = \frac{C_1U}{\sqrt{T_{em}}} - C_2(R_a+R_j) \tag{3-15}$$

$$C_1 = \frac{\sqrt{C_T}}{C_e\sqrt{K_f}}$$

$$C_2 = \frac{1}{C_eK_f}$$

串励电动机的机械特性为双曲线，如图 3-12 所示。图中一簇人为机械特性是通过改变电枢回路所串联电阻值 R_c 所得到的。串励直流电动机的机械特性较软，随着电磁转矩的增加，转速迅速下降。串励电动机在轻载或空载的情况下，会出现转速过高的飞车现象，因此，严禁轻载或空载运行。在实际应用中，串励直流电动机与工作机械的连接一般都不采用皮带连接，以免因皮带断裂或滑脱而造成电动机空载。

在转速和反电动势升到相当高时，去掉第二段起动电阻 R_{Q2}，使电动机的电流和电磁转矩激增，电动机再次加速。最后电动机将稳定工作于图 3-15 的 f 点，此时电动机转轴上转矩平衡 $T_{em}=T_L$，且根据稳定运行条件，该点为稳定运行点。

图 3-15　串电阻起动过程的机械特性曲线

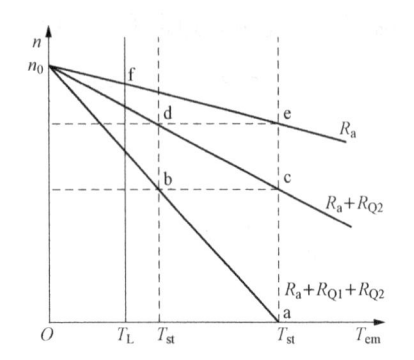

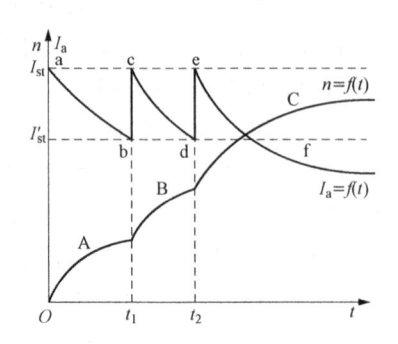

图 3-16　串电阻起动过程电流与转速波形

电机运行稳定以后，电磁转矩 T_{em} 等于负载转矩 T_L，即 $T_{em}=C_T\Phi I_a=T_L$。显然，这时电枢电流 I_a 的数值决定于电动机所带负载的大小。而电动机的稳定转速 n 则应保证反电动势 $E_a=C_e\Phi n$ 满足电压平衡关系 $U=E_a+I_aR_a$。由此可知，稳定运行时，电枢电流 I_a 和转速 n 分别由式（3-18）、式（3-19）确定

$$I_a = \frac{T_L}{C_T\Phi} \tag{3-18}$$

$$n = \frac{U-I_aR_a}{C_e\Phi} \tag{3-19}$$

如果电动机带额定负载且电源电压和励磁电流为额定值，则稳定后电流和转速都应为额定值。

在船舶上，为了保证直流电动机能够平稳迅速地起动起来，起动变阻器通常都是由多段起动电阻所组成的，并且都装有低压和过载保护装置，以防止出现直接起动和电枢绕组过热的情况。图 3-17 是实验室中所常用的手动起动变阻器的原理线路图。图中的起动电阻分为四段。并联在电源上的电磁铁，称为无压释放器。它是用来作为无压（或低压）保护的。在起动的最后阶段，当手柄扳到触点 5 上时，起动电阻全部切除。此时无压释放器的吸力把手柄吸住，电动机便在额定电压下运行。在运转过程中，如果由于某种原因而使电源中断，则无压释放器的吸力消失，手柄就在弹簧（图中未画出）弹力的作用下弹回起动前的位置，这样就避免了当电源恢复供电时电动机处在直接起动

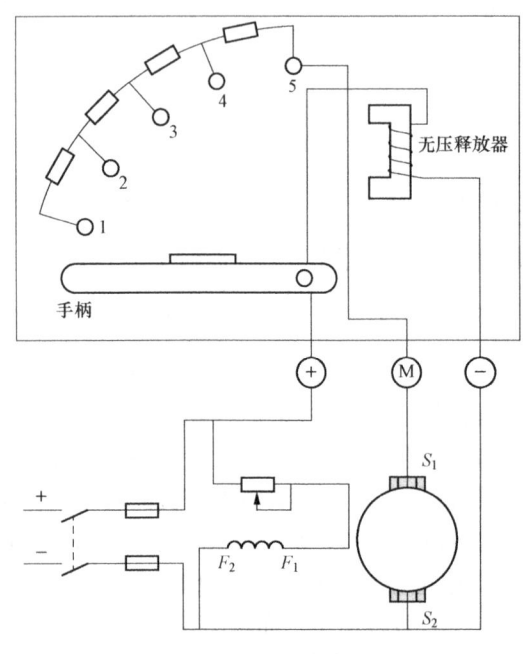

图 3-17　手动起动器的原理线路图

的状态。

在连接上述的起动线路时,必须注意励磁电路应直接并联在电源上,励磁调节电阻应放在电阻最小的位置上,以使励磁电流最大,从而产生足够大的起动转矩。如果励磁调节电阻放在电阻最大的位置上,或励磁电路中有断路和接触不良等情况,则主磁通将很弱,起动转矩很小,电动机所带负载较重时就可能起动不起来,至少会拖长起动时间。这时电枢绕组流过较大电流,将会引起严重的电机故障。在轻载下,虽然有可能起动起来,但由于磁场弱(即 Φ 小),转速要升到很高的数值时才能产生足够的反电动势($E_a = C_e \Phi n$)来平衡电源电压,因此最后稳定转速大大超过额定转速,电动机"飞车",这是一种严重的事故。它可能使电动机的电枢绕组和换向器由于离心力的作用而受到损坏。

若励磁电路不是直接与电源并联,而是误接在起动变阻器之后,如图 3-18 所示,这样也会造成磁通不足的情况,因为在开始起动时,$E_a = 0$,$U = I_a R_a + I_a R_Q$,R_Q 要比 R_a 大得多,电源电压主要降落在 R_Q 上,电枢两端的电压很低,这时励磁电流和磁通将很小,起动转矩不大。若负载较轻,虽有可能起动起来,但会使起动时间延长。电枢中将长时间通过大的电流;若负载较重可能起动不起来,此时若照常切除起动电阻,电枢电流将很大,相当于直接起动的情况。

此外,使用起动变阻器时,应注意扳动起动手柄不能太快,否则在电动机转速还未升高时就把起动电阻切除,电枢中仍将有大的电流冲击。对于中型电动机其起动时间通常约为3~5s。另外,由于起动变阻器是根据短时工作设计的,因此不允许将手柄长期停放在某一中间位置,否则,部分起动电阻将长时间通过电流,有可能被烧毁。

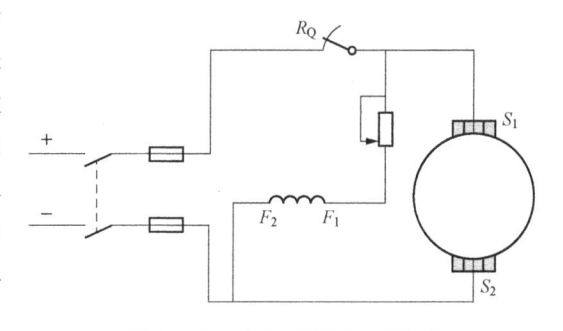

图 3-18 励磁回路的错误接线

3.3.3 直流电动机的降压起动

当电机容量大而起动又较为频繁时,电枢串电阻起动所消耗的能量就很不经济了。这时可以采用降低电枢电压的办法起动。降压起动可以采用专用的发电机或可控整流器作为电源,来减小起动电流。

降压起动的电路图如图 3-19 所示,机械特性如图 3-20 所示。首先,电动机的电枢绕组接通低压电源,起动电流 $I_{st} = \dfrac{U}{R_a}$ 限制在容许范围内,且起动转矩 T_{st} 足够大,电动机从静止状态开始起动。随着转速的升高,$E_a = C_e \Phi n$ 随之增大,使得电枢电流 I_a 和电磁转矩 T_{em} 都减小,图中电动机的运行状态从 a 点逐步上升至 b 点。为了保证起动过程中有较大的电磁转矩,尽量缩短起动时间,应当逐步升高电枢电压,直至额定电压 U_N。电机状态沿着图中的 a—b—c—d—e—f—g—h—i—j 的轨迹变化,最后在 j 点稳定运行。由于晶闸管可控整流器可以实现电压的连续平滑调节,所以在起动过程中电动机的电磁转矩可以基本保持不变,从而使得电动机的起动过程非常平稳。注意降压起动时励磁绕组应直接接在固定的直流电源上。

降压起动需要专用的电源设备,系统复杂,价格昂贵。通常直流电动机采用该方法起动时,是与降压调速一起考虑的。

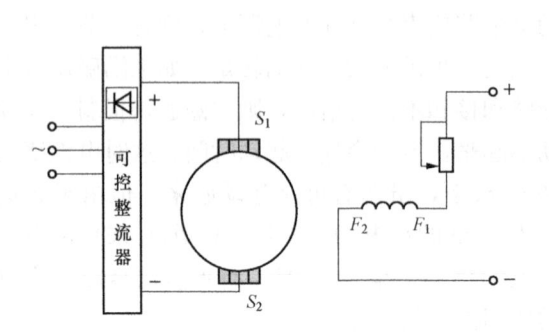

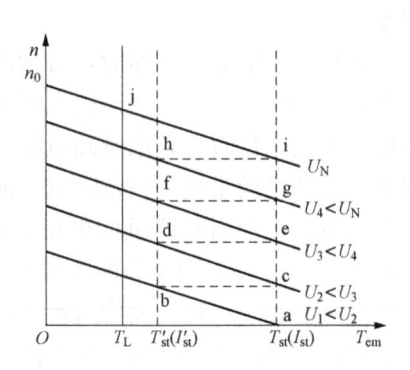

图 3-19　降压起动的电路图　　　　图 3-20　降压起动的机械特性图

3.4　直流电动机的调速

船上的直流电动机工作时往往需要几种不同的转速,如潜艇的推进电机、电动锚机等。直流电动机拥有优良的调速性能,本节主要以他(并)励直流电动机为例,介绍常用的调速方法。然后再简单介绍串励和复励电动机的调速方法。

3.4.1　他(并)励直流电动机的调速

根据转矩公式 $n=\dfrac{U-I_aR_a}{C_e\Phi}$ 可知,调节他(并)励电动机的转速可以有下列几种方法:①改变电枢回路的串联电阻;②改变主磁通 Φ,即改变励磁调节电阻;③改变电枢两端的电压 U。

1. 电枢回路串电阻调速

保持电源电压 $U=U_N$, $\Phi=\Phi_N$(即 $I_f=I_{fN}$)不变,可以通过在电枢回路中串联电阻 R_c 进行调速,如图 3-21 所示。由转速公式可知,电阻 R_c 越大,则电枢电路压降 $I_a(R_a+R_c)$ 也越大,转速就越低。在改变电阻 R_c 时,电动机是怎样由一种转速变到另一种转速?其转速的变化过程是怎样的?对此,可分析如下。

设直流电动机工作在某一稳定状态($T_{em}=T_L$),现将串联在电枢回路中的电阻 R_c 增大,在这一瞬间,电动机的转速由于惯性的作用还来不及变化,此时反电动势 $E_a=C_e\Phi n$ 也未改变。由公式 $I_a=\dfrac{U-E_a}{R_a+R_c}$ 可知,电枢电流 I_a 立即减小,电磁转矩 $T_{em}=C_T\Phi I_a$ 也相应地减小,电动机的运行状态从图 3-22 中的 a 点过渡到 b 点。此时 $T_{em}<T_L$,

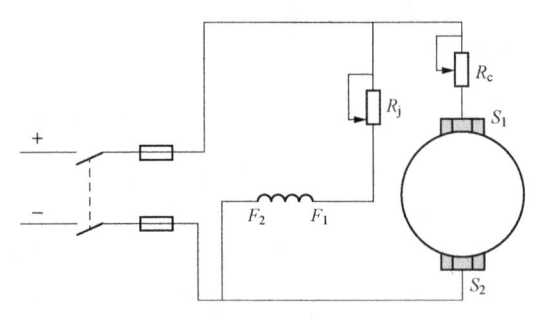

图 3-21　电枢回路串电阻调速的电路图

T_L,于是转速 n 便开始下降,电动机沿着新的机械特性曲线从 b 点下降到 c 点。转速下降的同时,反电动势 E_a 随之减小,I_a 回升,电磁转矩 T_{em} 也随之回升,直到 $T_{em}=T_L$ 电磁转矩与制动转矩再次平衡时转速停止下降,电动机在 c 点稳定运行。在 c 点稳定运行时,与稳定运行的 a 点相比,由于电磁转矩 $T_{em}=T_L$ 不变,因此电枢电流 I_a 不变,而 $n_2<n_1$。调速过

程中电流和转速随时间的变化曲线见图 3-23。

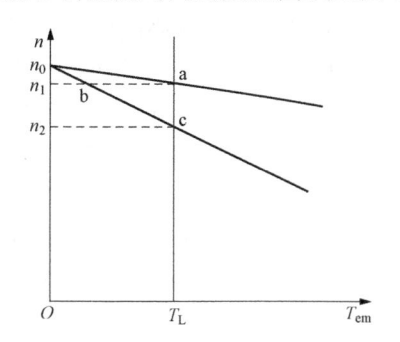

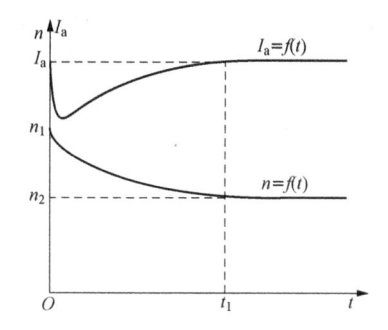

图 3-22 串电阻调速的机械特性曲线

图 3-23 串电阻调速过程电流与转速波形

例 3-2 一台并励直流电动机 $P_N=17\text{kW}$，$U_N=220\text{V}$，$I_N=94\text{A}$，$n_N=3000\text{r/min}$，$R_a=0.316\Omega$，$I_{fN}=3\text{A}$，忽略电枢反应的影响，试求：保持额定负载转矩不变而在电枢回路中串入 $R_c=0.15\Omega$，则串入电阻瞬间电枢电流为多少？稳定后电枢电流和转速为多少？

解 未串电枢电阻前

$$E_{aN}=U_N-I_{aN}R_a=U_N-(I_N-I_{fN})R_a$$
$$=220-(94-3)\times 0.316$$
$$=191.2(\text{V})$$

在电枢回路中串入 $R_c=0.15\Omega$ 瞬间，转速不变，则反电动势不变，仍为 E_{aN}。

电枢电流

$$I'_a=\frac{U_N-E_{aN}}{R_a+R_c}=\frac{220-191.2}{0.316+0.15}=61.8(\text{A})$$

电动机转速稳定后，电磁转矩等于额定负载转矩

$$T_{em}=T_N=C_T\Phi_N I_a$$

所以 $I_a=I_{aN}=91\text{A}$

$$E_a=U_N-I_{aN}(R_a+R_c)=220-91\times(0.316+0.15)=177.6(\text{V})$$

稳定后转速为

$$\frac{n}{n_N}=\frac{E_a}{E_{aN}}=\frac{177.6}{191.2}=0.929$$
$$n=0.929\times 3000=2787(\text{r/min})$$

2. 弱磁调速

保持 $U=U_N$，且电枢回路外串电阻 $R_c=0$，可以通过改变励磁电流 I_f 使主磁通 Φ 发生变化来改变电动机转速。一般来说，额定运行时电动机的磁路已近饱和状态，调节磁通应当从额定值向下调节，因此常称为弱磁调速。弱磁调速的电路图见图 3-21，实际中常通过改变励磁调节电阻 R_j 来改变励磁电流 I_f 和主磁通 Φ。

对于这种调速方法的转速变化过程，可用和前面同样的方法进行分析：当电阻 R_j 增大的瞬间，励磁电流 I_f 减小，它所产生的主磁通减小为 Φ_1，而转速则由于惯性尚未马上改变，因而反电动势 $E_a=C_e\Phi n$ 减小，使电枢电流 I_a 相应地增大。从电磁转矩的公式 $T_{em}=C_T\Phi I_a$ 来看，一方面 Φ 减小，另一方面 I_a 却增大了。那么电磁转矩究竟是增大还是减小呢？这时应当具体问题具体分析，以图 3-24 的机械特性图为例，设所带负载为恒转矩负载 T_L，在 R_j 增大的瞬间，电动机的运行状态将从图 3-24 中的 a 点过渡到 b 点。显然电磁转矩增大

了，$T_{em} > T_L$，系统开始增速，电动机沿着弱磁后的机械特性曲线从 b 点上升至 c 点。转速升高的同时，反电动势 E_a 增大，电枢电流 I_a 和电磁转矩 T_{em} 减小，直至 $T_{em} = T_L$，系统到达新的稳定运行点 c。假设电动机磁通减小为图 3-24 中的 Φ_2，则弱磁的瞬间，转速不变，电动机的运行状态从图 3-24 中的 a 点过渡到 d 点，显然此时电磁转矩减小了，$T_{em} < T_L$，系统开始减速，电动机沿着弱磁后的机械特性曲线从 d 点下降至 e 点，在转速下降的过程中，反电动势 E_a 不断减小，电枢电流 I_a 和电磁转矩 T_{em} 不断增大，直至 $T_{em} = T_L$，在 e 点稳定运行。

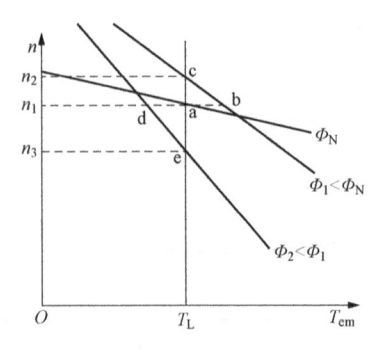

图 3-24 弱磁调速的机械特性曲线

从以上分析可知，弱磁调速理论上既可以向上调速也可以向下调速，但是工程实践中，弱磁调速只适合于向上调速，其原因分析如下：在图 3-24 中，当磁通减小为 Φ_1 时，$I_{a(c)} = \dfrac{T_L}{C_T \Phi_1} > I_{a(a)}$，即 c 点的电枢电流大于 a 点的电枢电流。在从 a→c 的调速过程中，减小励磁电流使转速升高，电机的输出功率随之增加（$P_2 = T_L \Omega$），同时输入功率也增加（$P_1 = UI_a$），因此电动机效率几乎不变。当磁通减小为 Φ_2 时，$I_{a(e)} = \dfrac{T_L}{C_T \Phi_2} > I_{a(c)} > I_{a(a)}$，即 e 点的电枢电流大于 a 点和 c 点的电枢电流，在从 a→e 的调速过程中，由于转速降低，此时电机的输出功率减小（$P_2 = T_L \Omega$），输入功率却增加（$P_1 = UI_a$），所以电机效率降低，究其原因是电枢电流过大造成电枢铜耗激增造成的。而且过大的电枢电流可能烧毁电机。因此，从安全性和经济性出发，弱磁调速只适合于向上调速。

例 3-3 一台并励直流电动机 $P_N = 17 \text{kW}$，$U_N = 220 \text{V}$，$I_N = 94 \text{A}$，$n_N = 3000 \text{r/min}$，$R_a = 0.316 \Omega$，$I_{fN} = 3 \text{A}$，忽略电枢反应的影响，试求：保持额定负载转矩不变而将磁通减少 20%，则开始瞬间电枢电流为多少？稳定后电枢电流和转速为多少？

解 在弱磁的瞬间，转速不变

$$\frac{E_a}{E_{aN}} = \frac{\Phi'}{\Phi_N} = 0.8$$

$$E_{aN} = 191.2 \text{V}（同例 3-2）$$

$$E_a = 0.8 E_{aN} = 0.8 \times 191.2 = 152.9 (\text{V})$$

电枢电流

$$I_a = \frac{U_N - E_a}{R_a} = \frac{220 - 152.9}{0.316} = 212.3 (\text{A})$$

电动机转速稳定后，由于负载转矩保持不变，且转速稳定后的电磁转矩等于额定负载转矩，所以有 $T_{em} = C_T \Phi' I_a' = T_N = C_T \Phi_N I_{aN}$

此时

$$I_a' = \frac{\Phi_N}{\Phi'} I_{aN} = 113.75 \text{A}$$

$$E_a' = U_N - I_a' R_a = 220 - 113.75 \times 0.316 = 184.1 (\text{V})$$

稳定后转速为

$$\frac{E_a'}{E_{aN}} = \frac{\Phi' n}{\Phi_N n_N} = \frac{184.1}{191.2} = 0.963$$

$$n = 3609.9 \text{r/min}$$

3. 改变电枢电压调速

改变电枢电压调速是一种比较灵活的调速方式，如果配合励磁调节，调速范围还可以更加宽广，因此它是普遍应用的调速方法。改变电枢电压调速的电路图与降压起动一样，如图 3-19 所示。

改变电枢电压调速的过程分析如下：在图 3-25 的机械特性曲线中，开始时电枢电压为 U_1，电动机拖动负载在 a 点稳定运行，当减小电枢两端电压至 U_2 时，该瞬时转速因惯性还未变化，故 $E_a = C_e \Phi n$ 也未变，由 $I_a = \dfrac{U-E_a}{R_a}$，I_a 将减小，而电磁转矩 $T_{em} = C_T \Phi I_a$ 也减小，电动机的运行状态从图 3-25 中的 a 点过渡到 b 点。此时 $T_{em} < T_L$，转速 n 开始下降，电动机沿着新的机械特性曲线从 b 点下降到 c 点，注意在 bc 段，电动机的电磁转矩和电流为负值，即两者都反向了，此时 $E_a > U_2$，电机运行于短暂的发电状态，进入 cd 段后，电机回到电动状态。随着 n 的下降，反电动势 $E_a = C_e \Phi n$ 减小，于是 I_a 增大，电磁转矩 T_{em} 也随之增加，转速 n 的下降变慢，直到 $T_{em} = T_L$ 时电机在新转速下稳定运转。如果此时恢复原来的电枢电压 U_1，则电动机运行状态从 d 点首先过渡到 e 点，I_a 增大，使 $T_{em} > T_L$，转速上升，系统最后将回到 a 点稳定运行。

在通常情况下电压是不允许随意改变的，因此要想改变电动机的端电压，一般采用单独的发电机、蓄电池组或者晶闸管可控整流器向电动机供电。

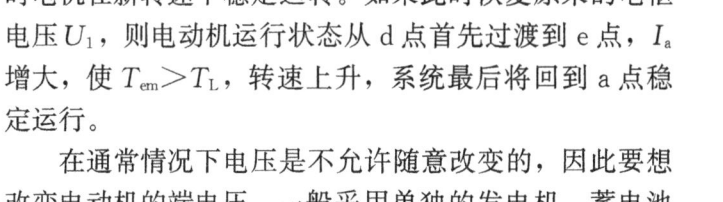

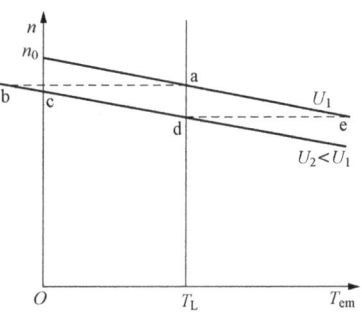

图 3-25 改变电枢电压调速的机械特性曲线

例 3-4 一台并励直流电动机 $P_N = 17 \text{kW}$，$U_N = 220 \text{V}$，$I_N = 94 \text{A}$，$n_N = 3000 \text{r/min}$，$R_a = 0.316 \Omega$，$I_{fN} = 3 \text{A}$，忽略电枢反应的影响，试求：保持额定负载转矩不变而将电枢电压减小为 190V 时，则开始瞬间电枢电流为多少？稳定后电枢电流和转速为多少？

解 在降压的瞬间，转速不变，则 E_a 不变

$$E_a = E_{aN} = 191.2 \text{V}$$

电枢电流

$$I_a = \frac{U - E_{aN}}{R_a} = \frac{190 - 191.2}{0.316} = -3.8 (\text{A})$$

电动机转速稳定后，电磁转矩等于额定负载转矩

$$T_{em} = C_T \Phi_N I'_a = T_N = C_T \Phi_N I_{aN}$$

所以 $I'_a = I_{aN} = 91 \text{A}$

$$E'_a = U - I_{aN} R_a = 190 - 91 \times 0.316 = 161.2 (\text{V})$$

稳定后转速为

$$\frac{E'_a}{E_{aN}} = \frac{n}{n_N} = \frac{161.2}{191.2} = 0.843$$

$$n = 0.843 n_N = 2529 (\text{r/min})$$

上面三种调速方法各有其优缺点。电枢回路串联电阻的方法，能使转速向降低的方向调节，但由于电动机带负载的情况下，电枢电流较大，电枢回路串联电阻 R_c 中将消耗功率，

因此经济性较差。改变励磁电阻的调速方法，比较简便、经济，因为励磁电流较小，励磁回路串联电阻 R_j 消耗的功率小，同时这种调速方法速度变化均匀，因此得到了广泛的应用。但是由于励磁电路中接入 R_j 只能使转速向增高方向调节，故调速范围同样受到限制。改变电枢端电压的调速方法，通常只用于降低电压以降低转速。这种方法由于主电路不需附加电阻，因此经济性较好。为了得到较大的调速范围，常把弱磁调速与其他两种调速方法结合起来使用。

3.4.2 串励直流电动机的调速

串励直流电动机为了进行改变磁通 Φ 调速，常让励磁电流和电枢电流不相等，设两者关系为 $I_f = \beta I_a$（β 为比例常数）。这样可以重新写出串励直流电动机的机械特性 $n = \dfrac{\sqrt{C_T}U}{C_e \sqrt{K_f \beta} \sqrt{T_{em}}} - \dfrac{R_a}{C_e K_f \beta}$，式中 K_f 为假设磁路线性时磁通与励磁电流的比例系数，式中忽略了串励绕组的电阻。根据此机械特性可知，串励直流电动机的调速方法分为三种：改变电枢电压调速、电枢回路串电阻调速和改变 I_f 和 I_a 的比值 β 调速。

图 3-26 是串励直流电动机改变电枢电压调速的机械特性，图 3-27 是串励直流电动机电枢回路串电阻调速的人为机械特性。这两种调速方式的措施和优缺点与他（并）励电动机相似，调速过程不再累述。

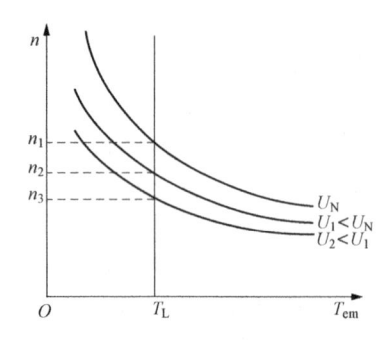

图 3-26 串励直流电动机改变电枢电压调速的机械特性

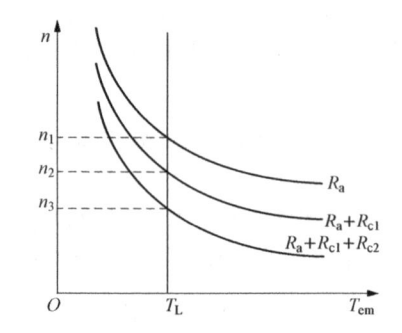

图 3-27 串励直流电动机电枢回路串电阻调速的人为机械特性

改变 I_f 和 I_a 的比值 β 调速的实质是改变磁通 Φ 调速，改变 β 的方法有电枢分流和串励绕组分流两种。

1. 电枢分流

如图 3-28 所示，当开关 S1 闭合，S2 打开时，在电枢绕组两端并联电阻 R_{ah}，此时励磁电流包含电枢电流和流经 R_{ah} 的电流，$\beta > 1$，磁通 Φ 增大，所以其机械特性如图 3-29 中的曲线 2，图中的曲线 1 为固有机械特性。这种调速方法由于 R_{ah} 中有功率损耗使电动机的效率大为降低。同时 R_{ah} 的体积大，较笨重，因此很少使用。

2. 串励绕组分流

图 3-28 中，当开关 S1 打开，S2 闭合时，在串励绕组两端并上了分流电阻 R_{fh}，此时 $\beta < 1$，磁通 Φ 减弱，机械特性如图 3-29 中的曲线 3，即转速可以升高。这种方法，由于 R_{fh} 电阻值不大，功率损耗小，效率只稍有降低，所以可以采用。

复励电动机的调速和制动方法与并励电动机基本相同。但对于串励为主的复励电动机，在改变励磁磁通调速时，则和串励电动机一样可用串励绕组分流或电枢分流的办法。

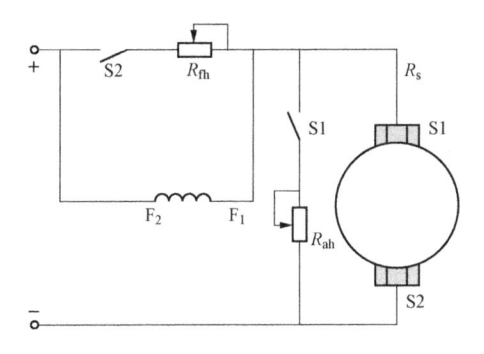

图 3-28 串励电动机电枢或励磁绕组分流调速电路图

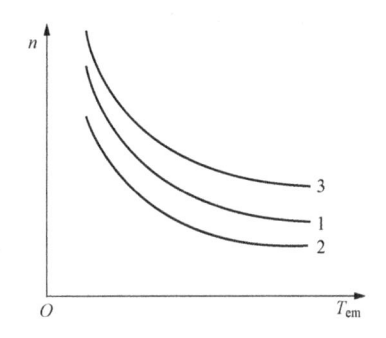

图 3-29 串励电动机电枢或励磁绕组分流机械特性

例 3-5 一台直流串励电动机，额定负载运行，$U_N=220\text{V}$，$I_N=78.5\text{A}$，$n_N=900\text{r/min}$，电枢回路电阻 $R_a=0.26\Omega$，欲在负载转矩不变条件下，把转速降到 700r/min，需在电枢回路串入多大电阻 R_c？

解 根据题意，电动机为串励且 T_L 不变，则两种转速下 T_{em} 不变，根据串励电机的转矩特性：$T_{em} \propto I_a^2$，有

$$I'_a = I_N = 78.5\text{A}$$

$$E_{aN} = U_N - I_N R_a = 220 - 78.5 \times 0.26 = 199.6(\text{V})$$

$$C_e \Phi_N = \frac{E_{aN}}{n_N} = \frac{199.6}{900} = 0.222$$

$$E'_a = C_e \Phi_N n' = U_N - I'_a (R_a + R_c)$$

求得需串入的电阻为

$$R_c = \frac{U_N - C_e \Phi_N n'}{I'_a} - R_a = \frac{220 - 0.222 \times 700}{78.5} - 0.26 = 0.56(\Omega)$$

3.4.3 船舶直流推进调速系统

直流电动机具有良好的调速性能，常作为推进电机被用于船舶电力推进系统中。直流推进电动机可以由直流发电机供电，或交流发电机整流后供电，还可以通过蓄电池供电。常规潜艇水下航行时主要采用蓄电池组—直流电动机电力推进，其优点是供电电源不依赖空气，推进系统安静性及隐蔽性好。下面简单介绍这种电力推进系统的调速原理和方法。

在蓄电池组—直流电动机电力推进系统中，直流推进电动机设计为一台双电枢推进电机，蓄电池组设置为两组蓄电池，通过电枢的串并联以及蓄电池的串并联，来分级改变电枢电压，再在分级改变电枢电压的基础上改变励磁磁通以获得较宽广的调速范围，并能实现平滑连续调节。在每级电枢电压的基础上改变磁通所得到的调速范围称为调速区。有几级电枢电压，便有几个对应的调速区。在每个调速区中，最高转速对应最小磁通，最低转速对应最大磁通。

蓄电池—直流电动机电力推进系统示意图如图 3-30 所示。图中 GB1 和 GB2 是两个蓄电池组，M1 和 M2 是推进电机的两个电枢。通过不同的开关组合，电枢上可以得到三个不同电压。设单个蓄电池组电压为 U，当 S1、S2、S6 闭合，其他开关断开时，单个电枢上的电压为 $2U$，对应的电路图见图中的高速区；当 S2、S3、S4、S6 闭合，其他开关断开时，单个电枢上的电压为 U，对应的电路图见图中的中速区；当 S2、S3、S5 闭合，其他开关断

开时,单个电枢上的电压为 $U/2$,对应的电路图见图中的低速区。

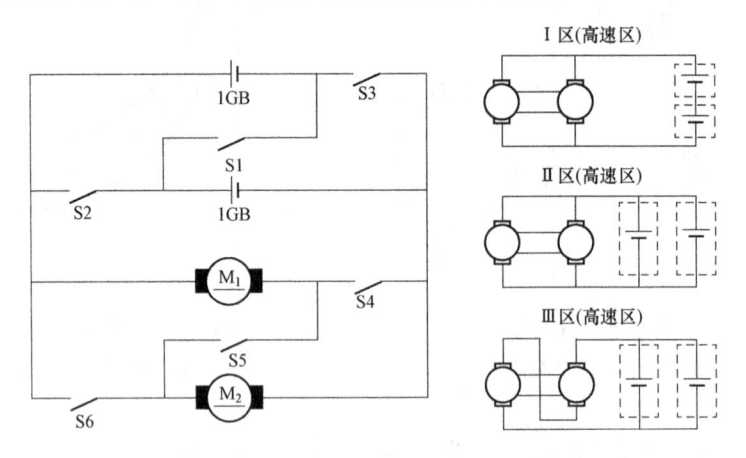

图 3-30 蓄电池—直流电动机电力推进调速系统示意图

蓄电池—直流电动机电力推进系统机械特性曲线如图 3-31 所示,船舶航行时螺旋桨负载转矩正比于转速的平方,属于风机泵类负载特性。图中 ab 段为低速区,此时电枢电压为 $U/2$,磁通调节范围 $\Phi_{max}\sim\Phi_{min}$,调速范围 $n_4\sim n_3$;bc 段为中速区,此时电枢电压为 U,磁通调节范围 $\Phi_{max}\sim\Phi_{min}$,调速范围 $n_3\sim n_2$;cd 段为高速区,此时电枢电压为 $2U$,磁通调节范围 $\Phi_{max}\sim\Phi_{min}$,调速范围 $n_2\sim n_1$。相邻两调速区的衔接点称为转换点,图中的 b、c 点即为转换点,在该点上要完成电枢电压和磁通的改变。

自中速区的某转速调变至高速区另一转速时,操作过程应该是:

(1)增大励磁电流至最大值,然后断开电枢电源。

(2)完成电枢电路电压增高的转换(蓄电池组由并联改为串联),然后接通电枢电源,使电机进入高速区工作。

(3)逐渐减少磁通,将转速在高速区内调节至所需值。

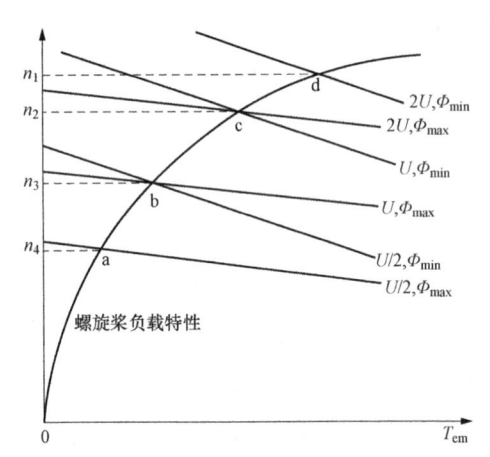

图 3-31 蓄电池—直流电动机电力推进调速系统机械特性图

改变励磁磁通可以通过调节励磁回路电阻来实现,也可以使用直流—直流斩波器来实现。直流—直流斩波器是利用大功率电子开关提供可调的直流电压,这种方式避免了电阻上的损耗,更加经济。

蓄电池组—直流电动机电力推进系统的调速方法是调压调速和弱磁调速的综合方法,因此也称为综合调速法。

3.5 直流电动机的制动

船上的锚机、绞缆机、起重机等设备常要求迅速停车、由高速很快降为低速、由正转变为反转或匀速下放重物等，此时就需要对电机进行制动，制动包括机械制动和电磁制动，实际中常配合使用。本节所讨论的是电磁制动，即使电动机的电磁转矩与转动方向相反，使之迅速减速。直流电动机有能耗制动、反接制动、回馈制动三种方法。

3.5.1 能耗制动

1. 能耗制动停车

直流电动机带反抗性恒转矩负载时，可以通过能耗制动使电动机在断开电源后迅速停车。

图 3-32 是并励电动机能耗制动接线图。当电源开关 S1 合上后，如将开关 S2 合在位置"1"时，电动机便可起动起来并带上负载工作。此时，电流由正电刷进入电枢，它与磁场作用产生的电磁转矩是驱动转矩，带动工作机械旋转，并在电枢中感应一个反电动势，方向与电枢电流相反。当电机需要制动时，电源开关 S1 仍接通电源，使电动机的励磁保持不变，而开关 S2 则从"1"的位置断开并迅速合到"2"的位置上，此时，该机作为发电机运行，将储存于机组旋转部分的动能转变为电能，在电阻负载中消耗掉，故称为能耗制动。

能耗制动时，电枢脱离电源，即 $U=0$，同时电枢回路总电阻为 R_a+R_s，故机械特性方程式变为

$$n=-\frac{R_a+R_s}{C_e C_T \Phi_N^2}T_{em} \tag{3-20}$$

式（3-20）中磁通可认为不变。故机械特性是一条经过零点的直线，其斜率随制动电阻 R_s 的大小而变，如图 3-33 所示。

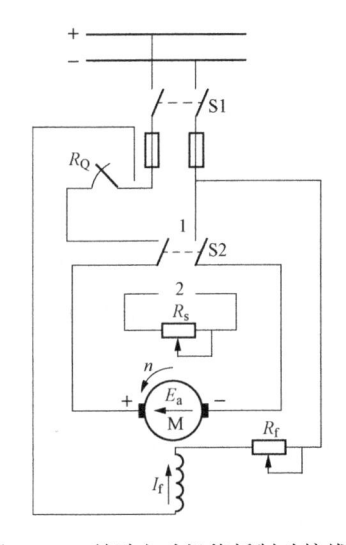

图 3-32 并励电动机能耗制动接线图 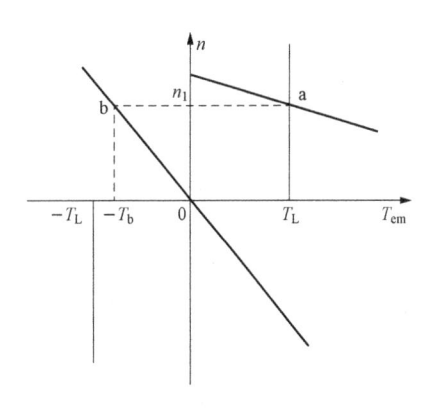　　图 3-33 能耗制动停车机械特性图

当开关 S2 合向"1"作为电动机运行时，电磁转矩与电机旋转方向相同，都为逆时针方向。当 S2 合向"2"时，电机的旋转方向与磁场方向均未改变，故感应电动势 E_a 的方向未变，此时的电枢电流将由于 E_a 的作用而产生，故其方向与 E_a 相同，而与电动机工作时恰好相反，电枢电流所产生的电磁转矩也改变方向，与电机的旋转方向相反。从机械特性图来看，S2 合向"2"的瞬间，电动机从 a 点迅速转移到 b 点。电磁转矩反向后对电机起制动作用，使电机沿着机械特性曲线从 b 点迅速到达零点，电机停转。由上述可知，当电枢电路从

电源上断开后，电枢回路所串接的电阻 R_s 越小，则电枢电流就越大，制动转矩也越大，电机也就能更快地停转。但是电阻 R_s 过小，将产生大的电流冲击。制动过程中最大电流出现在机械特性中的 b 点，S2 合向"2"的瞬间，此时的电流值为 $I_{max}=\dfrac{E_a}{R_a+R_s}$，一般应使 $I_{max}<2I_N$。

能耗制动在转速很低时，电磁转矩 T_{em} 很小，制动作用不大，因此能耗制动往往与机械制动配合使用。

2. 能耗制动运行

如果直流电动机所带的是位能性恒转矩负载，电动机可以工作于能耗制动运行状态。

图 3-34 是能耗制动运行的机械特性图，假设开始时直流电动机拖动位能性负载运行于图中的 a 点，电动机提升重物。这时突然将图 3-32 中的开关 S2 合向 2，电动机进入能耗制动状态。在这个瞬间，转速由于惯性保持不变，电动机从原来的运行点 a 立刻转移至图中的 b 点。此时电枢感应电动势不变，所以 $I_a=\dfrac{U-E_a}{R_a+R_s}=-\dfrac{E_a}{R_a+R_s}<0$，电枢电流反向，电磁转矩 T_{em} 也随之反向，电动机顺着能耗制动的机械特性由 b 点向零点减速。当转速降为 0，T_{em} 也为 0，此时电动机轴上的转矩为 $T_{em}-T_L=-T_L=J\dfrac{d\Omega}{dt}<0$，电动机开始反转，下放重物。由于 $n<0$，则 $E_a<0$，$I_a=\dfrac{U-E_a}{R_a+R_s}=-\dfrac{E_a}{R_a+R_s}>0$，电磁转矩 $T_{em}>0$，随着反向转速的增加，I_a 和 T_{em} 逐渐增大，直至 $T_{em}-T_L=0$，转轴上转矩平衡，系统以稳定的转速 n_c 在机械特性图上的 c 点稳定地运行。

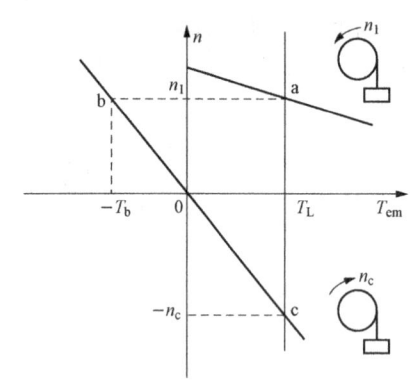

图 3-34 能耗制动运行的机械特性图

例 3-6 某他励直流电动机额定数据为 $P_N=22kW$，$U_N=220V$，$I_N=118.5A$，$n_N=600r/min$，$R_a=0.15\Omega$。设电动机原来带额定负载稳定运行。电枢电流最大值不能超过 $2I_N$。试求：

(1) 如反抗性负载采用能耗制动停车，电枢回路应串入的最小制动电阻值。
(2) 如采用能耗制动下放位能性负载，所串制动电阻值同(1)，电动机下放负载转速。
(3) 如要求下放负载转速为 $-200r/min$，求电枢应串多大制动电阻？

解 (1) $E_{aN}=U_N-I_N R_a=220-118.5\times0.15=202.23$ (V)

在制动的瞬间电枢电流最大 $I_{max}=2I_N=118.5\times2=237$(A)

制动瞬间转速不变，感应电动势不变，$E_a=E_{aN}$，电枢电流 $I_a=-I_{max}$

$$0=E_{aN}-I_{max}(R_a+R_s)$$

$$R_s=\dfrac{E_{aN}}{I_{max}}-R_a=\dfrac{202.23}{237}-0.15=0.7(\Omega)$$

(2) 下放位能性负载稳定运行时，因为 $T_L=T_N$，所以 $I_a=I_N$，则电枢感应电动势为

$$E_a=0-I_N(R_a+R_s)=0-118.5\times(0.15+0.7)=-100.73(V)$$

$$\frac{E_{aN}}{E_a} = \frac{n_N}{n} = -2$$

$$n = \frac{n_N}{-2} = \frac{600}{-2} = -300(\text{r/min})$$

(3) 当以 $n=-200\text{r/min}$ 下放重物时

$$\frac{E_{aN}}{E_a'} = \frac{n_N}{n'} = -3$$

$$E_a' = \frac{E_{aN}}{-3} = \frac{202.23}{-3} = -67.41(\text{V})$$

$$R_s = -\frac{E_a'}{I_N} - R_a = 0.419(\Omega)$$

3.5.2 反接制动

反接制动使电动机迅速停转,或使电动机停转后立即反向运转。图3-35为反接制动接线图。由图可见,当开关S2合向"1"的位置时,电机为电动运行状态;将开关S2合向"2"的位置则为反接制动情况。此时,励磁回路的连接保持不变,即磁通的方向未变,而电枢两端外施电压的极性突然改变,此时电动机机械特性变为

$$n = \frac{-U_N}{C_e\Phi} - \frac{R_a+R_s}{C_eC_T\Phi_N^2}T_{em} = -n_0 - \beta'T_{em} \tag{3-21}$$

机械特性曲线如图3-36所示。在开关合上的瞬间,转速不变,电动机从图中的a点迅速转移至b点。在反电动势与$-U_N$的共同作用下,电枢电路中立刻产生一个很大的反向电流,这个电流大大超过允许值,因此在反接制动的线路中,电枢电路需要串联一个足够大的电阻R_s以限制电流,即$I_a = \frac{-U-E_a}{R_a+R_s}$。由于电枢电流$I_a$反向,电磁转矩也随之反向,变为制动转矩,于是电动机将迅速减速并停转。若是采用此法使电机停转,则应在$n=0$瞬间迅速将电机自电网切除,否则,电机将反向起动,在图3-36的c点稳定运行。由于电阻R_s串接在电枢回路中产生很大的耗能,因此如果是需要反转运行,应当设法将R_s短路以降低损耗。将R_s短路后的机械特性变硬,最后电机将稳定运行于d点。

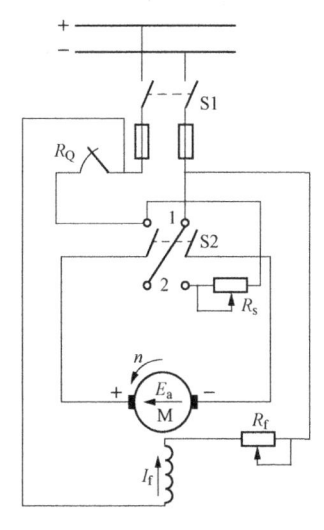

图3-35 反接制动接线图

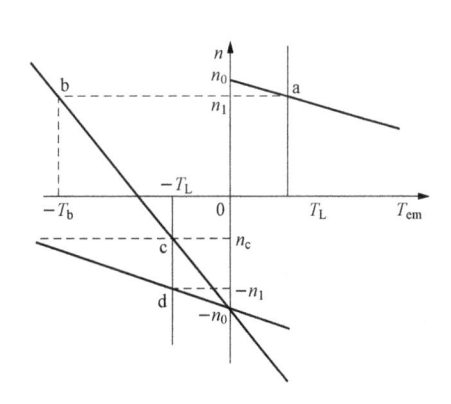

图3-36 反接制动机械特性曲线

3.5.3 回馈制动

在直流电动机带动工作机械运行中,如果由于某种原因使电枢绕组的反电动势超过电枢端的电压时($E_a>U$),则电枢电流反向,电机工作于发电机状态将电能反馈给电网,此时的电磁转矩变为制动转矩从而限制了电机转速的升高,这种制动方式称为回馈制动。根据电机的旋转方向,回馈制动分为正向回馈制动和反向回馈制动。

1. 正向回馈制动

如图 3-37 所示,电车在平地上行驶时,电动机运行于正向电动状态,工作点位于第一象限的 a 点(图 3-38),此时的负载转矩主要是由摩擦力产生的制动转矩。当电车下坡时,电动机仍然保持正向电动状态时的接线方式和参数不变,摩擦性阻转矩虽然仍然存在,但是车子的重力沿斜坡的分量产生一个驱动的转矩,与摩擦性阻转矩方向相反且数值远大于后者,因此此时的总负载转矩 T_L' 为负,与电磁转矩 T_{em} 方向相同。在电磁转矩和负载转矩的共同作用下,电机转速上升,沿着机械特性曲线从 a 点变化到 b 点,在变化过程中,随着转速的上升,电枢电流和电磁转矩减小至零后,均反向增大,直至 T_{em} 与 T_L' 的大小相等,方向相反,转速稳定下来。图 3-38 中,电动机经过 c 点后,转速高于理想空载转速,感应电动势 $E_a>U$,电机进入发电运行状态,将电能回馈给电网。

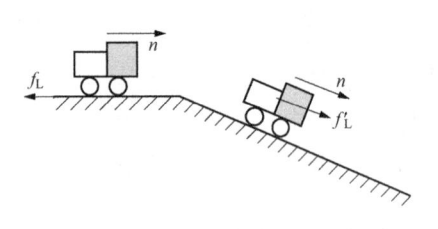

图 3-37 电车下坡示意图 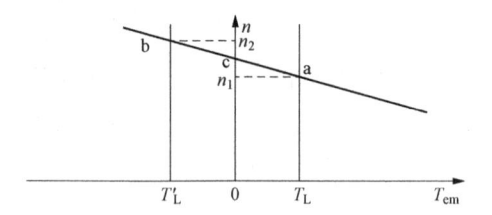   图 3-38 电车下坡正向回馈制动机械特性

在直流电动机降压调速或增大磁通调速的过程中,也可能会出现短暂的正向回馈制动状态。如图 3-39 所示,直流电动机通过降低电压来减速,在降压的瞬间,转速不变,电动机将从图中的 a 点迅速转移到 b 点,再从 b 点减速经 c 点至 d 点稳定运行。在 bc 段,电机的转速高于理想空载转速,因此感应电动势 $E_a>U$,电机发电运行,向电网回馈能量,这是一段过渡性的正向回馈制动过程。图 3-40 是增磁减速中的正向回馈制动,调速的过程与降压类似,请自行分析。注意增磁时磁通不能超过额定磁通。

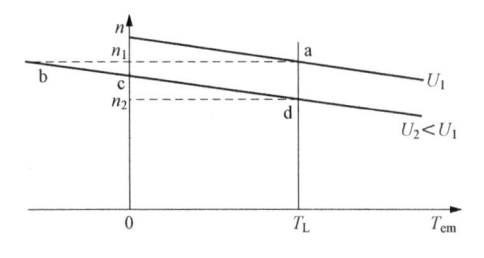

图 3-39 降压调速中的正向回馈制动 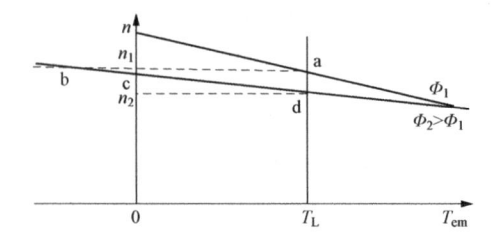   图 3-40 增磁调速中的正向回馈制动

2. 反向回馈制动

反接制动时,如果电动机所带为位能性恒转矩负载,则反接制动可用于反向下放重物。由于反向下放重物时,转速值高于理想空载转速,感应电动势 $|E_a|>|U|$,电机发电运行,

向电网回馈能量。这时的转速与正向电动时相反，因此称为反向回馈制动。

反向回馈制动的机械特性和反接制动相同，区别在于所带负载为位能性恒转矩负载，因此工作于第四象限，如图 3-41 所示。由图可见，开始时电动机在 a 点正向电动运行，以转速 n_1 提升负载。在电枢电压极性突然改变的瞬间，由于转速尚未改变，电机便从图中 a 点过渡到反接制动机械特性上的 b 点运行，电磁转矩反向 $T_{em}<0$，变为制动转矩，电机轴上的转矩 $T_{em}-T_L<0$，电机沿着直线 bc 减速至零后，反向起动，开始下放负载。电机反向转速不断增加至 $|n|>|-n_0|$，进入第四象限，感应电动势 $|E_a|>|U|$，电机发电运行，进入反向回馈制动状态。此时电枢电流 $I_a=\dfrac{U-E_a}{R_a+R_s}>0$，相应的电磁转矩 $T_{em}>0$，但 $T_{em}-T_L<0$，反向转速继续增大，电枢电流和电磁转矩也随之增大，至 c 点 $T_{em}-T_L=0$，电机以转速 n_c 下放重物，运行于稳定的反向回馈制动状态。在反向回馈制动的过程中，负载的势能被转变为电能回馈电网。

为防止反向回馈制动时转速过高，应将电枢所串的电阻 R_s 切除，图 3-41 中，切除 R_s 后机械特性硬度和固有机械特性相同，最后稳定转速为 $|n_d|<|n_c|$。

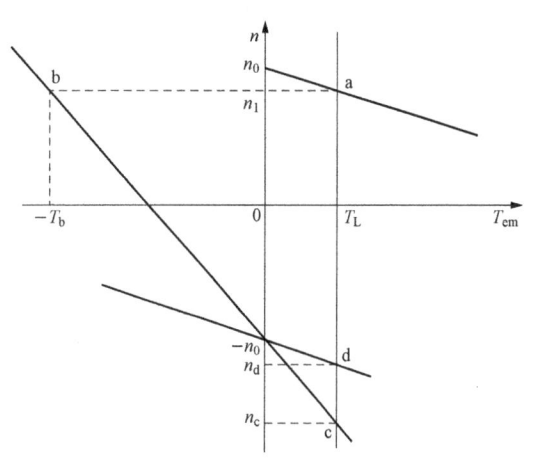

图 3-41 反向回馈制动机械特性图

例 3-7 某他励直流电动机额定数据为 $P_N=22\mathrm{kW}$，$U_N=220\mathrm{V}$，$I_N=118.5\mathrm{A}$，$n_N=600\mathrm{r/min}$，$R_a=0.15\Omega$。试求：

（1）在额定运行时，如将电压突降至 180V，该机能否进入回馈制动状态，其起始电流为多大？

（2）保持 $\Phi=\Phi_N$，$U=U_N$ 不变，将 $T_L=0.8T_N$ 的位能性负载用反向回馈制动稳速下放，电枢所串制动电阻 $R_s=0$ 时的下放速度是多少？

解 （1）$E_{aN}=U_N-I_N R_a=220-118.5\times 0.15=202.23$（V）

降压瞬间转速不变，感应电动势不变，$E_a=E_{aN}>U$，电机进入回馈制动状态。

电枢电流

$$I_a=\frac{U-E_{aN}}{R_a}=\frac{180-202.23}{0.15}=-148.2(\mathrm{A})$$

（2）保持 $\Phi=\Phi_N$ 不变，当电机稳定运行时，总有

$$T_{em}=C_T\Phi_N I_a=T_L=0.8T_N=C_T\Phi_N(0.8I_N)$$

因此稳定下放重物时 $I_a=0.8I_N=0.8\times 118.5=94.8(\mathrm{A})$

此时的电枢感应电动势 $E_a=-U_N-I_a R_a=-220-94.8\times 0.15=-234.22(\mathrm{V})$

$$\frac{E_{aN}}{E_a}=\frac{n_N}{n}=\frac{202.23}{-234.22}=-0.863$$

$$n=\frac{n_N}{-0.863}=\frac{600}{-0.863}=-695.2(\mathrm{r/min})$$

本章小结

直流电力拖动系统在船舶上应用广泛。本章首先介绍了电力拖动的动力学基础,包括电力拖动系统的组成;电力拖动系统的运动方程 $T_{em} - T_L = J \dfrac{d\Omega}{dt}$,根据该方程可知,当 $T_{em} > T_L$ 时,系统加速,当 $T_{em} < T_L$ 时,系统减速,当 $T_{em} = T_L$ 时,系统转速稳定;生产机械的负载转矩特性有三种主要类型:恒转矩负载、恒功率负载和风机泵类负载。电动机的机械特性和负载转矩特性的交点就是电力拖动系统的工作点,该工作点是否稳定需满足条件:

$$\frac{dT_{em}}{dn} < \frac{dT_L}{dn}$$

直流电动机的机械特性是指转速与电磁转矩之间的关系曲线 $n = f(T_{em})$,它是描述和评价电动机机电性能的有效工具。机械特性有固有机械特性和人为机械特性两种。

直流电动机起动的核心问题是保证电枢电流和转矩不超过允许值的条件下,将电动机起动到负载所要求的转速。一般来说,采用电枢串电阻分级起动直流电动机;如果电源允许,也可以采用逐渐提高电枢电压的方法起动直流电动机。

直流电动机调速性能优异,有三种调速方法:电枢回路串电阻调速、改变电枢电压调速、弱磁调速。

直流电动机的制动方法有能耗制动、反接制动和回馈制动三种。

串励直流电动机的起动、调速与制动与他(并)励直流电动机类似,它的优点是起动转矩大,过载能力强。缺点是不能空载或轻载运行,特性软,不能实现回馈制动等。复励直流电动机兼有串励和并励的特点,其特性介于串励和并励之间。

习 题

3-1 他励直流电动机起动前励磁绕组断线没有发现,起动时,在下面两种情况下:①空载起动;②负载起动会有什么后果?

3-2 改变串励直流电动机电流的方向能否改变它的转向?为什么?

3-3 判断正误:

(1) 他励直流电动机在直接起动的时候,一方面会产生很大的起动电流,另一方面起动的转矩很小,所以要针对这两个问题提出改进方法。( )

(2) 直流电动机起动的时候,由于励磁回路电流较小,连接是否可靠并不重要,因此不需要保护措施。( )

(3) 他励或并励直流电动机起动前,为了保障安全,应使励磁电流最小,为此应该把励磁回路的电阻调到最大。( )

(4) 带恒定负载的他励直流电动机,当电枢的端电压升高后,稳定运行的电磁转矩将升高。( )

(5) 带恒定负载的他励直流电动机,电枢串入一电阻,稳定运行后的电枢电流将下降。( )

(6) 带恒定负载的他励直流电动机稳定运行时的电枢电流应该由电枢的端电压决定。
( )

(7) 带恒定负载的他励直流电动机,如果将励磁电流减小,稳定运行后的电机转速将下降。
( )

3-4 试述并励直流电动机的调速方法,并说明各种方法的特点?

3-5 一台他励直流电动机,$P_N=40$kW,$U_N=220$V,$I_N=207.5$A,$R_a=0.067\Omega$。

(1) 若电枢回路不串电阻直接起动,则起动电流为额定电流的几倍?

(2) 若将起动电流限制为 $1.5I_N$,求电枢回路应串入的电阻大小。

3-6 某他励直流电动机额定数据为 $P_N=60$kW,$U_N=220$V,$I_N=305$A,$n_N=1000$r/min,$R_a=0.15\Omega$。试求:

(1) 电枢回路串 $R_s=0.4\Omega$ 电阻时的人为机械特性表达式。

(2) 端电压为 $U=110$V 时的人为机械特性表达式。

(3) 磁通为 $\Phi=0.8\Phi_N$ 时的人为机械特性表达式。

3-7 他励直流电动机的额定数据同 3-6,试求:

(1) 若该机直接起动,起动电流为多少?

(2) 为使起动电流限制在 $2I_N$,应在电枢回路串多大电阻?

(3) 如果采用降压起动,起动电流限制在 $2I_N$,端电压应降为多少?

3-8 他励直流电动机保持 $U=U_N$,$\Phi=\Phi_N$ 不变,增加电枢回路电阻而负载转矩 T_L 不变,对起动电流及稳定电枢电流各有什么影响?若电枢回路串联电阻不变而增加 T_L,对起动电流及稳定电枢电流又各有什么影响?

3-9 某并励直流电机 $P_N=17$kW,$U_N=220$V,$I_N=94$A,$n_N=3000$r/min,$R_a=0.316\Omega$,实际空载时电枢电流 $I_{a0}=2.8$A,$n_0=3440$r/min,忽略电枢反应的影响,试求:

(1) 额定输出转矩 T_N、额定时电磁转矩、效率。

(2) 理想空载转速。

(3) 保持额定负载转矩不变而在回路中串入 $R_c=0.15\Omega$,则稳定后转速为多少?

3-10 一台并励直流电动机的额定数据为 $P_N=17$kW,$U_N=220$V,$I_N=88.9$A,$n_N=3000$r/min,$R_a=0.0896\Omega$,励磁回路电阻 $R_f=181.5\Omega$,若忽略电枢反应的影响,试求:

(1) 电动机的额定输出转矩。

(2) 额定负载时的电磁转矩。

(3) 额定负载时的效率。

(4) 理想空载($I_a=0$)转速。

(5) 当电枢回路串入电阻 $R_c=0.15\Omega$,额定负载时的转速。

3-11 一台他励直流电动机,$P_N=22$kW,$U_N=220$V,$I_N=115$A,$n_N=1500$r/min,$R_a=0.1\Omega$,忽略电枢反应的作用以及 T_0,电机带额定负载时,要求把转速降到 $n=1000$r/min,计算:

(1) 采用电枢串电阻方案所需串入的电阻值。

(2) 采用降低电源电压方案需要把电源电压降为多少。

(3) 上述两种调速情况下,电动机输入功率、输出功率和效率各为多少(不计励磁损耗)?

3-12　一台他励直流电动机，$P_N=5.6\text{kW}$，$U_N=220\text{V}$，$I_N=30\text{A}$，$n_N=1000\text{r/min}$，$R_a=0.4\Omega$，$T_L=0.8T_N$ 为恒转矩负载，不计电枢反应的去磁作用，试求：

（1）如果电枢回路串电阻 $R_c=0.8\Omega$，稳定后转速及电流为多少？

（2）如果降压调速的方法使转速降为 500r/min，试问端电压 U 应降为多少？稳定后电流为多少？

（3）如果将磁通降低 15%，稳定后转速及电流为多少？

（4）如果将电压和磁通都降低 15%，稳定后转速及电流为多少？

3-13　一台他励直流电动机，$P_N=3\text{kW}$，$U_N=220\text{V}$，$I_N=18\text{A}$，$n_N=1000\text{r/min}$，$R_a=0.8\Omega$，试求：

（1）为使该机在额定状态下进行能耗制动停车，要求最大制动电流不超过 $2I_N$，求制动电阻值。

（2）当所串能耗制动电阻不变时，如负载为 $T_L=0.8T_N$ 的位能性负载，求电动机在能耗制动后的稳定转速。

（3）若该机带 $T_L=T_N$ 的位能性负载运行于额定状态，采用能耗制动使其最终以 500r/min 的速度下放重物，求制动电阻和该电阻所对应的最大制动电流。

（4）若该机下放 $T_L=T_N$ 的位能性负载，所能达到的最低下放速度为多少？

（5）若该机在额定状态时采用能耗制动停车而不接制动电阻，则最大制动电流为额定电流的多少倍？

3-14　一台他励直流电动机，$P_N=17\text{kW}$，$U_N=220\text{V}$，$I_N=92.5\text{A}$，$R_a=0.16\Omega$，$n_N=1000\text{r/min}$。电动机允许最大电流 $I_{amax}=1.8I_N$，电动机拖动负载 $T_L=0.8T_N$ 电动运行，求：

（1）若采用能耗制动停车，电枢回路应串入多大电阻？

（2）若采用反接制动停车，电枢回路应串入多大电阻？

3-15　一台他励直流电动机，$P_N=5.5\text{kW}$，$U_N=220\text{V}$，$I_N=30.5\text{A}$，$R_a=0.45\Omega$，$n_N=1500\text{r/min}$。电动机拖动额定负载运行，保持励磁电流不变，要把转速降到 1000r/min。求：

（1）若采用电枢回路串电阻调速，应串入多大电阻？

（2）若采用降压调速，电枢电压应降到多大？

（3）两种方法调速时电动机的效率各是多少？

3-16　直流电动机在负载转矩恒定的情况下，改变励磁或改变电枢回路电阻进行调速时，比较调速前后电枢稳态电流的大小。

3-17　一台直流串励电动机，额定负载运行，$U_N=220\text{V}$，$n=900\text{r/min}$，$I_N=78.5\text{A}$，电枢回路电阻 $R_a=0.26\Omega$，欲在负载转矩不变的条件下，把转速降到 700r/min，需串入多大电阻？

第4章 变 压 器

变压器是一种静止的电气设备，它利用电磁感应作用将一种交流电能变成频率相同的另一种电压的交流电能。

船上的动力网络和照明网络常采用不同的电压。动力网络为了减小导线的重量，多采用较高的电压，如 440、380V 等；照明网络由于安全的原因，多采用较低的电压，如 110、24V 等。在以交流电为主要电源的船舶上，可以利用变压器获得不同的电压。由于温度、湿度、霉菌、油污、倾斜、振动等环境条件恶劣，船用变压器在产品结构设计上和陆用变压器不相同，但是变压器的原理和分析方法是一致的。

本章主要研究变压器的原理、结构和使用方法。

4.1 变压器的工作原理和主要结构

4.1.1 变压器的工作原理和分类

1. 变压器的工作原理

变压器是通过电磁感应关系，或者说是利用互感作用，从一个电路向另一个电路传递电能或传输信号的设备。因此它的基本结构是：两个（或两个以上）互相绝缘的绕组套在一个共同的铁心上，绕组间有磁场耦合关系，但没有直接的电路联系。因此，变压器是以磁场为媒介，将一种电压的交流电能转换成另一种电压的交流电能，如图 4-1 所示，其过程如下。将变压器的一个绕组接入交流电源，另一个绕组接入负载。接电源的一侧绕组称为一次绕组，接负载的绕组称为二次绕组。在外施电压的作用下，一次绕组中流过电流，这一电流在铁心中建立了一个磁场。当外加电压是交流时，一次侧的交流电流在铁心中产生交变磁通，它同时与一次、二次绕组交链。根据电磁感应定律，交变的磁通在二次绕组中感应出与一次侧相同频率的电动势，当在二次侧接入负载，变压器将向负载输出电能。

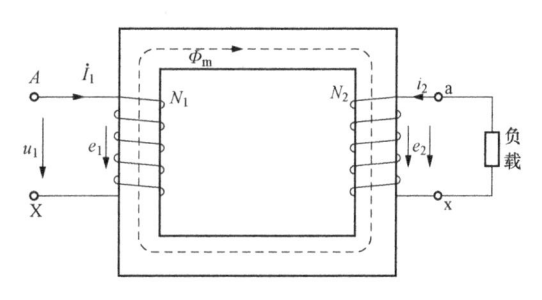

图 4-1 变压器的工作原理图

变压器可以把交流电压按要求升高或降低。在电力系统中，要把发电厂生产的大量电能输送到用电区域需采用高压输电。因为输送一定的功率，电压越高，线路中的电流越小，电能损耗以及电压降落也就越少，线路的用铜量也越节省。当电能传送到用电区域后，为了用电安全，又需应用变压器降低电压。根据这一功能，电力变压器分为升压变压器和降压变压器两类，它们在原理和结构上并无差别。

2. 变压器的主要类别

变压器按用途不同可分为电力变压器（包括升压变压器、降压变压器、配电变压器）、特种变压器（电炉变压器、整流变压器、电焊用变压器、脉冲变压器、仪用变压器）。

变压器还可以根据绕组的数目来分类。通常变压器都为双绕组变压器，即在铁心上有两个绕组，一个为一次绕组，一个为二次绕组。如果把一次、二次绕组合为一个绕组，则变压器称为自耦变压器。容量较大的变压器，有时也可能有三个绕组，用以连接三种不同电压的线路，此种变压器称为三绕组变压器。在特殊情况下，也有应用更多绕组的变压器。

此外，变压器可以根据铁心的结构特点，分为心式变压器和壳式变压器；按变压器的相数分为单相变压器、三相变压器；根据冷却方式的不同，分为油浸式变压器和干式变压器。

本书所要讨论的变压器主要为应用在船舶电力系统中供输电和配电用的变压器，统称电力变压器。

4.1.2 变压器的主要结构部件

变压器整体结构如图4-2所示。变压器主要由铁心和带有绝缘的绕组组成，如果是油浸式变压器，还包含油箱、变压器油和绝缘套管等。其中，铁心和绕组是变压器进行电能转换的主要部分，油箱起机械支撑、冷却、散热和保护作用，变压器油有冷却和绝缘作用，绝缘套管是为了使变压器的带电引线与接地油箱绝缘。

1. 铁心

铁心是变压器的磁路，也是套装绕组的骨架。铁心通常用厚度0.35mm，表面涂绝缘漆的硅钢片制成，以提高磁路的磁导率、降低铁心内的涡流损耗。铁心分铁心柱连铁轭两部分，铁心柱上套绕组，铁轭将铁心柱连接起来，形成闭合磁路。根据结构型式，铁心可分为心式和壳式两种。

（1）心式变压器。图4-3是单相心式变压器的铁心。从图中可以看出，心式变压器的绕组将铁心柱围住。心式铁心结构简单，绕组的装配和绝缘容易，因此在电力变压器中得到广泛应用。

图4-2 变压器整体结构
1—高压绕组出线端；2—低压绕组出线端；3—绕组；
4—变压器油箱；5—铁轭；6—绝缘材料

（2）壳式变压器。图4-4所示为单相壳式变压器的铁心。从图中可以看出，壳式变压器的铁心柱将绕组围住，同时绕组的侧面也被铁轭围住。这种结构机械强度较好，但制造工艺复杂，铁磁材料用料较多。

组成铁心的硅钢片按交叠方式组合起来，如图4-5所示。图4-5（a）、（b）分别表示单相、三相变压器相邻两层的硅钢片，每层由多块冲片组成，冲片组合应用了不同的排列方法，使各层磁路的接缝处互相错开，避免了涡流在硅钢片之间流通，这种装配方式称为交叠装配。同时，在叠装过程中，由于相邻层的接缝错开，铁心压紧时可以用较少的紧固件，结构简单。

2. 绕组

绕组是变压器的电路部分，用纸包或纱包的绝缘扁铜（铝）线或圆铜（铝）线绕成。

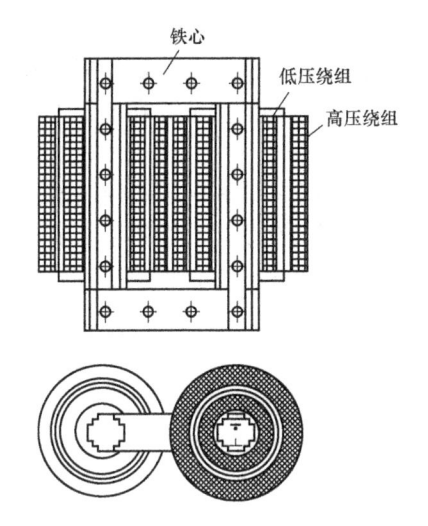

图 4-3 单相心式变压器的铁心

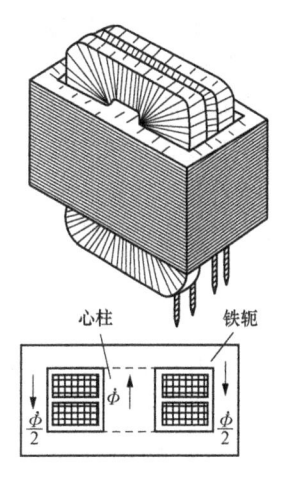

图 4-4 单相壳式变压器的铁心

一、二次绕组中电压高的一端称高压绕组，低的一端称低电绕组。高压绕组匝数多，导线细；低压绕组匝数少，导线粗。从高低压绕组的相对位置来看，变压器绕组可以分为同心式和交叠式两类。

同心式绕组：高低压绕组同心地套在铁心柱上。为便于绝缘，一般低压绕组在里面高压绕组在外面，如图 4-6 (a) 所示。

交叠式绕组：高低压绕组互相交叠放置，为便于绝缘，上下两组为低压绕组，如图 4-6 (b) 所示。

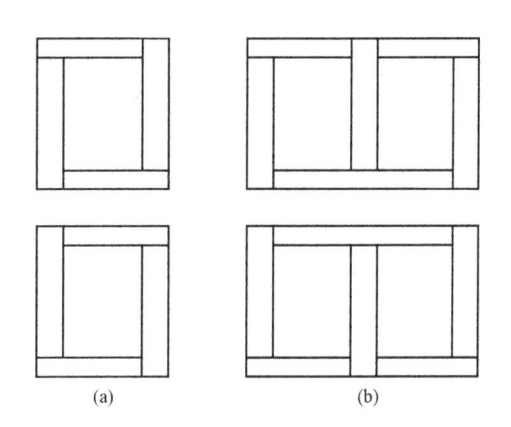

图 4-5 变压器铁心的交叠装配
(a) 单相变压器相邻两层的硅钢片；
(b) 三相变压器相邻两层的硅钢片

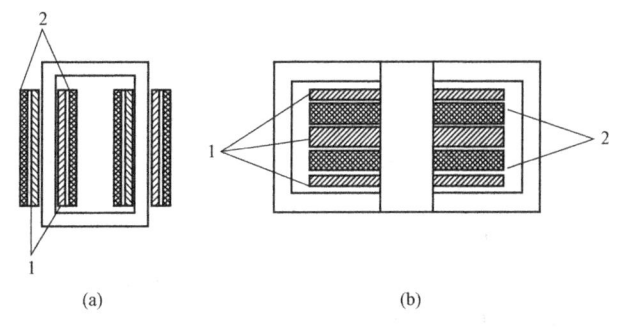

图 4-6 变压器绕组
(a) 同心式圆筒形绕组；(b) 交叠绕组
1—低压绕组；2—高压绕组

3. 油箱

为提高电力变压器的油箱的机械强度，并减少所需油量，油箱一般都做成椭圆形。为了减小油与空气的接触面积以降低油的氧化速度和浸入变压器油的水分，在油箱上面安装一储油器（也称膨胀器或油枕）。

在油箱顶盖上装有一排气管（也称安全气道），它是用来保护变压器油箱的。安全气道是一个长钢管，上端部装有一定厚度的玻璃板。当变压器内部发生严重事故而有大量气体形成时，油管内的压力增加，油流和气体将冲破玻璃板向外喷出，以免油箱受到强烈的压力而爆裂。

在储油器与油箱的油路通道间常装有气体继电器，当变压器内部发生故障产生气体或油箱漏油使油面下降时，它可以发出报警信号或自动切断变压器电源。

随着变压器容量的增大，对散热的要求也将不断提高，油箱形式也要与之相适应。容量很小的变压器可用平滑油箱；容量较大时需增大散热面积而采用管形油箱；容量很大时用散热器油箱。

4. 变压器油

除了极少数例外，装配好了的电力变压器的铁心和绕组都须浸入变压器油中。变压器油的作用是双重的：①由于变压器油有较大的介质常数，它可以增强绝缘。②铁心和绕组中由于损耗而发出热量，通过油受热后的对流作用把热量传送到铁箱表面，再由铁箱表面散逸到四周。变压器油为矿物油，由石油分馏得来。在选用变压器油时，应注意它的一般性能，如介电强度、黏度、着火点及杂质（如酸、碱、硫、水分、灰尘、纤维等）含量是否符合国家标准。少量水分的存在，可使变压器油的绝缘性能大为降低。因此，防止潮气浸入油中是十分重要的。

5. 绝缘套管

绕组出线穿过油箱盖时，需用绝缘套管将其与接地油箱绝缘。1kV 以下采用实心瓷套管，10～35kV 采用空心充气式充油瓷套管，110kV 以上采用电容式套管。图 4-7 为 35kV 瓷质充油套管。

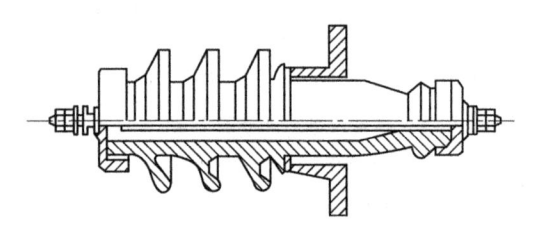

图 4-7 35kV 瓷质充油套管

4.1.3 变压器的额定值

额定值是选用变压器的依据，包括额定容量、额定电压和额定电流。

(1) 额定容量 S_N：变压器的视在功率，单位为伏安（VA）或千伏安（kVA）。三相变压器的额定容量是指三相的总容量。

(2) 额定电压 U_N：单位为伏（V）或千伏（kV）。规定当变压器一次侧外加额定电压 U_{1N} 时，二次侧的空载电压即为二次侧额定电压 U_{2N}。三相变压器的额定电压是指线电压。

(3) 额定电流 I_N：额定容量除以各绕组的额定电压所计算出来的电流值，单位为安（A）或千安（kA）。三相变压器的额定电流是指线电流。

单相变压器一次侧额定电流

$$I_{1N} = \frac{S_N}{U_{1N}}$$

二次侧额定电流

$$I_{2N} = \frac{S_N}{U_{2N}}$$

三相变压器一次侧额定电流

$$I_{1N} = \frac{S_N}{\sqrt{3}U_{1N}}$$

二次侧额定电流

$$I_{2N} = \frac{S_N}{\sqrt{3}U_{2N}}$$

（4）额定频率 f_N：我国的标准工频规定为 50Hz。

在变压器的铭牌上还标注有相数、接线图、额定运行效率、阻抗和温升等。

例 4-1 一台三相变压器，$S_N=5000\text{kVA}$，$U_{1N}/U_{2N}=35/10.5\text{kV}$，求一、二次侧的额定电流。

解
$$I_{1N} = \frac{S_N}{\sqrt{3}U_{1N}} = \frac{5000 \times 10^3}{\sqrt{3} \times 35 \times 10^3} = 82.48 \text{ (A)}$$

$$I_{2N} = \frac{S_N}{\sqrt{3}U_{2N}} = \frac{5000 \times 10^3}{\sqrt{3} \times 10.5 \times 10^3} = 274.9 \text{(A)}$$

4.2 变压器的空载运行

4.2.1 空载运行时的物理情况

变压器空载运行时，二次绕组开路，一次侧外接交流电源，一次绕组中有空载（励磁）电流通过，建立磁通势，形成磁场，在铁心中产生磁通，并在一、二次绕组中产生感应电动势。同时铁心中有磁滞损耗和涡流损耗。下面对其物理过程进行讨论。

图 4-8 是单相变压器空载运行示意图。图中，一次绕组 AX 接交流电压 u_1，二次绕组 ax 开路。此时，一次绕组有空载电流 i_0 流过，产生空载磁通势 $F_0=N_1i_0$，建立空载时的磁场。从图中可以看到，大部分磁通 Φ 沿铁心同时与一次、二次绕组相交链，是变压器进行电能转换的媒介，称为主磁通；其余部分磁通 $\Phi_{1\sigma}$ 沿非铁磁材料闭合（变压器油或空气），仅与一次绕组交链，称为一次绕组的漏磁通。

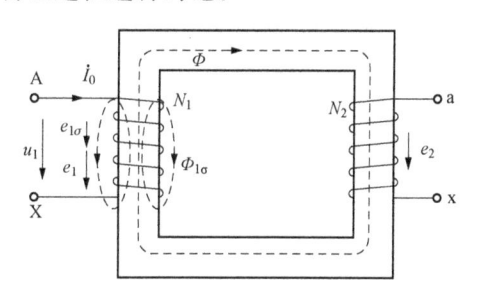

图 4-8 单相变压器空载运行示意图

由于铁心由高导磁材料硅钢片制成，其磁导率远大于空气和变压器油，因此主磁通 Φ 远大于漏磁通 $\Phi_{1\sigma}$，漏磁通常只占总磁通的 0.1%~0.2%。主磁通与漏磁通闭合路径材料的不同，使主磁通和漏磁通具有不同的特点：

（1）由于铁磁材料存在饱和现象，励磁电流 i_0 与主磁通 Φ 是非线性关系，即 i_0 与 Φ 不呈正比；而漏磁通 $\Phi_{1\sigma}$ 沿非铁磁材料闭合，因此它与励磁电流 i_0 呈正比关系。

（2）主磁通在一次绕组和二次绕组中均感应电动势，二次绕组接负载时，在二次绕组中感应的电动势将向负载输出电功率，主磁通在此过程中是传递电能量的媒介；一次绕组的漏磁通仅在一次绕组中感应电动势，不向二次绕组传递电能量。

根据主磁通和漏磁通的特点，在分析变压器时，将两种磁通分别按非线性问题和线性问题处理。在后续的交流电机中也采用主磁通和漏磁通分开处理的方法。

4.2.2 空载运行时的基本方程

变压器中的电压、电流、电动势、磁通势和磁通都是时间函数，是正负交替变化的量。在列电路方程时，要规定其参考方向。参考方向规定准则如下。

电流的正方向与电流所产生的磁通正方向符合右手螺旋定则；磁通的正方向与其感应的电动势的正方向也符合右手螺旋定则。因此，在列电路方程时，电流的正方向与电动势的正方向一致。

根据电磁感应定律，图 4-8 主磁通 Φ 和漏磁通 $\Phi_{1\sigma}$ 交变时，会在与它们交链的绕组内感应电动势

$$e_1 = -N_1 \frac{\mathrm{d}\Phi}{\mathrm{d}t}$$

$$e_2 = -N_2 \frac{\mathrm{d}\Phi}{\mathrm{d}t} \tag{4-1}$$

$$e_{1\sigma} = -N_1 \frac{\mathrm{d}\Phi_{1\sigma}}{\mathrm{d}t}$$

按照图 4-8 规定的各物理量的正方向，根据基尔霍夫第二定律，得空载一次侧的电动势平衡方程式为

$$u_1 = -(e_1 + e_{1\sigma}) + i_0 R_1 \tag{4-2}$$

式中：R_1 为一次绕组的内电阻。

当外加电源 u_1 按正弦规律变化时，式（4-2）的相量形式为

$$\dot{U}_1 = -(\dot{E}_1 + \dot{E}_{1\sigma}) + \dot{I}_0 R_1 \tag{4-3}$$

根据式（1-18），式（4-1）可表示为

$$e_1 = -N_1 \frac{\mathrm{d}\Phi}{\mathrm{d}t} = -N_1^2 \Lambda_\mathrm{m} \frac{\mathrm{d}i_0}{\mathrm{d}t} = -L_1 \frac{\mathrm{d}i_0}{\mathrm{d}t}$$

$$e_2 = -N_2 \frac{\mathrm{d}\Phi}{\mathrm{d}t} = -N_1 N_2 \Lambda_\mathrm{m} \frac{\mathrm{d}i_0}{\mathrm{d}t} = -L_2 \frac{\mathrm{d}i_0}{\mathrm{d}t}$$

$$e_{1\sigma} = -N_1 \frac{\mathrm{d}\Phi_{1\sigma}}{\mathrm{d}t} = -N_1^2 \Lambda_{1\sigma} \frac{\mathrm{d}i_0}{\mathrm{d}t} = -L_{1\sigma} \frac{\mathrm{d}i_0}{\mathrm{d}t}$$

式中：$L_1 = N_1^2 \Lambda_\mathrm{m}$，$L_2 = N_1 N_2 \Lambda_\mathrm{m}$，$L_{1\sigma} = N_1^2 \Lambda_{1\sigma}$。

将上式用复数形式表达为

$$\dot{E}_1 = -\mathrm{j} \dot{I}_0 \omega L_1 = -\mathrm{j} \dot{I}_0 X_1$$

$$\dot{E}_2 = -\mathrm{j} \dot{I}_0 \omega L_2 = -\mathrm{j} \dot{I}_0 X_2 \tag{4-4}$$

$$\dot{E}_{1\sigma} = -\mathrm{j} \dot{I}_0 \omega L_{1\sigma} = -\mathrm{j} \dot{I}_0 X_{1\sigma}$$

式（4-4）中电感 L_1、L_2、$L_{1\sigma}$ 分别与对应绕组的磁链 $N_1\Phi$、$N_2\Phi$、$N_1\Phi_{1\sigma}$ 相对应。根据自感定律，电感与磁通所经磁路的磁导 Λ 呈正比，主磁通的路径是铁磁材料，磁路饱和时，磁导 Λ_m 是非线性变化的，因此电感 L_1、L_2 也是非线性变化的量；漏磁通的路径是非铁磁材料，磁路不会饱和，磁导 $\Lambda_{1\sigma}$ 为常量，因此漏电感 $L_{1\sigma}$ 为常数，相应的漏抗 $X_{1\sigma}$ 也为常数。

故式（4-3）可用式（4-5）表示
$$\dot{U}_1 = -(\dot{E}_1 + \dot{E}_{1\sigma}) + \dot{I}_0 R_1 = -\dot{E}_1 + \dot{I}_0 R_1 + j\dot{I}_0 X_{1\sigma} = -\dot{E}_1 + \dot{I}_0 Z_1 \quad (4-5)$$
式中：Z_1 为一次绕组的漏阻抗，为常数，$Z_1 = R_1 + jX_{1\sigma}$。

电力变压器的空载电流很小，它引起的漏阻抗压降也很小，因此在分析变压器空载运行的物理情况时，可忽略漏阻抗压降，式（4-2）、式（4-3）可变为
$$u_1 \approx -e_1$$
$$\dot{U}_1 \approx -\dot{E}_1 \quad (4-6)$$

式（4-6）表明，当忽略漏阻抗压降时，u_1 与 e_1 平衡，即任意瞬间外接电压 u_1 和一次绕组感应电动势 e_1 大小相等，方向相反。

根据电磁感应定律，感应电动势 $\dot{E}_1$ 和 $\dot{E}_2$ 滞后主磁通 $\dot{\Phi}$ 90°。由式（1-15）有
$$E_1 = \sqrt{2}\pi f N_1 \Phi_m = 4.44 f N_1 \Phi_m$$
$$E_2 = \sqrt{2}\pi f N_2 \Phi_m = 4.44 f N_2 \Phi_m$$
写成复数形式为
$$\dot{E}_1 = -j\sqrt{2}\pi f N_1 \dot{\Phi}_m$$
$$\dot{E}_2 = -j\sqrt{2}\pi f N_2 \dot{\Phi}_m \quad (4-7)$$

由此可见，一次绕组和二次绕组内感应电动势有效值与主磁通的幅值 Φ_m、绕组匝数以及磁通交变的频率呈正比。

在变压器中，一次绕组和二次绕组的感应电动势之比称为变比，用 k 表示，即
$$k = \frac{E_1}{E_2} = \frac{\sqrt{2}\pi f N_1 \Phi_m}{\sqrt{2}\pi f N_2 \Phi_m} = \frac{N_1}{N_2} \quad (4-8)$$

式（4-8）表明，变压器的变比等于一次绕组和二次绕组的匝数比。当变压器空载运行时，忽略空载电流在一次绕组上的阻抗压降，有 $U_1 \approx E_1$，二次绕组电压 $U_{20} = E_2$，可近似认为
$$k = \frac{E_1}{E_2} \approx \frac{U_1}{U_2} \quad (4-9)$$

三相变压器中，变比是指相电动势之比。

4.2.3 空载电流

空载运行时，一次绕组中的电流称为空载电流，其作用是建立主磁通 Φ，因此也称为励磁电流。从图 4-9 可以看出当主磁通随时间按正弦规律变化时，由于磁路饱和引起的非线性影响，导致励磁电流成为与磁通同相位的尖顶波，也就是说，励磁电流中除了基波外，还有较强的三次谐波和其他高次谐波。磁路越饱和，励磁电流的波形就越尖，畸变就越严重。为了简化和方便，在实际的分析和计算中，通常用一个与之等效的正弦电流代替非正弦的励

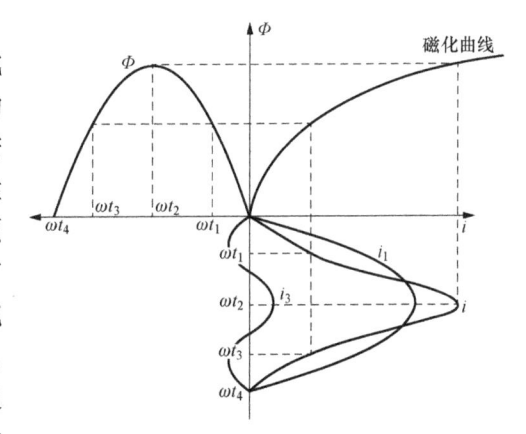

图 4-9 图解法计算励磁电流

磁电流，等效正弦励磁电流的有效值等于各次谐波的平方根，$I=\sqrt{I_1^2+I_3^2+I_5^2+\cdots}$。

如果考虑铁心中的磁滞现象，磁化曲线呈现为磁滞回线，再次利用作图法（见图 4-10），当磁通正弦变化时，励磁电流的波形不仅形状是尖顶波，初始相位也超前磁通 α_{Fe} 角，α_{Fe} 称为磁滞角或铁耗角。如果再考虑到涡流损耗，则 α_{Fe} 更大。

根据前面的分析，可以画出变压器空载情况下电压和电流的相量图，如图 4-11 所示。以主磁通 $\dot{\Phi}_m$ 为参考相量，感应电动势 $\dot{E}_1$ 和 $\dot{E}_2$ 滞后 $\dot{\Phi}_m$ 90°，空载电流 $\dot{I}_0$ 超前 $\dot{\Phi}_m \alpha_{Fe}$ 角。因此，$\dot{I}_0$ 可以分解成两个分量：$\dot{I}_0=\dot{I}_\mu+\dot{I}_{Fe}$，$\dot{I}_\mu$ 为磁化电流，$\dot{I}_{Fe}$ 为铁耗电流。$\dot{I}_\mu$ 与 $\dot{\Phi}_m$ 同向，起单纯的磁化作用，在铁心中建立磁场，是空载电流的无功分量；$\dot{I}_{Fe}$ 与 $-\dot{E}_1$ 同向，是空载电流的有功分量，形成磁滞损耗和涡流损耗。

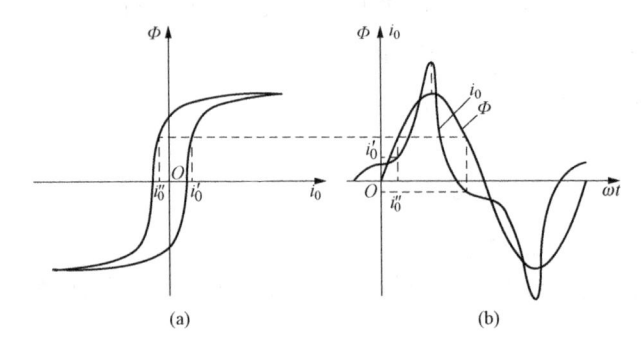

图 4-10 考虑磁滞和涡流现象的励磁电流波形
(a) 磁化曲线；(b) 主磁通和励磁电流波形

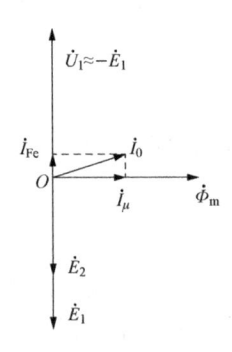

图 4-11 变压器空载情况下电压和电流的相量图

例 4-2 如图 4-8 所示，$N_1=1000$ 匝，$N_2=400$ 匝，铁心用硅钢片 D23 叠成，截面积 $A=1\times10^{-3} m^2$，计算长度 $l=0.5m$，外加电源频率 50Hz。分别求 $U_1=220V$ 和 $U_1=250V$ 时的励磁电流 I_0。已知：根据 D23 硅钢片的磁化曲线，$B_m=0.99T$ 时，$H_{Fe}=374 A/m$；而 $B_m=1.13T$ 时，$H_{Fe}=536 A/m$。

解 $U_1=220V$ 时，由 $U_1\approx E_1=\sqrt{2}\pi f N_1 \Phi_m=4.44 f N_1 \Phi_m$

得 $$\Phi_m=\frac{U_1}{4.44 f N_1}=\frac{220}{4.44\times50\times1000}=0.99\times10^{-3}\ (\text{Wb})$$

$$B_m=\frac{\Phi_m}{A}=\frac{0.99\times10^{-3}}{1\times10^{-3}}=0.99\ (\text{T})$$

由已知条件，当 $B_m=0.99T$，$H_{Fe}=374 A/m$，由全电流定理得励磁电流

$$I_0=\frac{H_{Fe} l}{N_1}=\frac{374\times0.5}{1000}=0.187(A)$$

$U_1=250V$ 时

由 $U_1\approx E_1=\sqrt{2}\pi f N_1 \Phi_m=4.44 f N_1 \Phi_m$

得 $$\Phi_m=\frac{U_1}{4.44 f N_1}=\frac{250}{4.44\times50\times1000}=1.13\times10^{-3}\ (\text{Wb})$$

$$B_m=\frac{\Phi_m}{A}=\frac{1.13\times10^{-3}}{1\times10^{-3}}=1.13(\text{T})$$

由已知条件知 $B_m=1.13T$，$H_{Fe}=536 A/m$，由全电流定理得励磁电流

$$I_0 = \frac{H_{Fe}l}{N_1} = \frac{536 \times 0.5}{1000} = 0.268(A)$$

从本题计算结果可看出，当铁磁材料处于饱和状态时，由于其磁导率非线性的特点，励磁电流与外接电源电压之间是非线性关系，电源电压仅增加 13.6%，励磁电流需增加 47.3%。因此，除有特别要求，变压器的铁磁材料应选择工作在膝点附近。

4.2.4 空载运行时的等效电路

根据以上分析可知，空载时的电流满足 $\dot{I}_0 = \dot{I}_\mu + \dot{I}_{Fe}$，其中 $\dot{I}_\mu$ 产生主磁通 Φ_m 进而感应出 $\dot{E}_1$，因此式（4-4）应当修正为 $\dot{E}_1 = -j\dot{I}_\mu \omega L_1 = -j\dot{I}_\mu X_1$，$\dot{I}_{Fe}$ 是有功分量且与 $-\dot{E}_1$ 同向，可以用电阻上的有功损耗来等效铁心中的铁耗。再结合式（4-5），就可以将变压器中电路和磁路的相互关系用纯电路的形式直接表示，从而简化了对变压器的物理分析。由此得到的等效电路如图 4-12（a）所示。依照我国的惯例，将 R_{Fe}、X_1 并联电路等效变换为图 4-12（b）中的串联电路，图中参数之间的关系为

$$R_m = \frac{R_{Fe} X_1^2}{R_{Fe}^2 + X_1^2} \tag{4-10}$$

$$X_m = \frac{R_{Fe}^2 X_1}{R_{Fe}^2 + X_1^2} \tag{4-11}$$

等效为串联支路后，R_m 上消耗的有功功率仍然等于铁心中的铁耗，而 X_m 的物理意义是表征铁心磁化性能和铁耗的综合参数。需要注意的是，考虑到磁路的饱和特性，励磁支路的励磁电阻 R_m 和励磁电抗 X_m 都不是常数，其他参数不变的条件下，随着磁路饱和程度的增加，两者都会减小。

一次绕组的内电阻 R_1 和漏阻抗 $X_{1\sigma}$ 基本为常量，不随励磁电流的变化而变化。可见，空载运行的变压器，可以看作两个阻抗串联的电路，其中 $Z_1 = R_1 + jX_{1\sigma}$ 对应于一次绕组中的漏磁通和绕组的内电阻，是不变的常量；$Z_m = R_m + jX_m$ 对应于主磁通，因主磁通磁路铁心存在饱和现象，它不是常数，随铁心饱和程度的变化而变化。在变压器实际运行时，外接电压变化不大，铁心的饱和程度的变化也不大，这时可以将 Z_m 做常数处理。

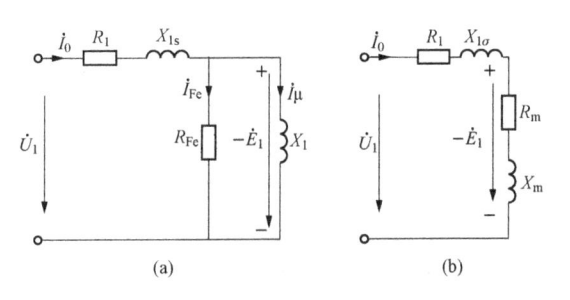

图 4-12 变压器空载时的等效电路
(a) 等效电路一；(b) 等效电路二

综上所述，变压器空载运行时，电路和磁路之间通过外接电压、电流、磁通势、磁通和感应电动势等物理量联系到一起。其中，电压、电流和感应电动势遵循电路定律，磁通势和磁通遵循磁路定律，磁通和感应电动势还须满足电磁感应定律。空载运行时 $\dot{U}_1 \approx -\dot{E}_1$，可见感应电动势的大小由外施电压大小确定。同时，感应电动势与磁通呈正比，故可以近似认为铁心内的主磁通的大小由外施电压的大小决定，与变压器铁心材料和尺寸无关。

变压器空载运行时，二次绕组没有功率输出，但一次绕组需要从电网中获取有功功率补偿磁通交变引起的铁耗和空载电流 i_0 在一次绕组内电阻 R_1 上引起铜耗。

4.3 变压器的负载运行

4.3.1 负载运行时的物理情况

变压器空载运行时，根据电磁感应定律，与一次绕组无直接电路关系的二次绕组中有感应电动势存在。如果在二次侧接入负载，二次绕组将有电流流过。显然，二次侧电流也会产生磁通势，它的出现将打破原来的电磁平衡状态。下面将分析这一物理过程。

空载时，二次绕组电流及其磁通势为零，二次侧电路对一次侧电路没有影响。一次绕组电流 $\dot{I}_1 = \dot{I}_0$，仅作为励磁电流。接入负载后，在二次侧感应电动势 $\dot{E}_2$ 的作用下，一次绕组中有电流 $\dot{I}_2$ 流过，电流正方向如图 4-13 所示，与主磁通遵循右手螺旋定则，并同感应电动势方向一致。二次侧电流建立的磁通势 $\dot{F}_2 = N_2 \dot{I}_2$ 作用在铁心磁路上，使主磁通趋于改变，电动势 $\dot{E}_1$、$\dot{E}_2$ 随之改变，打破了原来的磁通势平衡状态。

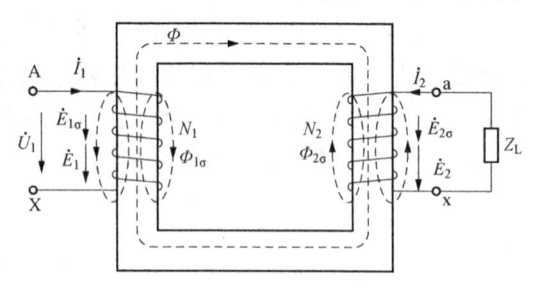

图 4-13 单相变压器的负载运行

此时，一次侧电流 $\dot{I}_1$ 和二次侧电流 $\dot{I}_2$ 所产生的磁通势 $N_1 \dot{I}_1$、$N_2 \dot{I}_2$ 叠加构成铁心中的合成磁通势 $\dot{F}_m = N_1 \dot{I}_1 + N_2 \dot{I}_2$，建立负载时的主磁通 Φ，并由 Φ 在一次侧绕组和二次侧绕组中感应电动势 $\dot{E}_1$、$\dot{E}_2$。

4.3.2 负载运行时的基本方程

1. 正方向规定原则

变压器和交流电机的电压、电流、电动势和磁通等物理量的大小和方向都随时间变化，在列方程式时，必须规定各物理量的正方向，才能正确地表示它们之间的数量和相位关系。正方向原则上是可以任意规定的，但为避免出错，本文中采取以下统一规定：

（1）负载电路中，先取外加电源的正向，电流的方向与电源电压的方向为关联正向。

（2）电流正方向与其产生的磁通的正方向符合右手螺旋定则。

（3）磁通的正方向和由它感应的电动势的正方向符合右手螺旋定则，因此电磁感应定律的表达式是 $e = -N \dfrac{d\Phi}{dt}$。

规定（2）和规定（3）结合在一起，便是：电流的正方向与它产生的磁通所感应的电动势的正方向一致。

2. 磁通势平衡方程式

由于一次绕组的漏阻抗很小，忽略在漏阻抗上的压降，认为 $U_1 \approx E_1 = 4.44 f_1 N_1 \Phi_m$ 不变，所以负载运行时，主磁通 Φ 与空载时相等，故产生主磁通的磁通势也与空载时相等。

$$\dot{F}_m = N_1 \dot{I}_1 + N_2 \dot{I}_2 = N_1 \dot{I}_0 \tag{4-12}$$

将式（4-12）变形为

$$N_1 \dot{I}_1 = N_1 \dot{I}_0 - N_2 \dot{I}_2$$

$$\dot{I}_1 = \dot{I}_0 + \left(-\frac{N_2}{N_1}\dot{I}_2\right) = \dot{I}_0 + \dot{I}_{1L} \quad (4-13)$$

其中

$$\dot{I}_{1L} = -\frac{N_2}{N_1}\dot{I}_2 = -\frac{\dot{I}_2}{k}$$

从式（4-13）中可以得出以下结论：变压器负载运行时，为保持主磁通不变，一次绕组的负载电流 $\dot{I}_1$ 在空载电流 $\dot{I}_0$ 的基础上增加 $\dot{I}_{1L}$，$\dot{I}_{1L}$ 产生的磁通势 $N_1\dot{I}_{1L}$ 用来与二次侧的磁通势 $N_2\dot{I}_2$ 相抵消，$\dot{I}_{1L}$ 数值上与负载电流 I_2 成正比，相位相反，因此称为一次侧电流的负载分量；而 $\dot{I}_0$ 称为励磁分量，它的作用是产生主磁通 Φ，为了与空载运行相区别，常用 $\dot{I}_m$ 来表示，它不随负载的变化而变化。显然有

$$\dot{I}_{1L}N_1 + \dot{I}_2N_2 = 0 \quad (4-14)$$

从上面的分析可知，变压器负载运行时，通过电磁感应关系，一次侧、二次侧电流是紧密地联系在一起的，二次侧电流的增加或减少必然引起一次侧电流的增加或减少，相应地，二次侧输出功率增加或减少时，一次侧从电网吸取的功率必然同时增加或减少。

3. 电动势平衡方程式

变压器负载运行时，一次绕组的电压平衡方程与空载运行时相似，如式（4-15）所示

$$\dot{U}_1 = -(\dot{E}_1 + \dot{E}_{1\sigma}) + \dot{I}_1R_1 = -\dot{E}_1 + \dot{I}_1R_1 + j\dot{I}_1X_{1\sigma} = -\dot{E}_1 + \dot{I}_1Z_1 \quad (4-15)$$

与一次绕组类似，二次绕组除了有感应电动势 $\dot{E}_2$，也有漏电动势和漏电抗 $X_{2\sigma}$、绕组电阻 R_2。遵循正方向原则，二次绕组的电压平衡方程式为

$$\dot{U}_2 = \dot{E}_2 + \dot{E}_{1\sigma} - \dot{I}_2R_2 = \dot{E}_2 - \dot{I}_2R_2 - j\dot{I}_2X_{2\sigma} = \dot{E}_2 - \dot{I}_2Z_2 \quad (4-16)$$

式中：$Z_2 = R_2 + jX_{2\sigma}$ 是二次绕组的漏阻抗，为常数。

负载的伏安特性关系为

$$\dot{U}_2 = \dot{I}_2Z_L \quad (4-17)$$

4.3.3 绕组折算法和相量图

变压器的一、二次侧是两个电路，它们仅通过磁场作用而相互联系，因此在分析与计算时十分不便。为了解决这一问题，通过折算的方法，即用一个等效二次绕组代替实际的二次绕组，然后在此基础上将一、二次侧合成为一个电路，它称为变压器的等效电路或等值电路。

1. 折算法

由以上分析得到一组表达式

磁通势平衡式 $\qquad \dot{I}_m N_1 = \dot{I}_1 N_1 + \dot{I}_2 N_2$

电流表达式 $\qquad \dot{I}_1 = \dot{I}_m + \left(-\dot{I}_2 \dfrac{N_2}{N_1}\right)$

励磁支路电压降 $\qquad -\dot{E}_1 = \dot{I}_m Z_m$

一次绕组电压平衡式 $\qquad \dot{U}_1 = -\dot{E}_1 + \dot{I}_1 Z_1$

二次绕组电压平衡式 $\qquad \dot{U}_2 = \dot{E}_2 - \dot{I}_2 Z_2$

负载电路电压平衡式 $\qquad \dot{U}_2 = \dot{I}_2 Z_L$

电压变比
$$k = \frac{E_1}{E_2} = \frac{N_1}{N_2}$$

这组表达式完整地表达了变压器负载时的电、磁关系，但一次绕组和二次绕组的电动势、电流没有直接电气关系，使方程的求解相当繁琐。为了计算的方便，可以通过折算的方法，将二次绕组的电压、电流和阻抗折算到一次绕组，使两者建立直接的电气关系。当然，也可以将一次绕组折算到二次绕组。

把二次绕组折算到一次绕组，就是用一个匝数为 N_1 的等效二次绕组来代替匝数为 N_2 的实际二次绕组，而不改变变压器的电磁本质，即不改变变压器的磁通势，保持一、二次绕组的电磁关系和能量关系不变。折算后一次绕组和二次绕组间的变比 $k=1$，所以两个绕组的感应电动势相等，使得计算过程大为简化。折算后的量在原来的符号上加标号"′"以示区别，折算后的值称为折算值或归算值。变压器的折算也可以把一次绕组折算到二次侧，即用一个匝数为 N_2 的等效一次绕组来代替匝数为 N_1 的实际一次绕组，使变比 $k=1$，折算时同样要保证不改变变压器的电磁本质。下面仅讨论二次绕组折算到一次绕组的方法。

(1) 二次电流的折算值。折算前后，要保证二次磁通势不变，即
$$I_2' N_2' = I_2 N_2$$
由于 $N_2' = N_1$，得
$$I_2' = I_2 \frac{N_2}{N_2'} = I_2 \frac{N_2}{N_1} = \frac{I_2}{k} \qquad (4-18)$$

式 (4-18) 表明，由于二次绕组匝数增加了 k 倍，为保持磁通势不变，二次侧电流的折算值减小到原来的 $1/k$ 倍。

(2) 二次侧电动势的折算值。由于折算前后主磁通和漏磁通没有改变，根据电动势和匝数成正比关系，有
$$\frac{E_2'}{E_2} = \frac{N_1}{N_2} = k$$
$$\frac{E_{2\sigma}'}{E_{2\sigma}} = \frac{N_1}{N_2} = k$$
即
$$\begin{aligned} E_2' &= kE_2 \\ E_{2\sigma}' &= kE_{2\sigma} \end{aligned} \qquad (4-19)$$

(3) 电阻的折算值。折算前后铜耗应保持不变，可得电阻的折算值
$$I_2'^2 R_2' = I_2^2 R_2$$
即
$$R_2' = \left(\frac{I_2}{I_2'}\right)^2 R_2 = k^2 R_2 \qquad (4-20)$$

其物理意义可解释为：折算后，二次绕组的匝数变为原来的 k 倍，绕组的长度增加到原来的 k 倍；电流减到原来的 $1/k$ 倍，所以折算后二次绕组截面积应减到原来的 $1/k$ 倍，故折算后的二次侧电阻应是原来的 k^2 倍。

(4) 漏抗的折算值。折算后二次侧的漏磁无功损耗保持不变，可得
$$I_2'^2 X_{2\sigma}' = I_2^2 X_{2\sigma}$$
即

$$X'_{2\sigma} = \left(\frac{I_2}{I'_2}\right)^2 X_{2\sigma} = k^2 X_{2\sigma} \tag{4-21}$$

其物理意义可解释为：绕组漏抗与其匝数平方成正比。折算后，二次绕组的匝数变为原来的 k 倍，故折算后的二次侧漏抗应是原来的 k^2 倍。

(5) 负载阻抗的折算值。同样，负载阻抗折算到一次绕组侧时，从阻抗为电压与电流之比得

$$Z'_L = \frac{U'_2}{I'_2} = \frac{kU_2}{I_2/k} = k^2 Z_L \tag{4-22}$$

2. 折算后的基本方程与相量图

折算后，基本方程变成

$$\dot{I}_1 = \dot{I}_m - \dot{I}'_2$$
$$\dot{U}_1 = -\dot{E}_1 + \dot{I}_1 Z_1$$
$$\dot{U}'_2 = \dot{E}'_2 - \dot{I}'_2 Z'_2$$
$$-\dot{E}_1 = \dot{I}_m Z_m$$
$$\dot{E}_1 = \dot{E}'_2$$
$$\dot{U}'_2 = \dot{I}'_2 Z'_L \tag{4-23}$$

根据折算后的方程组式 (4-23)，绘制变压器负载运行时的相量图 (图 4-14)，它直观地显示各物理量的大小和相位关系。下面介绍绘制相量图的过程。

假定已知负载情况，即已知 U_2、I_2 和功率因数 $\cos\varphi_2$，以及变压器参数 k、R_1、$X_{1\sigma}$、R_2、$X_{2\sigma}$、R_m、X_m 等。绘制步骤如下：

(1) 根据变比 k 折算二次绕组的各物理量 U'_2、I'_2、R'_2、$X'_{2\sigma}$。

(2) 按比例尺画出 U'_2、I'_2 的相量，它们之间的夹角为 φ_2。在 U'_2 的末端标出 $I'_2 R'_2$ 和 $jI'_2 X'_{2\sigma}$，得到相量 $\dot{E}'_2$。

(3) 由于 $\dot{E}_1 = \dot{E}'_2$，可标出一次绕组感应电动势。反方向作出相量 $-\dot{E}_1$。主磁通 $\dot{\Phi}_m$ 超前 $\dot{E}_1$ 90°，励磁电流 $\dot{I}_m = \frac{-\dot{E}_1}{Z_m}$，超前 $\dot{\Phi}_m$ 的角度 $\alpha = \tan^{-1}\frac{R_m}{X_m}$。由 $\dot{I}_1 = \dot{I}_m - \dot{I}'_2$，得到 $\dot{I}_1$。

(4) $-\dot{E}_1$ 加上一次绕组的漏阻抗压降 $\dot{I}_1 R_1$ 和 $j\dot{I}_1 X_{1\sigma}$，得到一次绕组电压 $\dot{U}_1$。$\dot{U}_1$ 与 $\dot{I}_1$ 的夹角为 φ_1。

4.3.4 负载运行时的等效电路

式 (4-23) 反映了变压器运行时的电气联系，根据该式，可做出图 4-15 的 T 形等效电路图，折算后二次绕组和一次绕组建立了直接的电气联系，反映了负载运行时的电磁关系，简化了分析、计算过程。

根据等效电路，可以直接获得一次绕组的电流。

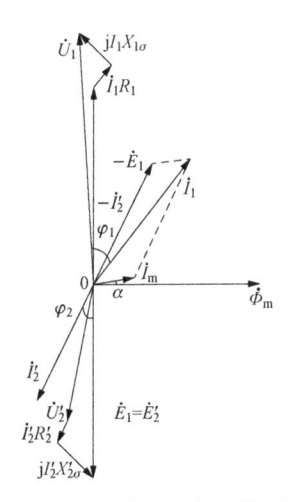

图 4-14 感性负载时变压器相量图

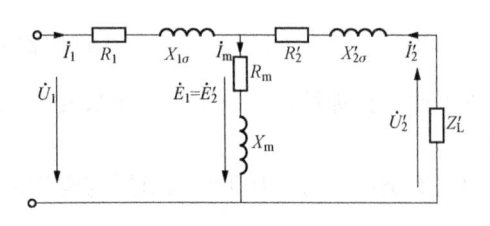

图 4-15 T 形等效电路

$$\dot{I}_1 = \frac{\dot{U}_1}{Z_d}$$

$$Z_d = Z_1 + \frac{1}{\frac{1}{Z_m} + \frac{1}{Z_2' + Z_L'}} \quad (4-24)$$

式中：Z_d 为从一次绕组侧看变压器时，它的等效阻抗。

T 形等效电路图反映了变压器内部的电磁关系，能够揭示各物理量的状态，但从式 (4-24) 可以看到，各支路阻抗都是复数，Z_d 的计算过程中存在多次除法计算，计算量大。考虑到变压器的励磁电流 $\dot{I}_m$ 很小，仅是额定电流的 3%～8%，大型变压器还不到 1%，而一次绕组的漏阻抗很小，因此励磁电流在漏阻抗上引起的压降很小；同时负载变化时，如果一次侧的端电压保持不变，则 $\dot{E}_1 = \dot{E}_2' \approx \dot{U}_1$ 的变化很小，可以认为励磁电流基本不变，因此将励磁支路移到电网电源输入端点处，从而简化了计算与分析。按此种方法处理会产生误差，故称为近似 Γ 形等效电路（图 4-16）。

前已述及，励磁电流的大小约等于空载电流。对于电力变压器，空载电流 $I_0 < 0.03 I_{1N}$。因此在满载运行或短路时，一次绕组的电流较大，此时可以认为励磁电流为零，将励磁支路断开，得到变压器的简化电路（图 4-17）。图中，短路电阻 $R_k = R_1 + R_2'$，短路电抗 $X_k = X_{1\sigma} + X_{2\sigma}'$。

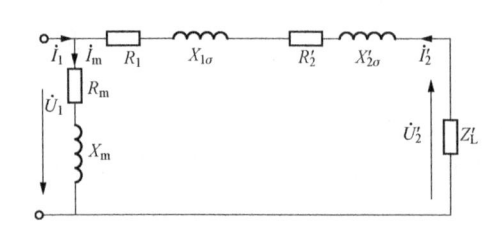

图 4-16 近似 Γ 形等效电路

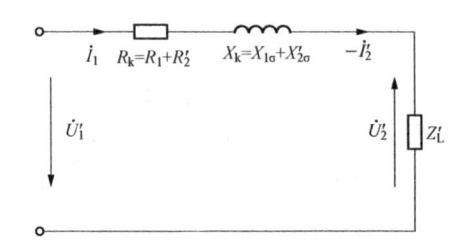

图 4-17 变压器的简化等效电路

例 4-3 一台单相变压器，已知 $R_1 = 2.19\Omega$，$X_{1\sigma} = 15.4\Omega$，$R_2 = 0.15\Omega$，$X_{2\sigma} = 0.964\Omega$，$R_m = 1250\Omega$，$X_m = 12600\Omega$，$N_1 = 876$，$N_2 = 260$，当 $\cos\varphi_2 = 0.8$ 滞后时，二次侧电流 $I_2 = 180\text{A}$，$U_2 = 6000\text{V}$。

试求：(1) 用近似等效电路和简化等效电路求 U_1 和 I_1，并将结果进行比较。

(2) 画出折算后的 T 形等效电路。

解 (1) 变压器变比

$$k = \frac{N_1}{N_2} = \frac{876}{260} = 3.37$$

将二次绕组折算到一次侧

$$R_2' = k^2 R_2 = 3.37^2 \times 0.15 = 1.703(\Omega)$$

$$X_{2\sigma}' = k^2 X_{2\sigma} = 3.37^2 \times 0.964 = 10.94(\Omega)$$

用近似等效电路计算时，以 $\dot{U}_2'$ 作参考相量

$$\dot{U}_2' = k\dot{U}_2 = 20220\angle 0°(\text{V})$$

$$\dot{I}'_2 = \frac{\dot{I}_2}{k} = 53.4\angle -36.87°(\text{A})$$

所以

$$\begin{aligned}
\dot{U}_1 &= -\dot{U}'_2 - \dot{I}'_2(Z_1 + Z'_2) \\
&= -20220\angle 0° - 53.4\angle -36.87°\times(2.19+\text{j}15.4+1.703+\text{j}10.94) \\
&= -20220 - 53.4(0.8-\text{j}0.6)(3.893+\text{j}26.34) \\
&= 212535\angle -177.3°(\text{V})
\end{aligned}$$

$$\dot{I}_1 = \frac{\dot{U}_1}{Z_m} - \dot{I}'_2 = \frac{21253.5\angle -177.3°}{1250+\text{j}12600} - 53.4\angle -36.87° = 54.63\angle 141.9°(\text{A})$$

若采用简化等效电路计算，仍以 $\dot{U}'_2$ 作参考相量

$$\begin{aligned}
\dot{U}_1 &= -\dot{U}'_2 - \dot{I}'_2(Z_1 + Z'_2) \\
&= 21253.5\angle -177.3°(\text{V})
\end{aligned}$$

$$\dot{I}_1 = -\dot{I}'_2 = 53.4\angle 143.1°(\text{A})$$

对比计算的结果，用两种等效电路计算结果相差很小。

(3) 折算到一次侧的 T 形等效电路如图 4-18。

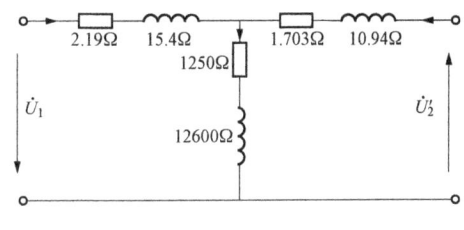

图 4-18 T 形等效电路

4.4 等效电路的参数测定

当用基本方程式、等效电路、相量图求解变压器的运行性能时，必须知道变压器的励磁参数 R_m、X_m 和短路参数 R_k、X_k。这些参数在设计变压器时可用计算方法求得，对于已制成的变压器，可以通过空载试验和短路试验求取。

1. 空载试验

通过变压器空载试验可以测定励磁电阻 R_m 和励磁电抗 X_m。其接线图如图 4-19。为安全和便于试验，通常将额定频率的正弦电压加在低压绕组上。

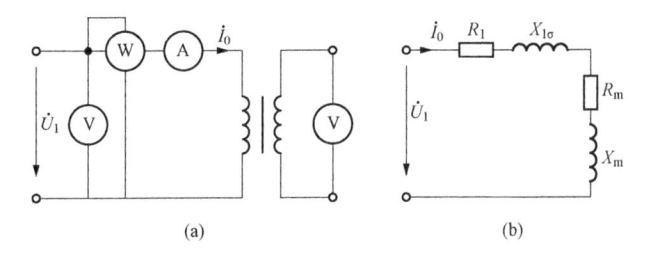

图 4-19 单相变压器空载试验
(a) 接线图；(b) 等效电路

由 T 形等效电路可知，变压器空载时的总阻抗为

$$Z_0 = Z_1 + Z_m = (R_1 + \text{j}X_{1\sigma}) + (R_m + \text{j}X_m)$$

由于 $R_m \gg R_1$，$X_m \gg X_{1\sigma}$，可近似认为

$$Z_0 = R_m + \text{j}X_m$$

根据空载试验测得的 U_1、I_0、p_0，可以通过式（4-25）计算励磁回路的参数

$$|Z_m| = \frac{U_1}{I_0}$$

$$R_m = \frac{p_0}{I_0^2} \qquad (4-25)$$

$$X_m = \sqrt{|Z_m|^2 - R_m^2}$$

由于励磁阻抗与铁心的饱和程度有关，为使测出的参数符合变压器的实际运行情况，应取额定电压点来计算励磁阻抗。此外，空载试验一般是在低压侧进行的，故测得的励磁阻抗是折算到低压侧的值，如要折算到高压侧，获得的数值需要乘以 k^2。

例 4-4 一台三相电力变压器，高低压方均为 Y 接线，$S_N=200\text{kVA}$，$U_{1N}/U_{2N}=10/0.4\text{kV}$，$I_{1N}/I_{2N}=11.55/288.7\text{A}$。在低压方施加额定电压做空载试验，测得 $p_0=470\text{W}$，$I_0=0.018I_{2N}=5.2\text{A}$，求励磁参数 R_m、X_m。

解 计算高低压方相电压

$$U_{1\phi N} = \frac{10000}{\sqrt{3}} = 5773.5(\text{V})$$

$$U_{2\phi N} = \frac{400}{\sqrt{3}} = 230.9(\text{V})$$

变压器变比
$$k = \frac{U_{1\phi N}}{U_{2\phi N}} = \frac{5773.5}{230.9} = 25$$

空载相电流
$$I_{20\phi} = I_0 = 5.2(\text{A})$$

每相损耗
$$p_{0\phi} = \frac{470}{3} = 156.7(\text{W})$$

低压方励磁阻抗
$$|Z'_m| = \frac{U_{2\phi N}}{I_{20\phi}} = \frac{230.9}{5.2} = 44.4(\Omega)$$

低压方励磁电阻
$$R'_m = \frac{p_{0\phi}}{I_{20\phi}^2} = \frac{156.7}{5.2^2} = 5.8(\Omega)$$

低压方励磁电抗
$$X'_m = \sqrt{|Z'_m|^2 - R'^2_m} = \sqrt{44.4^2 - 5.8^2} = 44(\Omega)$$

以上参数是从低压方看进去的值，现将它们折算至高压方

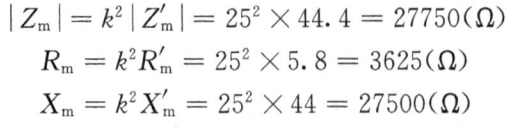

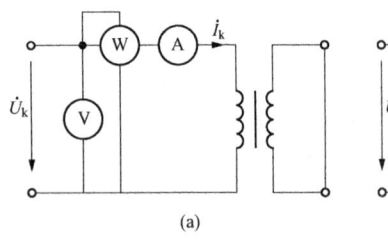

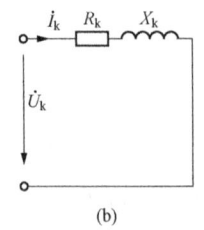

$$|Z_m| = k^2|Z'_m| = 25^2 \times 44.4 = 27750(\Omega)$$

$$R_m = k^2 R'_m = 25^2 \times 5.8 = 3625(\Omega)$$

$$X_m = k^2 X'_m = 25^2 \times 44 = 27500(\Omega)$$

图 4-20 单相变压器短路试验
（a）接线图；（b）等效电路

2. 短路试验

短路试验用来求参数 R_k 和 X_k，试验中从安全性考虑，建议将高压绕组接到电源，低压绕组直接短路，如图 4-20 所示。此时外接电源直接加在短路阻抗上，由于电力变压器的短路阻抗 Z_k 很小，为避免过大的短路电流损坏变压器绕组，短路试验应当在低电压时进行。试验时调节外加电源电压，使电流接近额定电

流值，此时施加的电压比额定电压低很多。

短路实验时，由于外加电压很低，主磁通很小，铁耗和励磁电流均可忽略，故根据变压器的简化电路，计算出短路参数

$$|Z_k| = \frac{U_k}{I_k}$$

$$R_k = \frac{p_k}{I_k^2} \tag{4-26}$$

$$X_k = \sqrt{|Z_k|^2 - R_k^2}$$

短路电阻的大小随温度的变化而变化，而实验时的温度与变压器实际运行温度往往是不同的，因此测出的电阻应换算到工作温度（75℃）时的值。

对于绕组为铜线的变压器，用式（4-27）换算

$$R_{k75℃} = R_{kθ} \frac{234.5+75}{234.5+θ}$$

$$|Z_{k75℃}| = \sqrt{R_{k75℃}^2 + X_k^2} \tag{4-27}$$

绕组为铝线的变压器，式（4-27）中234.5改为228。

试验时的电压加在高压侧，得到的参数是折算到高压侧的数值，如要求低压侧的参数，应除以k^2。

对于三相变压器，不管是空载试验还是短路试验，必须根据一相的负载损耗、相电压、相电流来计算变压器的参数。

例4-5 对例4-4的变压器，在高压方做短路试验：$U_k=400$V，$I_k=11.55$A，$p_k=3500$W，求短路参数R_k、X_k。

解 相电压 $\qquad U_{kφ} = \frac{400}{\sqrt{3}} = 230.9(V)$

相电流 $\qquad I_{kφ} = I_k = 11.55(A)$

一相损耗 $\qquad p_{kφ} = \frac{3500}{3} = 1167(W)$

短路阻抗 $\qquad |Z_k| = \frac{U_{kφ}}{I_{kφ}} = \frac{230.9}{11.55} = 20.0(Ω)$

短路电阻 $\qquad R_k = \frac{p_{kφ}}{I_{kφ}^2} = \frac{1167}{11.55^2} = 8.75(Ω)$

短路电抗 $\qquad X_k = \sqrt{|Z_k|^2 - R_k^2} = \sqrt{20^2 - 8.75^2} = 17.98(Ω)$

3. 阻抗电压

变压器的短路试验中，当绕组中的电流达到额定值时，加于一次绕组的电压为$U_k = I_{1N}|Z_{k75℃}|$，此电压称为变压器的阻抗电压或短路电压，用与一次绕组的额定电压的百分比表示为

$$u_k = \frac{U_k}{U_{1N}} \times 100\% = \frac{I_{1N}|Z_{k75℃}|}{U_{1N}} \times 100\% \tag{4-28}$$

阻抗电压常标在变压器的铭牌上，反映了变压器负载运行时漏阻抗压降的大小。从变压器运行的观点来看，希望阻抗压降小一些，使变压器输出电压受负载变化波动小一些。但如果阻抗电压太小，当变压器发生短路故障时，短路电流就会很大，可能导致变压器损坏。一

般中小型电力变压器的 u_k 为 4%～10.5%，大型的为 12.5%～17.5%。

4.5 标 幺 值

在工程计算中，各种物理量如电压、电流、阻抗和功率的计算往往不用它们的实际值进行，而是采用标幺值算法。标幺值算法是每个物理量选定与之同单位的一个数值做基值，实际值与基值之比称为该物理量的标幺值。为区分标幺值和实际值，在各物理量一次符号的右上角加"*"号表示该物理量的标幺值，如电流的标幺值用 I^* 表示。

一般选取各物理量的额定值作为基值。如变压器的一次绕组的电流基值、电压基值为 I_{1N}、U_{1N}；二次绕组的电流基值、电压基值为 I_{2N}、U_{2N}；一次绕组阻抗基值为 $\dfrac{U_{1N}}{I_{1N}}$，二次绕组阻抗基值为 $\dfrac{U_{2N}}{I_{2N}}$；功率基值为 S_N。可得变压器的电压、电流和阻抗的标幺值如下。

一次绕组

$$U_1^* = \frac{U_1}{U_{1N}}; \quad I_1^* = \frac{I_1}{I_{1N}}; \quad Z_1^* = \frac{I_{1N}Z_1}{U_{1N}}$$

二次绕组

$$U_2^* = \frac{U_2}{U_{2N}}; \quad I_2^* = \frac{I_2}{I_{2N}}; \quad Z_2^* = \frac{I_{2N}Z_3}{U_{2N}}$$

使用标幺值有下列优点：

(1) 采用标幺值时，一次绕组和二次绕组的各物理量的折算值的标幺值与未折算值的标幺值相等，不需要进行折算了。例如

$$R_2^* = \frac{I_{2N}R_2}{U_{2N}} = \frac{I_{2N}U_{2N}R_2}{U_{2N}^2} = \frac{I_{1N}U_{1N}R_2}{U_{1N}^2/k^2} = \frac{I_{1N}k^2R_2}{U_{1N}} = \frac{I_{1N}R_2'}{U_{1N}} = R_2'^*$$

(2) 不论变压器的容量相差多大，用标幺值表示的参数和性能数据变化范围很小，这就便于对不同容量的变压器进行比较。

(3) 采用标幺值后，各物理量的数值简化了，例如各物理量的额定值等于 1，使计算很方便。同时，采用标幺值后，某些物理量还具有相同的数值，例如短路阻抗的标幺值等于阻抗电压 u_k

$$Z_k^* = \frac{Z_k}{Z_N} = \frac{I_N Z_2}{U_N} = u_k$$

例 4-6 一台单相变压器，$S_N = 1000\text{kVA}$，$U_{1N}/U_{2N} = 60/6.3\text{kV}$，$f_N = 50\text{Hz}$，空载及短路试验的结果见表 4-1。

表 4-1 空载及短路试验的结果

实验名称	电压（V）	电流（A）	功率（W）	电源加在
空载	6300	10.1	5000	低压边
短路	3240	15.15	14000	高压边

试计算：(1) 折算到高压边的参数（实际值及标幺值），假定 $R_1 = R_2' = \dfrac{R_k}{2}$，$X_{1\sigma} = $

$X'_{2\sigma} = \dfrac{X_k}{2}$。

（2）计算短路电压的百分值。

解 （1）变压器的变比为 $\quad k = 60/6.3 = 9.524$

根据空载试验可以得到折算到高压边的励磁参数

$$|Z_m| = k^2 \dfrac{U_0}{I_0} = 9.524^2 \times \dfrac{6300}{10.1} = 56.579(\text{k}\Omega)$$

$$R_m = k^2 \dfrac{P_0}{I_0^2} = 9.524^2 \times \dfrac{5000}{10.1^2} = 4.446(\text{k}\Omega)$$

$$X_m = \sqrt{Z_m^2 - R_m^2} = 56.404(\text{k}\Omega)$$

根据短路试验得到折算到高压边的参数

$$R_k = \dfrac{p_k}{I_k^2} = \dfrac{14000}{15.15^2} = 61(\Omega)$$

$$R_1 = R'_2 = \dfrac{R_k}{2} = 30.5(\Omega)$$

$$|Z_k| = \dfrac{U_k}{I_k} = \dfrac{3240}{15.15} = 213.86(\Omega)$$

$$X_k = \sqrt{|Z_k|^2 - R_k^2} = 205(\Omega)$$

$$X_{1\sigma} = X'_{2\sigma} = \dfrac{X_k}{2} = 102.5(\Omega)$$

$$Z_{1N} = \dfrac{U_{1N}}{I_{1N}} = \dfrac{U_{1N}^2}{S_N} = 3.6(\text{k}\Omega)$$

所以

$$R_m^* = \dfrac{R_m}{Z_{1N}} = \dfrac{4.446}{3.6} = 1.235$$

$$X_m^* = \dfrac{X_m}{Z_{1N}} = \dfrac{56.402}{3.6} = 15.667$$

$$R_1^* = R_2^{'*} = \dfrac{R_1}{Z_{1N}} = \dfrac{30.5}{3.6 \times 10^3} = 8.472 \times 10^{-3}$$

$$X_{1\sigma}^* = X_{2\sigma}^{'*} = \dfrac{X_{1\sigma}}{Z_{1N}} = \dfrac{102.5}{3.6 \times 10^3} = 2.8472 \times 10^{-2}$$

（2） $\quad u_k = |Z_k|^* = \dfrac{|Z_k|}{Z_{1N}} = 5.94\%$

4.6 变压器的运行特性

从变压器的二次侧看，变压器相当于一台发电机，向负载输出电功率，所以变压器的运行性能有两个重要指标：电压调整率和效率。

1. 变压器的电压调整率

变压器负载运行时，负载电流在一、二次绕组的阻抗上产生压降，所以二次侧输出电压 U_2 将随着负载电流 I_2 的变化而变化。电压调整率是指一次绕组接到额定电压和额定频率的电网上，二次侧空载电压 U_{20} 与负载运行时的电压 U_2 的算术差与二次侧额定

电压之比,即

$$\Delta U = \frac{U_{20} - U_2}{U_{2N}} \times 100\% \qquad (4-29)$$

理论上可以根据 T 形等效电路计算得到电压调整率的值,但由于涉及大量的复数运算,计算量大,因此一般采用实用计算公式,该公式推导如下：假设外加电压为额定电压,令 $U_1 = U_{1N}$,则 $U_{20} = U_{2N}$,得

$$\Delta U = \frac{U_{20} - U_2}{U_{2N}} \times 100\% = \frac{U_{2N} - U_2}{U_{2N}} \times 100\% = \frac{U_{1N} - U_2'}{U_{1N}} \times 100\% \qquad (4-30)$$

假定负载为感性负载,根据变压器的简化电路图作相量图如图 4-21 所示。图中,由 C 点作 OA 的垂线,由于 θ 角较小,可以认为 $OC \approx OB$,因此在相量图上,$\dot{U}_{1N} - \dot{U}_2' = \overline{AB} = \overline{Aa} + \overline{aB}$,经计算有

$$\Delta U = \frac{U_{1N} - U_2'}{U_{1N}} \times 100\%$$

$$\approx \frac{I_1 R_k \cos\varphi_2 + I_1 X_k \sin\varphi_2}{U_{1N}} \times 100\%$$

$$= \frac{I_1}{I_{1N}} (R_k^* \cos\varphi_2 + X_K^* \sin\varphi_2) \times 100\%$$

$$= \beta (R_k^* \cos\varphi_2 + X_k^* \sin\varphi_2) \times 100\% \qquad (4-31)$$

式中：β 为负载系数,也是电流 I_1 的标幺值,$\beta = \frac{I_1}{I_{1N}} = I_1^*$。

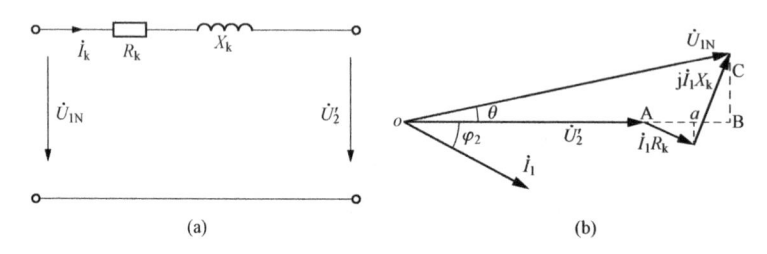

图 4-21 根据简化电路相量图求电压变化率
(a) 电路图；(b) 相量图

变压器带不同性质的负载时,具有不同的电压变化率,如图 4-22 所示。

当负载是纯电阻时,$\cos\varphi_2 = 1$,$\sin\varphi_2 = 0$。式（4-31）中 $\Delta U = \beta R_k^* \times 100\%$ 为正值,由于绕组短路电阻很小,所以 ΔU 不大；当负载为感性负载时,$\varphi_2 > 0$,$\cos\varphi_2 > 0$,$\sin\varphi_2 > 0$,ΔU 仍为正值且大于纯电阻负载时的情况；当负载为容性负载时,$\varphi_2 < 0$,$\cos\varphi_2 > 0$,$\sin\varphi_2 < 0$,如果 $|R_k^* \cos\varphi_2| < |X_k^* \sin\varphi_2|$,则 ΔU 为负,二次侧电压将随着负载电流的增加而升高。

2. 变压器的损耗和效率

变压器在传递电能的过程中,会产生铜耗和铁耗。变压器效率的高低,反映了变压器运行的经济性。由于变压器是一种静止的电气设备,在能量传递过程中没有机械损耗,所以它的效率比同容量的旋转电机要高一些。一般中小型变压器的效率为 95%～98%,大型变压器可达 99% 以上。变压器的损耗分为铜耗和铁耗两大类,因此总的损耗 $\sum p = p_{cu} + p_{Fe}$,变压器的效率

$$\eta = \frac{P_2}{P_1} = \frac{P_2}{P_2 + P_{cu} + P_{Fe}}$$
$$= 1 - \frac{P_{cu} + P_{Fe}}{P_2 + P_{cu} + P_{Fe}} \quad (4-32)$$

在变压器参数已知时，可以根据等效电路求出输入功率和输出功率，从而求出效率。但是此过程需要进行大量的运算。也可采用直接负载法，即实测输入和输出功率以确定效率。但是由于一般电力变压器的效率很高，即使是小型变压器额定效率也达 95% 以上，大型变压器额定效率可达 99%，输入功率与输出功率的差值极小，受测量仪表的误差影响，难以得到准确结果。故国家标准规定，电力变压器可以应用间接法计算效率。间接法又称损耗分离法，其方法是测出各种损耗以计算效率。其计算过程如下。

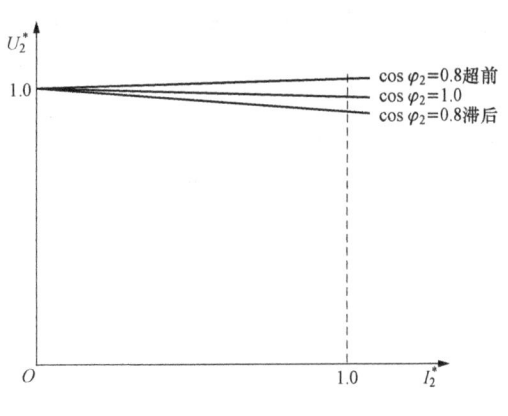

图 4-22 变压器的外特性

考虑变压器绕组的阻抗不大，在二次绕组上的压降不大，可假设 $U_2 = U_{2N}$，有

$$P_2 = mU_2 I_2 \cos\varphi_2 \approx mU_{2N} I_{2N} \cos\varphi_2 \frac{I_2}{I_{2N}} = I_2^* S_N \cos\varphi_2 \quad (4-33)$$

式中：m 为变压器的相数。

变压器空载损耗包括绕组的铜耗和铁耗。由于空载电流很小，铜耗相对铁耗比很小，可以忽略不计；而且从空载到负载，一次绕组外加电源不变，磁通的幅值大小不变，负载运行时铁耗与空载运行时的铁耗几乎相等。因此认为负载运行时变压器的铁耗约等于空载损耗。

$$p_{Fe} = p_0 \quad (4-34)$$

变压器的铜耗与绕组电流的平方成正比。短路试验时，外加电压很小，磁通密度很小，铁耗很小，测出的短路损耗 p_k 主要是绕组的铜耗，设额定电流时的短路损耗为 p_{kN}，有

$$p_{cu} = \left(\frac{I_2}{I_{2N}}\right)^2 p_{kN} = I_2^{*2} p_{kN} \quad (4-35)$$

因此式 (4-32) 可写为

$$\eta = 1 - \frac{p_0 + I_2^{*2} p_{kN}}{I_2^* S_N \cos\varphi_2 + p_0 + I_2^{*2} p_{kN}} \quad (4-36)$$

由于变压器参数一般不会发生变化，当负载的性质（功率因数）不变时，效率的变化仅和负载电流有关。图 4-23 是某变压器在二次侧接入负载为纯电阻时，调节阻值的大小，使二次侧电流变化时得到的效率曲线。

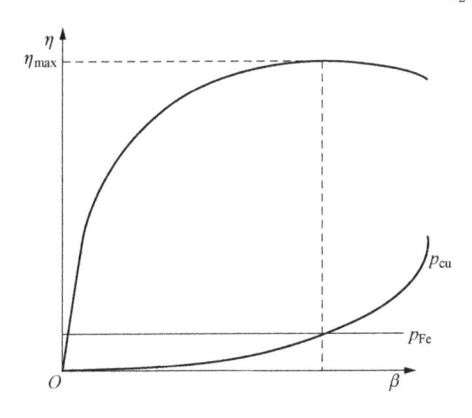

图 4-23 变压器的效率曲线

输入功率中铁耗即空载损耗 p_0 与电源电压的平方成正比，不随负载变化发生改变，称为不变损耗。当负载很小时，不变损耗 p_0 是输入功率的主要成分，因此效率很低。绕组的铜耗与电流的平方成正比，称为可变损耗。随着二次侧电流增加，绕组的可变损耗增加，同时输出的功率也增加，使效

率增加。当电流达到一定值时，效率达到最大值。这时如果电流继续增加，绕组可变损耗过大，使效率降低。为了求出最大效率，令 $\dfrac{d\eta}{dI_2^*}=0$，得到效率最大值时的电流值。然后将此值代入式（4-36），即可求出最大效率 η_{max}。

推导结果表明，当不变损耗与可变损耗相等时，效率达到最大值，即

$$p_0 = I_2^{*2} p_{kN}$$

$$I_2^* = \sqrt{p_0/p_{kN}}$$

$$\eta_{max} = 1 - \dfrac{2p_0}{\sqrt{\dfrac{p_0}{p_{kN}}}S_N\cos\varphi_2 + 2p_0} \tag{4-37}$$

例 4-7 仍采用例 4-6 变压器的数据，变压器带感性负载（$\cos\varphi_2=0.8$），满载时，试求：(1) 电压变化率及效率。

(2) 最大效率。

解 (1) 电压变化率

$$\Delta u = (R_k^*\cos\varphi_2 + X_k^*\sin\varphi_2)\% = (1.69\times 0.8 + 5.69\times 0.6)\% = 4.77\%$$

此时

$$U_2' = U_{1N}(1 - \Delta u) = 57.138(\text{kV})$$

而

$$I_2' \approx I_{1N} = \dfrac{S_N}{U_{1N}} = 16.667(\text{A})$$

所以

$$P_2 = U_2'I_2'\cos\varphi_2 = 57.138\times 16.667\times 0.8 = 761.9(\text{kW})$$

故

$$P_1 = P_2 + p_0 + \left(\dfrac{I_{1N}}{I_k}\right)^2 p_k = 761.8 + 5 + \left(\dfrac{16.667}{15.15}\right)^2\times 14 = 783.74(\text{kW})$$

则

$$\eta = \dfrac{P_2}{P_1}\times 100\% = \dfrac{761.8}{783.74}\times 100\% = 97.2\%$$

(2) 达到最大效率时，$p_{Fe} = p_{cu} = 5000(\text{W})$

所以

$$I_2' = \sqrt{\dfrac{p_{cu}}{R_k}} = \sqrt{\dfrac{5000}{61}} = 9.05(\text{A})$$

$$I_2^* = \dfrac{I_2'}{I_{1N}} = \dfrac{9.05}{16.67} = 0.543$$

所以

$$\eta_{max} = 1 - \dfrac{p_{Fe} + p_{cu}}{I_2^* S_N\cos\varphi_2 + p_{Fe} + p_{cu}}$$

$$= 1 - \dfrac{5000 + 5000}{0.543\times 1000\times 10^3\times 0.8 + 10000}$$

$$= 97.7\%$$

4.7 三相变压器

目前各国电力系统均采用三相制，因此实际应用最广泛的变压器是三相变压器。由于三相变压器在对称负载运行时，各相电压、电流大小相等，相位相差 120°，各相参数也相同。因此，对三相变压器的研究只需取其一相按单相变压器进行分析即可。本节将讨论三相变压

器的一些特殊问题：磁路、电路、联结组以及它们对电动势波形的影响。最后，还将讨论变压器的并联运行问题。

4.7.1 三相变压器的磁路系统

三相变压器按磁路可分为三相变压器组和三相心式变压器两类。三相变压器组由三台单相变压器组成，各相磁路彼此独立，每相的主磁通 Φ 各沿自己的磁路闭合，彼此之间的磁路系统无关，如图 4-24 所示。当一次侧外加对称的三相电压时，三相的空载电流对称，因而三相的主磁通也是对称的。

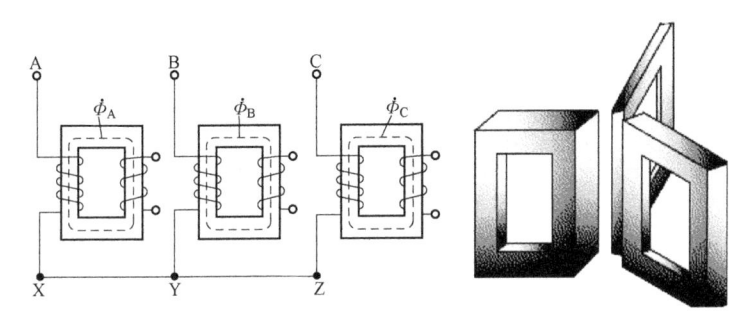

图 4-24 三相变压器组的磁路

三相心式变压器的铁心结构是由三相变压器组的铁心合并得到的，结构见图 4-25。在图 4-25（a）中，中间的铁心柱的磁通是三相磁通的矢量和。由于三相磁通是对称的，该矢量和等于零，所以可以将中间的铁心柱去掉变成图 4-25（b）。为了使结构简单、便于制造，可以把三相铁心布置在一个平面

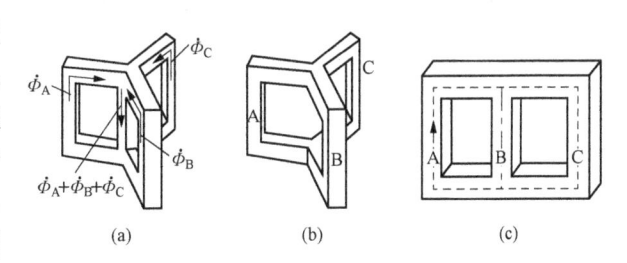

图 4-25 三相心式变压器的磁路
（a）形式一；（b）形式二；（c）形式三

上，如图 4-25（c），这就是常见的三相心式变压器铁心。船上的三相变压器多采用这种型式。

显然，三相心式变压器的各相磁路彼此相关，且三相的磁路长短不相等，其中中间 B 相的磁路较短，两边的 A、C 磁路较长，因此 A、C 相的磁阻比 B 相大。当外加电压为对称三相电压时，三相励磁电流不是完全对称的。由于中间相的磁阻较小，与其他两相相比，较小的励磁电流就可以获得相同大小的主磁通。但是当变压器额定运行时，励磁电流远小于负载电流，它的不对称对变压器负载运行的影响可以略去不计。

4.7.2 三相变压器的电路系统与联结组

1. 三相变压器的绕组接法

变压器绕组联结中，首端和末端的标志规定见表 4-2。

表 4-2　　变压器绕组首端和末端标志规定

绕组名称	单相变压器 首端	单相变压器 末端	三相变压器 首端	三相变压器 末端	中点
高压绕组	A	X	A、B、C	X、Y、Z	N
低压绕组	a	x	a、b、c	x、y、z	n

我国一般采用三角形和星形两种接线方式连接三相变压器的各侧绕组，如图4-26所示。

通常将三角形接法记为D形接法，星形接法记为Y形接法。变压器的高压侧、低压侧的绕组的组合形式可以是：①Y，y 或 YN，y、Y，yn 接法；②Y，d 或 YN，d 接法；③D，y 或 D，yn 接法；④D，d。大写表示高压绕组接法，小写表示低压绕组接法，N 或 n 为星形接法的中点标志。

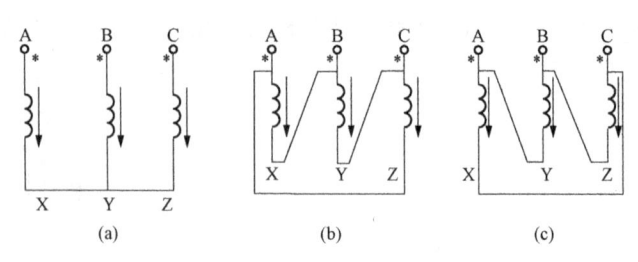

图 4-26 三相绕组联结法
(a) Y形接法；(b) D形接法 AX-BY-CZ；(c) D形接法 AX-CZ-BY

2. 三相变压器的联结组

多台变压器并联运行时，除了要知道一次、二次绕组的联结方法外，还要知道一次、二次绕组的线电动势之间的相位关系。变压器的联结组就是用来反映上述相位关系的。

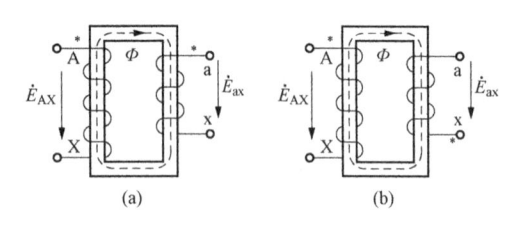

图 4-27 单相变压器同名端判别
(a) A、a 为同名端；(b) A、a 为异名端

在单相变压器中，一、二次绕组所交链的磁通变化时，根据右手螺旋定则，其感应电动势如图4-27所示：图4-27(a)中高压侧绕组感生电动势 $\dot{E}_{AX}$ 和低压侧绕组感生电动势 $\dot{E}_{ax}$ 具有相同的相位，因此 A、a 为同名端（或称同极性端），用"*"号标记。图4-27(b)中高压侧绕组感生电动势 $\dot{E}_{AX}$ 和低压侧绕组感生电动势 $\dot{E}_{ax}$ 的相位相反，因此 A、a 为异名端，A、x 为同名端。

以高压侧绕组的电动势为钟表的长针，且始终指向12点，低压侧绕组的电动势为钟表的短针，则图4-28(a)对应时间为0点钟，表示为Ⅰ/Ⅰ-0，而图4-28(b)对应时间为6点钟，表示为Ⅰ/Ⅰ-6。Ⅰ/Ⅰ表示高、低压侧都是单相绕组，后面的阿拉伯数字是联结的组号，表示变压器的高压侧电动势和低压侧电动势的相位关系，Ⅰ/Ⅰ-6表示低压侧电动势滞后高压侧电动势180°。这种表示变压器高压侧和低压侧电动势的相位关系的方法称为时钟表示法。

对于三相变压器，联结组号的规定与单相变压器相似，它是由高压侧绕组线电动势和对应低压侧绕组线电动势的相位差决定的，与以下因素有关：三相绕组的联结方式是 Y 联结还是 D 联结；同一铁心柱上一、二次绕组的同名端是否同为首端；同一铁心柱的高、低压绕组是否同相。下面通过实例对三相变压器的联结组的特点进行分析。

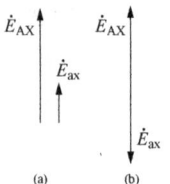

图 4-28 单相变压器高、低压绕组感应电动势的相位关系
(a) Ⅰ/Ⅰ-0；(b) Ⅰ/Ⅰ-6

(1) Y，y0 联结组。Y，y0 联结组表示高压侧和低压侧绕

组均为星形联结，高压侧绕组线电动势和对应低压侧绕组线电动势的相位差为0。

图 4-29 所示为 Y，y0 联结组，一、二次绕组均为星形联结，首端为同名端，相应的相（如 A 相和 a 相）绕在同一铁心柱上。下面通过相量图来分析这种情况下 $\dot{E}_{AB}$ 和 $\dot{E}_{ab}$ 的相位差是否为0。

1) 作出高压侧相、线电动势的相量图，如图 4-29（b）所示。

2) 画出低压侧相、线电动势相量，由于同名端皆为首端，所以低压侧的各相电动势与高压侧相应相的电动势同相位。

3) 判断线电动势 $\dot{E}_{AB}$ 和 $\dot{E}_{ab}$ 的相位差为 0°，因此联结组号为 Y，y0。

根据国际电工委员会（IEC）标准，将低压侧电压三角形与高压侧电压三角形的中心重合，而用它们的中线代替对应的线电动势，对应中线之间的夹角就是两线电动势相量之间的相位差。如图4-29（b）所示，以$\overline{oA}$作为分针对齐12点，$\overline{oa}$为时针，它们的夹角为 0°，所以联结组号为 Y，y0。

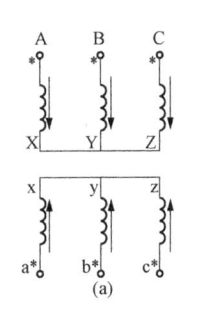

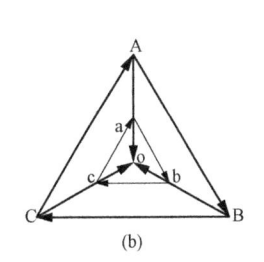

图 4-29 Y，y0 联结组
(a) 联结图；(b) 相量图

(2) Y，d11 联结组。Y，d11 联结组表示高压侧绕组为星形接线，低压侧绕组为三角形接线，低压侧绕组线电动势相位滞后对应高压侧绕组线电动势30°。

图 4-30（a）所示为 Y，d11 联结组，一次绕组为星形联结，二次绕组为三角形联结，首端为同名端，相应的相（如 A 相和 a 相）绕在同一铁心柱上。下面通过相量图来分析这种联结方式下 $\dot{E}_{ab}$ 是否滞后 $\dot{E}_{AB}$ 30°。

1) 作出高压侧相、线电动势的相量图如图 4-30（b）所示。

2) 根据同名端关系，画出低压侧相、线电动势相量，同样为了易于比较，将低压侧电压三角形与高压侧电压三角形的中心重合。

3) 以$\overline{oA}$作为分针对齐12点，$\overline{oa}$为时针，$\overline{oa}$ 滞后$\overline{oA}$30°，所以联结组号为 Y，d11。

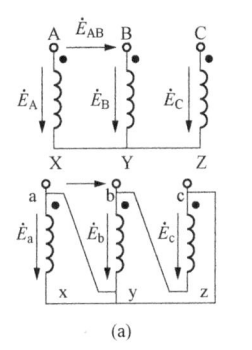

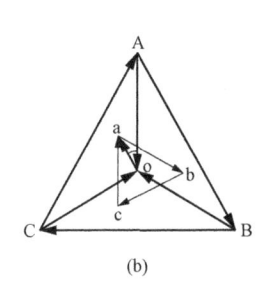

图 4-30 Y，d11 联结组
(a) 联结图；(b) 相量图

(3) 其他联结组。无论是 Y，y 联结，还是 Y，d 联结，如果一次侧的三相标法不变，而将二次侧三相标法进行轮换，如 b→a，c→b，a→c，y→x，z→y，x→z，或者改变同名端，就可以得到其他联结组号。总的说来，Y，y 联结法可得 2，4，6，8，10，12 六个偶数联结组，Y，d 联结法可得 1，3，5，7，9，11 六个奇数联结组。

(4) 标准组别。变压器的联结组别有多种，为了便于制造和并联运行方便，我国国家标准规定只生产其中 Y，yn0、Y，d11、YN，d11、YN，y0 和 Y，y0 等五种，其中前三种最常见。Y，yn0 联结组二次侧可以引出中线称为三相四线制，用作配电变压器时可兼带照明和动力负载；Y，d11 联结组用在二次侧电压超过 400V 的线路中，此时变压器有一侧接成三角形，对运行有利；YN，d11联结组主要用于高压输出线路中，使电力系统的高压侧有可能接地；YN，y0联结组用于一次侧的中点需要接地的场合。Y，y0联结组用于一般的动力负载。

4.7.3 联结组和磁路系统对变压器电动势波形的影响

在4.2节中已经说明，当铁心磁路达到饱和时，为使主磁通成为正弦波，励磁电流将变成尖顶波。此时励磁电流中除含有基波分量外，还含有较强的三次谐波（忽略更高次谐波）。同理，如果励磁电流是正弦波，由于磁路的非线性，主磁通将为平顶波，此时主磁通中除了基波，还含有较强的三次谐波（忽略更高次谐波），如图4-31所示。

1. Y，y联结的三相变压器

如上所述，要在铁心中产生正弦波磁通，励磁电流必须呈尖顶波，即励磁电流中含有较强的三次谐波。在三相系统中，各相电流的三次谐波之间的相位差为$3\times120°=360°$，即各相三次谐波在时间上同相位。因此，在一次侧为Y接的三相绕组中，三次谐波电流不能流通，即励磁电流中不含有三次谐波，它的形状接近正弦波。此时铁心中的磁通的波形取决于磁

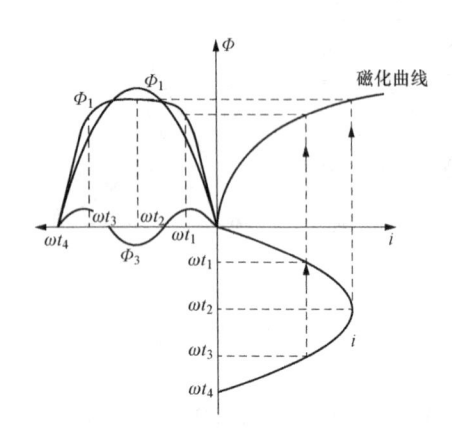

图4-31 正弦波励磁电流产生的平顶波磁通

路结构。下面以组式和心式两种磁路系统分别予以讨论。

（1）三相变压器组。三相变压器组的磁路是互相独立、彼此不相关联的。当励磁电流呈正弦波，主磁通呈平顶波时，主磁通中的三次谐波和基波一样，可以沿铁心闭合。根据电磁感应定律，在一次和二次的三相绕组中，除了基波磁通感应的基波电动势外，还有三次谐波磁通感应的三次谐波电动势。由于感应电动势的有效值与频率成正比，因此三次谐波电动势的幅值较高，达到基波幅值的45%~60%，甚至更大。由于三相绕组的三次谐波电动势是同相位的，故在线电动势中不存在三次谐波。然而在高压相绕组中，相电动势较大，可能损坏绝缘，因此三相变压器组不能采用Y，y联结。

（2）三相心式变压器。这种变压器的磁路是相互关联的。对于三相基波磁通，可以沿铁心闭合。但对于三次谐波磁通，由于三相大小和相位相同，它们不能沿铁心磁路闭合，而只能通过变压器油和油箱等形成闭合磁路，如图4-32所示。由于这条磁路的磁阻较大，大大削弱了三次谐波磁通的幅值，使绕组内感应的三次谐波电动势变得很小，此时相电动势可认为接近于正弦波。另一方面，三次谐波磁通经过油箱壁等钢制构件时，将在其中引起涡流杂散损耗，从而使变压器的效率降低，因此容量大于160kVA的变压器不宜采用这种联结组。

2. D，y及Y，d联结的三相变压器

对于D，y联结的三相变压器，由于在一次侧三角形接法的绕组中，三相同相位的三次谐波电流可以流通，因此励磁电流中存在所需要的三次谐波分量，使得主磁通呈正弦波，它感应的电动势也呈正弦波。

Y，d联结组的高压侧为星形联结。若高压侧接到电源，则一次侧三次谐波电流不能流通，因而主磁通和一次、二次侧的相电动势中将出现三次谐波；但因二次侧为三角形联结，故三相的三次谐波电动势将在闭合的三角形内产生三次谐波环流，如图4-33所示。由于主

磁通是由作用在铁心上的合成磁通势所激励，所以一次侧正弦励磁电流和二次侧三次谐波电流共同激励时，其效果与一次侧尖顶波励磁电流的效果完全相同，故此时主磁通和相电动势的波形将接近于正弦波。

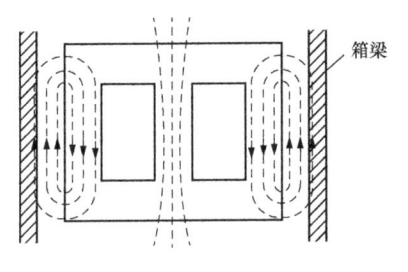

图 4-32 三相心式变压器中三次谐波磁通的路径

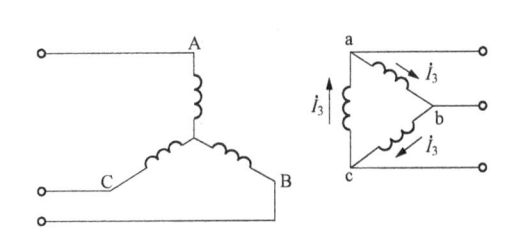

图 4-33 Y/d 联结组中三角形内部的三次谐波环流

上述分析表明，为使相电动势波形接近于正弦形，一次或二次侧中最好有一侧为三角形联结。在大容量高压变压器中，当需要一次、二次侧都是星形联结时，可另加一个接成三角形的小容量的第三绕组，兼供改善电动势波形之用。

4.7.4 三相变压器的并联运行

1. 变压器并联运行的意义

现代发电厂和变电站中，常采用两台以上的变压器并联运行的方式。并联运行是将两台或多台变压器的一次侧和二次侧分别接到公共的母线上，同时对负载供电，如图 4-34 所示。并联运行具有以下优点：

（1）提高供电的可靠性。并联运行时，如果有变压器发生故障，可以将它从电网中切除检修，电网能够继续向用户供电。

（2）当负载变化时，调整并联运行的变压器的台数，提高运行效率。

（3）可以减少总的备用容量，并可根据用电量增加新变压器。当然，变压器并联的台数太多也是不经济的，使总投资增加，运行复杂化。

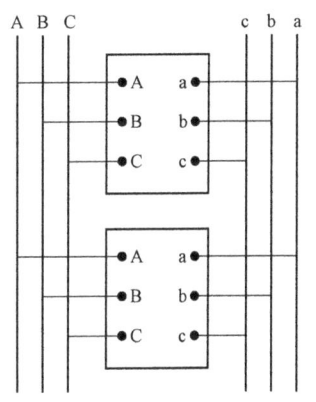

图 4-34 两台变压器并联运行

2. 变压器的理想并联条件

变压器并联运行的基本条件是各变压器的一次侧和二次侧线电压大小相等，相位相同。变压器并联运行的最理想情况是：

（1）空载时并联的各变压器二次侧之间没有循环电流，这样各变压器空载时二次侧没有铜耗，一次侧的铜耗也较小。

（2）负载后，各变压器所承担的负载电流按其额定容量的比例分配，从而使装机容量得到充分利用。

（3）变压器的负载电流都是同相位，则总的负载电流是各个负载电流的代数和。当总的负载电流为一定时，则每台变压器所分担的负载电流为最小，运行较经济。

为使变压器并联运行达到上述的理想情况，各变压器必须满足下列三个条件：

（1）并联连接的各变压器必须有相同的电压等级和相同的联结组。不同联结组变压器不能并联运行。

(2) 各变压器都应该有相同的线电压比。不同的生产商的工艺不同，但变比不会有很大的误差。变比只有少许误差时，仍可以并联运行，但会影响负载电流的分配。并联运行的变压器的变比之间的误差应限制在 0.5% 之内。

(3) 各变压器用标幺值表示的短路阻抗相等，同时短路电抗与短路电阻的比值相等。

此三个条件中，第一个条件必须满足。如果联结组号不同，并联运行时二次侧的线电压相位不同，使各变压器二次侧之间有电动势差，而变压器本身的漏阻抗小，将会产生很大的环流，烧坏变压器的绕组。

4.8 特殊变压器

4.8.1 自耦变压器

普通变压器的一次、二次绕组之间只有磁的联系而没有电的联系。自耦变压器的特点在于一次、二次绕组之间不仅有磁的联系，而且还有电的直接联系。

当变压器一次、二次侧的额定电压相差不大时，采用自耦变压器比采用普通变压器节省材料、降低成本，缩小变压器体积和减轻重量，有利于大型变压器的运输和安装。因此，在高电压、大容量的电力系统中，当所需电压变比不大时，自耦变压器的运用越来越多。为了便于掌握自耦变压器的特点，采用和普通两绕组变压器对比的方式来分析自耦变压器。

1. 自耦变压器的连接法和容量关系

设有一台两绕组变压器，一次、二次绕组的匝数分别为 N_1 和 N_2，额定电压为 U_{1N} 和 U_{2N}，额定电流为 I_{1N} 和 I_{2N}，则此变压器的额定容量为

$$S_N = U_{1N}I_{1N} = U_{2N}I_{2N}$$

变比为

$$k = \frac{N_1}{N_2} = \frac{U_{1N}}{U_{2N}}$$

自耦变压器是只有一个绕组的变压器，当作为降压变压器使用时，从绕组中抽出一部分线匝作为二次侧；当作为升压变压器使用时，外施电压只加在绕组的一部分线匝上。

把同时属于一次侧和二次侧的部分称为公共绕组，其余的部分称为串联绕组。无论用作降压或升压，其基本原理是相同的，下面以降压自耦变压器为例来进行分析。

对于降压自耦变压器，从图 4-35 可得

$$k = \frac{E_1}{E_2} = \frac{U_{1N}}{U_{2N}} = \frac{N_1}{N_2} \tag{4-38}$$

对于公共绕组的电流相量 $\dot{I}_{12}$，利用基尔霍夫第一定律，可得

$$\dot{I}_{12} = \dot{I}_1 + \dot{I}_2 \tag{4-39}$$

在忽略励磁电流的情况下，根据磁通势平衡关系，有

$$\dot{I}_1 = -\frac{N_2}{N_1}\dot{I}_2 = -\frac{\dot{I}_2}{k} \tag{4-40}$$

将式 (4-40) 代入式 (4-39)，得

$$\dot{I}_{12} = \dot{I}_1 + \dot{I}_2 = \left(1 - \frac{1}{k}\right)\dot{I}_2 \tag{4-41}$$

(a)

(b)

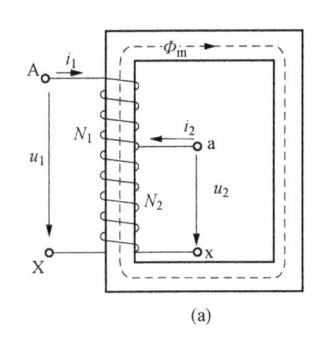

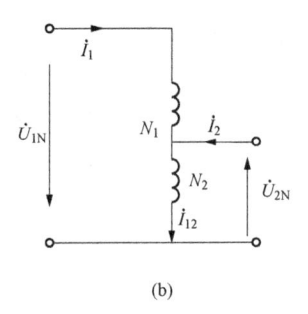

图 4-35 降压自耦变压器的原理图

(a) 自耦变压器模型；(b) 原理图

式（4-41）表明，当忽略励磁电流时，$\dot{I}_{12}$ 和 $\dot{I}_2$ 同相位，并且 I_{12} 小于 I_2，因此公共绕组的截面积可以缩小。当 k 趋向于 1 时，公共绕组电流趋向于 0，此时电流最小。当 $k>2$，I_{12} 与 I_2 相差不大，公共绕组的截面积缩小很有限。所以，一般自耦变压器的变比 $k\approx 1.25\sim 2$。

不计励磁电流时，电流 $\dot{I}_1$ 和 $\dot{I}_2$ 相位相反，所以公共绕组的电流的有效值为

$$I_{12} = I_2 - I_1 \tag{4-42}$$

自耦变压器的额定电压为 U_{1N}、U_{2N}，额定电流为 I_{1N}、I_{2N}，则额定容量为

$$S_N = U_{1N}I_{1N} = U_{2N}I_{2N} = U_{2N}(I_{12}+I_{1N}) = U_{2N}I_{12} + U_{2N}I_{1N} \tag{4-43}$$

式（4-43）说明，自耦变压器的额定容量由两部分组成：一部分是通过公共绕组的电磁感应作用由一次侧传递到二次侧的电磁容量 $U_{2N}I_{12}$；另一部分是通过一次侧电流的传导关系直接传递到二次侧的传递容量，亦即负载直接向电源吸取的部分。

2. 自耦变压器的特点

和普通两绕组变压器比较，自耦变压器的主要特点如下：

(1) 在同样的额定容量下，自耦变压器的主要尺寸缩小，有效材料（硅钢片和铜线）和结构材料（钢材）都相应地减少，从而降低了成本。有效材料的减少使得铜耗和铁耗也相应减少，故自耦变压器的效率较高。同时由于主要尺寸缩小，变压器的重量减轻，外形尺寸缩小，有利于变压器的运输和安装。

(2) 自耦变压器的短路电流较大。为了提高自耦变压器承受突然短路的能力，设计时，对自耦变压器的机械结构应适当加强，必要时可以适当增大短路阻抗以限制短路电流。

(3) 由于自耦变压器一次侧与二次侧之间有电的直接联系，当高压侧过电压时，会引起低压侧产生严重的过电压。为避免这种危险，一次、二次侧都需装设避雷器。

4.8.2 电流互感器和电压互感器

互感器是一种测量用的设备，有电流互感器和电压互感器两种，它们的作用原理和变压器相同。

使用互感器有两个目的：一是为了工作人员的安全，使测量回路与高压电网隔离；二是可以使用小量程的电流表测量大电流，用低量程电压表测量高电压。

互感器除了用于测量电流和电压外，还用于各种继电保护装置的测量系统，因此它的应用十分广泛。下面分别对电流互感器和电压互感器进行介绍。

1. 电流互感器

图 4-36 是电流互感器的原理图,它的一次绕组由 1 匝或几匝截面积较大的导线构成,并串入需要测量电流的电路中。二次侧的匝数较多,截面积较小,并与阻抗很小的仪表(如电流表,功率表的电流线圈等)接成闭合回路。因此电流互感器的运行情况相当于变压器的短路情况。由于电流互感器要求误差较小,所以励磁电流越小越好,因此铁心磁通密度较低,一般在 0.08～0.10T 范围。如果忽略励磁电流,由磁通势平衡关系可得 $I_1/I_2=N_2/N_1$。这样,利用一次、二次绕组不同的匝数关系,可将线路上的大电流变为小电流来测量。由于互感器内总有一定的励磁电流,因此测量出来的电流总是有一定的误差,按照误差的大小,分为 0.2、0.5、1.0、3.0 和 10 等五个标准。

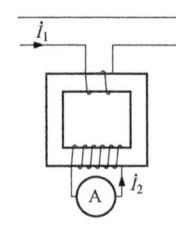

图 4-36 电流互感器的原理图

为了使用安全,电流互感器的二次绕组必须牢固地接地,以防止由于绝缘损坏后,发生人身事故。另外,电流互感器的二次绕组绝对不容许开路。因为二次侧开路时,互感器空载运行,此时,一次侧被测线路电流成为励磁电流,使铁心内的磁通密度比额定情况增加许多倍,这一方面将使二次侧感应出很高的电压,可能使绝缘击穿,同时对测量人员也很危险;另一方面,铁心内磁通密度增大以后,铁耗会大大增加,使铁心过热,影响电流互感器的性能,甚至把它烧坏。

2. 电压互感器

如图 4-37 所示为电压互感器的原理图。一次侧直接接到被测的高压电路,二次侧接电压表或功率表的电压线圈。由于电压表和功率表的电压线圈内阻抗很大,所以电压互感器的运行情况相当于变压器的空载情况。如果忽略漏阻抗压降,则有 $U_1/U_2=N_1/N_2$。因此,利用一次、二次侧不同的匝数比可将线路上的高电压变为低电压来测量。为了提高电压互感器的准确度,必须减小励磁电流和一次、二次侧的漏阻抗,所以电压互感器一般采用性能较好的硅钢片制成,并使铁心不饱和。使用时,电压互感器二次侧不能短路,否则会产生很大的短路电流。为安全起见,电压互感器的二次侧绕组连同铁心一起,必须可靠地接地。另外,电压互感器有一定的额定容量,使用时二次侧不宜接过多的仪表,以免电流过大引起较大的漏电抗,而影响互感器的准确度。

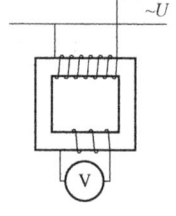

图 4-37 电压互感器的原理图

4.9 变压器的使用和故障检测

4.9.1 变压器的使用

变压器是静止的电器,结构比较简单,因此只要正确地使用,一般都能可靠地工作。在使用变压器时,必须注意,一方面要了解它的额定值;另一方面要正确地连接线路。下面讨论如何正确地连接变压器的线路。连接变压器线路的关键是正确地辨别变压器的端线。

1. 单相变压器的端线辨别

有的单相变压器为了适用于不同电压的电源,它的一次绕组分为相同的两部分,引出 4 根端线,根据需要可将两部分接成串联或并联。例如,在图 4-38 中 1-2 与 3-4 分别为一次侧的两个绕组,当用于220V的电源时,将两部分绕组串联[图4-38(a)];而当电源电压为110V时,将两部分绕组并联[图4-38(b)]。由图可见,1和3是同名端,如果连接错误,例如在串联时将2和4两端接在一起,1和3两端接电源,则两部分绕组的磁通势方向相反,互相抵消,在铁心中建立不起主磁通,绕组中也就没有感应电动势,因此$\dot{U}_1 = \dot{I}_1 Z_1$绕组中将产生很大电流,使绕组烧坏。并联连接错误时也会造成同样的后果。

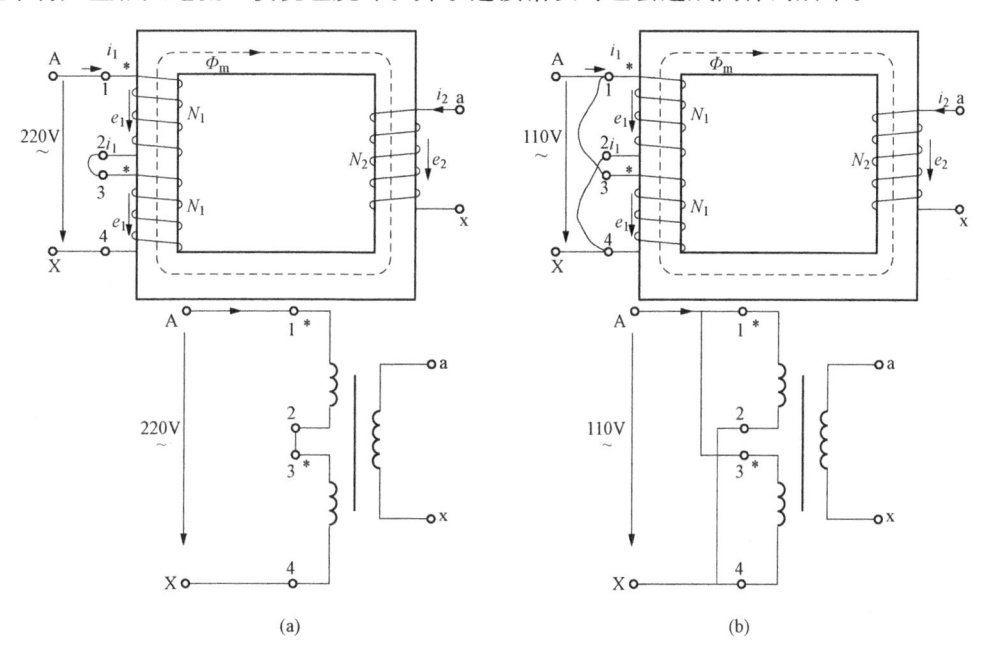

图 4-38 单相变压器的连接
(a) 绕组串联;(b) 绕组并联

一般来说,辨别变压器一次侧两部分绕组的同名端,只要知道绕组的绕向,再用右手定则即可辨别。但是实际变压器由于绕组经过浸漆与绝缘等处理,一般其绕组的绕向是无法辨认的。因此,若变压器在检修后,同名端标记不清,则可用下面的实验方法进行端线辨别,找出其同名端:首先用万用表找出每部分绕组的两个端线,然后将两部分绕组任意串联起来,并在任一部分绕组上加上适当的交流电压U_1,用电压表测量两绕组串联后的总电压U。这时有两种可能的情况。如果串联时将非同名端接在一起,如图4-39(a)所示,端线X与a相接,此时总电压为端线A、x之间的电压

$$\dot{U} = -(\dot{E}_1 + \dot{E}_2) \tag{4-44}$$

由于$E_1 \approx U_1$,故总电压的有效值$U = E_1 + E_2 > U_1$,若两个绕组的匝数相等,则$U = 2U_1$;如果串联时将同极性端接在一起,如图4-39(b)所示,此时总电压有效值为$U = |E_1 - E_2|$,若两个绕组的匝数相等,则$U = 0$。

2. 三相变压器的端线辨别

三相变压器的各相绕组接成星形或三角形时,其端线A、B、C与X、Y、Z的对应关系不可搞错,否则可能造成严重损坏。通常这六根端线都作有标记,若检修时将标记失落,则应进行端线辨别。

对于三相变压器组,由于各相的磁路互相独立,故一次侧各相的首尾端可任意确定。一

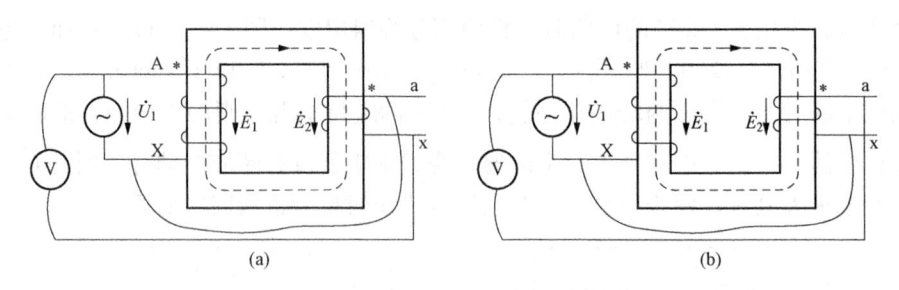

图 4-39 单相变压器的端线辨别实验图
(a) 非同极性端串联；(b) 同极性端串联

次侧接好后，二次侧三相绕组的端线便构成了互相对应的关系，因此必须按照它们的对应关系把它们正确地连接起来。二次侧三相绕组的端线可按下面的方法进行辨别：用万用表找出每相绕组的两根端线，将一次绕组按规定联结方法接线，二次绕组按星形接法接线，然后一次侧加上对称三相电压，测量二次侧线电压，若线电压对称说明所连三根端线为同名端。反之，若很不对称，则应调换任一相的两根端线，直至三相线电压完全对称。

对于心式三相变压器，由于各相的磁路互相关联，因此一、二次绕组的首尾端都不能随意确定。如一次绕组有一相接反，则接入三相电源后，将会产生很大电流，绕组有被烧坏的危险。

心式三相变压器一次绕组的端线，可按下述方法进行辨别：首先用万用表找出每相绕组的两根端线，然后将两相绕组任意串联起来，加上单相交流电压 U_1，测量第三相绕组的端电压，如果该电压接近于 U_1，则连接在一起的两端是非同名端；若该电压接近于零或很小，则连接在一起的两端是同名端。辨别出两相绕组的端线后，则再用同样的方法即可判断出第三相的端线。

上述辨别端线的原理可分析如下：如图 4-40 所示，当串联时将非同名端连在一起，如图 4-40 (a) 中将 X 和 C 相连，如略去漏抗电压，则有

$$\dot{U}_1 \approx -(\dot{E}_A + \dot{E}_C) \tag{4-45}$$

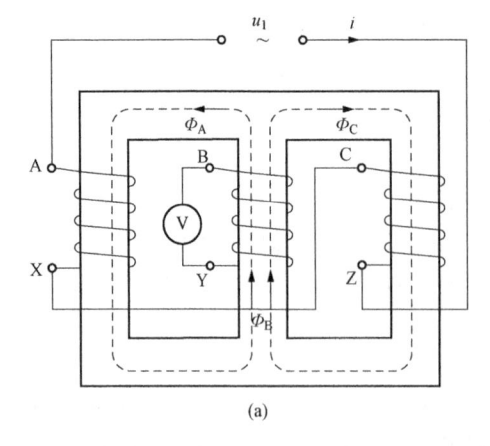

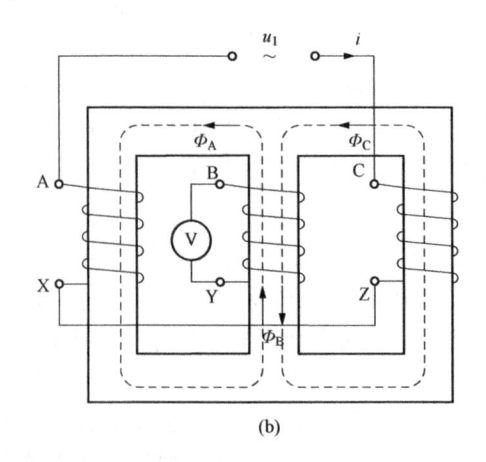

图 4-40 三相变压器的端线辨别实验图
(a) 非同名端 C、X 相连；(b) 同名端 Z、X 相连

因 $\dot{\Phi}_B = \dot{\Phi}_A + \dot{\Phi}_C$，故

$$\dot{E}_B = -j4.44fN_1\dot{\Phi}_B = -j4.44fN_1(\dot{\Phi}_A + \dot{\Phi}_C) = \dot{E}_A + \dot{E}_C \approx -\dot{U}_1 \qquad (4-46)$$

据此可知，$E_B \approx U_1$。

图 4-40 (b) 中把同名端 X 和 Z 相连，由图可见 B 相磁通 $\dot{\Phi}_B = \dot{\Phi}_A - \dot{\Phi}_C \approx 0$，则 B 相电动势为

$$\dot{E}_B = -j4.44fN_1\dot{\Phi}_B \approx 0 \qquad (4-47)$$

综上分析可知，相连接的两相若为异名端相连，则第三相的电压为 U_1；若为同名端连在一起，则第三相电压为零或有一很小的数值，据此即可辨别出它们的端线。心式三相变压器二次绕组的端线同样可用上面的方法辨别；也可用将一次侧接上三相电源，二次侧接成星形，测量二次侧线电压是否对称的办法辨别。

4.9.2 变压器故障检测

变压器结构简单，不存在机械运动，和电机相比，其可靠性较好。但是，变压器绕组集中，散热条件不好，绕组绝缘容易因过热而烧坏；此外，由于闭合铁心磁阻小，线圈匝数多，自感系数大，在电路通断时绕组中可能产生大的自感电动势，绕组绝缘容易被击穿。所以变压器的绕组绝缘是一个薄弱环节。

变压器绕组比较严重的故障是内部匝间短路，即线圈内部由于绝缘损坏，使线圈的一部分形成短路，如图 4-41 所示。此时被短路的那部分线圈中产生很大的电流，它产生的热量将使绕组绝缘在更大范围内被损坏。这种故障表现出的现象有以下 4 个方面：

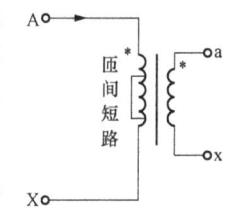

(1) 局部过热。匝间短路的特点是绕组局部过热，且温度上升很快，时间稍长，就会发出焦味甚至冒烟。而且这种局部过热在空载时也会出现。如果变压器一次侧接上电源后数分钟即发现局部过热，便可初步断定绕组内部有匝间短路。

图 4-41 变压器绕组匝间短路示意图

(2) 空载电流显著增大。不论是一次绕组或二次绕组发生匝间短路，短路回路中都会产生大的短路电流。短路电流的磁通势有减弱铁心磁通的作用，因此空载时一次侧电流显著增大。这时一次侧电流除了励磁分量外，还有一个更大的分量来抵消短路电流削弱铁心磁通的作用。短路的匝数越多，空载电流的增大越显著。

(3) 铁心发出不正常的响声。匝间短路比较严重时，变压器铁心振动，发出不正常的嗡嗡声。

(4) 二次侧空载电压偏高或偏低。当短路的匝数较多时，故障在一、二次侧的电压关系上也能反映出来。例如，当一次侧加额定电压 U_{1N} 时，若二次绕组有部分线匝短路，则二次侧空载电压将低于额定值 U_{2N}。

变压器发生匝间短路故障时，应停止使用，更换绕组。

在船上，由于湿度大，长时间不用的变压器可能受潮，使绝缘电阻降低。这时可用简易烘箱加热烘烤约 6~8h，烘烤完毕待变压器温度降低后，测量绝缘电阻，若绝缘电阻升高到正常值（一般为 0.5MΩ 以上），便可以使用。

变压器在铁心方面的故障主要是由于螺栓松动，硅钢片叠压不紧，使钢片放松，在交变磁场的作用下，产生振动和噪声，同时空载电流增大。对于这种情况，只要将螺栓旋紧，即

可恢复正常。

本章小结

变压器是通过电磁感应关系，实现电能或信号传递的电磁装置。它利用一次、二次绕组匝数的不同，把任何一种交流电压、电流转换成所需的另一种数值的电压和电流。

在变压器中，一次、二次绕组之间是通过磁路耦合联系起来的，它既有磁路问题，又有电路问题，故变压器中存在着磁通势平衡和电动势平衡两种基本的电磁关系，有关变压器的理论分析，也都是基于这两种关系展开的。

根据变压器内部磁场的实际分布情况和所起作用的不同，磁通分为主磁通和漏磁通两部分。主磁通沿铁心闭合，在一次和二次绕组内感应电动势，起传递电磁功率的作用；漏磁通通过非磁性物质闭合，只起电抗压降作用而不传递能量。

分析变压器内部的电磁关系可采用三种方法：基本关系式、相量图和等效电路。基本关系式是电磁关系的数学表达式，相量图是基本关系式的图形表示法，而等效电路是根据基本关系式来模拟变压器的电路，因此，三者是完全一致的，在实际工作中可根据需要来选择合适的分析方法。

励磁电抗 X_m 和漏电抗 $X_{1\sigma}$、$X_{2\sigma}$ 是变压器的重要参数，它们分别与磁场中的磁通相对应。X_m 与主磁通相对应，$X_{1\sigma}$、$X_{2\sigma}$ 则分别与一次、二次漏磁通相对应。由于主磁通沿铁心闭合，受磁路饱和的影响，参数 X_m 不是常数；漏磁通主要通过非磁性物质闭合，基本上不受铁心饱和的影响，所以 $X_{1\sigma}$ 和 $X_{2\sigma}$ 基本上是常数。对已制成的变压器，参数可以通过实验测出。

变压器的电压调整率和效率特性是衡量变压器运行性能的主要指标。电压调整率的大小表征了变压器负载运行时二次侧电压的稳定性，即变压器的供电质量。效率特性则表明变压器运行的经济性。

三相变压器对称运行时，只要运用单相变压器的分析方法对其一相进行分析即可。但是应注意三相变压器的一些特殊问题：三相变压器的磁路系统、电路连接方法以及它们对电动势波形的影响。三相变压器的磁路系统分为三相变压器组和三相心式变压器两种，前者为独立磁路，而后者为相关磁路。三相变压器的电路连接方法一般用联结组号来表示。不同的磁路系统和联结组对感应电动势波形的影响很大。

为了提高供电的可靠性以及使装置设备得到充分的利用，通常采用多台变压器并联运行。并联运行应满足三个条件：变比 k 相等；联结组号相等；短路阻抗标幺值或短路电压标幺值相等。使得并联运行时空载无环流，负载分配合理。

常用的特殊变压器包括自耦变压器、电压互感器和电流互感器。自耦变压器的特点是一次、二次绕组之间不仅有磁的联系，还有电的直接联系。它有一部分功率并非通过电磁感应作用，而是通过电路连接，直接从一次侧传送到二次侧去的。自耦变压器的优点是省材料、少损耗、体积小、效率高。缺点是短路电流大，安全性能较差。电压互感器实质上是一台二次侧开路的降压变压器，使用时二次侧不能短路。电流互感器实质上是一台二次侧短路的升压变压器，使用时二次侧不能开路。使用时应注意将它们的二次侧接地。

变压器实际使用时，应正确地判断各端线的同名端，从而确保接线的正确性。变压器的常见故障有绕组匝间短路故障，可以通过检查变压器的发热情况、空载电流的大小、铁心的振动情况以及二次侧电压的大小来诊断故障。

习 题

4-1 变压器有哪些主要部件，它们的主要作用是什么？

4-2 变压器的空载电流的性质和作用如何？它与哪些因素有关？

4-3 为什么要把变压器的磁通分成主磁通和漏磁通？它们之间有哪些主要区别？写出空载和负载时激励各磁通的磁通势？

4-4 为了得到正弦形的感应电动势，当铁心饱和和不饱和时，空载电流各呈什么波形，为什么？

4-5 试述变压器励磁电抗和漏抗的物理意义。它们分别对应什么磁通，对已制成的变压器，它们是否是常数？

4-6 变压器的其他条件不变，仅将一、二次绕组匝数变化±10%，试问对 $X_{1\sigma}$ 和 X_m 的影响怎样？如果仅将外施电压变化±10%，其影响怎样？如果仅将频率变化±10%，其影响又怎样？

4-7 一次侧额定电压为 220V 的变压器，空载时如误接到 380V 的交流电源上，会产生什么后果？如接于 110V 的电源，负载时又有什么问题？

4-8 变压器的铁心叠压不紧时，对空载电流有何影响？

4-9 有一台 1kVA，380V/220V 的单相变压器，高压绕组的匝数为 680 匝。现二次侧需要得到 250V 的电压，二次侧低压绕组应增加多少匝？

4-10 一台变压器，额定频率为 50Hz，将它接到 60Hz 电网运行，额定电压不变，试问其空载电流、漏抗、变压器变比有何变化？

4-11 变压器的外加电压不变，若减少一次绕组的匝数，则变压器铁心的饱和程度、空载电流、铁心损耗和一、二次侧的电动势有何变化？

4-12 在变压器中主磁通和一、二次绕组漏磁通的作用有什么不同？它们各是由什么磁通势产生的？在等效电路中如何反映它们的作用？

4-13 变压器折算的原则是什么？如何将二次侧各量折算到一次侧？

4-14 变压器的电压变化率是如何定义的？它与哪些因素有关？

4-15 为什么可以把变压器的空载损耗看作变压器的铁耗，短路损耗看作额定负载时的铜耗？

4-16 变压器额定负载时实际的铁耗和铜耗与空载损耗和短路损耗有无区别？为什么？

4-17 有一台变压器，其一次侧有两个线圈可以接成串联或并联。现线圈端线的标记失落，试用两节干电池和一个万用表，找出这两个线圈的同名端，并说明其原理。

4-18 有一台 Y，d 联结，$U_{1N}/U_{2N}=10kV/400V$，$S_N=100kVA$ 的三相变压器，试计算其一、二次侧电流的额定值。若二次侧有一相绕组断线，此时二次侧三个线电压是否对称？二次侧线电流允许通过多大电流？容量为多大？

4-19 一台 Y，△联结的三相变压器，一次侧加对称正弦额定电压，作空载运行，试分析：

(1) 一次侧电流、二次侧相电流和线电流中有无三次谐波成分？

(2) 主磁通及一、二次侧相电动势中有无三次谐波成分？

(3) 一、二次侧相电压及线电压中有无三次谐波成分？

4-20 励磁电抗 X_m 的物理意义如何？我们希望变压器的 X_m 是大还是小好？若用空气芯而不用铁心，则 X_m 是增加还是降低？

4-21 有三台单相变压器，一、二次侧额定电压均为 220/380V，现将它们联结成 Y,d11 三相变压器组（单相变压器的低压绕组联结成星形，高压绕组接成三角形），若对一次侧分别外施 380V 和 220V 的三相电压，试问两种情况下空载电流 I_0、励磁电抗 X_m 和漏抗 $X_{1\sigma}$ 与单相变压器比较有什么不同？

4-22 三相变压器并联运行应满足哪些条件？

4-23 电压互感器和电流互感器与普通变压器有何异同？使用时应注意什么问题？为什么？

4-24 有一单相变压器，一、二次侧的额定电压为 220V/36V，今测得铁心截面积为 12cm², 取铁心磁通密度 B_m=12000Gs，试估算一、二次绕组的匝数。（1T=10000Gs）

4-25 某单相变压器，一次绕组两个线圈可接成串联或并联。一次侧额定电压为 220V/110V，额定电流为 4.55A/9.1A；二次侧额定电压为 24V，额定电流为 41.5A。变压器的额定容量为 1kVA。当一次侧两个线圈串联加上 220V 的电压时，空载电流为 0.28A。

试求：(1) 若一次侧两个线圈并联加上 110V 的电压时，空载电流是多少？

(2) 如果一次侧有一个线圈断线，只有一个线圈可以继续使用。当一次侧加上 110V 的电压时，空载电流是多少？这时二次侧可以供给多大的负载电流？

(3) 若该变压器作为升压变压器使用，即一次侧电压为 24V，二次侧电压为 220V，这时空载电流为多少？

4-26 有一台单相变压器，一次侧额定值为 220V，4.55A，N_1=330 匝。现负载要求电压为 24V，电流为 40A。为此，可在该变压器铁心柱上用粗导线临时绕制一个 N_3 匝的线圈（原来的二次绕组空着不用），求 N_3 的值，这时一次侧电流会不会超过额定值？

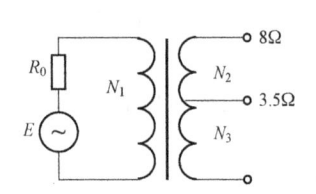

4-27 有一台单相变压器如图 4-42 所示，一次绕组匝数 N_1=300 匝，交流信号源电动势 E=6V，内阻 R_0=100Ω，二次绕组有中间抽头，以便接 8Ω 或 3.5Ω 的扬声器。

图 4-42 习题 4-27 图

(1) 在二次侧接 8Ω 或 3.5Ω 的扬声器时，要求都能达到阻抗匹配，求 N_2 和 N_3 的匝数。

(2) 信号源输出的最大功率。

提示：这里的阻抗匹配，就是使 $Z'=R_0$。

4-28 有一台单相变压器，额定容量 S_N=4kVA，一、二次侧的额定电压 U_{1N}/U_{2N}=380V/120V，铁心截面积为 21.6cm²。现绕组烧毁，需拆去重绕，试计算一、二次绕组匝数。

4-29 一台三相电力变压器 S_N=560kVA，U_{1N}/U_{2N}=10000/400(V)，D,y 接法，负载时忽略励磁电流，低压边相电流为 808.3A 时，高压边的相电流为多少？

4-30 有一台单相变压器，额定容量 S_N=100kVA，一、二次侧额定电压 U_{1N}/U_{2N}=6000/230(V)，f_N=50Hz。一、二次线圈的电阻及漏抗为 R_1=4.32Ω，R_2=0.0063Ω，

$X_{1\sigma}=8.9\Omega$，$X_{2\sigma}=0.013\Omega$。

试求：(1) 折算到高压边的短路电阻 R_k，短路电抗 X_k 及阻抗 Z_k。

(2) 折算到低压边的短路电阻 R_k''，短路电抗 X_k'' 及阻抗 Z_k''。

(3) 将 (1)、(2) 求得的参数用标幺值表示。

(4) 计算变压器的短路电压百分比 u_k。

(5) 求满载及 $\cos\varphi_2=1$，$\cos\varphi_2=0.8$（滞后），$\cos\varphi_2=0.8$（超前）等三种情况下的电压变化率 Δu，并讨论计算结果。

4-31 一台三相变压器，$S_N=56000\text{kVA}$，$U_{1N}/U_{2N}=10/6.3(\text{kV})$，Y，d11 接线，变压器空载及短路实验数据见表 4-3。

表 4-3　　　　　　　　变压器空载及短路实验数据

实验名称	线电压 (V)	线电流 (A)	三相功率 (W)	电源加在
空载	6300	7.4	6800	低压边
短路	550	324	18000	高压边

求：(1) 计算变压器参数，实际值及标幺值。

(2) 利用 Γ 形等效电路，求满载 $\cos\varphi_2=0.8$ 滞后时的二次侧电压及一次侧电流。

(3) 求满载 $\cos\varphi_2=0.8$ 滞后时的电压变化率及效率。

4-32 单相变压器电压为 220/110V，如图 4-43 所示，设高压边加 220V 电压，空载励磁电流为 I_0，主磁通为 Φ_0，若 U_2 与 u_1 连在一起，在 U_1、u_2 端加 330V 电压，此时励磁电流、主磁通各为多少？若 U_2 与 u_2 连在一起，在 U_1、u_1 端加 110V 电压，则励磁电流、主磁通又各为多少？

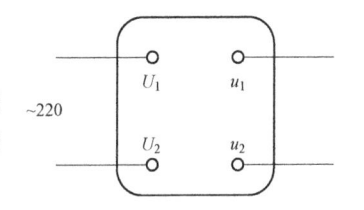

图 4-43 习题 4-32 图

4-33 一台三相变压器的铭牌数据如下，$S_N=750\text{kVA}$，$U_{1N}/U_{2N}=10000/400\text{V}$，Y，yn0 接线。低压边空载实验数据为：$U_{20}=400\text{V}$，$I_{20}=60\text{A}$，$P_0=3800\text{W}$。高压边短路实验数据为 $U_{1k}=440\text{V}$，$I_{1k}=43.3\text{A}$，$P_k=10900\text{W}$，室温 20℃，试求：

(1) 变压器的参数，并画出等值电路。

(2) 计算电压变化率 Δu、二次侧电压 U_2 及效率。

1) 额定负载 $\cos\varphi_2=0.8$（滞后）时。

2) 额定负载 $\cos\varphi_2=0.8$（超前）时。

4-34 有一台三相变压器容量 $S_N=100\text{kVA}$，$U_{1N}/U_{2N}=6000/400\text{V}$，Y，yn0 联结，阻抗电压 $u_k=4.5\%$，短路损耗 $p_k=2270\text{W}$，此变压器二次侧接至三角形联结的平衡三相负载，每相负载阻抗 $Z_L=3.75+\text{j}2.85\Omega$，求：

(1) 在此负载下的负载电流及二次侧端电压。

(2) 一次侧功率因数（不计励磁电流）。

4-35 用相量图判别图 4-44 中的三相变压器的联结组号。

图 4 - 44　习题 4 - 35 图

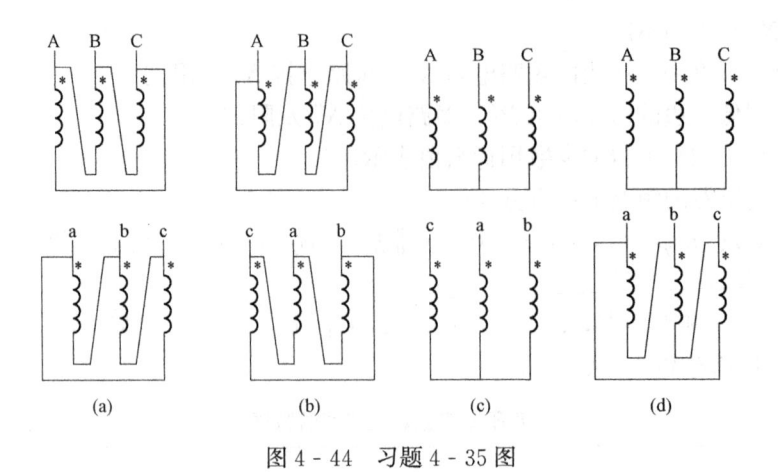

第 5 章 交流电机的共同性理论

旋转交流电机包括同步电机和异步电机两大类,在船舶上都有大量的应用。这两类交流电机虽然励磁方式和运行特性有很大差别,但电机绕组中发生的电磁现象和机电能量转换的原理却基本上是相同的,因此存在许多共性问题,可统一进行研究,这就是本章所要研究的交流电机的绕组、电动势、磁通势问题。具体包括:交流绕组的分布和连接规律;正弦磁场下交流绕组的感应电动势以及感应电动势中的高次谐波;通以正弦电流时的单相绕组磁通势,以及通以三相对称电流时的三相绕组磁通势。这些问题对于以后研究异步电机和同步电机的运行理论和性能分析有着重要意义。

5.1 交流绕组的一般知识

绕组构成了电机的电路,是电机的核心部分。同样开槽的铁心,嵌入其中的绕组的类型可以不同,而不同的绕组类型影响着电机生产的工艺过程和材料的用量,且电机的运行性能也可能是不同的,因此必须对交流绕组的构成原则和种类有一个基本了解。

5.1.1 交流绕组的构成原则和分类

虽然绕组的形式各不相同,但它们的构成原则基本相同,基本要求是:

(1) 电动势和磁通势波形要接近正弦波,为此要求电动势和磁通势中谐波分量尽可能小。

(2) 应使同样数量的导体尽可能产生最大的基波电动势和基波磁通势。

(3) 对三相绕组,各相的电动势、磁通势必须对称,三相电抗要平衡。

(4) 绕组铜耗小,用铜量少。

(5) 绝缘可靠,机械强度高,散热条件好,制造方便。

交流电机的绕组,可以按绕组的相数、槽内层数以及每极每相槽数的不同来分类。

按相数分为:①单相;②多相(两相、三相、六相)。

按槽内层数分为:①单层(链式、同心式、交叉式);②双层(叠绕组、波绕组)。

按每极每相的槽数分为:①整数槽绕组;②分数槽绕组。

本章主要介绍三相整数槽绕组。

5.1.2 交流绕组的基本知识

1. 绕组术语

(1) 电角度与机械角度。电机圆周在几何上为 360°,这个角度称为机械角度。若磁场在空间按正弦波分布,则经过 N、S 一对磁极就为 360°,这个角度称为电角度。若电机有 p 对极,电机圆周的电角度是 $p \times 360°$,故

$$电角度 = p \times 机械角度$$

(2) 极距。相邻磁极沿气隙圆周的跨距,用 τ 表示。由于槽均匀分布在定子圆周上,极距可以用槽数表示

$$\tau = \frac{Z}{2p} \tag{5-1}$$

式中：Z 为总槽数；p 为极对数。

(3) 节距。线圈两边所跨定子圆周上的距离（单位为槽数），用 y_1 表示。与直流电机线圈类似，y_1 应接近极距 τ，$y = \frac{Z}{2p} \mp \varepsilon$，其中 $y_1 = \tau$ 称为整距线圈；$y_1 < \tau$ 称为短距线圈；$y_1 > \tau$ 称为长距线圈。

(4) 槽距角。相邻槽之间的距离用电角度表示

$$\alpha = \frac{p \times 360°}{Z} \tag{5-2}$$

图 5-1 中，$\alpha_1 = 360°/36 = 10°$ 是相邻两槽相距的机械角，因此槽距角 $\alpha = p\alpha_1 = 2 \times 10° = 20°$。

(5) 每极每相槽数。即每一个极下每相所占的槽数

$$q = \frac{Z}{2pm} \tag{5-3}$$

式中：m 为相数。

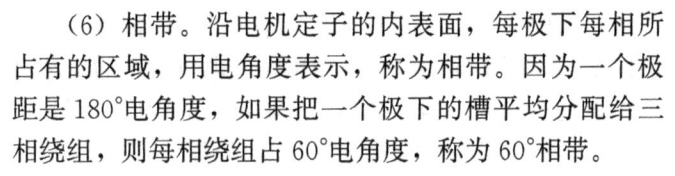

(6) 相带。沿电机定子的内表面，每极下每相所占有的区域，用电角度表示，称为相带。因为一个极距是 180° 电角度，如果把一个极下的槽平均分配给三相绕组，则每相绕组占 60° 电角度，称为 60° 相带。

2. 槽电动势星形图

当把各槽内导体感应的电动势分别用相量表示时，这些相量构成一个辐射星形图，称为槽电动势星形图。以一台三相四极 36 槽电机为例，说明相关概念，并介绍槽电动势星形图绘制和相带划分的方法。由给定的电机基本数据可知，$2p=4$，$Z=36$，$m=3$。由此可计算相关的其他参数。

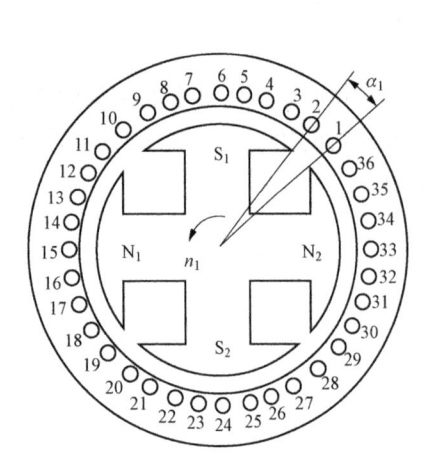

图 5-1 槽内导体沿定子圆周的分布情况

极距为 $\tau = \frac{Z}{2p} = \frac{36}{2 \times 2} = 9$

槽距角为 $\alpha = \frac{p \times 360°}{Z} = \frac{2 \times 360°}{36} = 20°$

每极每相槽数为 $q = \frac{Z}{2pm} = \frac{36}{2 \times 2 \times 3} = 3$

(1) 绘制槽电动势星形图。因各槽在空间互差 20° 电角度，所以各槽中导体感应电动势在时间上互差 20° 电角度。如 1 号槽导体感应电动势相位角设为 0°，则 2 号槽导体电动势滞后 1 号槽 20°，依此类推，一直到 18 号槽导体感应电动势滞后 1 号槽 340°。经过了一对极，在槽电动势星形图上正好转过一周。19 号槽与 1 号槽完全重合，因为它们在磁极下分别处于相对应的位置，所以它们的感应电动势同相位。19 号至 36 号槽又经过了一对极，在电动势星形图上又转过一周。图 5-2 为三相绕组槽电动势星形图。一般说来，对于每极每相整数槽绕组，如电机有 p 对极，则有 p 个重叠的槽电动势星形。

(2) 划分相带。首先进行 A 相绕组的相带划分。因为每极每相槽数 $q=3$，即 A 相在每

极下应占有 3 个槽。整个定子中 A 相共有 12 个槽，为使合成电动势最大，在第一个 N 极下取 1、2、3 三个槽作为 A 相带，在第一个 S 极下取 10、11、12 三个槽作为 X 相带，1、2、3 三个槽相量间夹角最小，合成电动势最大，而 10、11、12 三个槽对于 1、2、3 三个槽分别相差一个极距，即相差 180°电角度，这两个线圈组（极相组）反接以后合成电动势代数相加，其合成电动势最大。

同理将 19、20、21 和 28、29、30 也划为 A 相，然后把这些槽里的线圈按一定规律连接起来，即得 A 相绕组。

为了使三相绕组对称，应将距 A 相 120°处的 7、8、9、16、17、18 和 25、26、27、34、35、36 划为 B 相。而将距 A 相 240°处的 13、14、15、22、23、24 和 31、32、33、4、5、6 划为 C 相，由此得对称三相绕组。每个相带各占 60°电角度，如图 5-2 所示。

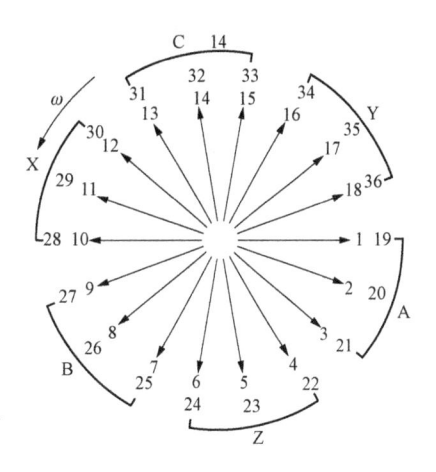

图 5-2 三相绕组槽电动势星形图

3. 绘制绕组展开图的步骤

展开图是反映绕组构成的最基本形式，绘制绕组展开图的步骤是：

(1) 绘槽电动势星形图。

(2) 划分相带。

(3) 把各相绕组按一定规律连接成对称三相绕组。

下面两节用具体实例说明单层和双层中主要类型绕组的展开图的绘制。

5.2 三相单层绕组

单层绕组每槽只有一个线圈边，所以线圈数等于槽数的 1/2。这种绕组下线方便，槽利用率高（无层间绝缘）。三相单层绕组分为等元件绕组、同心式绕组和交叉式绕组，下面分别介绍它们的连接规律。

5.2.1 等元件绕组

链式绕组线圈的节距与极距相等，每个线圈大小形状相同，因而称为等元件绕组。以三相四极 36 槽电机为例，绘制支路数 $a=1$ 的单层等元件绕组展开图。由 5.1 节已经获得以下参数 $2p=4$，$Z=36$，$m=3$，$\tau=9$，$\alpha=20°$，$q=3$。并已完成按图 5-2 星形图 60°相带划分。剩下的工作就是把槽内的元件边构成线圈，最后按规律连成一相绕组。

根据得到的参数和相带划分结果，1、10 号槽内的元件边构成 A 相绕组的 1 号元件，再分别由 2、11 号槽和 3、12 号槽内的元件边构成 A 相绕组的 2、3 号元件，1、2、3 号元件串联，则得到了 A 相绕组的第一个线圈组，得到一对极下的线圈组后，同理可得另一对极下的第二个线圈组。根据槽电动势星形图，这两个线圈组的电动势是相等的，因此这两个线圈组可以串联成为一条支路（如图 5-3 所示），也可以作为两条支路并联。完成 A 相绕组的连接之后，依次在空间相移 120°可以得到 B、C 两相绕组，图中省略。

显然，在等元件单层绕组中，线圈组（极相组）数等于极对数 p，因此绕组的最大并联

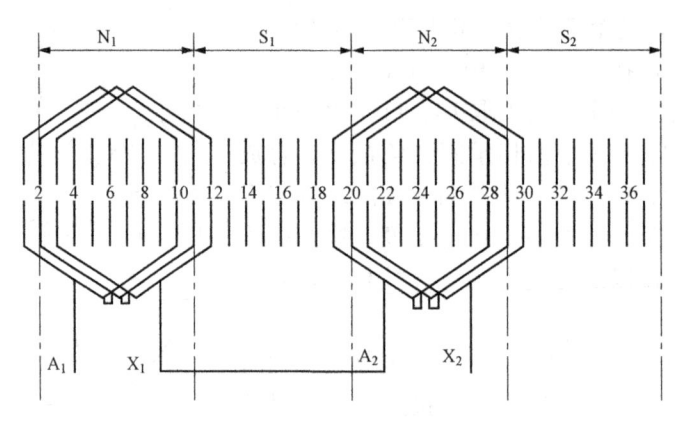

图5-3 三相等元件绕组的A相绕组

支路数 $a_{max}=p$。

5.2.2 同心式和交叉式绕组

单层绕组的其他连接形式是在等元件绕组的基础上发展起来的。从上面的分析可以看出，在交流电机中，当确定了各相所属线圈边（也即槽号）之后，只要把各相的线圈边按电动势相加的原则进行连接，就可得到对称的三相绕组。连接时，应该使端部连线尽可能缩短以节省用铜量，同时也应考虑工艺的方便。由于各线圈边连接的先后次序并不影响电动势的大小，因此同样的铁心结构，我们还可以得到除等元件绕组以外的其他绕组形式。无论哪种绕组形式，它们的槽电动势星形图都是相同的。在上例中，根据星形图5-2中划分的各相槽号，可以合理地改变每相12个线圈边的连接方式，而得到同心式和交叉式两种不同的绕组形式。

同心式绕组由不同节距的同心线圈组成，如图5-4所示。图5-5为交叉式绕组，其特点是相邻极下的线圈组不同，但相同极下的线圈组相同。

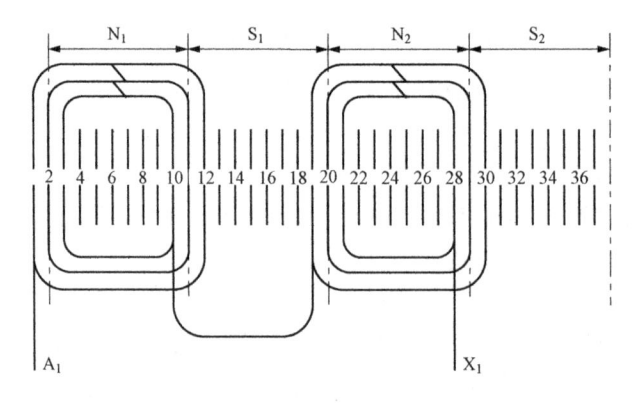

图5-4 三相同心绕组的A相绕组

从图5-4和图5-5可见，与等元件绕组相比较，同心式和交叉式绕组只改变了同一相中各线圈电动势相加的先后次序，这不会影响相电动势的大小。同时，每相都由相同数目的不同节距的线圈构成，各相绕组的阻抗相等。因此，同心式和交叉式绕组也是三相对称绕组。

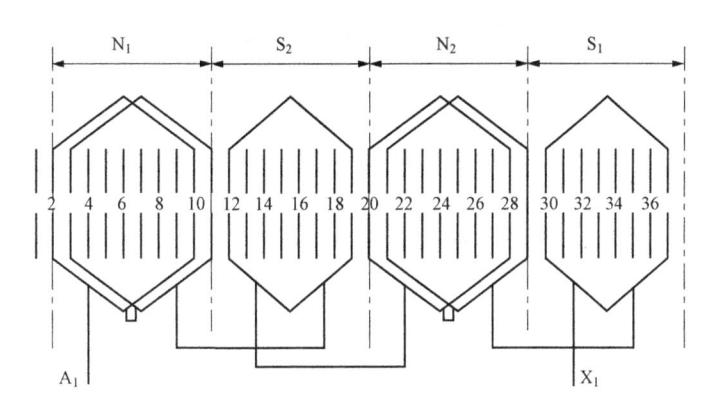

图 5-5 三相交叉式绕组的 A 相绕组

不同的绕组类型具有不同的特点：等元件式绕组每个线圈大小一样，便于绕组的绕制和嵌线；交叉式绕组端接部分排列比较均匀，便于绕组绕制和散热；同心式绕组端接部分较短，重叠较少，散热好，便于布置。设计绕组时可以选取不同类型以满足生产工艺和电机性能的要求。

单层绕组的优点是槽内只有一个线圈边，下线比较容易，没有层间绝缘，槽利用率较高。我国 10kW 以下的异步电机大多采用单层绕组。其缺点是不像双层绕组那样能灵活地选择线圈节距来削弱谐波电动势和磁通势，并且漏电抗也较大。

5.3 三相双层绕组

对于 10kW 以上的三相交流电机，其定子绕组一般采用双层绕组。双层绕组每个槽内有上、下两个线圈边，每个线圈的一个边放在某一个槽的上层，另一个边则放在相隔节距为 y_1 槽的下层，如图 5-6 所示，绕组的线圈数正好等于槽数。

双层绕组的优点：
(1) 可灵活选择节距，以改善电动势、磁通势波形。
(2) 线圈尺寸相同便于制造。
(3) 端部形状排列整齐，有利于散热和增加机械强度。

根据线圈的形状和连接规律，双层绕组可分为叠绕组和波绕组两类，这里仅讨论叠绕组。

叠绕组的任何两个相邻的线圈都是后一个叠在前一个上面的，如图 5-6 所示。下面用绘制展开图的例子说明叠绕组的绕制规律和电路特点。

例 5-1 绘制四极三相 36 槽的双层叠绕组展开图，支路数为 $a=1$。

解 $2p=4$，$Z=36$，$m=3$，$\tau=9$，$\alpha=20°$，$q=3$

槽电动势星形图绘制结果同图 5-2，但图 5-2 槽电动势星形图的相量在这里又同时可以表示构成绕组的 36 个线圈的电动势相量。相带划分过程和单层绕组类

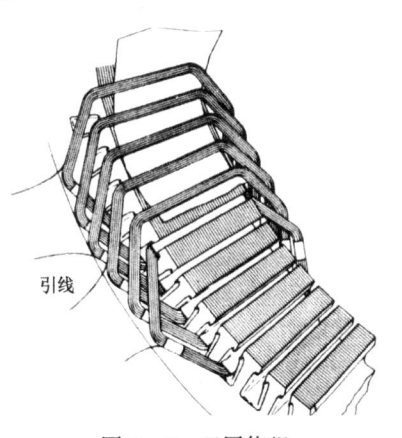

图 5-6 双层绕组

似，但由于绕组为双层，因此除了确定每极下属于某相的上层槽号外，还要确定属于该相的下层槽号。这里节距取 $y_1=7$，在第一个极下取 1、2、3 三个槽上层作为 A 相带，在相邻极下取 8、9、10 三个槽下层作为 X 相带。则第 1 个槽的上层边和第 8 个槽的下层边构成了 A 相绕组的第 1 个线圈，进而得到第一个极下的线圈组，并依次类推得到各磁极下的线圈组。

按相邻极下电流相反的原则，将各线圈组连接起来，构成相绕组，图中实线为上层边，虚线为下层边。由于 N 极极距内与 S 极极距内的线圈组中电流方向必须相反，应将 N 极下的线圈组和 S 极下的线圈组反相串联。其绕组展开图如图 5-7 所示。

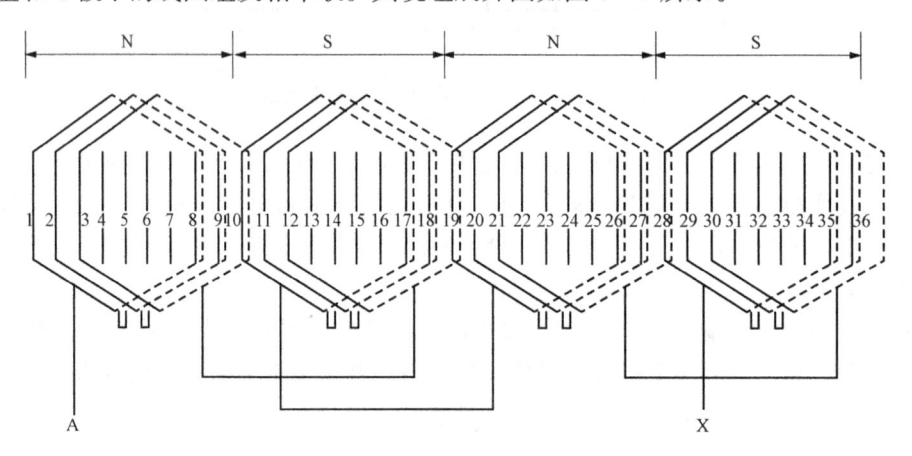

图 5-7 36 槽双层叠绕组展开图

由于每相的线圈组数等于极数，所以双层叠绕组的最大并联支路数 $a_{max}=2p$。如上例中有四极，四个线圈组，所以最多并联支路数 $a=4$，实际支路数通常小于 $2p$，且 $2p$ 必须是 a 的整数倍。图 5-8 是 $a=1$ 和 $a=2$ 的连接方式。

10kW 以上的交流电机一般都采用双层绕组。

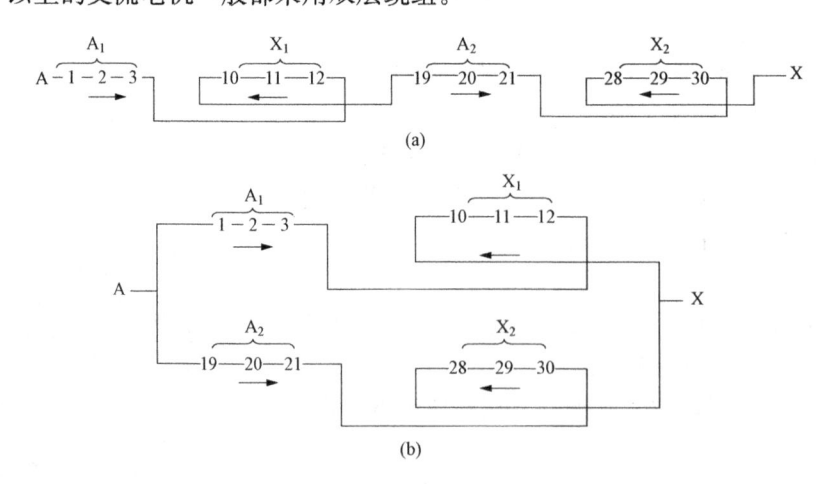

图 5-8 叠绕组的电路连接方式
(a) 并联支路数 $a=1$；(b) 并联支路数 $a=2$

5.4 正弦磁场下交流绕组的感应电动势

在交流电机中有一个以 n_1 转速旋转的旋转磁场，由于旋转的磁场切割定子绕组，所以在定子绕组中将产生感应电动势。本节讨论旋转磁场在空间正弦分布时，交流绕组中感应电动势的公式。遵循由简入繁的原则，首先求出一根导体中的感应电动势，然后导出一个线圈的感应电动势，再讨论一个线圈组（极相组）的感应电动势，最后推出一相绕组感应电动势的计算公式。

5.4.1 导体的感应电动势

图 5-9（a）为一台两极交流发电机，转子是直流励磁形成的主磁极（简称主极），定子上放有一根导体，当转子由原动机拖动以后，形成一旋转磁场，定子导体切割该旋转磁场产生感应电动势。

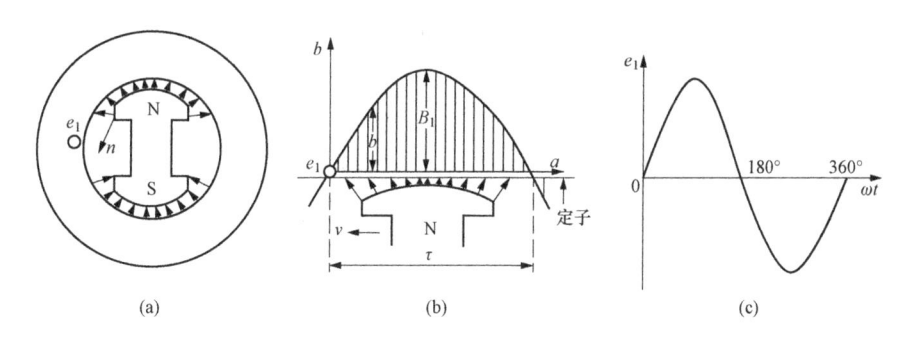

图 5-9 气隙磁场正弦分布时的感应电动势
(a) 交流电机模型；(b) 磁场分布；(c) 感应电动势波形

设主极磁场在气隙内按正弦规律分布，可表示为 $B=B_1\sin\alpha$，其中 B_1 为磁场幅值，α 为离开原点的电角度，设 $t=0$ 时 $\alpha=0$，转子旋转的角频率为 ω，则 $\alpha=\omega t$。根据电磁感应定理，导体感应电动势为

$$e_1 = Blv = B_1 lv\sin\omega t = \sqrt{2}E_1\sin\omega t \qquad (5-4)$$

由式（5-4）可见导体中感应电动势是随时间正弦变化的交流电动势。

若极对数 $p=1$，则电角度＝机械角度，转子转一周感应电动势交变一次，设转子每分钟转 n_1 转（即每秒转 $\frac{n_1}{60}$ 转），于是导体中电动势交变的频率应为 $f_1=\frac{n_1}{60}$，若电机为 p 对极，则转子每旋转一周，导体中感应电动势将交变 p 次，此时电动势频率为

$$f_1 = \frac{pn_1}{60} \qquad (5-5)$$

在我国工业用标准频率为 50Hz，不同极对数所对应的磁场转速见表 5-1。

表 5-1　　　　　　　　不同极对数对应的同步转速（频率为 50Hz）

p	1	2	3	4	5
n_1(r/min)	3000	1500	1000	750	600

导体电动势有效值为 $E_1 = \dfrac{B_1 l v}{\sqrt{2}}$，导体的切割速度 v 可以表示为

$$v = \frac{n_1}{60}\pi D = 2p\tau \frac{n_1}{60} = 2p\tau \frac{f_1}{p} = 2\tau f_1 \tag{5-6}$$

式中：D 为电机内圆周直径。

引入平均磁通密度 $B_{av} = \dfrac{2}{\pi} B_1$，得到电机学中常用的电动势有效值的表示形式为

$$E_1 = \frac{l}{\sqrt{2}} B_1 2\tau f_1 = \frac{l}{\sqrt{2}} \frac{\pi}{2} B_{av} 2\tau f_1 = \frac{\pi f}{\sqrt{2}} B_{av} l\tau = \frac{\pi f_1}{\sqrt{2}} \Phi_1$$
$$\approx 2.22 f_1 \Phi_1 \tag{5-7}$$

式中：Φ_1 为一个极下的磁通量。

5.4.2 整距线圈的感应电动势

对于整距线圈，有 $y_1 = \tau$（如图 5-10 中的实线所示），则线圈的一根导体位于 N 极下最大磁通密度处时，另一根导体恰好处于 S 极下的最大磁通密度处。所以两导体感应电动势瞬时值总是大小相等，方向相反，两导体电动势 $\dot{E}_1'$、$\dot{E}_1''$ 和线圈电动势 $\dot{E}_{c1}$ 的相量关系如图 5-11 所示，则整距线圈的电动势有效值为

$$E_{c1} = 2E_1' = 4.44 f_1 \Phi_1 \tag{5-8}$$

若线圈有 N_C 匝，则

$$E_{c1} = 4.44 f_1 N_C \Phi_1 \tag{5-9}$$

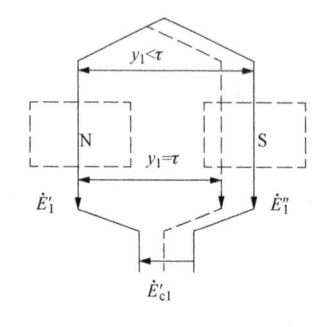

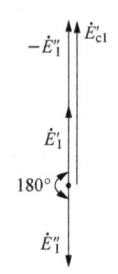

图 5-10 整距和短距线圈

图 5-11 整距线圈电动势

5.4.3 短距线圈的感应电动势

如果选用图 5-10 中虚线所示的短距绕组形式，则 $y_1 < \tau$，构成线圈的两导体的空间相移角为 $\gamma = \dfrac{y_1}{\tau} \times 180°$ 电角度，两导体中的感应电动势相位差也为 γ，由图 5-12 的相量关系，线圈电动势的大小为

$$E_{c1} = 2E_1' \sin \frac{\gamma}{2} = 2E_1' \sin \frac{y_1}{\tau} \times 90° = 4.44 f_1 \Phi_1 K_{y1} \tag{5-10}$$

式中：K_{y1} 为基波短距系数。

表示为

$$K_{y1} = \sin \frac{y_1}{\tau} \times 90° \tag{5-11}$$

若每相串联的匝数为 N_C 匝时，线圈电动势为

$$E_{c1} = 4.44 f_1 \Phi_1 N_C K_{y1} \tag{5-12}$$

K_{y1} 表示线圈采用短距后感应电动势与整距时感应电动势之比,也可以表示为

$$K_{y1} = \frac{E_{c1}(y_1 < \tau)}{E_{c1}(y_1 = \tau)}$$

当线圈为短距时 $y_1 < \tau$,$K_{y1} < 1$,可见采用短距线圈后对基波电动势的大小稍有影响。例如:$y_1 = \frac{5}{6}\tau$ 时,$K_{y1} = \sin\frac{5}{6} \times 90° = 0.966 < 1$。当线圈为整距时,$y_1 = \tau$,$K_{y1} = 1$。

当主磁场中含有谐波时,短距绕组能有效地抑制谐波电动势,所以一般交流绕组大多采用短距绕组。

5.4.4 线圈组的感应电动势

通过学习绕组结构,我们知道,每极下每相绕组有一个线圈组(极相组),线圈组由 q 个线圈串联而成,每个线圈相差 α 电角度。以 $q=3$ 为例,三个线圈的电动势 $\dot{E}_{c1}$、$\dot{E}_{c2}$、$\dot{E}_{c3}$ 和线圈组电动势的 $\dot{E}_{q1}$ 的相量关系如图 5-13 所示,由图中的相量关系可得到每极每相槽数为 q 时线圈电动势和线圈组电动势的大小关系。图 5-13 中,O 为线圈组电动势矢量多边形的外接圆心,R 为半径,则线圈组电动势的有效值为

$$E_{q1} = \overline{AD} = 2R\sin\frac{q\alpha}{2}$$

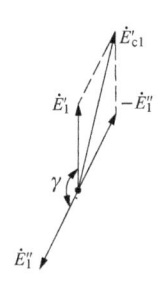

图 5-12 短距线圈电动势　　图 5-13 线圈组的电动势

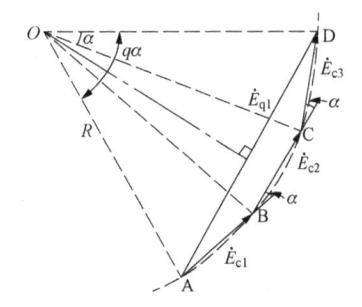

而图中 $R = \dfrac{E_{c1}}{2\sin\dfrac{\alpha}{2}}$,所以

$$E_{q1} = qE_{c1} \frac{\sin\left(\dfrac{q\alpha}{2}\right)}{q\sin\left(\dfrac{\alpha}{2}\right)} = qE_{c1}K_{q1} \tag{5-13}$$

$$K_{q1} = \frac{E_{q1}}{qE_{c1}} = \frac{\sin\left(\dfrac{q\alpha}{2}\right)}{q\sin\left(\dfrac{\alpha}{2}\right)} = \frac{q \text{ 个分布线圈的电动势相量和}}{q \text{ 个集中线圈的电动势相量和}} \tag{5-14}$$

q 个线圈分布在不同槽内,其合成电动势小于 q 个集中线圈的合成电动势 qE_{c1},即 $K_{q1} < 1$。因此,分布系数 K_{q1} 可理解为各线圈分布排列的感应电动势和线圈集中排列的感应电动势相比较应打的折扣。

$$E_{q1} = qE_{c1}K_{q1} = 4.44 f_1 \Phi_1 (qN_C) K_{y1} K_{q1} = 4.44 f_1 (qN_C) \Phi_1 K_{N1} \tag{5-15}$$

式中：qN_C 为 q 个线圈的总匝数，$K_{N1}=K_{y1}K_{q1}$ 称为基波的绕组系数，即绕组采用短距和分布的形式后，与整距集中绕组比较，合成电动势所打的折扣。

5.4.5 交流绕组相电动势

根据设计要求，将线圈组串联或并联起来可得一相的绕组。而无论是单层还是双层绕组，电路连接时每个线圈组的电动势大小和相位均相等，因此只需要知道一相绕组的一条支路中包含几个线圈组，就可以得到一相绕组的感应电动势。下面对单层和双层绕组的情况分别进行讨论，进而得到一个统一的相电动势公式。

1. 单层绕组

对于单层绕组，p 对极时，每相有 p 个线圈组，若并联支路数为 a，则每条支路串联的线圈组数为 $\frac{p}{a}$，因此相绕组电动势为

$$E_{\phi 1} = \left(\frac{p}{a}\right)E_{q1} = \frac{pqN_C}{a}4.44f_1K_{N1}\Phi_1 = 4.44f_1NK_{N1}\Phi_1 \qquad (5-16)$$

式中：$N=\frac{pqN_C}{a}$ 为单层绕组的情况下，一相绕组串联总匝数。

2. 双层绕组

对于双层绕组，p 对极下每相绕组有 $2p$ 个线圈组，若并联支路数为 a，则每条支路串联的线圈组数为 $\frac{2p}{a}$，因此相绕组电动势为

$$E_{\phi 1} = \left(\frac{2p}{a}\right)E_{q1} = \frac{2PqN_C}{a}4.44f_1K_{N1}\Phi_1 = 4.44f_1NK_{N1}\Phi_1 \qquad (5-17)$$

式中：$N=\frac{2pqN_C}{a}$ 为双层绕组的情况下，一相绕组串联总匝数。

因此，无论是单层还是双层绕组，相绕组电动势都为

$$E_{\phi 1} = 4.44f_1N\Phi_1K_{N1} \qquad (5-18)$$

式中：f 为感应电动势的频率，它与产生感应电动势的旋转磁场的转速之间满足 $f=\frac{pn_1}{60}$，N 为一相绕组串联总匝数；Φ_1 为单个磁极下的基波磁通；K_{N1} 为由于采用短距和分布结构所带来的绕组系数。

将式（5-18）与变压器中感应电动势有效值的计算公式进行比较，它们在形式上相似，只是多了一个绕组系数 K_{N1}。如果 $K_{N1}=1$，则这两个公式完全一致。这也与实际相吻合，因为变压器绕组是整距集中结构的。可见，式（5-18）是交流绕组电动势的一般性的结论公式。

5.5 感应电动势中的高次谐波

以上我们假定主极磁场在气隙内为正弦分布，实际上，气隙磁场并非完全按正弦规律分布。此时如果将磁场波进行谐波分析，可得基波和一系列高次谐波。出现高次谐波的原因主要是由于铁心的饱和及主极的外形未经特殊设计。因此，相应的交流绕组中除感应基波电动势外还有一系列高次谐波电动势。本节讨论磁场非正弦分布时所引起的谐波电动势及其削弱的方法。

5.5.1 高次谐波电动势

交流电机中气隙磁场分布一般呈平顶波（如图5-14），应用傅里叶级数可将其分解为基波和一系列谐波。因气隙磁场分布与磁极中心线相对称，故偶次谐波为零，磁场中仅存在奇次谐波（1、3、5、7、…），且次数越高，幅值越小。为清楚起见，图中只画出1、3、5次谐波。

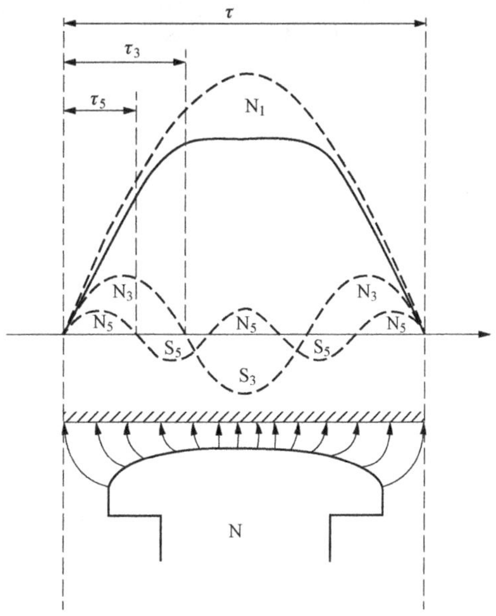

谐波和基波磁场之间存在以下关系

$$p_\gamma = \gamma p \tag{5-19}$$

$$\tau_\gamma = \frac{1}{\gamma}\tau \tag{5-20}$$

也就是说，γ 次谐波磁场的极对数是基波磁场的 γ 倍，γ 次谐波磁场的极距是基波磁场极距的 $1/\gamma$。谐波旋转磁场在定子绕组产生感应电动势，其频率为

图5-14 气隙磁通密度的空间分布波形

$$f_\gamma = \frac{p_\gamma n_\gamma}{60} = \frac{\gamma p}{60}n_1 = \gamma f_1 \tag{5-21}$$

其中谐波旋转磁场的转速与转子转速相同 $n_\gamma = n_1$。由式（5-21）可见，γ 次谐波电动势频率为基波电动势频率的 γ 倍。

谐波电动势的计算方法与基波电动势计算方法类似，经推导可得

$$E_{\phi\gamma} = 4.44 f_\gamma N K_{N\gamma} \Phi_\gamma \tag{5-22}$$

式中：$K_{N\gamma} = K_{y\gamma} K_{q\gamma}$ 为谐波绕组因数。

其中谐波短距系数为

$$K_{y\gamma} = \sin\gamma\frac{y_1}{\tau}90° \tag{5-23}$$

谐波分布系数为

$$K_{q\gamma} = \frac{\sin\frac{\gamma q\alpha}{2}}{q\sin\frac{\gamma\alpha}{2}} \tag{5-24}$$

5.5.2 齿谐波电动势

在磁场的高次谐波中，有一种次数为 $\gamma = k\frac{Z}{p} \pm 1 = 2mqk \pm 1$（$Z$ 为总槽数，p 为极对数，m 为相数，q 为每极每相槽数，k 为整数）的谐波，称为齿谐波，其中 $k=1$ 的谐波称为一阶齿谐波。由这些谐波感应的电动势称为齿谐波电动势。其形成原因是电机定子有齿和槽时，使得沿电枢圆周各点气隙的磁导不相等（齿下气隙较小，磁导较大，而槽口处气隙较大，磁导较小），如不开槽时的气隙中主极磁场为近于正弦分布的曲线，开槽以后在正弦曲线上叠加一个与定子齿数相应的附加周期性磁导分量，致使电动势波形出现明显的谐波波纹，气隙磁场的分布发生改变，如图5-15所示。齿谐波次数与一对极下的齿数（槽数）之间具有特定关系，可以证明，齿谐波的绕组系数与基波相等。

主磁极形成的 5 次、7 次等高次谐波分布因数较基波小得多，而且还可采用分布和短距绕组削弱这些高次谐波。但这种削弱高次谐波的方法对齿谐波电动势的减弱几乎不起作用，因为若采用短距和分布绕组来削弱齿谐波，由于齿谐波的绕组系数与基波相等，则基波电动势也将同步缩小。

5.5.3 相电动势和线电动势的有效值

根据电工知识，考虑谐波电动势时，相电动势的有效值应为

$$E_\phi = \sqrt{E_{\phi1}^2 + E_{\phi3}^2 + E_{\phi5}^2 + \cdots\cdots}$$

$$= E_{\phi1}\sqrt{1 + \left(\frac{E_{\phi3}}{E_{\phi1}}\right)^2 + \left(\frac{E_{\phi5}}{E_{\phi1}}\right)^2 + \cdots} \quad (5-25)$$

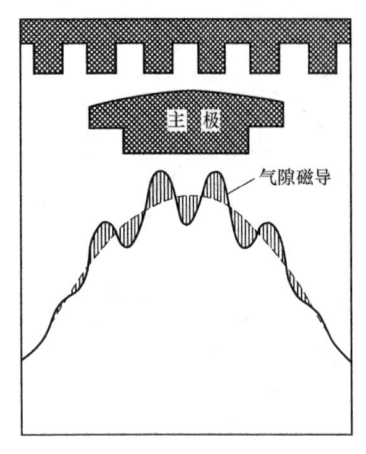

图 5-15 开槽后气隙磁导分布

在对称三相电路中，各相的三次谐波在时间上大小、相位相等。因而：

(1) 当三相绕组星形连接时，线电压等于相电压之差，相减时 3 次谐波互相抵消，所以不存在三次谐波电动势。

(2) 当三相绕组三角形连接时，同相的三次谐波电动势将在闭合的三角形中形成环流，环流电流为

$$I_{3\triangle} = \frac{3E_{\phi3}}{3Z_3} = \frac{E_{\phi3}}{Z_3} \quad (5-26)$$

即 $E_{\phi3}$ 是完全消耗于绕组内部环流的电压降（$E_{\phi3} = I_{3\triangle}Z_3$），所以线端也不会出现 3 次及 3 的倍数次谐波电动势。

综上所述，在对称三相电路中，线电动势表达式为

$$E_L = \sqrt{3}\sqrt{E_{\phi1}^2 + E_{\phi5}^2 + E_{\phi7}^2 + \cdots} \quad \text{（星形接法）}$$

$$E_L = \sqrt{E_{\phi1}^2 + E_{\phi5}^2 + E_{\phi7}^2 + \cdots} \quad \text{（三角形接法）}$$

实际同步发电机中，如果定子绕组采用三角形连接，三次谐波环流所产生的杂散损耗，会使电机效率下降，温升增高，所以一般采用星形连接。

5.5.4 谐波的危害

电动势中如存在高次谐波，将使电动势波形变坏，产生以下不良影响：

(1) 电机损耗增大，效率下降，温升增加。

(2) 高次谐波产生的电磁场对邻近的通信线路产生干扰。

(3) 产生有害附加转矩，造成电机运行性能变坏。

由于谐波电动势对电机产生不良影响，所以，在设计电机时，应尽可能削弱电动势中高次谐波分量，国标规定（GB 755—81 电机基本技术要求），对 300kVA 以上的同步发电机，线电压波形的正弦波畸变率不应超过 5%，正弦波畸变率可用式（5-27）表示

$$\Delta = \frac{\sqrt{E_3^2 + E_5^2 + E_7^2 + \cdots}}{E_1} \times 100\% \quad (5-27)$$

5.5.5 抑制谐波电动势和齿谐波电动势

1. 减少谐波电动势的方法

由式（5-22）不难看出，可通过减少 $K_{N\gamma}$ 和 Φ_γ 的方法削弱 $E_{\phi\gamma}$。具体措施如下：

(1) 选用短距绕组。适当地选择线圈的节距，使某次谐波的短距系数接近或等于零，以达到削弱或消除某次谐波的目的。例如，要消除 γ 次谐波，只要使

$$K_{y\gamma} = \sin\gamma \frac{y_1}{\tau} 90° \approx 0$$

即 $\gamma \frac{y_1}{\tau} 90° = k \times 180°$ 或 $y_1 = \frac{2k}{\gamma}\tau$（$k$ 为整数），为使 y_1 尽可能接近整距，k 的取值应尽量满足 $2k = \gamma - 1$。由此可得

$$y_1 = \left(1 - \frac{1}{\gamma}\right)\tau = \tau - \frac{\tau}{\gamma} \tag{5-28}$$

式（5-28）表明，要消除 γ 次谐波，只要选用比整距短 $\frac{\tau}{\gamma}$ 的线圈即可。如要消除 5 次谐波，则取 $y_1 = \frac{4}{5}\tau$，这时短距系数等于

$$K_{y5} = \sin5 \frac{\frac{4}{5}\tau}{\tau} \times 90° = 0$$

图 5-16 是采用 $y_1 = \frac{4}{5}\tau$ 时，相应的 5 次谐波被消除的图解法说明。

由于三相绕组采用了星形或三角形的连接，线电压中已不存在 3 次及 3 的倍数次谐波，所以选节距时主要考虑削弱 5、7 次谐波，因此通常采用 $y_1 = \frac{5}{6}\tau$，这时 5 次、7 次谐波可同时大大削弱。

(2) 采用分布绕组。当 q 增加时，基波的分布系数减小不多，但谐波的分布系数显著减小。所以就分布绕组来说，每极每相槽数 q 越多，抑制谐波电动势的效果越好。但 q 增多，必增加电枢槽数，使电机成本提高。考虑到 $q > 6$ 时，分布系数的下降已不明显，所以一般选 $2 \leqslant q \leqslant 6$。

(3) 减小谐波磁场的幅值（改善主极极靴外形）。改善磁极极靴外形（凸极同步电机）或励磁绕组的分布（隐极同步电机），使磁极磁场沿电枢表面分布接近于正弦波。

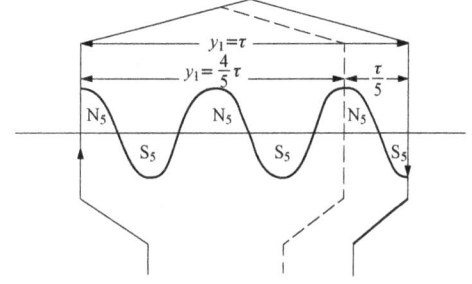

图 5-16 采用短距方法消除 5 次谐波

2. 减小齿谐波电动势的方法

对于齿谐波，由于其绕组系数与基波绕组系数相同，不能采用减小短距系数和分布系数的方法削弱它，因为若采用减小分布系数和短距系数的方法，则基波电动势也将按相同比例缩小，这显然是不可取的，必须通过其他的途径来解决这个问题。

目前削弱齿谐波主要采用以下几种方法：

(1) 采用斜槽。斜槽是将槽斜过一定的距离 c，则其中的导体也斜过距离 c，如图 5-17 (a) 所示。此时，导体的各个小段在磁场中的位置不再相同。可以把斜槽内的导体看作无限多短小的直导体相串联的分布线圈组，相邻导体间的相位差为 $\alpha \to 0$，导体数为 $q \to \infty$，整个导体斜过的角度为 $\beta = q\alpha = \frac{c\pi}{\tau}$，因此，可以用计算分布系数的方法来计算基波的斜槽系数 K_{qc1}

$$K_{qc1} = \lim_{\substack{\alpha \to 0 \\ q\alpha \to \beta}} \frac{\sin\frac{q\alpha}{2}}{q\sin\frac{\alpha}{2}} = \frac{\sin\frac{\beta}{2}}{\frac{\beta}{2}} = \frac{\sin\frac{c}{\tau}\frac{\pi}{2}}{\frac{c}{\tau}\frac{\pi}{2}} \tag{5-29}$$

同理，γ 次谐波的斜槽系数为

$$K_{qc\gamma} = \frac{\sin\gamma\frac{\beta}{2}}{\gamma\frac{\beta}{2}} = \frac{\sin\gamma\frac{c}{\tau}\frac{\pi}{2}}{\gamma\frac{c}{\tau}\frac{\pi}{2}} \tag{5-30}$$

要消除第 γ 次谐波，只要使该次谐波的斜槽系数 $K_{qc\gamma}=0$，即使

$$\gamma\frac{c}{\tau}\frac{\pi}{2} = \pi \text{ 或 } c = \frac{2\tau}{\gamma} = 2\tau_\gamma \tag{5-31}$$

可见，只要使斜过的距离等于该次空间谐波的波长 $2\tau_\gamma$，导体内的 γ 次谐波电动势便会相互抵消，如图 5-17（b）所示。要消除齿谐波电动势，则

$$c = \frac{2\tau}{\gamma} = \frac{2\tau}{2mqk \pm 1} \tag{5-32}$$

由于齿谐波中幅值最大的是 $k=1$ 的两个一阶齿谐波，为使这两个一阶齿谐波都得到削弱，通常取 $c = \frac{2\tau}{2mq} = t_z$，即斜过的距离正好等于一个齿距 t_z。

斜槽主要用于中小型电机。大型电机采用斜槽时，铁心叠压工艺较复杂。

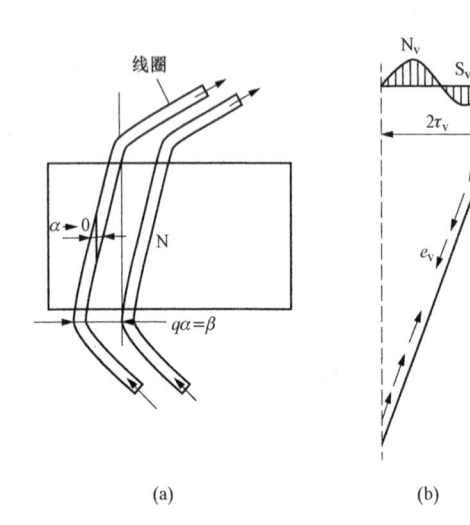

图 5-17 采用斜槽抑制齿谐波
(a) 斜槽示意图；(b) 采用斜槽后的磁通势

(2) 采用分数槽。在多极同步发电机（例如水轮发电机）中，常采用分数槽绕组来削弱齿谐波。分数槽是每极每相槽数 $\left(q=\frac{Z}{2pm}\right)$ 不是整数，而是分数。事实上，由于每极每相所占的槽数只能是整数，不能是分数，因此分数槽绕组就是每相在每极下所占的槽数不等，有的极下多一个槽，有的少一个槽，而 q 是一个平均值。

当 q 为整数时，各个线圈组在磁极下处于相同的相对位置；而当 q 为分数时，各个线圈组在磁极下处于不同的相对位置。在第一种情况下，各个线圈组的齿谐波电动势相位相同，相电动势中的齿谐波就由各个线圈组的齿谐波电动势直接相加得到，因此，相电动势中含有较强的齿谐波。但在第二种情况下，各个线圈组的齿谐波电动势相位不相同，相电动势中的齿谐波是各个线圈组的齿谐波电动势的矢量相加之和，可以大部分相互抵消，从而大大削弱相绕组中的齿谐波电动势。

(3) 采用半闭口槽和磁性槽楔。在小型电机中采用半闭口槽，中型电机中采用磁性槽楔来减小由于槽开口而引起的气隙磁导变化和齿谐波。但采用半闭口下线工艺复杂。

此外，大型凸极同步电机的转子主极上，多数装闭合的阻尼绕组。对整数绕组，若阻尼条之间的距离选择得当，可以削弱齿谐波，明显地改善空载电动势的波形；若选择不当，亦可能产生不良影响，使波形进一步变坏。

5.6 正弦电流下单相绕组的磁通势

交流绕组内通电流时,将在绕组周围的空间产生磁通势。本节研究交流绕组的磁通势。为了简化分析,假定:

(1) 槽内导体集中于槽中心处。
(2) 线圈中电流为正弦波。
(3) 忽略铁心磁压降,即认为磁通势全部降在气隙上。

本着由简入繁的原则,本节先研究单相绕组的磁通势。而组成一相绕组的基本单元是线圈,所以在分析单相磁通势时,先从分析一个线圈的磁通势入手,进而分析一个线圈组的磁通势,最后推出单相绕组产生的磁通势。

5.6.1 整距线圈的磁通势

图 5-18(a) 表示一台两极电机,设定子上有一整距线圈 AX,匝数为 N_C。当通入交流电 $i_c = \sqrt{2} I_c \cos\omega t$ 时,假设某一瞬时电流方向如图中所示,由右手定则可以确定磁场方向。根据全电流定律,如不计铁磁材料中的磁压降,则磁通势 $N_C i_c$ 全部消耗在气隙中,因磁力线通过两个气隙,因此经过一次气隙消耗的磁通势为 $N_C i_c/2$。如将磁力线从转子进入定子作为磁通势正方向,则磁通势沿气隙的分布波形如图 5-18(b) 所示,幅值为

$$f_c = \frac{N_C i_c}{2} \quad \left(-\frac{\pi}{2} \leqslant \theta_s \leqslant \frac{\pi}{2}\right)$$
$$f_c = -\frac{N_C i_c}{2} \quad \left(\frac{\pi}{2} \leqslant \theta_s \leqslant \frac{3\pi}{2}\right) \tag{5-33}$$

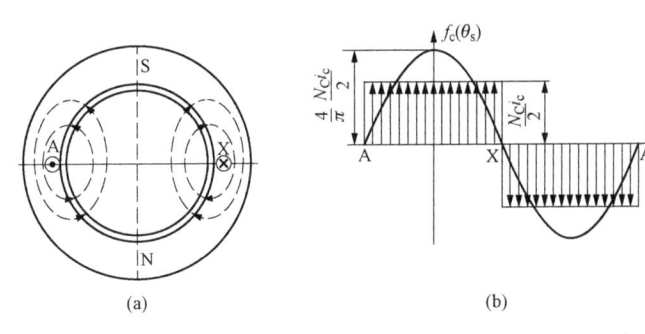

图 5-18 整距线圈的磁通势
(a) 两极电机;(b) 磁通势沿气隙的分布波形

也就是说,整距线圈在气隙内形成一个矩形分布的磁通势波,其矩形的高度是时间的函数

$$f_c(\theta_s, t) = \frac{1}{2} N_C \sqrt{2} I_c \cos\omega t = F_{Cm} \cos\omega t \quad \left(-\frac{\pi}{2} \leqslant \theta_s \leqslant \frac{\pi}{2}\right)$$
$$f_c(\theta_s, t) = -\frac{1}{2} N_C \sqrt{2} I_c \cos\omega t = -F_{Cm} \cos\omega t \quad \left(\frac{\pi}{2} \leqslant \theta_s \leqslant \frac{3\pi}{2}\right) \tag{5-34}$$

式中:I_c 为电流的有效值;F_{Cm} 为磁通势的幅值。

当 $\omega t = k\pi (k=0、1、2、3、\cdots)$ 时,电流 i_c 最大,磁通势矩形波的高度达最大值,当 $\omega t =$

$k\pi+\dfrac{\pi}{2}(k=0、1、2、3、\cdots)$ 时，电流 i_c 等于零，磁通势矩形波高度为零。当电流变为负值时，两个矩形波的高度跟着变号，正变负，负变正。这种空间位置固定不动，但波幅的大小随时间而变化的磁通势称为脉振磁通势。

把上述的按矩形规律分布的脉振磁通势用傅里叶级数进行分析可得如图 5 - 19 所示的一系列谐波。由于该矩形波相对于纵轴是对称的，所以分解的谐波只有奇次分量。

$$f_c(\theta_s)=(F_{C1}\cos\theta_s+F_{C3}\cos3\theta_s+F_{C5}\cos5\theta_s+\cdots)\cos\omega t$$
$$=f_{c1}+f_{c3}+f_{c5}+\cdots \tag{5-35}$$

式中：f_{c1}、f_{c3}、f_{c5} 为脉振磁通势的基波、3 次谐波、5 次谐波。

其中基波磁通势的幅值是矩形波的 $4/\pi$ 倍，γ 次谐波的幅值是基波的 $1/\gamma$ 倍。

$$f_{c1}=F_{C1}\cos\theta_s\cos\omega t$$
$$f_{c\gamma}=F_{C\gamma}\cos\gamma\theta_s\cos\omega t$$
$$F_{C1}=\dfrac{4}{\pi}\dfrac{\sqrt{2}N_c}{2}I_c=0.9N_cI_c$$
$$F_{C\gamma}=\dfrac{1}{\gamma}F_{C1} \tag{5-36}$$

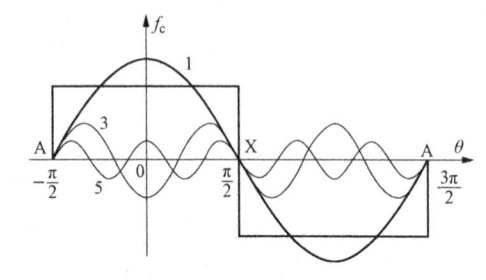

图 5 - 19　脉振磁通势的谐波分析

图 5 - 20 表示节距等于 1/4 周长的两组整距线圈形成四极磁场时的情况，其磁通势波形仍为矩形波。

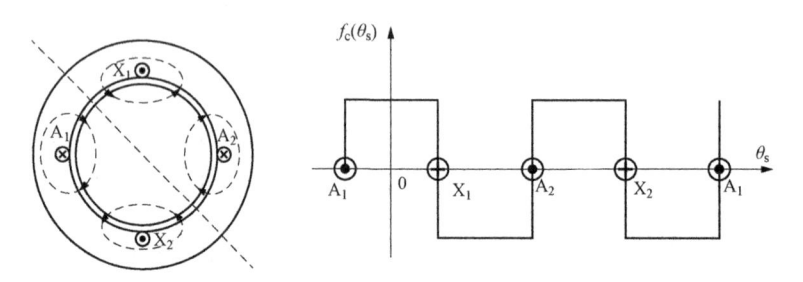

图 5 - 20　两组整距线圈的四极磁场

5.6.2　线圈组的磁通势

每极下属于同一相的 q 个线圈串联起来，就成为一个线圈组。下面按整距线圈组和短距线圈组两种情况分别分析线圈组的磁通势。

1. 整距线圈组磁通势

假设每个线圈匝数相等，都是 N_c，则每个线圈磁通势大小相等，不同的仅是各个线圈在空间相隔 α 电角度。一个线圈组的磁通势可以看成是由 q 个整距线圈产生的磁通势的合成。合成线圈组磁通势的方法有两种。

其一是把 q 个整距线圈所产生的矩形脉振磁通势相加，所合成的磁通势是一个阶梯波。相对于矩形波而言，阶梯波更加接近正弦波，因此，采用分布绕组可以抑制高次谐波，改善磁通势波形。图 5 - 21 (a) 以 $q=3$ 的整距线圈组为例，得到合成的阶梯波 f_q，再对 f_q 进行傅里叶级数分解，就可以得到它的基波和各次谐波，见图 5 - 21 (b)。

其二是先对各个线圈的矩形磁通势进行谐波分析,然后分别将各个线圈的基波和谐波相加来合成线圈组磁通势的基波和谐波。由于基波和各次谐波的磁通势在空间按正弦规律分布,故可以用空间矢量表示和运算。于是,q个线圈的合成磁通势矢量就等于各个线圈磁通势矢量的矢量和,如图 5-22 所示。显然,这种方法要方便得多。

以基波为例,不难看出,求合成磁通势的方法与求线圈组电通势方法相同。同样,线圈分布的影响也用分布系数来计及。于是整距线圈组的磁通势基波应为

$$f_{q1} = (qf_{c1})K_{q1} = 0.9N_C I_c q K_{q1} \cos\theta_s \cos\omega t \tag{5-37}$$

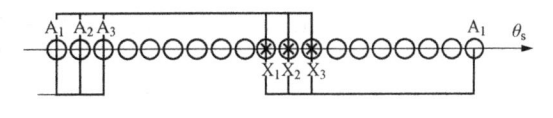

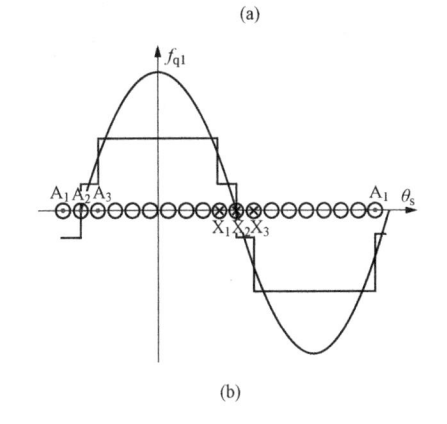

图 5-21 整距线圈组的合成磁通势波形
(a)每个线圈的磁通势波形;(b)合成磁通势波形

$$K_{q1} = \frac{F_{q1}}{qF_{C1}} = \frac{\sin\dfrac{q\alpha}{2}}{q\sin\dfrac{\alpha}{2}}$$

式中:K_{q1} 为分布系数(基波)。

线圈组磁通势的幅值为

$$F_{q1} = 0.9I_c N_C q K_{q1} \tag{5-38}$$

同理可得,整距线圈组的磁通势的 γ 次谐波为

$$f_{q\gamma} = (qf_{c\gamma})K_{q\gamma} = 0.9\frac{1}{\gamma}N_C I_c q K_{q\gamma}\cos\gamma\theta_s\cos\omega t$$
$$= F_{q\gamma}\cos\gamma\theta_s\cos\omega t \tag{5-39}$$

$$F_{q\gamma} = 0.9\frac{1}{\gamma}N_C I_c q K_{q\gamma} \tag{5-40}$$

$$K_{q\gamma} = \frac{\sin\dfrac{\gamma q\alpha}{2}}{q\sin\dfrac{\alpha}{2}} \tag{5-41}$$

2. 短距线圈的线圈组磁通势

双层绕组中常采用短距线圈。考虑到磁通势的大小和波形只与导体中的电流和槽内有效边的分布情况有关,而与导体的连接次序无关,故可把同一对极下两个双层短距线圈组等效看成两个单层整距线圈组,如图 5-23 所示,上层边构成一个单层整距线圈,下层边构成另一个单层整距线圈,显然,它们产生的磁通

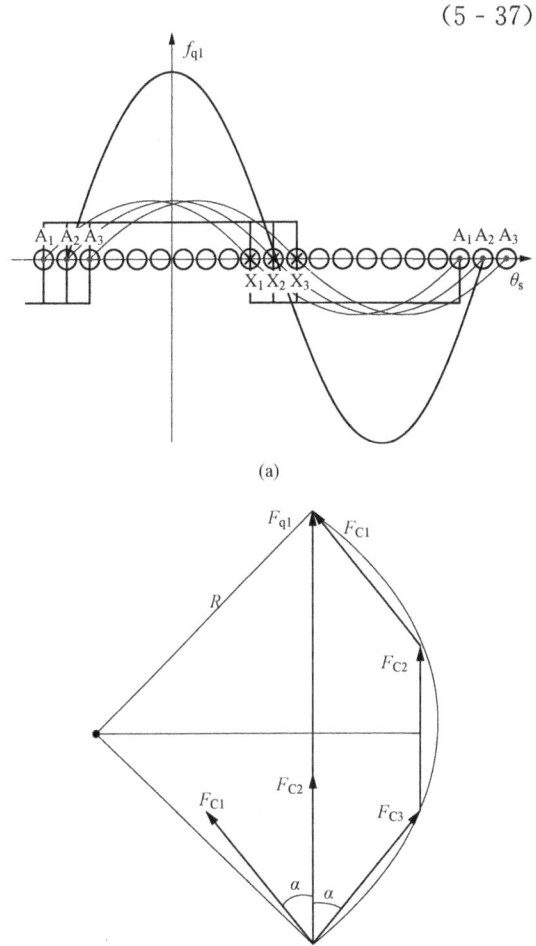

图 5-22 整距线圈组的基波合成磁通势波形
(a)基波合成磁通势波形;(b)矢量合成图

势是两个大小形状相等的阶梯波，但在空间互差 $\varepsilon = \dfrac{\tau - y_1}{\tau}\pi$ 电角度，求两个线圈组合成磁通势的方法也有两种。

其一是将两个线圈组的阶梯波磁通势直接叠加，得到合成的阶梯波 f_ϕ，见图 5-24。显然 f_ϕ 阶梯数增加，波形更加接近正弦，由此可知，采用双层短距绕组可以进一步抑制高次谐波，改善磁通势波形。再对 f_ϕ 进行傅里叶级数分解，就可以得到它的基波和各次谐波。

其二是先对每个线圈组的阶梯波磁通势进行谐波分析，然后分别将各个线圈组的基波和谐波相加来得到两个线圈组的合成磁通势的基波和谐波。由于基波和各次谐波的磁通势在空间按正弦规律分布，故可以用空间矢量表示和运算。于是，q 个线圈的合成磁通势矢量就等于各个线圈磁通势矢量的矢量和。显然，这种方法要方便得多。

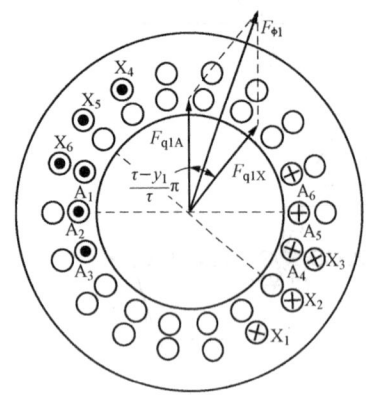

图 5-23 两个短距线圈组的合成磁通势

根据图 5-23，两个线圈组的合成磁通势基波用矢量合成求得

$$F_{\phi 1} = 2F_{q1A}\cos\dfrac{\varepsilon}{2} \quad (5-42)$$

$$\cos\dfrac{\varepsilon}{2} = \sin\dfrac{y_1}{\tau}90° = K_{y1} \quad (5-43)$$

$$\begin{aligned}F_{\phi 1} &= 2F_{q1A}K_{y1} \\ &= 2\times 0.9I_c N_C q K_{y1} K_{q1} \\ &= 0.9I_c(2N_C q)K_{N1}\end{aligned} \quad (5-44)$$

$$\begin{aligned}f_{\phi 1} &= F_{\phi 1}\cos\theta_s\cos\omega t \\ &= 0.9I_c(2N_C q)K_{N1}\cos\theta_s\cos\omega t\end{aligned}$$
$$(5-45)$$

式中：$f_{\phi 1}$ 为两个线圈组的合成磁通势；$F_{\phi 1}$ 为合成磁通势的幅值；$K_{N1} = K_{y1}K_{q1}$ 为绕组系数。

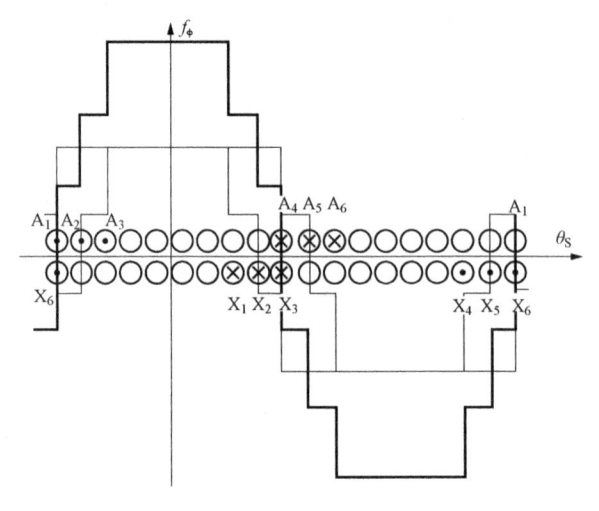

图 5-24 两个短距线圈组的合成磁通势波形

同理可得，两个线圈组的合成磁通势的 γ 次谐波为

$$f_{\phi\gamma} = F_{\phi\gamma}\cos\gamma\theta_s\cos\omega t \quad (5-46)$$

$$F_{\phi\gamma} = 0.9\dfrac{1}{\gamma}(2N_C q)I_c K_{N\gamma} \quad (5-47)$$

式中：$f_{\phi\gamma}$ 为两个线圈组的合成磁通势时 γ 次谐波；$F_{\phi\gamma}$ 为合成磁通势 γ 次谐波的幅值；$K_{N\gamma} = K_{y\gamma}K_{q\gamma}$ 为 γ 次谐波的绕组系数。

3. 结论

综合以上分析，采用短距和分布绕组后，线圈组磁通势较整距和集中放置线圈有所改变，表现在以下几个方面：

(1) 分布系数可理解为绕组分布排列后所形成的磁通势较集中排列时应打的折扣。

(2) 短距系数表示线圈采用短距后所形成的磁通势较整距时应打的折扣。

(3) 采用分布和短距后，可大大削弱谐波的影响，从而改善磁通势波形。

5.6.3 单相绕组的磁通势

相绕组由分布在各个极下的线圈组连接而成，一相绕组的磁通势平均作用于各磁极，所以这里的相绕组的磁通势是指每对极下该相绕组的磁通势。

对于单层绕组，每对极下只有一个线圈组，因此一相绕组的磁通势就等于这一个线圈组所产生的磁通势

$$f_{\phi 1} = 0.9 I_c N_C q K_{q1} \cos\theta_s \cos\omega t \tag{5-48}$$

而对于双层绕组，每对极下有两个短距线圈组，因此一相绕组的磁通势就等于这两个短距线圈组所产生的磁通势

$$f_{\phi 1} = 0.9 I_c (2N_C q) K_{N1} \cos\theta_s \cos\omega t \tag{5-49}$$

因每相串联总匝数为

$$N = \begin{cases} \dfrac{qN_C p}{a} & \text{单层} \\ N = \dfrac{2qN_C p}{a} & \text{双层} \end{cases}$$

当绕组支路数为 a 时，相绕组电流 $I_\phi = aI_c$。由式（5-48）、式（5-49），无论是单层还是双层绕组，相绕组磁通势都可以表示为

$$\begin{aligned} f_{\phi 1} &= 0.9 I_\phi \frac{N}{p} K_{N1} \cos\theta_s \cos\omega t \\ &= F_{\phi 1} \cos\theta_s \cos\omega t \end{aligned} \tag{5-50}$$

单相绕组基波磁通势的幅值

$$F_{\phi 1} = 0.9 \frac{N K_{N1}}{p} I_\phi \tag{5-51}$$

同理可得 γ 次谐波磁通势的幅值为

$$F_{\phi v} = 0.9 \frac{1}{\gamma} \frac{N K_{N\gamma}}{p} I_\phi \tag{5-52}$$

综合以上分析对单相绕组的磁通势的性质归纳如下：

(1) 单相绕组的磁通势是一种空间位置固定，幅值随时间变化的脉振磁通势，其脉振频率取决于电流的频率。该磁通势沿气隙圆周按梯形波分布，可分解为一系列谐波。每个谐波磁通势都是空间位置不变，但幅值按同一频率而交变的脉振波，它们既是时间函数，也是空间函数。

(2) 基波磁通势的幅值为 $F_{\phi 1}=0.9\dfrac{NK_{N1}}{p}I_\phi$，$\gamma$ 次谐波磁通势的幅值为 $F_{\phi v}=0.9\dfrac{1}{\gamma}\dfrac{NK_{N\gamma}}{p}I_\phi$。

(3) 当某相电流达到最大值时，该电流产生的脉振磁通势达到正的最大值。

(4) 定子绕组多采用短距和分布绕组，因而合成磁通势中的高次谐波含量被大大削弱。

5.7 正弦电流下三相绕组的磁通势

前面分析了单相绕组的磁通势为脉振磁通势。将三个单相脉振磁通势相叠加，即得三相绕组的合成磁通势。

5.7.1 三相绕组的基波合成磁通势

为了清楚地理解由单相到三相合成时，脉振磁通势如何变为旋转磁通势，用解析法和图解法两种方法进行分析。首先讨论基波的情况。

1. 解析法

单相基波磁通势为

$$f_{\phi 1} = F_{\phi 1}\cos\theta_s \cos\omega t \tag{5-53}$$

当对称三相绕组中通入对称三相电流时，由于三相绕组在空间互差 120°电角度，如图 5 - 25 所示，三相电流在时间上互差 120°，因此若把空间坐标原点取在 A 相绕组轴线上，A 相电流达到最大值的瞬间为时间起始点，则 A、B、C 三相绕组各自产生的脉振磁通势基波的表达式为

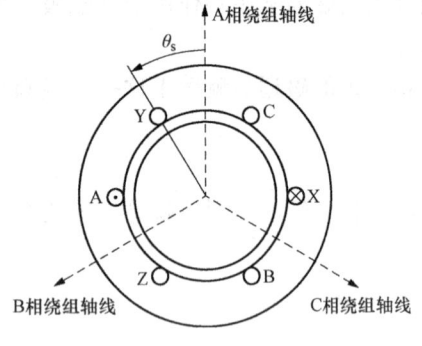

图 5 - 25 电机的三相绕组

$$\begin{aligned}
f_{A1} &= F_{\phi 1}\cos\theta_s \cos\omega t \\
f_{B1} &= F_{\phi 1}\cos(\theta_s - 120°)\cos(\omega t - 120°) \\
f_{C1} &= F_{\phi 1}\cos(\theta_s - 240°)\cos(\omega t - 240°)
\end{aligned} \tag{5-54}$$

利用三角公式将式（5 - 54）积化和差，得

$$\begin{aligned}
f_{A1} &= \frac{1}{2}F_{\phi 1}\cos(\omega t - \theta_s) + \frac{1}{2}F_{\phi 1}\cos(\omega t + \theta_s) \\
f_{B1} &= \frac{1}{2}F_{\phi 1}\cos(\omega t - \theta_s) + \frac{1}{2}F_{\phi 1}\cos(\omega t + \theta_s - 240°) \\
f_{C1} &= \frac{1}{2}F_{\phi 1}\cos(\omega t - \theta_s) + \frac{1}{2}F_{\phi 1}\cos(\omega t + \theta_s - 120°)
\end{aligned} \tag{5-55}$$

三相合成磁通势为

$$f_1 = f_{A1} + f_{B1} + f_{C1} = \frac{3}{2}F_{\phi 1}\cos(\omega t - \theta_s) = F_1\cos(\omega t - \theta_s) \tag{5-56}$$

其中

$$F_1 = \frac{3}{2}F_{\phi 1} = 1.35\frac{NK_{N1}}{p}I_\phi \tag{5-57}$$

下面来分析三相基波合成磁通势的性质。

（1）三相基波合成磁通势是一个波幅恒定、沿气隙圆周旋转的正弦波。

关于这一点，可以通过图解的方法来说明。在两个相近的时间点画出合成磁通势的分布波形，例如在 $\omega t = 0°$ 时，$f_1 = F_{\phi 1}\cos(0 - \theta_s) = F_{\phi 1}\cos\theta_s$；当时间推移任意电角度 $\omega t = \alpha$ 时，$f_1 = F_{\phi 1}\cos(\alpha - \theta_s) = F_{\phi 1}\cos(\theta_s - \alpha)$。两个合成磁通势的分布波形如图 5 - 26，由图可知，当电流变化任意时间电角度 $\omega t = \alpha$ 时，磁通势波形沿着横轴正向移动了空间电角度 α，因此，式（5 - 56）是一个随着时间的推移沿横轴正方向移动的行波。也就是说，在电机的气隙中，三相合成磁通势是一个波幅恒定、沿

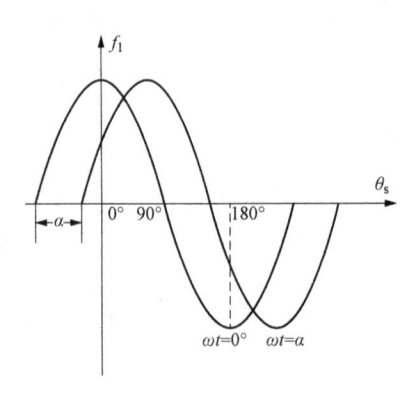

图 5 - 26 $\omega t = 0°$ 和 $\omega t = \alpha$ 时，磁通势的分布波形

气隙圆周旋转的旋转磁通势波。

（2）三相合成磁通势的旋转方向由超前相电流所在的相绕组轴线转向滞后相电流所在的相绕组轴线。

一般来说，三相电流的相序是 A‐B‐C 依次滞后，设当 $\omega t=0°$ 时，A 相电流达到最大值，A 相脉振磁通势也达到正的最大值，为

$$f_{A1}=F_{\phi 1}\cos\theta_s$$

此时的三相合成旋转磁通势为

$$f_1=\frac{3}{2}F_{\phi 1}\cos\theta_s$$

即三相合成旋转磁通势正好与 A 相脉振磁通势位置重合，也就是说，它旋转至 A 相的轴线上。当时间推移至 $\omega t=\frac{2}{3}\pi=120°$，此时 B 相电流达到最大值，B 相脉振磁通势达到正的最大值，为

$$f_{B1}=F_{\phi 1}\cos(\theta_s-120°)$$

此时的三相合成旋转磁通势为

$$f_1=\frac{3}{2}F_{\phi 1}\cos(120°-\theta_s)=\frac{3}{2}F_{\phi 1}\cos(\theta_s-120°)$$

即三相合成旋转磁通势正好与 B 相脉振磁通势位置重合，它旋转至 B 相的轴线上。同理，当 $\omega t=\frac{4}{3}\pi=240°$ 时，三相合成旋转磁通势将旋转至 C 相的轴线上。

因此，对于电流相序为 A‐B‐C 的三相绕组，A‐B‐C 三相电流依次达到最大值，三相合成旋转磁通势的旋转方向由 A 相绕组轴线到 B 相绕组轴线再到 C 相绕组轴线。显然，如果改变三相电流的相序，则旋转磁通势的方向亦随之改变，如图 5‐27。三相异步电动机就是通过这种方式来改变电机的转向。

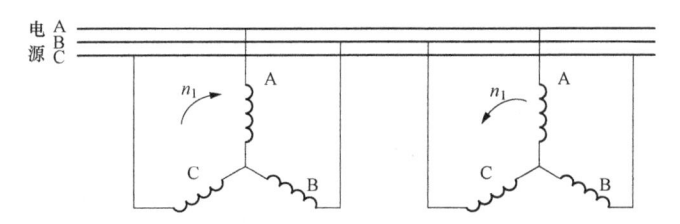

图 5‐27 改变相序从而改变磁场的旋转方向

（3）三相合成磁通势的旋转电角速度等于交流电流的角频率。

由以上分析可知，当电流变化一个周期 $\omega t=2\pi$，磁通势波转过 2π 电角度，即一个电圆周。因此，旋转磁通势的旋转电角速度等于交流电流的角频率。假设电流频率为 f，则电流的角频率 $\omega=2\pi f$，旋转磁通势的旋转电角速度 $\omega_1=\omega=2\pi f$。对于 p 对极的电机，旋转磁通势的旋转机械角速度应为 $\frac{\omega_1}{p}$。所以旋转磁场的转速为

$$n_1=\frac{60\omega_1}{2\pi p}=\frac{60\times 2\pi f}{2\pi p}=\frac{60f}{p}(\text{r/min}) \tag{5-58}$$

转速 n_1 也称为同步转速。

2. 图解法

下面用图解法分析三相基波合成磁通势，图 5-28 中给出了：

(1) A、B、C 三相电流的变化波形。
(2) 三相电流的流向及分布。
(3) 三相磁通势空间矢量 F_A、F_B、F_C 及三相合成磁通势空间矢量 F_1。

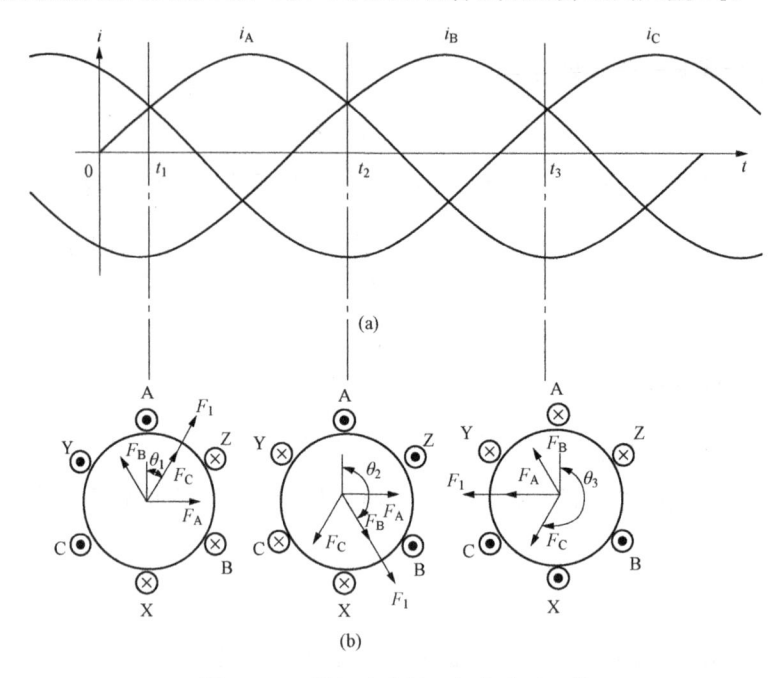

图 5-28 图解法分析三相合成磁通势

在 $t=t_1$ 点，B 相电流达到负的最大值，A 相与 C 相电流为正，且大小相等（等于最大值的 1/2）。根据矢量合成的原则，可得到合成磁通势 F_1，它与 F_B 重合，且幅值是 F_B 的 3/2 倍。

在 $t=t_2$ 点，C 相电流达到负的最大值，A 相与 B 相电流为正，且大小相等（等于最大值的 1/2）。根据矢量合成的原则，可得到合成磁通势 F_1，它与 F_C 重合，且幅值是 F_C 的 3/2 倍。

在 $t=t_3$ 点，A 相电流达到负的最大值，B 相与 C 相电流为正，且大小相等（等于最大值的 1/2）。根据矢量合成的原则，可得到合成磁通势 F_1，它与 F_A 重合，且幅值是 F_A 的 3/2 倍。

从图解分析可知：当某相电流达到最大值时，旋转磁通势就旋转到某相的轴线上，这和解析法的分析结果是一致的。

3. 结论

综合上述分析，得出三相合成磁通势基波具有以下特征：

(1) 三相合成磁通势基波为正弦分布旋转磁通势，转速 $n_1 = \dfrac{60f}{p}$(r/min)，转向由超前电流相转到滞后电流相。要改变磁场转向，只须改变三相电流的相序。

(2) 幅值 F_1 不变，为各相脉振磁通势幅值的 3/2 倍，由于旋转的轨迹是圆，所以称为圆形旋转场。

（3）当某相电流达最大值时，合成旋转磁通势恰好旋转到该相绕组轴线上。

5.7.2 圆形和椭圆形旋转磁通势的概念

1. 脉振磁通势的分解

根据积化和差的三角公式，单相电流的脉振磁通势可以变化为

$$f_{\phi 1} = F_{\phi 1}\cos\theta_s\cos\omega t = \frac{1}{2}F_{\phi 1}\cos(\omega t - \theta_s) + \frac{1}{2}F_{\phi 1}\cos(\omega t + \theta_s) \tag{5-59}$$

显然，右边第一项与三相旋转磁通势的表达式相似，只是幅值减小了，因此它也是正向旋转磁通势；而第二项也是旋转磁通势，由于符号不同，它的旋转方向与第一项相反，称为反向旋转磁通势。也就是说，脉振磁通势可分解为两个转速相同，转向相反的旋转磁通势，每个旋转磁通势的幅值相等，为脉振磁通势幅值的1/2。

2. 圆形旋转磁通势

当对称三相绕组中通入对称三相电流时，合成磁通势是一个恒幅、恒速的旋转磁通势，其轨迹为圆形，称为圆形旋转磁通势。

用解析法分析圆形旋转磁场时，是将三个脉振磁通势分别分解为正向旋转磁通势和反向旋转磁通势，由于三个反向旋转的磁通势幅值相等，相位互差120°[见式（5-55）]，所以相加后为零。因此合成的磁通势中仅有正序旋转的磁通势波。

3. 椭圆形旋转磁通势

当在三相对称绕组中通以不对称三相电流时，如三相电流幅值不等，则求三相合成磁通势时，三个反向旋转的磁通势不会相互抵消，因此，合成的磁通势中将包含正向和反向两个旋转磁通势，由于它的轨迹为椭圆形（如图5-29所示），因此称为椭圆形旋转磁通势。解析分析如下

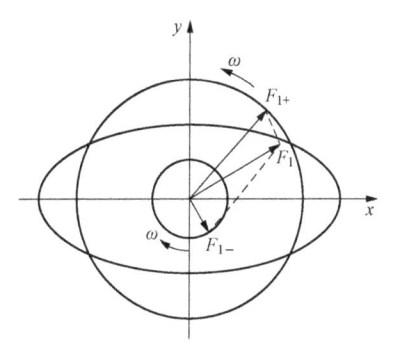

$$f_{A1} = F_A\cos\theta_s\cos\omega t$$
$$f_{B1} = F_B\cos(\theta_s - 120°)\cos(\omega t - 120°) \tag{5-60}$$
$$f_{C1} = F_C\cos(\theta_s - 240°)\cos(\omega t - 240°)$$

图5-29 不对称电流产生的椭圆旋转磁通势

利用三角公式

$$f_{A1} = \frac{1}{2}F_{A1}\cos(\omega t - \theta_s) + \frac{1}{2}F_{A1}\cos(\omega t + \theta_s)$$
$$f_{B1} = \frac{1}{2}F_{B1}\cos(\omega t - \theta_s) + \frac{1}{2}F_{B1}\cos(\omega t + \theta_s - 240°) \tag{5-61}$$
$$f_{C1} = \frac{1}{2}F_{C1}\cos(\omega t - \theta_s) + \frac{1}{2}F_{C1}\cos(\omega t + \theta_s - 120°)$$

$$f_1 = f_{A1} + f_{B1} + f_{C1} = F_{1+}\cos(\omega t - \theta_s) + F_{1-}\cos(\omega t + \theta_s) \tag{5-62}$$

上式为交流绕组磁通势的一般达式，在图5-29中，选择F_{1+}、F_{1-}两个矢量重合的方向作为x轴正方向，并将此时刻记为$t=0$。当经过时间t后，正向旋转的F_{1+}转过电角度$\theta_+ = \omega t$，反向旋转的F_{1-}转过相同的电角度$\theta_- = \omega t$，由图中还可以看到，当F_{1+}、F_{1-}沿相反方向旋转时，合成磁通势F_1的大小和位置也随之发生变化。设F_1在横轴的分量为x，纵轴的分量为y，则

$$x = F_{1+}\cos\omega t + F_{1-}\cos\omega t = (F_{1+} + F_{1-})\cos\omega t$$

$$y = F_{1+}\sin\omega t - F_{1-}\sin\omega t = (F_{1+} - F_{1-})\sin\omega t \tag{5-63}$$

由式（5-63）变换得

$$\frac{x^2}{(F_{1+}+F_{1-})^2} + \frac{y^2}{(F_{1+}-F_{1-})^2} = 1 \tag{5-64}$$

式（5-64）表明，合成磁通势矢量 F_1 旋转一周时，矢量端点的轨迹是一个椭圆，故将这种磁通势称为椭圆形旋转磁通势。椭圆的长轴为 $F_{1+}+F_{1-}$，椭圆的短轴为 $F_{1+}-F_{1-}$。显然，当 $F_{1+}=0$ 或 $F_{1-}=0$ 时，合成磁场为圆形旋转磁场；而当 $F_{1+}=F_{1-}$ 时为脉振磁场。

总之，当三相绕组电流不对称时，基波合成磁通势是一个正弦分布，幅值变化，非恒速推移的椭圆形旋转磁通势，旋转方向为较强的那个磁通势的方向，旋转时在长轴附近转速低，在短轴附近转速高。

反向旋转磁通势的存在，不仅会使合成电磁转矩减小，而且会造成电机过热，产生振动和噪声，因此电机不宜长期在不对称电流下运行。

5.7.3 三相合成磁通势中的谐波成分

单相磁通势的 γ 次谐波磁通势（γ 为奇数）表达式为

$$f_{\phi\gamma} = \frac{1}{\gamma} \frac{4}{\pi} \frac{\sqrt{2}}{2} \frac{NK_{N\gamma}}{p} I_\phi \cos\gamma\theta_s \cos\omega t$$

$$F_{\phi\gamma} = \frac{1}{\gamma} 0.9 \frac{NK_{N1}}{p} I_\phi \tag{5-65}$$

将 A、B、C 三相绕组所产生的 γ 次谐波相加来求合成的三相绕组 γ 次谐波磁通势

$$f_\gamma = f_{A\gamma} + f_{B\gamma} + f_{C\gamma}$$
$$= F_{\phi\gamma}\cos\gamma\theta_s\cos\omega t + F_{\phi\gamma}\cos\gamma\left(\theta_s - \frac{2\pi}{3}\right)\cos\left(\omega t - \frac{2\pi}{3}\right) + F_{\phi\gamma}\cos\gamma\left(\theta_s - \frac{4\pi}{3}\right)\cos\left(\omega t - \frac{4\pi}{3}\right) \tag{5-66}$$

下面分情况进行讨论：

(1) $\gamma = 3k(k=1、3、5、\cdots)$。

对于 3 次及 3 的倍数次谐波，将 $\gamma=3k$ 代入式（5-66）可得

$$f_\gamma = f_{A\gamma} + f_{B\gamma} + f_{C\gamma}$$
$$= F_{\phi\gamma}\cos\gamma\theta_s\cos\omega t + F_{\phi\gamma}\cos\gamma\left(\theta_s - \frac{2\pi}{3}\right)\cos\left(\omega t - \frac{2\pi}{3}\right) + F_{\phi\gamma}\cos\gamma\left(\theta_s - \frac{4\pi}{3}\right)\cos\left(\omega t - \frac{4\pi}{3}\right)$$
$$= F_{\phi\gamma}\cos 3k\theta_s\left[\cos\omega t + \cos\left(\omega t - \frac{2\pi}{3}\right) + \cos\left(\omega t - \frac{4\pi}{3}\right)\right] = 0 \tag{5-67}$$

因此，一般说来，在三相绕组中，不存在 3 次及 3 的倍数次谐波磁通势。

(2) $\gamma = 6k+1(k=1、2、3、\cdots)$。

将 $\gamma = 6k+1(k=1、2、3、\cdots)$ 代入式（5-66）可得

$$f_\gamma = f_{A\gamma} + f_{B\gamma} + f_{C\gamma}$$
$$= F_{\phi\gamma}\cos\gamma\theta_s\cos\omega t + F_{\phi\gamma}\cos\gamma\left(\theta_s - \frac{2\pi}{3}\right)\cos\left(\omega t - \frac{2\pi}{3}\right) + F_{\phi\gamma}\cos\gamma\left(\theta_s - \frac{4\pi}{3}\right)\cos\left(\omega t - \frac{4\pi}{3}\right)$$
$$= \frac{3}{2}F_{\phi\gamma}\cos[\omega t - (6k+1)\theta_s] = \frac{3}{2}F_{\phi\gamma}\cos[\omega t - \gamma\theta_s] \tag{5-68}$$

显然，和基波合成磁通势一样，这是一个正向旋转的圆形旋转磁通势，幅值为 $\frac{3}{2}F_{\phi\gamma}$，

转速为 $\frac{n_1}{\gamma}$。

(3) $\gamma = 6k - 1(k = 1、2、3、\cdots)$

将 $\gamma = 6k - 1(k = 1、2、3、\cdots)$ 代入式 (5-66) 可得

$$\begin{aligned} f_\gamma &= f_{A\gamma} + f_{B\gamma} + f_{C\gamma} \\ &= F_{\phi\gamma}\cos\gamma\theta_s\cos\omega t + F_{\phi\gamma}\cos\gamma\left(\theta_s - \frac{2\pi}{3}\right)\cos\left(\omega t - \frac{2\pi}{3}\right) + F_{\phi\gamma}\cos\gamma\left(\theta_s - \frac{4\pi}{3}\right)\cos\left(\omega t - \frac{4\pi}{3}\right) \\ &= \frac{3}{2}F_{\phi\gamma}\cos[\omega t + (6k-1)\theta_s] \\ &= \frac{3}{2}F_{\phi\gamma}\cos[\omega t + \gamma\theta_s] \end{aligned} \tag{5-69}$$

显然，这是一个反向旋转的圆形旋转磁通势，幅值为 $\frac{3}{2}F_{\phi\gamma}$，转速为 $\frac{n_1}{\gamma}$。

在同步电机中，谐波磁通势产生的磁场在转子表面产生涡流损耗，引起电机发热，使效率降低。在异步电机中，谐波磁通势产生附加转矩，使电机性能变坏。因此应尽量减小磁通势中的高次谐波。采用短距和分布绕组是减小谐波分量的有效方法，一般线圈节距最好选择在 $(0.8 \sim 0.83)\tau$ 这一范围内。

本章小结

交流电机的绕组电动势和磁通势是交流电机的基础理论，本章所得的结论完全适用于同步电机和异步电机。

三相绕组的构成原则是力求获得较大的基波电动势，尽量削弱谐波电动势，并保证三相电动势对称，还应考虑节省材料和施工方便。

绘制槽电动势星形图是分析绕组的基本的步骤。利用星形图来划分各相所属的槽号，然后按电动势相加的原则连接绕组。交流绕组的形式很多，应掌握它们的连接规律。

在正弦分布磁场下，相绕组电动势的计算公式与变压器线圈的电动势计算公式类似，只不过由于电机采用了分布和短距绕组，计算公式中多乘了一个绕组系数。

当磁场中存在高次谐波时，定子绕组中将感应出相应的谐波电动势。谐波使电机的性能变坏，应尽可能削弱，采用短距和分布绕组是削弱谐波电动势最有效的方法。对于齿谐波电动势，由于其绕组系数与基波相同，不能采用短距或分布绕组来削弱，一般采用斜槽、分数槽以及半闭口槽和磁性槽锲来削弱齿谐波。

单相绕组产生的磁通势是脉振磁通势。对称的三相绕组通以对称的三相电流时，基波合成磁通势是圆形旋转磁通势，转速为 $n_1 = \frac{60f}{p}$，转向是从超前相转向滞后相，幅值为单相脉振磁通势幅值的 3/2 倍。如果三相电流不对称，则产生椭圆形旋转磁通势。

磁通势中除基波外，还存在高次谐波，在对称三相绕组中，$\gamma = 3k$（k 为整数）次谐波合成磁通势为零，$\gamma = 6k+1$ 次谐波是正向旋转磁通势（与基波同向），$\gamma = 6k-1$ 次谐波是反向旋转磁通势。谐波磁通势使磁场发生畸变，影响电机的性能，要尽量削弱，最有效的方法是采用分布和短距绕组。

在研究电动势和磁通势时，要注意进行对比。由于两者是同一绕组中发生的电磁现象，因此绕组的短距和分布特性同样地影响了电动势和磁通势的大小和波形，这是它们的共性。但是，感应电动势仅仅是时间的函数，而磁通势既是时间的函数，又是空间的函数，这是二者的不同之处。

习 题

5-1 双层绕组和单层绕组的最大并联支路数与极对数有什么关系？

5-2 试比较单层绕组和双层绕组的优缺点及它们的应用范围。

5-3 为什么采用短距和分布绕组能削弱谐波电动势？为了消除5次或7次谐波电动势，节距应选择多大？若要同时削弱5次和7次谐波电动势，节距应选择多大？

5-4 为什么对称三相绕组线电动势中不存在3及3的倍数次谐波？为什么同步发电机三相绕组多采用星形接法而不采用三角形接法？

5-5 为什么说交流绕组产生的磁通势既是时间的函数，又是空间的函数，试以三相绕组合成磁通势的基波来说明。

5-6 脉振磁通势和旋转磁通势各有哪些基本特性？产生脉振磁通势、圆形旋转磁通势和椭圆形旋转磁通势的条件有什么不同？

5-7 把一台三相交流电机定子绕组的三个首端和三个末端分别连在一起，再通以交流电流，则合成磁通势基波是多少？如将三相绕组依次串联起来后通以交流电流，则合成磁通势基波又是多少？可能存在哪些谐波合成磁通势？

5-8 一台三角形接线的定子绕组，当绕组内有一相断线时，产生的磁通势是什么磁通势？

5-9 把三相异步电动机接到电源的三个接线头对调两根后，电动机的转向是否会改变？为什么？

5-10 试述三相绕组产生的高次谐波磁通势的极对数、转向、转速和幅值。它们所建立的磁场在定子绕组内的感应电动势的频率是多少？

5-11 短距系数和分布系数的物理意义是什么？试说明绕组系数在电动势和磁通势方面的统一性。

5-12 定子绕组磁场的转速与电流频率和极对数有什么关系？一台50Hz的三相电机，通入60Hz的三相对称电流，如电流的有效值不变，相序不变，试问三相合成磁通势基波的幅值、转速和转向是否会改变？

5-13 有一双层三相绕组，$Z=24$，$2p=4$，$a=2$，试绘出：

（1）槽电动势星形图。

（2）叠绕组展开图（取线圈节距 $y_1=5$）。

5-14 已知 $Z=24$，$2p=4$，$a=1$，试绘制三相单层同心式绕组展开图。

5-15 一台三相同步发电机，定子为三相双层叠绕组，星形连接，$2p=4$，$Z=36$ 槽，$y_1=7\tau/9$，每槽导体数为6，$a=1$，基波磁通量 $\Phi_1=0.75$Wb，基波电动势频率 $f_1=50$Hz，试求：

（1）绕组的基波相电动势。

(2) 若气隙中还存在三次谐波磁通，$\Phi_3=0.1$Wb，求合成相电动势和线电动势。

5-16 三相异步电动机，$P_N=40$kW，$U_N=380$V，$I_N=75$A，定子绕组采用三角形连接，双层叠绕组，4极，48槽，$y_1=10$槽，每相串联导体数为22，$a=2$，试求：

(1) 计算脉振磁通势基波和3、5、7等次谐波的振幅，并写出各相基波脉振磁通势的表达式。

(2) 当B相电流为最大值时，写出各相基波磁通势的表达式。

(3) 计算三相合成磁通势基波及5、7、11次谐波的幅值，并说明各次谐波的转向、极对数和转速。

(4) 写出三相合成磁通势的基波及5、7、11次谐波的表达式。

(5) 分析基波和5、7、11次谐波的绕组系数值，说明采用短距和分布绕组对磁通势波形有什么影响。

5-17 在对称的两相绕组（空间差90°电角度）内通以对称的两相电流（时间上差90°），试分析所产生的合成磁通势的基波，并由此论证"一旋转磁通势可以用两个脉振磁通势来代表"。

5-18 一台三相四极交流电机，定子三相对称绕组A、B、C分别通以三相对称电流 $i_A=10\cos\omega t$ A、$i_B=10\cos(\omega t-120°)$A、$i_C=10\cos(\omega t+120°)$A，求：

(1) 当 $i_A=10$A 时，写出各相基波磁通势的表达式以及三相合成磁通势基波的表达式，用磁通势矢量表示出基波合成磁通势的空间位置。

(2) 当 i_A 由10A降至5A时，基波合成磁通势矢量在空间上转过了多少个圆周？

第6章 异步电机

异步电机是一种交流旋转电机，也称感应电机，主要作电动机使用，是工农业生产中应用最广泛的一种电机。在工业方面，用于拖动中小型轧钢设备、各种金属切削机床、轻工机械、矿山机械等；在农业方面，用于拖动水泵等。例如电冰箱、空调机等家用电器，常采用单相异步电动机。

异步电机之所以得到广泛应用，主要由于它有如下优点：结构简单、运行可靠、制造容易、价格低廉、坚固耐用，而且有较高的效率和较好的工作特性。在以交流电为主的船舶上，大多数的电力拖动机械都是采用异步电动机作为原动机。

本章主要讨论三相异步电动机的结构、原理、分析方法、运行特性以及单相异步电动机的运行原理。

6.1 异步电机的结构和基本工作原理

6.1.1 异步电机的结构

异步电机主要由静止的定子和转动的转子两大部分组成，定子和转子之间有一个很小的气隙，此外还有端盖、轴承和通风装置等，如图6-1所示。

1. 定子

异步电机的定子由定子铁心、定子绕组和机座三部分构成。

(1) 定子铁心。定子铁心是异步电机主磁通磁路的一部分，装在机座里。为了减小交变磁场在铁心中引起的损耗，铁心一般采用导磁性能良好、表面涂绝缘漆的硅钢片叠装而成。

在定子铁心内圆，均匀地冲有许多形状相同的槽，用以嵌放定子绕组（见图6-2）。小型异步电机通常采用半闭口槽和由高强度漆包线绕成的单层绕组，线圈与铁心之间垫有槽绝缘。半闭口槽可以减少主磁路的磁阻，使励磁电流减少。而且槽口较小还可以减小气隙磁场的脉

图6-1 异步电机剖面图
1—定子铁心；2—定子绕组；3—转子铁心；
4—转子绕组；5—机座；6—风扇罩；
7—风扇；8—接线盒；9—轴；10—端盖

振，从而减小电动机中的附加损耗。但半闭口槽嵌线不方便。中型异步电机通常采用半开口槽。大型高压异步电机都用开口槽，以便于嵌线，如图6-3所示。为了得到较好的电磁性能，中、大型异步电机都采用双层短距绕组。

(2) 定子绕组。定子绕组是异步电机定子部分的电路，其作用是感应电动势、流过电流、实现机电能量转换。定子绕组由许多线圈按一定规律连接而成。对于容量较小的电机，绕组由高强度漆包圆铜线（或铝线）绕成。而中、大容量的异步电机绕组可用玻璃丝包扁铜

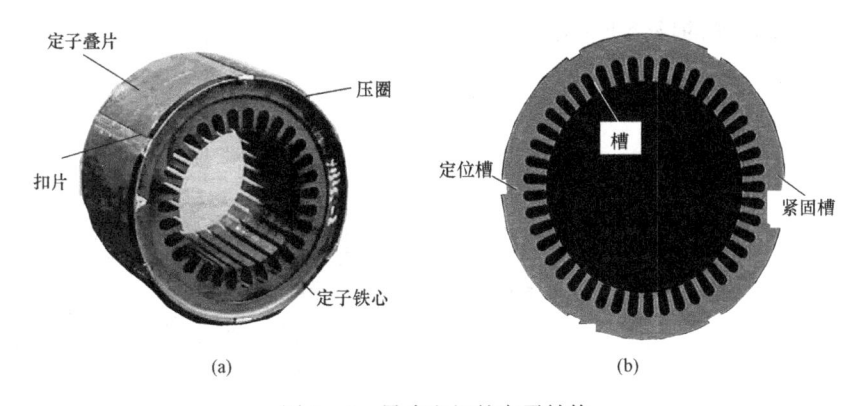

图 6-2 异步电机的定子结构
（a）定子；（b）定子叠片

线绕制。线圈放入槽内必须与槽壁之间隔有"槽绝缘"。槽内定子绕组的导线用槽楔紧固，槽楔采用竹、胶木板或环氧玻璃布板等非磁性材料。

（3）机座。机座的作用主要是为了固定和支撑定子铁心。如果是端盖轴承电机，还要支撑电机的转子。所以机座应有足够的机械强度和刚度。对中、小型异步电机，常用铸铁机座；大型电机一般采用钢板焊接的机座，整个机座和座式轴承都固定在同一个底板上。

2. 转子

异步电机的转子由转子铁心、转子绕组和转轴组成。转子铁心也是主磁路的一部分，一般由 0.5mm 厚的硅钢片叠

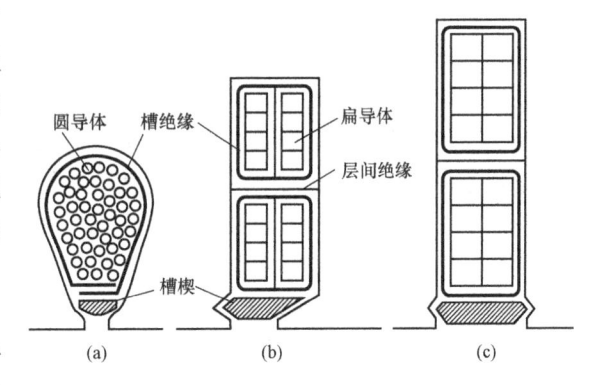

图 6-3 异步电机的定子槽形
（a）半闭口槽；（b）半开口槽；（c）开口槽

成，铁心固定在转轴或转子支架上。整个转子的外表呈圆柱形。转子绕组分为笼形和绕线型两类。

（1）笼形绕组。笼形绕组是一个自行闭合的绕组，它由插入每个转子槽中的导条和两端的环形端环构成，如果去掉铁心，整个绕组形如一个"圆笼"，因此称为笼形绕组（见图 6-4）。为节约用铜和提高生产率，小型笼型电机一般都用铸铝转子；对中、大型电机，由于铸铝质量不易保证，故采用铜条插入转子槽内、再在两端焊上端环的结构。

笼型异步电机结构简单、制造方便，是一种经济、耐用的电机，所以应用极广。

（2）绕线形绕组。绕线形转子的槽内嵌有用绝缘导线组成的三相绕组，绕组的三个出线端接到设置在转轴上的三个集电环上，再通过电刷引出，如图 6-5 所示。这种转子的特点是可以在转子绕组中接入外加电阻，以改善电动机的起动和调速性能。绕线式异步电动机剖面如图 6-6 所示。

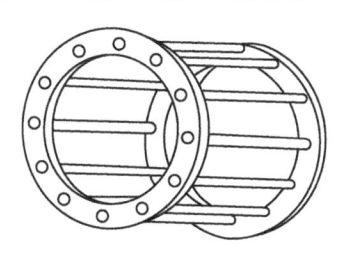

图 6-4 笼形绕组

与笼形转子相比较，绕线式转子结构稍复杂，价格稍贵，因此只在要求起动电流小且起

动转矩大，或需要调速的场合下使用。

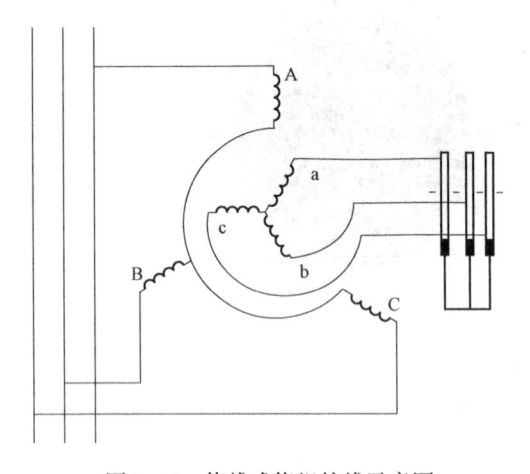

图 6-5　绕线式绕组接线示意图 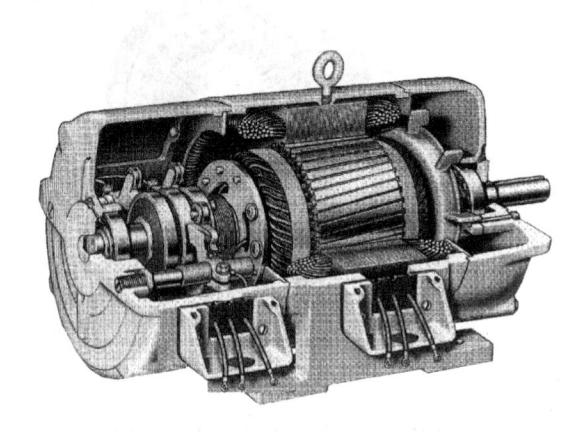　　　图 6-6　绕线式异步电动机剖面图

3. 气隙

异步电机定子与转子之间自然形成了一个很小的空气隙，它是异步电机磁路的一部分，对电机运行性能影响很大。显然，气隙大则磁阻大，要产生同样大小的旋转磁场就需较大的励磁电流，而电机的功率因数变差。因此，为了降低电机的空载电流和提高电机的功率因数，气隙应尽可能小。然而气隙过小会使装配困难，运行不可靠。另外，气隙稍大也有利的一面，磁阻大可减小磁场的谐波含量，从而可减小附加损耗，改善起动性能。因此在设计时应兼顾各方面的要求。通常中小型异步电机的气隙为 0.2～1.5mm。

6.1.2　异步电机的基本工作原理

当异步电机定子绕组接到三相电源上时，定子绕组中将流过三相对称电流，气隙中将建立基波旋转磁通势，从而产生基波旋转磁场，其转速由电网频率和定子绕组的极对数决定

$$n_1 = \frac{60 f_1}{p} \tag{6-1}$$

基波旋转磁场在短路的转子绕组（若是笼形转子则其本身绕组就是短路的，若是绕线式转子可以通过电刷短路）中感应电动势并在转子绕组中产生相应的电流，该电流与气隙中的旋转磁场相互作用从而产生电磁转矩。由于这种电磁转矩的性质与转速大小相关，下面将分三个不同的转速范围来进行讨论。

为了描述转速，引入转差率（s）的概念。转差率定义为转子转速 n 与同步转速 n_1 之差（$n_1 - n$）对同步转速 n_1 之比值

$$s = \frac{n_1 - n}{n_1} \tag{6-2}$$

当异步电机的负载发生变化时，转子的转差率随之变化，使得转子导体的电动势、电流和电磁转矩发生相应的变化，因此异步电机转速随负载的变化而变化。按转差率的正负、大小，异步电机可分为电动机、发电机、电磁制动三种运行状态，如图 6-7 所示。图中 n_1 为旋转磁场的同步转速。

1. 电动机状态

当 $0 < n < n_1$，即 $0 < s < 1$ 时，如图 6-7（b）所示，转子中导体以与 n 相反的方向切

割旋转磁场，导体中将产生感应电动势和感应电流。由右手定则，该电流在 N 极下的方向为 ⊕，由左手定则，该电流与气隙磁场相互作用将产生一个与转子转向同方向的拖动力矩。该力矩能克服负载制动力矩而拖动转子旋转，从轴上输出机械功率。显然，在电动机状态，该电机从电网吸收有功功率，转化为机械功率后输出给负载。

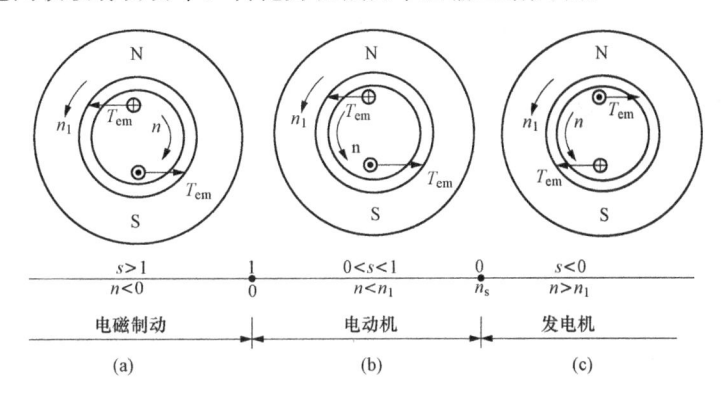

图 6-7 异步电机的三种运行状态
(a) 电磁制动；(b) 电动机；(c) 发电机

2. 发电机状态

用原动机拖动异步电机，使其转速高于旋转磁场的同步转速，即 $n>n_1$、$s<0$，如图 6-7 (c) 所示。转子上导体切割旋转磁场的方向与电动机状态时相反，从而导体上感应电动势、电流的方向与电动机状态时相反，电磁转矩的方向与转子转向相反，电磁转矩为制动性质。此时异步电机由转轴从原动机输入机械功率，克服电磁转矩，通过电磁感应由定子向电网输出电功率，电机处于发电机状态。

3. 电磁制动状态

由于机械负载或其他外因，转子逆着旋转磁场的方向旋转，即 $n<0$、$s>1$，如图 6-7 (a) 所示。此时转子导体中的感应电动势、电流与在电动机状态下的相同。但由于转子转向与旋转磁场方向相反，电磁转矩表现为制动转矩，此时电机运行于电磁制动状态，即由转轴从原动机输入机械功率的同时又从电网吸收电功率（因电流与电动机状态同方向），两者都变成了电机内部的损耗。

6.1.3 异步电机的额定值

(1) 额定功率 P_N：电动机在额定运行时轴上输出的机械功率。

(2) 额定电压 U_N：电动机在额定情况下运行时，施加在定子绕组上的线电压。有的电机铭牌上标有两个电压，例如 220/380V，这表示定子绕组接成三角形时，额定电压为 220V，接成星形时额定电压为 380V。

(3) 额定电流 I_N：电动机在额定运行时定子绕组的线电流值。

(4) 额定频率 f_N：我国电网频率为 50Hz。

(5) 额定转速 n_N：额定负载时电机的转速。

对于三相异步电动机，有

$$P_N = \sqrt{3} U_N I_N \eta_N \cos\varphi_N \tag{6-3}$$

式中：η_N 为额定运行时的效率；$\cos\varphi_N$ 为额定运行时的功率因数。

三相异步电动机定子绕组可以接成星形或三角形。

除了上述各项外，铭牌上还有电机的绝缘等级、额定温升和工作方式等，铭牌数据是选择和使用电机的重要参考数据。

6.2 异步电机的运行分析

6.2.1 异步电机的磁场与电抗

当三相异步电动机的定子接到三相对称交流电源时，便有对称三相电流流过定子绕组。于是，定子电流产生旋转磁通势，而旋转磁通势建立旋转磁场。为了便于分析，根据磁通经过的路径及性质，把电机中的磁通分为主磁通和漏磁通两大类。

1. 主磁通

由基波旋转磁通势所产生的通过气隙并与定子绕组和转子绕组同时交链的基波磁通称为主磁通。简单地说，主磁通就是气隙中以同步转速旋转的基波磁通。由于电机中主要依靠这部分磁通来实现定、转子之间的能量传递，故称它为主磁通，主磁通 Φ_m 在数值上代表基波磁场每极的磁通量。图 6-8 所示为一台四极异步电机中主磁通经过的磁路。

2. 漏磁通

除主磁通 Φ_m 外，定子电流还同时产生仅与定子绕组交链而不进入转子的定子漏磁通 $\Phi_{1\sigma}$。根据所经路径的不同，定子漏磁通又可分为槽漏磁、端部漏磁和谐波漏磁等三部分，图 6-9 分别给出了槽漏磁和端部漏磁的示意图。

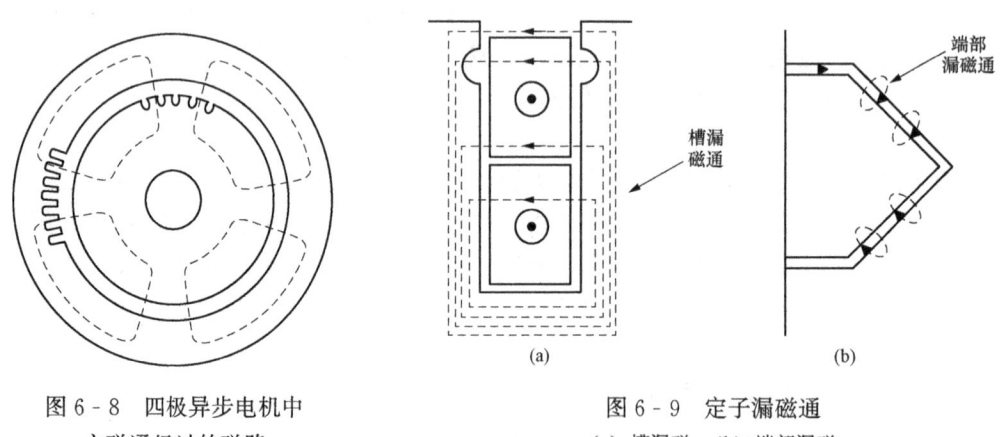

图 6-8 四极异步电机中主磁通经过的磁路

图 6-9 定子漏磁通
（a）槽漏磁；（b）端部漏磁

虽然气隙中的高次谐波磁场也通过气隙，但是由于它的极对数（γp）和转速（$\frac{n_1}{\gamma}$）与基波的（p 和 n_1）不相同，因此对转子不产生有用的转矩；而它们在定子绕组中感应的电动势频率仍为基波频率 f_1（因 $f_\gamma = \frac{p_\gamma n_\gamma}{60} = \frac{\gamma p \frac{n_1}{\gamma}}{60} = f_1$），其效果与其他定子漏磁感应的电动势频率一样，因此通常把它作为定子漏磁通的一部分来处理，称为谐波漏磁。

当转子绕组开路时，上述主磁通和漏磁通由定子磁通势单独产生。此时主磁通在定子、转子绕组中感应电动势，但因转子绕组开路，因此转子上没有电流。实际运行时，转子绕组是短路的，转子绕组产生电流，随之出现转子磁通势。这时，气隙主磁通应由定子磁通势的基波和转子磁通势的基波合成产生，此外转子磁通势产生与转子绕组交链的转子漏磁通。转子漏磁通同样包括槽漏磁、端部漏磁和谐波漏磁三部分。

在工程分析中，常把电机内的磁通分成主磁通和漏磁通两部分来处理，这是因为：一方面它们所起的作用不同，主磁通在电机中产生电磁转矩，直接关系到能量转换，而漏磁通并不直接具有此作用；另一方面这两种磁通所经磁路不同，主磁路是一个非线性磁路，受磁饱和的影响较大，而漏磁磁路主要通过空气而闭合，受饱和的影响较小。把两者分开处理，对电机的分析能带来很大的方便。

3. 励磁阻抗与漏电抗

(1) 励磁阻抗。定子绕组中由主磁通感应的相电动势为

$$\dot{E}_1 = -j4.44 f_1 N_1 K_{N1} \dot{\Phi}_m \tag{6-4}$$

与变压器相似，$\dot{E}_1$ 可用阻抗压降来表示

$$-\dot{E}_1 = \dot{I}_m Z_m = \dot{I}_m (R_m + jX_m) \tag{6-5}$$

式中：Z_m 为励磁阻抗，$Z_m = R_m + jX_m$；R_m 为励磁电阻，是定子每相绕组上与主磁通 Φ_m 对应的电抗，是反映铁耗的等效电阻。

显然，Z_m 的大小将随铁心饱和程度的不同而变化。

(2) 漏电抗。定、转子漏磁通分别在定子、转子相绕组中感应漏电动势 $\dot{E}_{1\sigma}$、$\dot{E}_{2\sigma}$，这些漏电动势可分别用漏电抗压降表示

$$\left.\begin{aligned}\dot{E}_{1\sigma} &= -j\dot{I}_1 X_{1\sigma} \\ \dot{E}_{2\sigma} &= -j\dot{I}_2 X_{2\sigma}\end{aligned}\right\} \tag{6-6}$$

式中：I_1、I_2 为定子绕组、转子绕组的电流；$X_{1\sigma}$、$X_{2\sigma}$ 为定子、转子相绕组的漏电抗，$X_{1\sigma} = 2\pi f_1 L_{1\sigma}$，$X_{2\sigma} = 2\pi f_2 L_{2\sigma}$，其中 $L_{1\sigma}$、$L_{2\sigma}$ 分别为定子、转子相绕组的漏电感。

在异步电机中，$\dot{E}_{1\sigma}$、$\dot{E}_{2\sigma}$ 还应包括相应的绕组谐波磁场在相绕组中的感应电动势。

6.2.2 异步电机转子静止时运行分析

转子静止时异步电机是利用电磁感应原理将能量从定子传递到转子，定、转子之间无电的联系，从工作原理上讲，它和变压器相似，均满足电磁感应定律。分析时先从转子静止时的异步电机开始，然后研究转子旋转时的情况。本节以绕线式异步电机为例分析开路和短路两种情况。

1. 转子绕组开路

在图 6-10 中，当转子绕组开路（S 断开）时，转子绕组中的电流为零，定子相电流为 $\dot{I}_0$，三相对称的定子电流将在气隙中建立相应的基波磁通势。假定三相电流 $\dot{I}_{0A}$、$\dot{I}_{0B}$、$\dot{I}_{0C}$ 依次滞后，则旋转磁通势的转向将由 A 相轴线转向 B 相轴线再转向 C 相轴线，转速为同步转速 n_1。此基波磁通势幅值为

$$F_0 = 1.35 \frac{N_1 K_{N1}}{p} I_0 \tag{6-7}$$

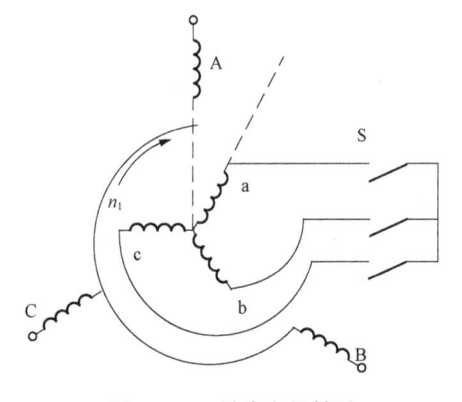

图 6-10 异步电机转子开路时电路示意图

该磁通势产生旋转的基波磁场，其主磁通为 $\dot{\Phi}_m$，而 $\dot{\Phi}_m$ 在定子一相绕组中的感应电动势为

$$\dot{E}_1 = -j4.44 f_1 N_1 K_{N1} \dot{\Phi}_m \tag{6-8}$$

对于一相定子绕组可得到电压平衡方程式

$$\dot{U}_1 = -\dot{E}_1 + \dot{I}_0 R_1 + jX_{1\sigma}\dot{I}_0 = -\dot{E}_1 + \dot{I}_0 Z_1 \tag{6-9}$$

式中：R_1 为定子绕组相电阻；$X_{1\sigma}$ 为定子绕组相漏电抗；Z_1 为定子绕组相漏阻抗。

这三个参数都是不随磁场饱和度变化的线性参数。

仿照变压器引入励磁电阻 R_m、励磁电抗 X_m 来等效替代 $\dot{E}_1$，有

$$\dot{E}_1 = -\dot{I}_0 (R_m + jX_m) = -\dot{I}_0 Z_m \tag{6-10}$$

式中：Z_m 为励磁阻抗，$Z_m = R_m + jX_m$。

在异步电机中，$X_m \gg R_m$，R_m 对 $\dot{E}_1$ 的影响很小。将式（6-10）代入式（6-9），得到转子开路时的定子电压平衡方程式

$$\dot{U}_1 = \dot{I}_0 (Z_1 + Z_m) \tag{6-11}$$

在转子静止不动时，主磁通为 $\dot{\Phi}_m$ 的气隙基波旋转磁场以同样转速 n_1 切割转子绕组（每相串联匝数为 N_2、基波绕组系数为 K_{N2}），感应电动势频率为 f_1，转子相电动势可表示为

$$E_2 = 4.44 f_1 N_2 K_{N2} \Phi_m \tag{6-12}$$

于是得到异步电机定转子之间的电动势变比为

$$k_e = \frac{E_1}{E_2} = \frac{N_1 K_{N1}}{N_2 K_{N2}} \tag{6-13}$$

因为转子相绕组开路，无转子电流，由此得等效相电路如图 6-11 所示。

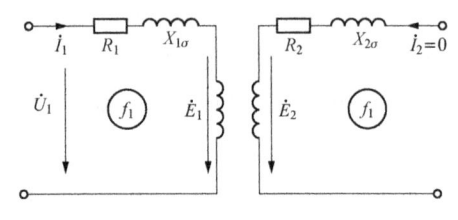

图 6-11 转子开路时异步电机的等效电路

2. 转子绕组短路

（1）磁通势平衡方程。下面讨论当转子保持静止（堵转），但转子绕组短路时的情况。设转子绕组为 m_2 相，每相串联匝数 N_2，基波绕组系数为 K_{N2}，极对数 $p_2 = p_1$。由于转子不动，转子绕组切割旋转磁场的速度为 $n_2 = n_1$，转子相绕组感应频率为 $f_2 = \frac{p_1 n_1}{60} = f_1$，电动势与前述 E_2 相同，在短路绕组中产生相电流 I_2，转子 m_2 相合成旋转磁通势大小为

$$F_2 = \frac{m_2 \sqrt{2} N_2 K_{N2}}{\pi p_2} I_2 \tag{6-14}$$

由于 I_2 频率为 $f_2 = f_1$，且 $p_2 = p_1$，则 F_2 的转速 $n_2 = \frac{60 f_2}{p_2} = \frac{60 f_1}{p_1} = n_1$。和变压器一样，$F_2$ 的增大引起 F_1 的增大即 I_1 增加，定子 m_1 相合成旋转磁通势为

$$F_1 = \frac{m_1 \sqrt{2} N_1 K_{N1}}{\pi p_1} I_1 \tag{6-15}$$

其转速为 n_1。由此可见，定、转子旋转磁通势在空间以同步转速旋转，其合成磁通势转速也为同步转速 n_1，并产生气隙主磁通，设此合成旋转磁通势为 F_m，则磁通势平衡方程式为

$$F_1 + F_2 = F_m \tag{6-16}$$

如果不考虑磁滞和涡流损耗，则合成磁通势 F_m 与空间旋转磁场 B_m 在空间同相位。实际上在铁心中总存在磁滞和涡流损耗，因此 B_m 在空间总是滞后 F_m 一个铁耗角 α_{Fe}。其物理意义是：当 F_m 在气隙中某一点达到最大值时，由于磁滞和涡流的影响，滞后 α_{Fe} 角后，该点的磁密才达到最大值。

仿照变压器中的磁通势分析方法，将式（6-16）改写为

$$F_1 = F_m + (-F_2) = F_m + F_{1L} \tag{6-17}$$

其中

$$F_{1L} = -F_2 \tag{6-18}$$

式（6-17）说明，F_1 由两个分量构成：励磁分量 F_m 用以产生旋转磁场，负载分量 F_{1L} 用以平衡转子磁通势。把旋转磁通势的计算公式代入式（6-18）得

$$\frac{m_1 \sqrt{2}}{\pi} \frac{N_1 K_{N1}}{p} \dot{I}_{1L} = -\frac{m_2 \sqrt{2}}{\pi} \frac{N_2 K_{N2}}{p} \dot{I}_2$$

因此有

$$\dot{I}_{1L} = -\frac{m_2 N_2 K_{N2}}{m_1 N_1 K_{N1}} \dot{I}_2 = -\frac{1}{k_i} \dot{I}_2 \tag{6-19}$$

式中：k_i 为电流变比。

于是可用定、转子绕组相电流平衡方程式来描述磁通势平衡方程式为

$$\dot{I}_1 = \dot{I}_m + \dot{I}_{1L} = \dot{I}_m + \left(-\frac{1}{k_i} \dot{I}_2\right) \tag{6-20}$$

与变压器的分析类似，根据 $U_1 \approx E_1 = 4.44 f_1 N_1 K_{N1} \Phi_m$，在端电压不变的情况下，可以认为励磁分量与转子绕组开路时的磁通势近似相等，即 $F_m \approx F_0$，因此有励磁电流约等于转子绕组开路时的定子电流 $I_m \approx I_0$。

（2）电动势平衡方程。转子不动，转子绕组短路时异步电动机等效电路如图 6-12 所示。定、转子绕组相电动势及其平衡方程式为

$$\dot{E}_1 = -j4.44 f_1 N_1 K_{N1} \dot{\Phi}_m$$
$$-\dot{E}_1 = \dot{I}_m Z_m \tag{6-21}$$
$$\dot{E}_2 = -j4.44 f_1 N_2 K_{N2} \dot{\Phi}_m$$
$$\dot{U}_1 = -\dot{E}_1 + \dot{I}_1 (R_1 + jX_{1\sigma}) \tag{6-22}$$
$$0 = -\dot{E}_2 + \dot{I}_2 (R_2 + jX_{2\sigma}) \tag{6-23}$$

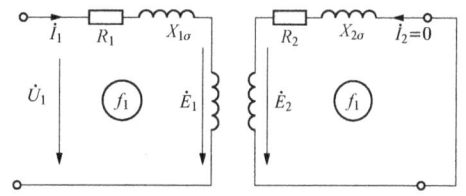

图 6-12 转子绕组短路（转子堵转）时异步电机的等效电路

6.2.3 异步电机转子旋转时运行分析

异步电机正常运行时，转子绕组一定是闭合的，而且一般是短路的。

1. 转子绕组的电动势和电流

当转子旋转时，转子绕组的电动势、电流的频率取决于气隙中的旋转磁场和转子的相对转速。设转子转速为 n，气隙中旋转磁场与转子相对转速为 $n_2 = n_1 - n$，故转子绕组中电动势和电流的频率为

$$f_2 = \frac{p n_2}{60} = \frac{p(n_1 - n)}{60} = \frac{n_1 - n}{n_1} \frac{p n_1}{60} = s f_1 \tag{6-24}$$

f_2 亦称为转差频率。当转子不转时，$n=0$，$s=1$，$f_2 = f_1$。关于此种情况上一节已作

讨论。异步电机在作电动机额定运行时，s 值很小，一般在 0.01～0.04 范围内变化。

转子旋转时，转子绕组相电动势有效值为

$$E_{2s} = 4.44 f_2 N_2 K_{N2} \Phi_m = sE_2 \tag{6-25}$$

式中：E_2 为转子静止时的转子绕组相电动势的有效值。

此式表明，当旋转磁场每极磁通 Φ_m 一定，转子旋转时，转子绕组频率为 f_2 的相电动势等于转子静止时频率为 f_1 的相电动势乘以转差率 s。

频率为 f_2 的转子电流角频率 $\omega_2 = 2\pi f_2 = s\omega_1$，此时转子漏电抗为

$$X_{2\sigma s} = sX_{2\sigma} \tag{6-26}$$

转子电流可表示为

$$\dot{I}_{2s} = \frac{\dot{E}_{2s}}{R_2 + jX_{2\sigma s}} \tag{6-27}$$

因此，当转子旋转时，定、转子绕组中电流频率不同，不能将定、转子平衡方程式联立求解。此种情况下的等效电路如图 6-13 所示。

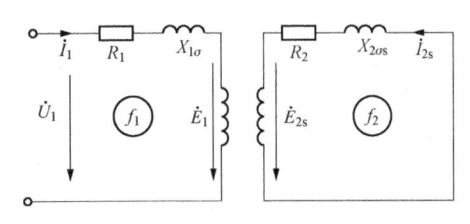

图 6-13 转子旋转时异步电机的等效电路

2. 定、转子绕组磁通势与磁通势平衡方程

设定子绕组相数为 m_1，相绕组串联匝数为 N_1，绕组系数为 K_{N1}，极对数为 p_1，相电流为 $\dot{I}_1$，转速为 n_1 时，其合成定子旋转磁通势大小为

$$F_1 = \frac{m_1 \sqrt{2} N_1 K_{N1}}{\pi p_1} I_1 \tag{6-28}$$

设转子绕组相数为 m_2，相绕组串联匝数为 N_2，绕组系数为 K_{N2}，极对数为 p_2，相电流为 $\dot{I}_2$ 时，其合成转子旋转磁通势大小为

$$F_2 = \frac{m_2 \sqrt{2} N_2 K_{N2}}{\pi p_2} I_2 \tag{6-29}$$

定、转子的极对数应相同，即 $p_1 = p_2$。转子电流的频率为 $f_2 = sf_1$，F_2 相对于转子本身的旋转速度为 n_2，即

$$n_2 = \frac{60 f_2}{p} = \frac{60 f_1}{p} s = n_1 s = n_1 \frac{n_1 - n}{n_1} = n_1 - n \tag{6-30}$$

但转子相对于定子的速度为 n，故 F_2 相对定子的转速为

$$n_2 + n = (n_1 - n) + n = n_1 \tag{6-31}$$

由此可见，对定子来说，转子旋转磁通势与定子旋转磁通势的转速大小和方向都相同，即定、转子旋转磁通势在气隙中相对静止。这是一切电机能够正常运行的必要条件。正因为如此，才能产生恒定的平均电磁转矩，从而实现机电能量的转换。

由于 F_1 与 F_2 相对静止，根据电磁场唯一性定理，它们共同作用的结果产生主磁通（设为 $\dot{\Phi}_m$）。设 F_1 与 F_2 的合成磁通势为 F_m，转速为 n_1，则异步电动机的磁通势平衡方程和转子静止时的一样，见式（6-16）。

6.2.4 异步电机的等效电路

1. 频率折算

由于异步电机定、转子无电的直接联系，转子只是通过其磁通势 F_2 对定子作用，因此，只要保证 F_2 不变，可以用一个静止的转子来代替旋转的转子，而定子方各物理量不发生任

何变化,即对电网等效。据此对式(6-27)作如下变换

$$\dot{I}_{2s} = \frac{\dot{E}_{2s}}{R_2 + jX_{2\sigma s}} = \frac{s\dot{E}_2}{R_2 + jsX_{2\sigma}} = \frac{\dot{E}_2}{\frac{R_2}{s} + jX_{2\sigma}} \quad (\text{频率为 } f_2) \tag{6-32}$$

式(6-32)描述的是转子旋转、转子回路电流频率为 f_2 时的转子回路的电路方程,如图 6-14(a);而图 6-14(b)是转子静止、转子回路电流频率为 f_1 时的转子回路,且在转子回路中串入一个 $\frac{1-s}{s}R_2$ 的电阻,此时

$$\dot{I}_2 = \frac{\dot{E}_2}{\frac{R_2}{s} + jX_{2\sigma}} \quad (\text{频率为 } f_1) \tag{6-33}$$

显然,$I_2 = I_{2s}$,也就是说,图 6-14(a)和图 6-14(b)产生的磁通势 F_2 的大小相等,且相对于定子的转速相同,都是同步转速 n_1。

上述分析说明,在转子回路中串入一个 $\frac{1-s}{s}R_2$ 的虚拟电阻并将转子堵转起来,与原旋转的转子相比,F_2 不变,这种变换称为频率折算。

经过频率折算,可以用一个等效的静止的转子来代替原来旋转的转子,定子方各物理量不变,异步电机旋转时在转轴上产生的总机械功率可以用相应的静止的转子上的模拟电阻 $\frac{1-s}{s}R_2$ 所耗的电功率来表示,即旋转的转子产生的总机械功率为

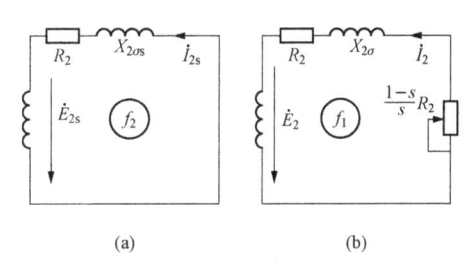

图 6-14 频率折算
(a) 转子旋转;(b) 转子静止

$$P_{mec} = m_2 I_2^2 \frac{1-s}{s} R_2 \tag{6-34}$$

2. 绕组折算

经过频率折算,将图 6-14(a)中的 $\dot{E}_{2s}$、$\dot{I}_{2s}$、$X_{2\sigma s}$ 折算成了图 6-14(b)中的 $\dot{E}_2$、$\dot{I}_2$、$X_{2\sigma}$。注意在等效静止转子回路[图 6-14(b)]中,增加了模拟电阻 $\frac{1-s}{s}R_2$。绕组折算后异步电机的等效电路变为图 6-15,与变压器类似,将图中的 $\dot{E}_2$、$\dot{I}_2$、Z_2、$\frac{1-s}{s}R_2$ 等用绕组折算方法折算到定子方,可以得到转子旋转时的异步电机的等效电路。

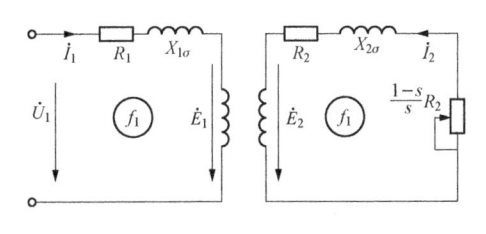

图 6-15 频率折算后的异步电机等效电路

假设异步电机转子相数为 m_2,每相串联匝数 N_2,基波绕组系数 K_{N2},一般情况下,m_2、N_2、K_{N2} 与定子的 m_1、N_1、K_{N1} 不同。为了得到等效电路,必须先将异步电机转子绕组折算成一个与定子绕组相同,相数为 m_1,匝数为 N_1,绕组系数为 K_{N1} 的等效绕组。然后用这个等效绕组来替代原来的转子绕组。

折算前后要求转子上各种功率不变,主磁通 $\dot{\Phi}_m$ 不变,从而定子方各有关物理量 $\dot{E}_1$、$\dot{I}_1$

不变，对电网等效。由于转子是通过转子磁通势 F_2 对定子起作用的，为了满足上述要求，折算条件为：折算前后转子磁通势不变，转子上各种有功功率和无功功率保持不变。

转子方的参数和物理量折算到定子方，用该量符号右上角加"'"表示。

(1) 转子电流折算值。折算前后的 F_2 不变，则转子电流折算值 I'_2 满足下式

$$\frac{m_1 \sqrt{2}}{\pi} \frac{N_1 K_{N1}}{p} \dot{I}'_2 = \frac{m_2 \sqrt{2}}{\pi} \frac{N_2 K_{N2}}{p} \dot{I}_2$$

故有

$$\dot{I}'_2 = \frac{m_2 N_2 K_{N2}}{m_1 N_1 K_{N1}} \dot{I}_2 = \frac{1}{k_i} \dot{I}_2 \tag{6-35}$$

由式 (6-19) 可得 $\dot{I}_{1L} = \dot{I}'_2$，则电流平衡方程式为

$$\dot{I}_m + \dot{I}_1 + \dot{I}'_2 \tag{6-36}$$

(2) 转子电动势折算值。由于折算前后 F_2 不变，从而 F_m 不变，主磁通 $\dot{\Phi}_m$ 不变，则折算前后转子绕组电动势应满足式 (6-37)

$$\frac{\dot{E}'_2}{\dot{E}_2} = \frac{N_1 K_{N1}}{N_2 K_{N2}} = k_e \tag{6-37}$$

故有

$$\dot{E}'_2 = k_e \dot{E}_2 = \dot{E}_1 \tag{6-38}$$

(3) 转子电阻折算值。折算前后转子回路有功功率不变，因此

$$m_1 I'^2_2 R'_2 = m_2 I^2_2 R_2$$

得到

$$R'_2 = \frac{m_2 I^2_2}{m_1 I'^2_2} R_2 = \frac{m_2 (m_1 N_1 K_{N1})^2}{m_1 (m_2 N_2 K_{N2})^2} R_2 = k_e k_i R_2 \tag{6-39}$$

(4) 转子漏电抗折算值。折算前后转子回路无功功率不变，得到

$$X'_{2\sigma} = k_e k_i X_{2\sigma} \tag{6-40}$$

折算前后转子回路的功率因数不变，因为

$$\tan\varphi'_2 = \frac{X'_{2\sigma}}{R'_2} = \frac{X_{2\sigma}}{R_2} = \tan\varphi_2 \tag{6-41}$$

总之，将转子电路中各量折算到定子方时，电动势、电压应乘以 k_e，电流应除以 k_i，电阻电抗和阻抗应乘以 $k_e k_i$。

绕组折算后的平衡方程组

$$\left. \begin{array}{l} \dot{U}_1 = -\dot{E}_1 + \dot{I}_1 Z_1 \\ \dot{E}'_2 = \dot{I}'_2 \left(\dfrac{R'_2}{s} + jX'_{2\sigma} \right) \\ \dot{I}_1 = \dot{I}_m - \dot{I}'_2 \\ \dot{E}_1 = \dot{E}'_2 \\ \dot{E}_1 = -\dot{I}_m Z_m \end{array} \right\} \tag{6-42}$$

3. T 形等效电路

根据式 (6-42)，可得到与变压器相似的 T 形等效电路，如图 6-16 所示。

由异步电机的 T 形等效电路的基本方程，可得异步电机的相量图，如图 6-17 所示。从等效电路和相量图可见，异步电动机的定子电流 $\dot{I}_1$ 总是滞后于电源电压 $\dot{U}_1$，这是因为必须从电源输入一定的感性无功功率才能产生气隙中的主磁场和定、转子的漏磁场。电流 $\dot{I}_1$ 的无功分量，称为磁化电流。磁化电流越大，电机的功率因数就越低。

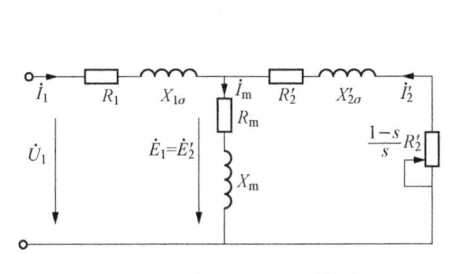

图 6-16 异步电机 T 形等效电路

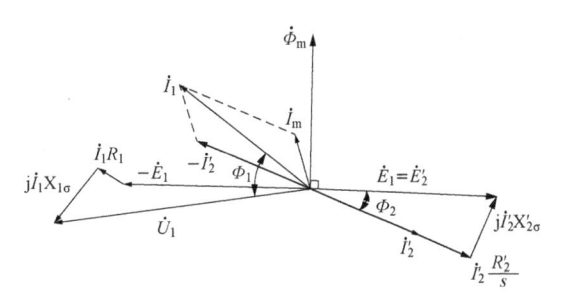

图 6-17 异步电机的相量图

这里应当注意，由等效电路算出的所有定子侧的量均为电机中的实际量，而转子电动势、电流则是折算值而不是实际值。由于折算是在有功功率不变的条件下进行，所以用折算值算出的转子有功功率、损耗和转矩均与实际值相同。

4. Γ 形等效电路

和变压器一样，也可以将 T 形等效电路中间的励磁支路移至电源端，使之变为 Γ 形等效电路以简化计算。但在变压器等效电路中，由于 Z_m^* 很大，I_m^*、Z_1^* 很小，因此将励磁支路直接移到电源端不致引起较大的误差。而异步电机与变压器相比，Z_m^* 较小，I_m^* 较大，定子漏电抗 $Z_{1\sigma}^* \approx 0.05$，所以直接将励磁支路移至电源端会引起较大误差，因此必须引入一个修正系数，同时对等效电路进行必要的修改，才能使 Γ 形等效电路和 T 形等效电路完全等效。在给定参数和电源电压的情况下，若已知转差率 s，从图 6-16 可见，定子和转子电流应为

$$\left.\begin{aligned}\dot{I}_1 &= \frac{\dot{U}_1}{Z_{1\sigma} + \dfrac{Z_m Z_2'}{Z_m + Z_2'}} \\ \dot{I}_2' &= -\dot{I}_1 \frac{Z_m}{Z_m + Z_2'} = -\frac{\dot{U}_1}{Z_{1\sigma} + \dot{c} Z_2'} \\ \dot{I}_m &= \dot{I}_1 \frac{Z_2'}{Z_m + Z_2'} = \frac{\dot{U}_1}{Z_m} \frac{1}{\dot{c} + \dfrac{Z_{1\sigma}}{Z_2'}}\end{aligned}\right\} \quad (6-43)$$

式中：$Z_{1\sigma}$ 为定子的漏阻抗，$Z_{1\sigma} = R_1 + jX_{1\sigma}$；$Z_2'$ 为转子的等效阻抗，$Z_2' = \dfrac{R_2'}{s} + jX_{2\sigma}'$；$\dot{c}$ 为修正系数，$\dot{c} = 1 + \dfrac{Z_{1\sigma}}{Z_m} \approx 1 + \dfrac{X_{1\sigma}}{X_m}$。对于容量大于 100kW 的异步电机，$c \approx 1$。

从式（6-43）可知，$\dot{I}_m = \dfrac{\dot{U}_1}{Z_m} \dfrac{1}{\dot{c} + \dfrac{Z_{1\sigma}}{Z_2'}}$。正常工作时，$|Z_{1\sigma}| \ll |Z_2'|$，近似取 $\dfrac{Z_{1\sigma}}{Z_2'} \approx 0$ 则简化为

$$\dot{I}_{\mathrm{m}} \approx \frac{\dot{U}_1}{\dot{c}Z_{\mathrm{m}}} = \frac{\dot{U}_1}{Z_{1\sigma}+Z_{\mathrm{m}}} \tag{6-44}$$

根据式（6-43）和式（6-44），即可画出Γ形近似等效电路，如图6-18所示。从式（6-43）和式（6-44）可见，由Γ形等效电路算出的转子电流归算值 I_2' 与T形等效电路一致，但励磁电流 I_{m} 和定子电流 I_1 略偏大。

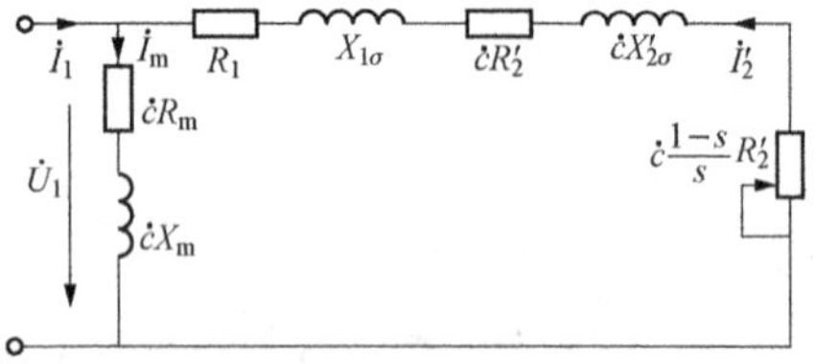

图6-18 异步电机Γ形等效电路

例6-1 已知一台三相四极笼型异步电动机的数据如下：额定功率 $P_{\mathrm{N}}=10\mathrm{kW}$，额定电压 $U_{1\mathrm{N}}=380\mathrm{V}$，$s_{\mathrm{N}}=0.028$，定子三角形连接，每相电阻 $R_1=1.375\Omega$，漏抗 $X_{1\sigma}=2.43\Omega$，转子电阻 $R_2'=1.047\Omega$，漏电抗 $X_{2\sigma}'=4.4\Omega$，励磁电阻 $R_{\mathrm{m}}=8.34\Omega$，励磁电抗 $X_{\mathrm{m}}=82.6\Omega$，额定运行时机械损耗 $p_{\mathrm{mec}}=77\mathrm{W}$，附加损耗 $p_{\mathrm{ad}}=50\mathrm{W}$。试求电机带额定负载时的转速、定子电流、转子电流折算值 I_2'、从定子方看进去的功率因数和效率。

解 采用简化Γ形等效电路，如图6-18所示，取 $\dot{c}=1$。

由于极对数为2，根据 $n=60f/p$，可得 $n_1=1500\mathrm{r/min}$。

$$n_{\mathrm{N}}=(1-s_{\mathrm{N}})n_1=(1-0.028)\times1500=1458(\mathrm{r/min})$$

$$Z_1=R_1+\mathrm{j}X_{1\sigma}=1.375+\mathrm{j}2.43(\Omega)$$

$$Z_{\mathrm{m}}=R_{\mathrm{m}}+\mathrm{j}X_{\mathrm{m}}=8.34+\mathrm{j}82.6(\Omega)$$

$$Z_2'=\frac{R_2'}{s_{\mathrm{N}}}+\mathrm{j}X_{2\sigma}'=\frac{1.047}{0.028}+\mathrm{j}4.4=37.39+\mathrm{j}4.4(\Omega)$$

取 $\dot{U}_1=380\angle0^\circ$ 作为参考相量，得

$$\begin{aligned}\dot{I}_{\mathrm{m}}&=\frac{\dot{U}_1}{Z_1+Z_{\mathrm{m}}}=\frac{380\angle0^\circ}{1.375+\mathrm{j}2.43+8.34+\mathrm{j}82.6}\\&=4.456\angle-83.46^\circ=0.508-\mathrm{j}4.43(\mathrm{A})\end{aligned}$$

$$\begin{aligned}\dot{I}_2'&=\frac{-\dot{U}_1}{Z_1+Z_2'}=\frac{-380\angle0^\circ}{1.375+\mathrm{j}2.43+37.39+\mathrm{j}4.4}\\&=9.65\angle170^\circ=-9.5+\mathrm{j}1.67(\mathrm{A})\end{aligned}$$

定子电流

$$\begin{aligned}\dot{I}_1&=\dot{I}_{\mathrm{m}}'-\dot{I}_2'=0.508-\mathrm{j}4.43+9.5-\mathrm{j}1.67\\&=10.01-\mathrm{j}6.1=11.72-\angle31.36^\circ(\mathrm{A})\end{aligned}$$

功率因数

$$\cos\varphi_1=\cos31.36^\circ=0.854(\text{滞后})$$

输入功率

$$P_1=3U_1I_1\cos\varphi_1=3\times380\times11.72\times0.854=11410(\mathrm{W})$$

总机械功率

$$\begin{aligned}P_{\mathrm{mec}}&=3I_2'^2\frac{1-s}{s}R_2'\\&=3\times9.65^2\times\frac{1-0.028}{0.028}\times1.047=10154(\mathrm{W})\end{aligned}$$

输出功率
$$P_2 = P_{mec} - p_{mec} - p_{ad} = 10154 - 77 - 50 = 10027(W)$$

效率
$$\eta = \frac{P_2}{P_1} = \frac{10027}{11410} = 87.87\%$$

本例中，采用Γ形等效电路计算出的额定运行时的输出功率 $P_2 = 10.027$kW 与额定功率 10kW 仅差 0.07%。

6.2.5 异步电机的参数测定

为了利用等效电路去计算异步电动机的运行特性，必须先知道参数 R_1、$X_{1\sigma}$、R_2'、$X_{2\sigma}'$、R_m、X_m。和变压器一样，对于已制成的异步电机，可以通过空载试验和短路（堵转）试验来确定其参数。

1. 空载试验

空载试验的目的是确定电机的励磁参数 R_m、X_m，以及铁耗 p_{Fe} 和机械损耗 p_{mec}。试验是在转子轴上不带任何负载，电源频率 $f = f_1$，转速 $n \approx n_1$ 的情况下进行。用调压器改变试验电压的大小，使定子端电压从 $1.1U_{1N} \sim 1.2U_{1N}$，逐步下降到 $0.3U_{1N}$ 左右。每次记录电动机的端电压 U_1、空载电流 I_0 和空载功率 P_0，即可得到电动机的空载特性 $I_0 = f(U_1)$，$P_0 = f(U_1)$，如图 6-19 所示。

空载时，忽略附加损耗，电动机的三相输入功率全部用以克服定子铜耗、铁耗和转子的机械损耗，所以从空载功率 P_0 减去定子铜耗，即得铁耗和机械损耗两项之和。

$$P_0 - m_1 I_0^2 R_1 = p_{Fe} + p_{mec} \tag{6-45}$$

由于铁耗基本上与端电压的平方成正比，机械损耗则仅与转速有关而与端电压的高低无关，因此把铁耗和机械损耗两项之和与端电压的平方值画成曲线 $p_{Fe} + p_{mec} = f(U_1^2)$，则该曲线将近似为一直线，如图 6-20 所示。把该线延长到 $U_1 = 0$ 处，则该处的纵坐标就表示机械损耗 p_{mec}，虚线以上部分则是随电压而变化的铁耗。

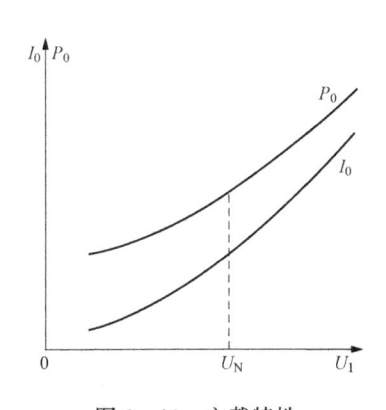

图 6-19 空载特性

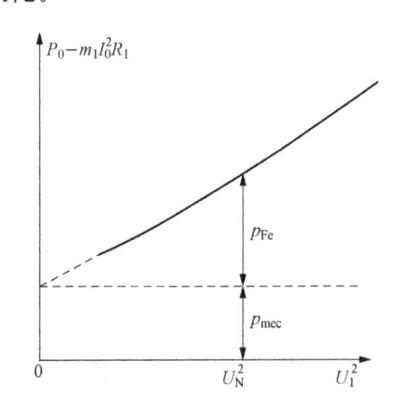

图 6-20 铁耗和机械损耗的分离

根据额定电压时空载试验的 I_0 和 P_0 可算出

$$|Z_0| = \frac{U_1}{I_0} \quad R_0 = \frac{P_0 - p_{mec}}{m_1 I_0^2} \quad X_0 = \sqrt{|Z_0|^2 - R_0^2} \tag{6-46}$$

式中：U_1 为相电压；I_0 为相电流。

空载时，转差率 $s \approx 0$，转子可认为开路，于是根据等效电路

$$X_0 = X_m + X_{1\sigma} \tag{6-47}$$

因此从短路试验测得 $X_{1\sigma}$ 后，即可求得励磁电抗

$$X_m = X_0 - X_{1\sigma} \tag{6-48}$$

励磁电阻则为

$$R_m = R_0 - R_1 \tag{6-49}$$

2. 短路试验

短路（堵转）试验的目的是确定异步电机的漏阻抗。试验在转子短路且堵转情况（$s=1$）下进行。调节试验电压，使 $U_1 \approx 0.4U_N$ [对小型电动机，若条件允许，最好从 $U_1 \approx (0.9 \sim 1.0)U_N$ 做起]，然后逐步降低电压，每次记录定子的端电压 U_1、定子电流 I_k 和功率 P_k，即可得到短路特性 $I_k = f(U_k)$，$P_k = f(U_k)$，如图 6-21 所示。

堵转（$s=1$）时的等效电路如图 6-22 所示，由于 Z_m 比漏阻抗大很多，所以定子电流主要由定、转子的漏阻抗所限制。因此即使在 $0.4U_N$ 下进行堵转试验，定子电流仍然很大，可达额定电流的 2.5~3.5 倍。为避免定子绕组过热，试验应尽快进行。

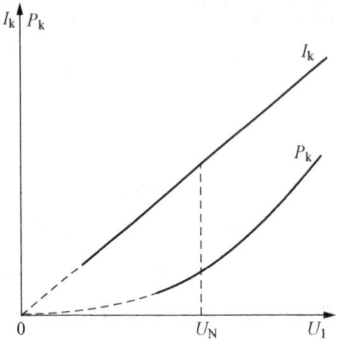

图 6-21 短路特性

根据堵转试验数据，可求出堵转时的阻抗（即短路阻抗）Z_k、电阻 R_k 和电抗 X_k 为

$$|Z_k| = \frac{U_1}{I_k}, \quad R_k = \frac{P_k}{m_1 I_k^2}, \quad X_k = \sqrt{|Z_k|^2 - R_k^2} \tag{6-50}$$

根据图 6-22，由于 $X_m \gg R_m$，忽略 R_m，可得短路阻抗为

$$Z_k = R_k + jX_k = R_1 + jX_{1\sigma} + \frac{jX_m(R_2' + jX_{2\sigma}')}{R_2' + j(X_m + X_{2\sigma}')} \tag{6-51}$$

将式（6-51）实部、虚部分开

$$R_k = R_1 + R_2' \frac{X_m^2}{R_2'^2 + (X_m + X_{2\sigma}')^2} \tag{6-52}$$

$$X_k = X_{1\sigma} + X_m \frac{R_2'^2 + X_{2\sigma}'^2 + X_m X_{2\sigma}'}{R_2'^2 + (X_m + X_{2\sigma}')^2} \tag{6-53}$$

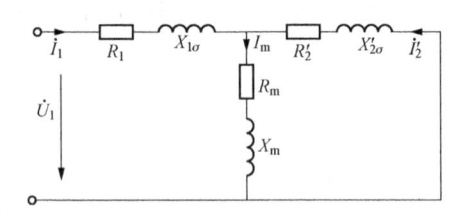

图 6-22 堵转时异步电机的等效电路

根据空载试验 $X_m = X_0 - X_{1\sigma}$，并近似认为 $X_{1\sigma} = X_{2\sigma}'$，代入式（5-52）、式（6-63）中，解出

$$R_2' = (R_k - R_1) \frac{X_0}{X_0 - X_k} \tag{6-54}$$

$$X_{1\sigma} = X_{2\sigma}' = X_0 - \sqrt{\frac{X_0 - X_k}{X_0}(R_2'^2 + X_0^2)} \tag{6-55}$$

对于大中型异步电机，由于励磁电抗 X_m 很大，励磁支路可以近似认为开路，这时

$$R_k = R_1 + R_2'$$

$$X_{1\sigma} = X_{2\sigma}' = \frac{1}{2} X_k \tag{6-56}$$

6.2.6 笼形转子的极数、相数和参数归算*

绕线式转子有明显的相数和极数，设计转子绕组时，必须使转子极数等于定子极数，否

则没有平均电磁转矩,电机就无法工作。但笼形转子的绕组是由导条加端环构成,其相数、极数和每相参数怎样确定?

1. 笼形转子的极数、相数和绕组数据

(1) 极数。笼形绕组中流过电流将产生转子磁场,它的磁极对数取决于导条中电流在空间的分布。在两极旋转磁场中,导条电流分为两个区域,产生两个磁极,与气隙磁场极数相同。即,笼形绕组本身无固定极数,它完全取决于气隙磁场,即恒等于定子绕组极数为

$$p_1 = p_2 = p \tag{6-57}$$

(2) 相数。笼形绕组相邻两根导条感应电动势大小相等,相位差 α 角。在 Z_2/p 为整数时,每一对磁极下有 Z_2/p 根导体,构成一电动势星形图。所以笼形绕组是一个多相对称绕组,其相数等于一对磁极下的导体数,即

$$m_2 = \frac{Z_2}{p} \tag{6-58}$$

在多极电机中,有 p 个星形图,处于相应位置的导体可看成是同一相的 p 根导体并联,即支路数 $a=p$,当 Z_2/p 不为整数时,Z_2 根导条的电动势构成一个多相绕组,故

$$\left. \begin{array}{l} m_2 = Z_2 \\ a = 1 \end{array} \right\} \tag{6-59}$$

(3) 绕组匝数和绕组系数。由于电动势星形图中每个相量构成一相,每相仅有一根导体,一根导体不存在分布与短距问题,故笼形绕组每相串联匝数 N_2 及绕组系数 k_{N2} 为

$$\left. \begin{array}{l} N_2 = \dfrac{1}{2} \\ k_{N2} = 1 \end{array} \right\} \tag{6-60}$$

2. 笼形转子的参数计算

在图 6-23 (a) 中,每根导条的电阻为 R_B、漏抗为 X_B,每段端环为 R_R、X_R。仿照将三角形等效变换成星形而保持被变换部分有功、无功功率不变,现将端环的正多边形阻抗变换成正多角形,如图 6-23 (b) 所示。变换关系可表示为

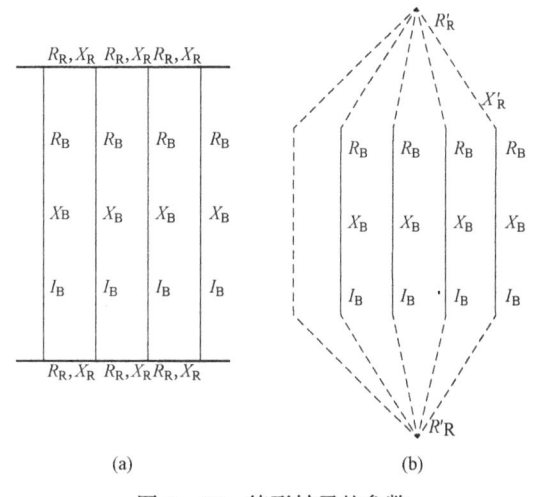

图 6-23 笼形转子的参数
(a) 导条和端环阻抗;(b) 把端环阻抗折算到导条里

$$\left. \begin{array}{l} R'_R = \dfrac{R_R}{4 \sin^2 \dfrac{p\pi}{Z_2}} \\ X'_R = \dfrac{X_R}{4 \sin^2 \dfrac{p\pi}{Z_2}} \end{array} \right\} \tag{6-61}$$

故转子每相电阻和漏抗分别为

$$\left. \begin{array}{l} R_2 = R_B + 2R'_R \\ X_{2\sigma} = X_B + 2X'_R \end{array} \right\} \tag{6-62}$$

因为 $m_2 = Z_2$,$N_2 = \dfrac{1}{2}$,$K_{N2} = 1$,故有

$$k_e k_i = \frac{m_1}{m_2}\left(\frac{N_1 K_{N1}}{N_2 K_{N2}}\right)^2 = \frac{4m_1(N_1 K_{N1})^2}{Z_2} \tag{6-63}$$

则折算到定子的转子电阻、漏电抗为

$$\left.\begin{array}{l}R'_2 = k_e k_i R_2 \\ X'_{2\sigma} = k_e k_i X_{2\sigma}\end{array}\right\} \tag{6-64}$$

6.3 异步电机的功率、转矩和工作特性

6.3.1 异步电机的功率、转矩平衡方程

异步电机是一种机电能量转换元件，本节将从能量观点出发阐述异步电机的能量转换过程，分析其功率和转矩的平衡关系。

在异步电机的T形等效电路（图6-24）中，当异步电动机以转速n（转差率为s）稳定运行时，从电源输入的功率为P_1，且

$$P_1 = m_1 U_1 I_1 \cos\varphi_1 \tag{6-65}$$

式中：m_1为定子绕组的相数。

定子铜耗为

$$p_{Cu1} = m_1 I_1^2 R_1 \tag{6-66}$$

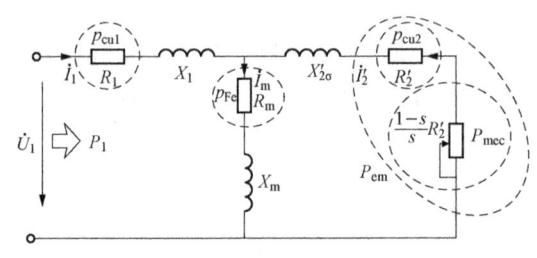

图6-24 异步电机的T形等效电路中的功率与损耗

正常运行时异步电动机的转速接近同步转速，转子电流频率很低，$f_2=(0.5\sim2)\text{Hz}$，故转子铁耗可以忽略，因此电动机铁耗只有定子铁耗，即

$$p_{Fe} = m_1 I_m^2 R_m \tag{6-67}$$

P_1在扣除定子铜耗p_{Cu1}、定子铁耗p_{Fe}之后的功率则借助于气隙中旋转磁场由定子传递给转子，转子上这一功率是通过电磁感应而获得的，故称为电磁功率P_{em}，即

$$P_{em} = P_1 - p_{Cu1} - p_{Fe} = m_1 I_2'^2 \frac{R_2'}{s} \tag{6-68}$$

转子绕组铜耗

$$p_{Cu2} = m_1 I_2'^2 R_2' = s P_{em} \tag{6-69}$$

电磁功率在扣除转子铜耗之后，就是模拟电阻$\frac{1-s}{s}R_2'$上的电功率，它代表总机械功率，即由电功率转换而来的总机械功率

$$P_{mec} = P_{em} - p_{Cu2} = m_1 I_2'^2 \frac{1-s}{s} R_2' = (1-s) P_{em} \tag{6-70}$$

因此，电磁功率、转子铜耗和总机械功率之间满足如下关系

$$P_{em} : p_{Cu2} : P_{mec} = 1 : s : (1-s)$$

总机械功率在扣除机械损耗p_{mec}、附加损耗p_{ad}之后，才是转轴输出的机械功率

$$P_2 = P_{mec} - p_{mec} - p_{ad} \tag{6-71}$$

综上所述，异步电动机的功率流程图如图6-25所示。

异步电机转轴上各种机械功率除以转子机械角速度Ω

图6-25 异步电动机的功率流图

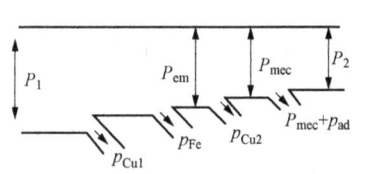

就得到相应的转矩。P_{mec} 是借助于气隙旋转磁场由定子传递到转子上的总机械功率，与之相对应的总机械转矩称为电磁转矩，即

$$T_{em} = \frac{P_{mec}}{\Omega} \qquad (6-72)$$

其中，机械角速度

$$\Omega = \frac{2\pi n}{60} = \frac{2\pi(1-s)n_1}{60} = (1-s)\Omega_1 \qquad (6-73)$$

式中：Ω_1 为同步角速度。

输出转矩

$$T_2 = \frac{P_2}{\Omega} \qquad (6-74)$$

空载转矩

$$T_0 = \frac{p_{mec} + p_{ad}}{\Omega} \qquad (6-75)$$

于是转矩平衡方程为

$$T_{em} = T_2 + T_0 \qquad (6-76)$$

另外

$$T_{em} = \frac{P_{mec}}{\Omega} = \frac{P_{mec}}{(1-s)\Omega_1} = \frac{P_{em}}{\Omega_1} \qquad (6-77)$$

式（6-77）说明，电磁转矩等于电磁功率除以同步角速度，也等于总机械功率除以转子机械角速度。前者是以旋转磁场对转子做功这一概念为依据的，因为旋转磁场以同步角速度旋转而驱动转子转动，旋转磁场所做的功，即通过气隙送到转子的为电磁功率，所以有 $T_{em}=P_{em}/\Omega_1$；后者则是以转子本身产生的机械功率来表示的，由于转子本身的机械角速度为 Ω，所以有 $T_{em}=P_{mec}/\Omega$。

例 6-2 一台三相感应电动机的输入功率 $P_1=8.7\text{kW}$，定子铜耗 $p_{Cu1}=440\text{W}$，铁耗 $p_{Fe}=230\text{W}$，机械损耗和杂散损耗之和 $p_{mec}+p_{ad}=289\text{W}$，转差率 $s=0.03$。试计算该电动机的电磁功率 P_{em}、转子铜耗 p_{Cu2}、机械功率 P_{mec}、输出功率 P_2 及效率 η。

解

(1) 电磁功率 $P_{em} = P_1 - p_{Cu1} - p_{Fe} = 8700 - 440 - 230 = 8030(\text{W})$

(2) 转子铜耗 $p_{Cu2} = sP_{em} = 0.03 \times 8030 = 240.9(\text{W})$

(3) 机械功率 $P_{mec} = P_{em} - p_{Cu2} = 8030 - 240.9 = 7789.1(\text{W})$

(4) 输出功率 $P_2 = P_{mec} - (p_{mec} + p_{ad}) = 7789.1 - 289 = 7.5001(\text{kW})$

(5) 效率 $\eta = \frac{P_2}{P_1} \times 100\% = \frac{7500.1}{8700} \times 100\% = 86.2\%$

6.3.2 电磁转矩

1. 物理表达式

异步电机电磁转矩的物理表达式描述了电磁转矩与主磁通、转子有功电流的关系。根据式（6-77），电磁转矩为

$$T_{em} = \frac{P_{em}}{\Omega_1} = \frac{1}{\Omega_1}m_1 I_2'^2 \frac{R_2'}{s} = \frac{p}{2\pi f_1}m_1 I_2' E_2' \cos\varphi_2' \qquad (6-78)$$

折算到定子方的转子相电动势为

$$E'_2 = 4.44 f_1 N_1 K_{N1} \Phi_m$$

考虑到 $I_2 = k_i I'_2$（其中 $k_i = \dfrac{m_1 N_1 K_{N1}}{m_2 N_2 K_{N2}}$），于是式（6-78）变为

$$T_{em} = \frac{p m_1 N_1 K_{N1}}{\sqrt{2}} \Phi_m I'_2 \cos\varphi'_2 = C_M \Phi_m I_2 \cos\varphi_2 \tag{6-79}$$

式中

$$C_M = \frac{p m_2 N_2 k_{N2}}{\sqrt{2}}$$

对于制成的异步电动机，C_M 是常数。考虑到 $I_2 \cos\varphi_2$ 是转子电流的有功分量，异步电机电磁转矩计算公式与直流电机的公式形式完全相同。

2. 参数表达式

异步电机电磁转矩的参数表达式描述了电磁转矩与参数的关系，其推导过程如下。

由图 6-26 所示的异步电机的等效电路可得

$$I'_2 = \frac{U_1}{\sqrt{\left(R_1 + \dfrac{R'_2}{s}\right)^2 + (X_{1\sigma} + X'_{2\sigma})^2}} \tag{6-80}$$

电磁功率

$$P_{em} = m_1 I'^2_2 \frac{R'_2}{s} = \frac{m_1 U_1^2 \dfrac{R'_2}{s}}{\left(R_1 + \dfrac{R'_2}{s}\right)^2 + (X_{1\sigma} + X'_{2\sigma})^2} \tag{6-81}$$

$$T_{em} = \frac{P_{em}}{\Omega_1} = \frac{m_1 p U_1^2 \dfrac{R'_2}{s}}{2\pi f_1 \left[\left(R_1 + \dfrac{R'_2}{s}\right)^2 + (X_{1\sigma} + X'_{2\sigma})^2\right]} \tag{6-82}$$

其中 $\Omega_1 = \dfrac{2\pi f_1}{p}$

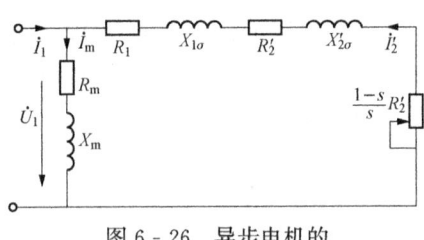

图 6-26 异步电机的简化等效电路（$\dot{c} = 1$）

在电压 U_1、频率 f_1 为常数时，电机的参数可以认为是常数，电磁转矩仅与 s 有关，其关系曲线如图 6-27 所示。

当异步电机作电动机运行时，$n = 0 \sim n_1$，$s = 1 \sim 0$。当 $s = 0$ 时，$\dfrac{R'_2}{s} \to \infty$，$T_{em} = 0$，此时转子转速等于同步转速，旋转磁场相对于转子静止，转子电动势与电流均为零，电磁转矩也为零。当 s 从零开始增大时，在开始部分，$\dfrac{R'_2}{s}$ 远大于其余各项值，故随着 s 增大，T_{em} 近似呈正比增大。当 s 较大时，$\dfrac{R'_2}{s}$ 相对变小，并且由于 $(X_{1\sigma} + X'_{2\sigma}) \gg R_1 + R'_2$，使得 s 继续增大而 T_{em} 增大变慢，并且达到一个最大值 T_{max} 之后，随 s 增大，T_{em} 反而减小，一直到 $s = 1$、$n = 0$，电磁转矩 T_{em} 降至起动转矩 T_{st}。

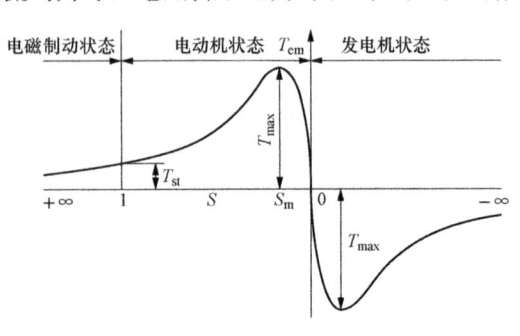

图 6-27 异步电机的转矩—转差率特性

当 $s>1$，电机运行于电磁制动状态，其转矩—转差率曲线是电动机状态曲线的延伸。

当 $s<0$，电机运行于发电机状态，其电磁转矩变为负值，对原动机起制动作用，其曲线形状与电动机状态时相似。

下面介绍异步电机作电动机状态运行时的两个特殊的电磁转矩。

(1) 最大电磁转矩。电动机在正常运行时，只要负载转矩不超过电机的最大电磁转矩，电动机可以短时过载运行。因此最大电磁转矩可以反映电动机的过载能力的大小。

为了求得最大电磁转矩，对式 (6-82) 求导，并令 $\dfrac{dT_{em}}{ds}=0$。得到发生最大转矩时的转差率、最大电磁转矩分别为

$$\left.\begin{array}{l} s_m = \pm \dfrac{R_2'}{\sqrt{R_1^2+(X_{1\sigma}+X_{2\sigma}')^2}} \\[2mm] T_{max} = \pm \dfrac{m_1 p U_1^2}{4\pi f_1 [\pm R_1 + \sqrt{R_1^2+(X_{1\sigma}+X_{2\sigma}')^2}]} \end{array}\right\} \qquad (6-83)$$

式中，正号用于电动机状态，负号用于发电机状态。通常 $R_1^2 \ll (X_{1\sigma}+X_{2\sigma}')^2$，故 R_1^2 可以略去，于是式 (6-83) 可以简化为

$$s_m = \pm \dfrac{R_2'}{X_{1\sigma}+X_{2\sigma}'} \qquad (6-84)$$

$$T_{max} = \pm \dfrac{m_1 p U_1^2}{4\pi f_1 (X_{1\sigma}+X_{2\sigma}')} \qquad (6-85)$$

由式 (6-84)、式 (6-85) 可知，电磁转矩最大值 T_{max} 有以下特点：

1) 在给定频率下，T_{max} 与 U_1^2 呈正比，而 s_m 与 U_1 无关。当电动机在额定负载下运行时，若电压降低过多，以致最大电磁转矩 T_{max} 小于总制动转矩 (T_2+T_0)，将导致停转事故。电压降低时的 $T_{em}=f(s)$ 曲线如图 6-28 (a) 所示。

2) 最大电磁转矩与转子电阻无关，但 s_m 与 R_2' 呈正比。故当转子回路电阻增加（如绕线式转子串入附加电阻）时，T_{max} 虽然不变，但发生最大电磁转矩的转差率 s_m 增大，整个 $T_{em}=f(s)$ 曲线向左移，如图 6-28 (b) 所示。

3) 在频率 f_1 一定时，$X_{1\sigma}+X_{2\sigma}'$ 越大，T_{max} 越小。

异步电机的过载能力定义为

$$k_M = \dfrac{T_{max}}{T_N} \qquad (6-86)$$

式中：T_N 为额定转矩。

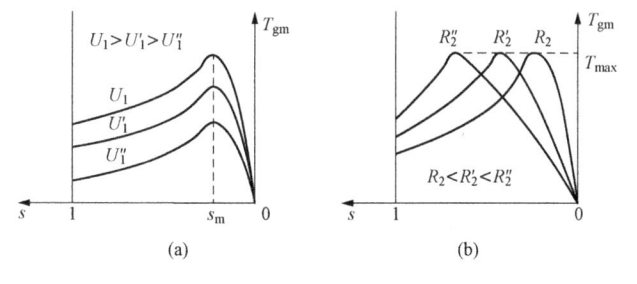

图 6-28 参数变化时的 $T_{em}=f(s)$ 曲线
(a) 电压降低时；(b) 转子回路电阻增加时

过载能力是异步电动机重要的性能指标之一。对于一般异步电动机，$k_M=1.6\sim2.5$。最大转矩越大，其短时过载能力越强。

(2) 起动转矩。由式 (6-82)，令 $s=1$ 得

$$T_{st}=\frac{m_1 p U_1^2 R_2'}{2\pi f_1[(R_1+R_2')^2+(X_{1\sigma}+X_{2\sigma}')^2]} \qquad (6-87)$$

若要求起动时，电磁转矩达到最大，可令式 (6-84) 中 $s_m=1$，此时转子回路电阻为

$$R_{st}'+R_2'=X_{1\sigma}+X_{2\sigma}' \qquad (6-88)$$

对于绕线式异步电动机，当转子回路串电阻 R_{st}，且满足式 (6-88) 时，起动转矩等于最大电磁转矩。

通常用起动转矩倍数 k_{st} 来描述起动性能，即

$$k_{st}=\frac{T_{st}}{T_N} \qquad (6-89)$$

例 6-3 已知一台三相四极笼型异步电动机数据如下：$P_N=10\text{kW}$，$U_N=380\text{V}$，定子三角形接法，$n_N=1458\text{r/min}$，$R_1=1.375\Omega$，$R_2'=1.047\Omega$，$X_m=82.6\Omega$。在正常运行时，$X_{1\sigma}=2.43\Omega$，$X_{2\sigma}'=4.4\Omega$；在起动时，$X_{1\sigma}=1.65\Omega$，$X_{2\sigma}'=2.24\Omega$。试计算：

(1) 额定电磁转矩。
(2) 最大电磁转矩和过载能力 k_M。
(3) 起动转矩及起动转矩倍数 k_{st}。

解 由于极对数为 2，根据 $n=60f/p$，可知 $n_1=1500\text{r/min}$。

$$s_N=\frac{n_1-n_N}{n_1}=\frac{1500-1458}{1500}=0.028$$

(1) 由式 (6-82) 得

$$T_{emN}=\frac{m_1 p U_N^2 \dfrac{R_2'}{s_N}}{2\pi f_1\left[\left(R_1+\dfrac{R_2'}{s_N}\right)^2+(X_{1\sigma}+X_{2\sigma}')^2\right]}$$

$$=\frac{3\times 2\times 380^2\times\dfrac{1.047}{0.028}}{2\pi\times 50\left[\left(1.375+\dfrac{1.047}{0.028}\right)^2+(2.43+4.4)^2\right]}$$

$$=66.5\text{N}\cdot\text{m}$$

(2) 由式 (6-85) 得

$$T_{max}=\frac{m_1 p U_1^2}{4\pi f_1[R_1+\sqrt{R_1^2+(X_{1\sigma}+X_{2\sigma}')^2}]}$$

$$=\frac{3\times 2\times 380^2}{4\pi\times 50\times[1.375+\sqrt{1.375^2+(2.43+4.4)^2}]}$$

$$=165.3\text{N}\cdot\text{m}$$

额定输出转矩 $\quad T_{2N}=\dfrac{P_N}{\Omega}=\dfrac{10\times 10^3}{2\pi\times\dfrac{1458}{60}}=65.5(\text{N}\cdot\text{m})$

过载能力 $\quad k_M=\dfrac{T_{max}}{T_{2N}}=\dfrac{165.3}{65.5}=2.52$

(3) $s=1$ 时，起动参数 $X_{1\sigma}=1.65\Omega$，$X'_{2\sigma}=2.24\Omega$

起动时负载支路电流

$$I'_2 = \frac{380}{\sqrt{(1.375+1.047)^2+(1.65+2.24)^2}} = 82.93(\text{A})$$

起动时电磁功率

$$P_{em} = 3I'^2_2 R'_2 = 3\times 82.93^2 \times 1.047 = 21602(\text{W})$$

$$T_{st} = \frac{P_{em}}{\Omega_1} = \frac{21602}{2\pi \times \frac{1500}{60}} = 137.53(\text{N}\cdot\text{m})$$

起动转矩倍数

$$k_{st} = \frac{T_{st}}{T_N} = \frac{137.53}{65.5} = 2.01$$

3. 实用表达式

在电力拖动系统设计工作中，还有一种更简单实用的方法来获得 T_{em} 与 s 的关系。公式推导如下。

由式（6-84）得

$$X_{1\sigma} + X'_{2\sigma} = \frac{R'_2}{s_m} \tag{6-90}$$

将式（6-90）代入式（6-85），得

$$T_{max} = \frac{m_1 p U_1^2}{4\pi f_1 \frac{R'_2}{s_m}} \tag{6-91}$$

将式（6-90）代入式（6-82），忽略 R_1，得

$$T_{em} = \frac{m_1 p U_1^2 \frac{R'_2}{s}}{2\pi f_1 \left[\left(\frac{R'_2}{s}\right)^2 + \left(\frac{R'_2}{s_m}\right)^2\right]} \tag{6-92}$$

根据式（6-91）和式（6-92），得到实用表达式为

$$\frac{T_{em}}{T_{max}} = \frac{2}{\frac{s_m}{s} + \frac{s}{s_m}} \tag{6-93}$$

由（6-93），通过查阅电机手册或根据铭牌数据可以对电机的转矩表达式进行估算。例如，我们知道了电动机的额定功率 P_N、转速 n_N、过载能力 k_M，就可以计算出 T_{max}、s_m，从而可以确定（6-93）中的 T_{em} 与 s 的函数关系。

6.3.3 异步电动机的工作特性

异步电动机的工作特性是指在额定电压、额定频率下，异步电动机的转差率 s、效率 η、功率因数 $\cos\varphi_1$、定子电流 I_1 以及输出转矩 T_2 与输出功率 P_2 的关系曲线。

1. 转差率特性 $s=f(P_2)$

在空载运行时，$P_2=0$，$s\approx 0$，$n\approx n_1$。随着负载的增加，转速 n 要略微降低，这时转子电动势 E_{2s} 增大，转子电流 I_{2s} 增大，以产生大的电磁转矩来平衡负载转矩。因此，随着 P_2 的增加，转子转速下降，转差率 s 增大，转差率特性 $s=f(P_2)$。如图 6-29 所示。

此外，根据电磁转矩的公式，在 $s=[0,s_m]$ 区间，近似有

$$T_2 \approx T_{em} \propto s$$
$$P_2 \propto T_2 n \propto sn \propto s(1-s)$$

故在此区间，随 P_2 增大，s 随之增大，而转速 n 呈下降趋势，这和并励直流电动机是相似的。

2. 定子电流特性 $I_1 = f(P_2)$

异步电动机定子电流 $\dot{I}_1 = \dot{I}_m + (-\dot{I}_2')$，空载运行时 $\dot{I}_2' = 0$，定子电流 $\dot{I}_1' = \dot{I}_m$ 是励磁电流。随着 P_2 的增大，转子电流增大，与之平衡的定子电流 I_1 也增大。定子电流特性曲线如图 6-29 所示。

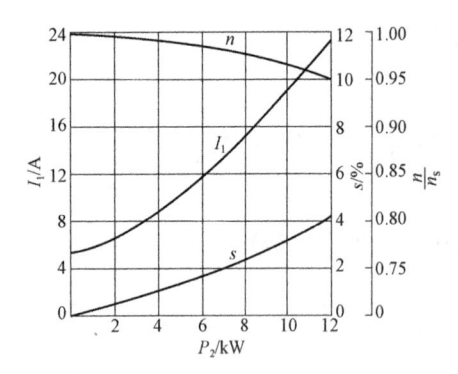

图 6-29 异步电机的 I_1，$s=f(P_2)$

3. 效率特性

电动机的效率为

$$\eta = \frac{P_2}{P_1} = 1 - \frac{\sum p}{P_1} \tag{6-94}$$

式中：$\sum p$ 为电动机总损耗，$\sum p = p_{Cu1} + p_{Cu2} + p_{Fe} + p_{mec} + p_{ad}$。

在空载运行时，$P_2=0$，$\eta=0$。从空载到额定负载运行，由于主磁通变化很小，故铁耗认为不变，在此区间转速变化很小，故机械损耗也认为不变。上述两项损耗称为不变损耗。而定、转子铜耗与各自电流的平方成正比，附加损耗也随负载的增加而增加，这三项损耗称为可变损耗。当 P_2 从零开始增加时，总损耗 $\sum p$ 增加较慢，效率上升很快，在可变损耗与不变损耗相等时（即 $p_{Cu1} + p_{Cu2} + p_{ad} = p_{Fe} + p_{mec}$），$\eta$ 达到最大值，当 P_2 继续增大，由于定、转子铜耗增加很快，效率反而下降，如图 6-30 所示。对于普通中小型异步电动机，效率约在 $\left(\frac{1}{4} \sim \frac{3}{4}\right) P_N$ 时达到最大。

4. 功率因数特性 $\cos\varphi_1 = f(P_2)$

异步电动机必须从电网吸收滞后的电流来励磁，其功率因数永远小于 1。空载运行时，异步电机的定子电流基本上是励磁电流 I_m，因此空载时功率因数很低，通常小于 0.2。随着 P_2 的增大，定子电流的有功分量增加，$\cos\varphi_1$ 增大，在额定负载附近，$\cos\varphi_1$ 达到最大值。当 P_2 继续增大时，转差 s 变大，使转子回路阻抗角 $\varphi_2 = \arctan\frac{sX_{2\sigma}}{R_2}$ 变大，$\cos\varphi_2$ 下降，从而使 $\cos\varphi_1$ 下降，功率因数曲线如图 6-30 所示。

5. 转矩特性 $T_2 = f(P_2)$

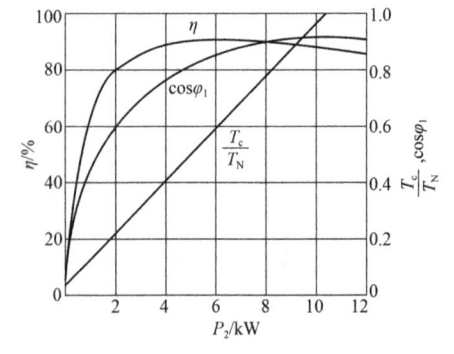

异步电动机的轴端输出转矩 $T_2 = \frac{P_2}{\Omega}$，其中 $\Omega = \frac{2\pi n}{60}$ 为机械角速度。从空载到额定负载，转速 n 变化很小，所以 $T_2 = f(P_2)$ 可以近似地认为是一条过零点的斜线，如图 6-30 所示。

图 6-30 异步电机的 T_2，$\cos\varphi_1$，$\eta = f(P_2)$

6.4 三相异步电机的单相运行及单相异步电机

三相异步电动机在运行中,当电源一根线断开,或星形接线的定子绕组发生一相断线故障时,三相异步电动机便处于单相运行状态。单相运行是三相异步电动机常见的一种故障,船上三相异步电动机定子绕组的绝缘烧坏,大部分是由于这一故障所造成的,因此有必要对其进行分析,以便了解其特点和危害。

6.4.1 三相异步电动机的单相运行分析

为了了解三相异步电动机单相运行时的特点,进行下面的实验:如图 6-31 所示,当断开 S2,合上 S1 进行起动时,电动机不能起动,且发出嗡嗡声,同时 A 相和 C 相的电流很大,可达 $3.5I_N \sim 6I_N$,显然这种情况下,持续时间一长,电机绕组就会烧坏;如果先合上 S2,将电动机起动起来且在转速稳定后,断开 S2,则电机仍将继续旋转,但电流比正常时大,且电机的噪声比正常时大。

上述现象的发生,是由于单相运行时定子磁场性质和电磁转矩发生改变所引起的,因此首先分析这两个问题。

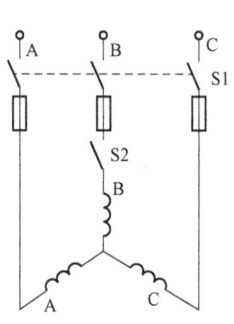

图 6-31 三相异步电机断相实验

1. 单相运行时的定子磁场

设定子三相绕组为星形接线,B 相断线,则 A 相与 C 相的电流 $i_A = i_C$,它们产生的磁场如图 6-32(b)所示。由于电流是交变的,A 相和 C 相在其轴线上各自产生脉振磁通势 $\boldsymbol{F}_{A1}$ 和 $\boldsymbol{F}_{C1}$,且两者的脉振是同步的(因为 $i_A = i_C$)。$\boldsymbol{F}_{A1}$ 和 $\boldsymbol{F}_{C1}$ 的幅值相同,为

$$F_{A1} = F_{C1} = 0.9 \frac{NK_{N1}}{p} I_\phi$$

式中,$I_\phi = I_A = I_C$。

根据图 6-32(b),$\boldsymbol{F}_{A1}$ 和 $\boldsymbol{F}_{C1}$ 矢量合成后即得合成磁通势 $\boldsymbol{F}_1$,其幅值为

$$F_1 = \sqrt{3} \times 0.9 \frac{NK_{N1}}{p} I_\phi = 1.559 \frac{NK_{N1}}{p} I_\phi \quad (6-95)$$

以图中所示的 B 所在的位置为坐标原点,可以写出两相电流合成磁通势的表达式为

$$f_1 = F_1 \cos\theta_s \cos\omega t \quad (6-96)$$

此时,电机三相绕组中虽然有两相通过电流,但是合成的磁通势与只有单相绕组通过电流时一样,产生的是脉振磁通势。

2. 单相运行时的电磁转矩

根据式(5-59),脉振磁通势可以分

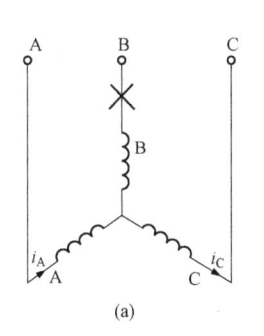

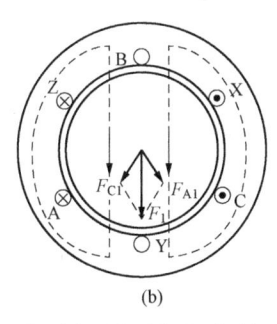

图 6-32 三相异步电机单相运行时定子电路与定子磁场
(a) 接线图;(b) 产生的磁场

解为两个幅值相等,转向相反的圆形旋转磁通势,即 $f_1 = f_{1+} + f_{1-}$,旋转磁通势的幅值等于脉振磁通势的一半。据此,可以把单相绕组等效为相序不同,其他参数均相同的两套三相绕组。将每套三相绕组产生的电磁转矩分别求出后进行合成,即单相运行时的电磁转矩。三相绕组的电磁转矩公式为式(6-82),设正向旋转的磁场产生的电磁转矩 $T_{em}^+ = f(s)$ 的曲

线如图 6-33 中的曲线①。同理可得，反向旋转的磁场产生的电磁转矩 $T_{em}^-=f(s^-)$ 的表达式同式（6-82），而

$$s^-=\frac{-n_1-n}{-n_1}=\frac{2n_1-n_1+n}{n_1}=2-\frac{n_1-n}{n_1}=2-s \quad (6-97)$$

将式（6-97）代入 $T_{em}^-=f(s^-)$ 可得 $T_{em}^-=f(s)$，注意到 T_{em}^- 的方向与 T_{em}^+ 相反，可画出 $T_{em}^-=f(s)$ 的曲线，见图 6-33 中的曲线②。单相运行时的电磁转矩等于这两个电磁转矩之和，即：$T_{em}=T_{em}^++T_{em}^-$。将曲线①和曲线②逐点相加就得到 $T_{em}=f(s)$ 的曲线，见图 6-33 中的曲线③。

从图 6-33 可知，单相运行的异步电动机如果在静止不动时通电，此时 $n=0$，$s=1$，电磁转矩 $T_{em}=0$，电动机无法起动。如果电机以转速 n 运行时，发生断线故障，变为单相运行，如果 $n>0$，此时 $T_{em}>0$，在负载转矩不大的情况下，电机能够继续旋转。以上分析很好地解释了实验现象。

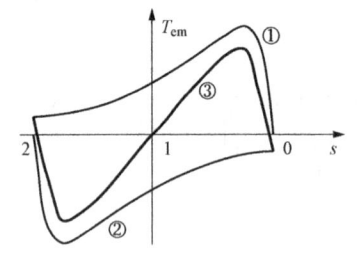

图 6-33 单相运行时的电磁转矩 $T_{em}=f(s)$ 曲线

3. 单相运行时的定子电流

单相起动时，电机不能自行起动，此时电机处于堵转（短路）状态，电路图见图 6-32（a），设定子线电压为 U_N，单相的短路阻抗为 Z_K，则起动电流为 $I'_{st}=\frac{U_N}{2Z_K}$。电机三相正常时的起动电流为 $I_{st}=\frac{U_N/\sqrt{3}}{Z_K}\approx(4\sim7)I_N$。因此，单相起动时 $I'_{st}\approx(3.5\sim6)I_N$，大大超过额定电流，时间稍长就会烧坏绕组。

当转子以转速 n 旋转时，定子绕组断线，此时电机虽然能够继续转动，但在相同负载下，定子电流将比正常运行时要大。如果原来负载较大（如额定负载），则断相后电流将超过额定值，时间稍长绕组也将被烧坏。

电机单相运行时由于存在反向磁场，电机有较大的噪声。

6.4.2 单相异步电机

在工作与生活中，使用最多的常常是单相电源，因此单相异步电动机应用非常广泛，如电风扇、电钻、空调和冰箱的压缩机等。所谓单相异步电动机，是指由单相电源供电的异步电动机。由上节可知，如果单相电源供电给单相绕组，电机中产生的是脉振磁场，电机无法自行起动。因此单相异步电动机首先要解决起动问题，根据起动方法的不同，单相异步电机分为电容起动电动机、罩极起动电动机两种类型。

1. 电容起动异步电动机

单相电容起动异步电动机接在单相电源上运行，通常它的定子上有两个绕组，一个工作绕组和一个起动绕组，转子是普通的笼形转子，如图 6-34 所示。起动绕组一般只在起动时接入，起动完毕就从电源断开，所以正常运行时只有一个工作绕组接在电源上。

为了起动时在气隙中建立旋转磁场，单相电容起动异步电动机的定子上装置了一个起动绕组，它与工作绕组在空间上相距 90°电角度（$\varphi_{st}+\varphi_1=90°$），如图 6-34 所示。如果起动绕组的脉振磁通势的振幅 F_2 和工作绕组的脉振磁通势的振幅 F_1 大小相等，但在脉振的时间相位上两者相差 90°，就能够获得圆形旋转磁场。证明如下：假设工作绕组产生的脉振磁通势为

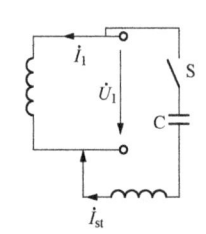

图 6-34 单相电容起动异步电动机原理图

$$f_1(\theta_s,t) = F_1\cos\theta_s\cos\omega t \tag{6-98}$$

起动绕组产生的脉振磁通势为

$$f_2(\theta_s,t) = F_1\cos(\theta_s+90°)\cos(\omega t+90°) \tag{6-99}$$

两者的合成磁通势为

$$f(\theta_s,t) = f_1(\theta_s,t) + f_2(\theta_s,t) = F_1\cos(\omega t-\theta_s) \tag{6-100}$$

显然这是一个圆形旋转磁通势，它的幅值等于脉振磁通势的幅值，转速 $n_1=\dfrac{60f_1}{p}$，转向从电流超前相到电流滞后相，即从起动绕组转向工作绕组。

为了使起动绕组磁通势的幅值和相位满足要求，要求起动绕组中的电流 $\dot{I}_\text{st}$ 与工作绕组中的电流 $\dot{I}_1$ 在时间相位上相差 90°。通常采用在起动绕组中串联电容 C 的办法来满足这一要求，如图 6-34 所示。这时电流 $\dot{I}_\text{st}$ 超前单相电网电压 $\dot{U}_1$ 一个 φ_st 角，而 $\dot{I}_1$ 滞后 $\dot{U}_1$ 一个 φ_1 角。当电容 C 配置适当时，可使 $\varphi_\text{st}+\varphi_1=90°$，如图 6-35 所示。此外，为使 $F_2=F_1$，应有

$$I_\text{st}N_\text{st}K_\text{stN} = I_1N_1K_{1N}$$

式中：N_st、N_1 和 K_stN、K_{1N} 分别为起动绕组和工作绕组的匝数和绕组系数。

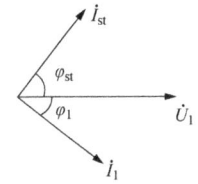

图 6-35 单相电容起动异步电动机电压、电流相量图

满足这些要求后，就能在电机气隙中产生一个圆形旋转磁场，像三相异步电动机在对称电压下起动一样，能够产生较大的起动转矩，使电动机顺利起动。这种通过串联电容使起动绕组中的电流与工作绕组的电流产生相位差来获得旋转磁场，从而获得起动转矩的方法称为分相法或裂相法。

通常，起动绕组是按短时运行设计的，为了避免过热损坏，当电动机的转速达到同步转速 n_1 的 70%~80% 时，装在电机轴上的离心式开关 S 就发生动作，自动将起动绕组切除。

起动绕组设计为不仅能供起动时使用，而且能长期接在电网上工作的电容起动异步电动机，称为电容电动机。从电机内部来说，它是一台两相异步电动机，可以提高过载能力和改善功率因数；对电网来说，它是单相电压供电。由于电动机在工作时所需电容比起动时小，可以在起动后用离心开关把多余的电容切除；也可在设计时合理选择电容，满足起动和工作的基本要求而长期工作，它在家用电器中广泛使用，特别是在风机中。

起动绕组也可以不串联电容，而串联电阻，这时 $\dot{I}_\text{st}$ 和 $\dot{I}_1$ 也有一定的相位差，电机中会产生椭圆形旋转磁场，因而也能产生一定的起动转矩，但数值较小，只用于比较容易起动的场合。用电阻法起动时，一般不外串电阻，只在设计起动绕组时，增加匝数和减小截面积以增大电阻，因而这种电动机结构简单，运行时可靠性高。电冰箱压缩机一般采用电阻分相的单相异步电动机。

2. 罩极起动异步电动机

罩极起动异步电动机的定子铁心通常做成凸极式，由硅钢片叠压而成。每个磁极上都装有工作绕组，接到单相电网上。在每个磁极的极靴上开一个小槽，用短路铜环把部分极靴（约占 1/3 极靴表面）围起来（罩起来），如图 6-36（a）所示。

当工作绕组接到电网而有单相交流电流通过时，由它产生的脉振磁通可分为两部分，一部分磁通 $\dot{\Phi}_1$ 不穿过短路环，另一部分磁通 $\dot{\Phi}_2$ 穿过短路环，显然，$\dot{\Phi}_1$ 和 $\dot{\Phi}_2$ 应同相位，因为它们都

随工作绕组的电流而变化。这时磁通 $\dot{\Phi}_2$ 便在短路环中感应出电动势 $\dot{E}_k$ 和电流 $\dot{I}_k$，其中电动势 $\dot{E}_k$ 应滞后于产生它的磁通 $\dot{\Phi}_2$ 90°，而电流 $\dot{I}_k$ 应滞后电动势 $\dot{E}_k$ 一个相位角 φ_k。

$$\varphi_k = \tan^{-1} X_k/R_k$$

式中：X_k 为由 $\dot{I}_k$ 流于短路环时所产生的全部磁通引起的电抗，即自感电抗；R_k 为短路环的有效电阻。

设由 $\dot{I}_k$ 产生的通过气隙的磁通为 $\dot{\Phi}_k$，则 $\dot{\Phi}_k$ 与 $\dot{I}_k$ 同相位。这样，得到如图 6-36（b）所示的磁通相量图，将 $\dot{\Phi}_2$ 与 $\dot{\Phi}_k$ 相量相加求得的 $\dot{\Phi}_3$ 便是实际穿过短路环的磁通。

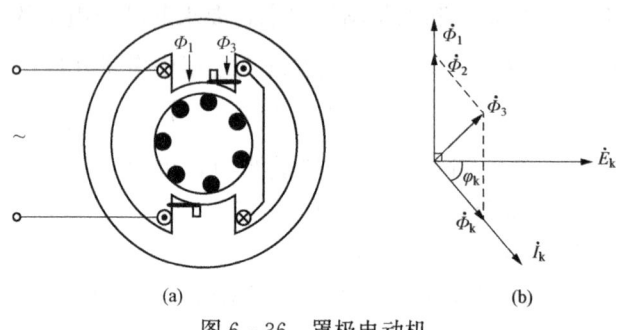

图 6-36 罩极电动机
(a) 结构原理图；(b) 磁通相量图

从以上分析可见，气隙中未罩部分的磁通 $\dot{\Phi}_1$ 和罩住部分的磁通 $\dot{\Phi}_3$ 在空间位置上和时间上都有一定的相位差，因此它们的合成磁场将是一个沿一定方向推移的磁场，在某种程度上近似于旋转磁场，因而能够产生一定的起动转矩。由于磁通 $\dot{\Phi}_1$ 超前 $\dot{\Phi}_3$，可见合成磁场推移的方向是从 $\dot{\Phi}_1$ 所在的未罩部分移向 $\dot{\Phi}_3$ 所在的罩住部分，随之转子也是沿着这个方向旋转的。

上述各种起动方法的应用情况如下：罩极起动异步电动机的起动转矩很小，只用于小型电扇、投影仪和复印机中，容量一般在 30~40W 以下；电容起动异步电动机和电容电动机主要用于需要较大起动转矩的场合，如压气机、空气调节器中，容量从几十瓦到几千千瓦；电阻起动的电动机常用于医疗器械等场合，容量从几十瓦到几百瓦。

6.5 异步发电机

在小容量的小水电站和风力发电站中，常用异步发电机，从运行看来有与电网并联运行的、单独运行的两种类型。

1. 与电网并联运行的异步发电机

异步发电机并联在大电网的运行，不存在电压的建立问题，其电压与频率由电网决定，是恒定的，对称三相电网电压加在定子三相绕组上产生旋转磁场，建立磁场的励磁电流 $\dot{I}_m$ 是由电网提供的。下面以一个例子来说明这种异步发电机的工作情况。

例 6-4 一台异步电机接在额定电压为 380V、频率 50Hz 的电网上，定子 Y 接线，$p=2$，$R_1=0.488\Omega$，$R'_2=0.408\Omega$，$X_{1\sigma}=1.2\Omega$，$X'_{2\sigma}=1.333\Omega$，$R_m=3.72\Omega$，$X_m=39.5\Omega$。现用原动机将此异步电机拖动到转速 $n=1550$r/min，试求该电机向电网输出的电功率和原动机输入的机械功率。

解 等效电路如图 6-37 所示，该电路仍是电动机状态下的等效电路，与电动机不同之处仅转差率为负，即

$$s = \frac{n_1 - n}{n_1} = \frac{1500 - 1550}{1500} = -0.0333 < 0$$

$$Z'_{2s} = \frac{R'_2}{s} + X'_{2\sigma} = \frac{0.408}{-0.0333} + j1.333 = 12.31\angle 173.78°(\Omega)$$

$$Z_m = R_m + jX_m = 3.72 + j39.5 = 39.67\angle 84.62°(\Omega)$$

$$\dot{I}_1 = \frac{\dot{U}_1}{Z_1 + \frac{Z'_{2s}Z_m}{Z'_{2s} + Z_m}}$$

$$= \frac{380/\sqrt{3}}{0.488 + j1.2 + \frac{12.31\angle 173.78° \times 39.67\angle 84.62°}{12.31\angle 173.78° + 39.67\angle 84.62°}}$$

$$= 18.63\angle -150.32°(A)$$

从电网吸收的有功功率为

$$P_1 = 3U_1 I_1 \cos\varphi_1 = 3 \times 220 \times 18.63 \times \cos 150.32°$$
$$= -10.68(kW) < 0$$

P_1 为负值表示电机实际上向电网输出有功功率 10.68kW。
从电网吸收的无功功率为

$$Q_1 = 3U_1 I_1 \sin\varphi_1 = 3 \times 220 \times 18.63 \times \sin 150.32°$$
$$= 6.09(kVA)$$

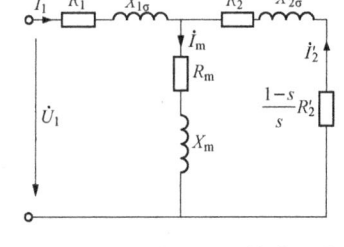

图 6-37 异步发电机等效电路

Q_1 为正表示电机仍要从电网吸收无功功率。
转子电流的折算值为

$$I'_2 = I_1 \left|\frac{Z_m}{Z'_{2s} + Z_m}\right| = 17.72(A)$$

从定子传递给转子的电磁功率为

$$P_{em} = 3I'^2_2 \frac{R'_2}{s} = 3 \times 17.72^2 \times \frac{0.408}{-0.0333}$$
$$= -11.53(kW) < 0$$

负的电磁功率表示 P_{em} 是从转子传递给定子。在转子上产生的总机械功率为

$$P_{mec} = (1-s)P_{em} = (1+0.0333) \times (-11.53)$$
$$= -11.91(kW)$$

若机械损耗、附加损耗共为 0.14kW，则

$$P_2 = P_{mec} - (p_{mec} + p_{ad}) = -11.91 - 0.14 = -12.05(kW)$$

P_2 为负值表示从转轴上输入机械功率。
总的说来，并联在大电网上的异步发电机有以下的特点：

(1) 它的电压和频率受电网制约，是恒定不变的，与电机的转速无关，对转速的要求只是 $n > n_1$。

(2) 异步发电机并入电网的步骤很简便，只要将转子带动到尽可能接近同步转速，其转向与定子旋转磁场转向一致，即可并入电网。并网后增加有功输出，只要提高原动机转速 n，则

$|s|$ 增大，$R_2'/|s|$ 减小，I_2' 增大，传递给定子的电磁功率增加，发电机输出有功功率便增加。

(3) 异步发电机总是从电网吸取滞后的无功电流来励磁，使电网的功率因数变坏。因为异步电机的励磁电流 I_m 较大，大中型异步电机 $I_m=(20\%\sim30\%)I_N$，可见如果有 3～5 台同容量的异步发电机同时接在电网上，则电网需要一台容量相等的同步发电机来专门供给它们的励磁。

2. 单独运行的异步发电机

单独运行的异步发电机在定子绕组的端点上并联电容器来提供所需的励磁电流，又称为自励感应发电机。

例 6-5 如果例 6-4 中的异步电机不与电网并联而单机对外供电，在电机定子端子上接三相三角形电容器组，发电机提供给负载的有功功率与上述情况相同，负载功率因数为 0.85（滞后），要求发电机端电压仍为 380V，频率为 50Hz，求每相电容值。

解 负载功率因数为 $\cos\varphi_L=0.85$，故

$$\sin\varphi_L = \sqrt{1-0.85^2} = 0.5268$$

负载所需无功功率为 $\quad Q_L = P_1\tan\varphi_L = 10.68\times\dfrac{0.5268}{0.85} = 6.62(\text{kVA})$

异步电机励磁无功功率为 $\quad Q_1 = 6.09(\text{kVA})$

电容器组应提供的总无功功率为

$$Q_C = Q_L + Q_1 = 6.62 + 6.69 = 12.71(\text{kVA})$$

每相电容值为 $\quad C = \dfrac{Q_C}{3U^2\omega} = \dfrac{12.71\times10^3}{3\times380^2\times2\pi\times50} = 93.4(\mu F)$

自励异步发电机由于需要价格较高、较笨重的电力电容器，并且运行时必须随着负载变化来调节电容器，因而它的应用受到很大限制。目前，在输电网不能达到的偏远地区的小型电站中才采用这种发电机。

6.6 异步电机的常见故障

笼型异步电动机由于结构简单，不存在换向器、滑环等滑动接触部分，所以它的可靠性较好。只要做到精心维护和正确使用，异步电动机是能够可靠地工作的。

但是，在某些非正常情况下，异步电动机也可能发生故障。从电机本身来看，定子绕组产生故障的可能性较大。此外，当连接线路和控制线路中存在断路或短路故障时，也会使电动机不能正常起动和正常运行。

将笼型异步电动机常见故障的现象、原因及其处理方法列表，见表 6-1～表 6-4。

表 6-1 电机不能起动或起动情况不正常

故障现象	产生故障的原因	处理方法
不能起动	(1) 机械上卡住，不能转动。 (2) 电机处于单相状态（电源一条线短路；定子绕组一根端线断路；Y接线绕组内部一相断路）。 (3) 将△接线的绕组误接成 Y（在轻负载下能起动）	(1) 盘车、检查轴承及电机转动部分和机械负载。 (2) 用万用表检查，排除断路故障。 (3) 改正绕组的接线

续表

故障现象	产生故障的原因	处理方法
接通电源后熔丝立即烧断；过电流继电器动作	(1) 熔丝太细。 (2) 过电流继电器的动作电流调得太小。 (3) 一相绕组反接。 (4) 绕组内部有相间短路或其他严重短路。 (5) 外部连接线路中有短路。 (6) 将 Y 接线的绕组误接成△	(1) 按电机额定电流的 1.5~2.5 倍更换熔丝。 (2) 调整过电流继电器的动作电流。 (3) 辨别绕组端线，正确连接绕组。 (4) 检查定子绕组。 (5) 用万用表检查，排除短路故障。 (6) 改正绕组接线方式
转子加速很慢，达不到正常转速	(1) 机械负载太重。 (2) 电源电压太低。 (3) 一相绕组反接。 (4) △接线绕组内部一相绕组断路。 (5) 转子绕组有严重断路（笼形断条较多，较多的转子导体与端环脱开，端环断裂）	(1) 减小负载。 (2) 检查电源电压。 (3) 辨别绕组端线，正确连接绕组。 (4) 检查定子绕组。 (5) 检查转子绕组

表 6-2　　　　　　　电机在轻载下起动正常，加负载后转速显著降低

故障现象	产生故障的原因	处理方法
起动正常，稍加负载后转速显著下降；定子电流表指针抖动或来回摆动	转子绕组有断路	检查转子绕组
轻载下能起动，负载较大时转速显著降低	(1) 将△接线的绕组误接成 Y。 (2) 一相绕组接反（这时电流很大，且三相电流很不平衡）。 (3) 绕组内部个别线圈组接反（这时三相电流很不平衡）	(1) 改正绕组接线方式。 (2) 辨别绕组端线，正确连接绕组。 (3) 各相绕组分别通入直流电流，用磁针检查；改正绕组内部的连接

表 6-3　　　　　　　　　　　电机过热、冒烟

故障现象	产生故障的原因	处理方法
电机过热，三相电流平衡	(1) 负载太大。 (2) 电源电压过低或过高。 (3) 将△接线的绕组误接成 Y。 (4) 将 Y 接线的绕组误接成△。 (5) 更换绕组时，匝数减少过多。 (6) 转子绕组有断路。 (7) 转子和定子铁心摩擦。 (8) 通风不好。 (9) 环境温度过高	(1) 减小负载。 (2) 检查电源电压。 (3) 改正绕组接线方式。 (4) 改正绕组接线方式。 (5) 绕组重绕时调整匝数，如不重绕，则应减小负载。 (6) 检查转子绕组。 (7) 校正转子中心线，重新装配；挫去定子、转子铁心表面突出的硅钢片；检查轴承和轴颈的配合，镶套或更换轴承。 (8) 检查风扇和风道。 (9) 降低环境温度或减小负载

续表

故障现象	产生故障的原因	处理方法
电机过热，三相电流很不平衡	(1) 电机处于单相运行状态（定子电路一线断路；Y接线绕组一相断路）。 (2) 绕组有局部断路。 (3) 一相绕组接反。 (4) △接线的绕组一相绕组断路。 (5) 电源三相电压不对称	(1) 用万用表检查，排除断路故障。 (2) 检查定子绕组。 (3) 辨别绕组端线，正确连接绕组。 (4) 检查定子绕组。 (5) 检查电源电压
轴承过热	(1) 润滑油脂过少或过多。 (2) 润滑油脂中有杂质或润滑油脂变质。 (3) 轴承磨损松动。 (4) 端盖或联轴器装配不当。 (5) 轴弯曲变形	(1) 增加或减少润滑脂。 (2) 清洗轴承，更换润滑脂。 (3) 更换轴承。 (4) 重新装配。 (5) 将轴校直

表 6-4　　　　　　　　　电机声音不正常

故障现象	产生故障的原因	处理方法
电机发出不正常的响声，产生振动	(1) 电机处于单相运行状态。 (2) 绕组内部或外部连接有错误。 (3) △接线的绕组一相绕组断路。 (4) 并联支路的绕组有支路断线。 (5) 转子绕组有断路。 (6) 一相绕组接反。 (7) 定子和转子铁心摩擦。 (8) 轴承严重缺油或轴承损坏，引起轴发声。 (9) 联轴器松动。 (10) 定子铁心压装不紧	(1) 排除断路故障。 (2) 检查并改正绕组的接线方式。 (3) 检查定子绕组。 (4) 检查定子绕组。 (5) 检查转子绕组。 (6) 辨别绕组端线，正确连接绕组。 (7) 校正转子中心线，重新装配；挫去定子、转子铁心表面突出的硅钢片；检查轴承和轴颈的配合，镶套或更换轴承。 (8) 清洗轴承后加油，或更换轴承。 (9) 拧紧联轴器螺栓。 (10) 下次更换绕组时，将铁心重新装压

本章小结

异步电机是一种交流电机，也称为感应电机，主要作电动机使用，是工农业生产中应用最广泛的一种电机。异步电机在结构上虽与变压器完全不同，但从电磁感应的本质来看，两者极为相似，因此可以采用研究变压器的方法来研究异步电机。首先建立磁通势和电动势的平衡方程，画出相量图，通过转子绕组折算和频率折算作出等效电路。异步电机与变压器的根本差别在于变压器的主磁场是脉振磁场，而异步电机的主磁场是旋转磁场。变压器的一、二次绕组都是静止的，一、二次侧的电动势同频率、同相位。而异步电机旋转时，转子频率

$f_2=sf_1$,与定子不同。因此,与变压器相比,异步电机转子需经频率折算后,才能获得与变压器形式相似的相量图和基本方程。

异步电机主要作电动机使用。在异步电动机中,不论转子的转速和转向如何,定、转子磁通势基波总是相对静止的,两者共同建立气隙旋转磁场,只有这样,定子磁通势才能自动补偿转子磁通势对主磁通的影响,使电动机从空载到满载运行时,气隙主磁通基本保持不变。也正因为如此,才能使异步电动机在任何转速下都能产生平均电磁转矩,实现机电能量转换。异步电动机的基本方程式、等效电路和相量图是分析电磁关系的三种基本方法,它们在本质上是一样的。工程计算用得最多的是等效电路,特别是简化等效电路。要理解等效电路中附加电阻 $(1-s)R_2'/s$ 是机械负载的模拟。应用等效电路时,必须知道 R_1、$X_{1\sigma}$、R_2'、$X_{2\sigma}'$、R_m、X_m 等六个基本参数,它们可通过空载试验与短路试验测出。

在异步电动机的功率与转矩关系中,要充分了解电磁转矩与电磁功率及总机械功率的关系。它是电动机进行机电能量转换的关键。电磁转矩有三个表达式:一是物理表达式(物理概念明确),二是参数表达式(电磁转矩与电动机参数的关系清楚,是研究电动机各种特性的依据),三是实用表达式[形式简单,根据产品目录数据便可绘制 $T_{em}=f(s)$ 曲线]。异步电动机的工作特性是指电源电压和频率均为额定值时,其转速、定子电流、功率因数、电磁转矩及效率与输出功率的关系,应了解清楚。

只有一个工作绕组的单相异步电动机,其单相绕组产生脉振磁场,没有起动转矩,不能自行起动。为使电动机能够起动,必须设法在气隙中建立旋转磁场。常用的方法是加辅助绕组实现分相起动(包括电阻分相与电容分相起动)和罩极起动。

在小容量的小水电站和风力发电站中,常用异步发电机。从运行看来有两种类型:一是与电网并联运行的异步发电机;二是独立运行的异步发电机。

笼型异步电动机由于结构简单,不存在换向器、滑环等滑动接触部分,所以它的可靠性较好。只要做到精心维护和正确使用,异步电动机是能够可靠地工作的。但是,在某些非正常情况下,异步电动机也可能发生故障。从电机本身来看,定子绕组产生故障的可能性较大。此外,当连接线路和控制线路中存在断路或短路故障时,也会影响电动机的起动和正常运行。通过对电机故障的检查,可以得出一些基本的处理电机故障的方法。

习 题

6-1 什么叫转差率?如何根据转差率来判断异步电机的运行状态?

6-2 异步电机转速变化时,转子磁通势相对定子的转速是否改变?相对转子的转速是否改变?

6-3 试问这三种情况下绕线式异步电动机的最大转矩,起动转矩,起动电流会有什么变化?

(1) 转子电阻增加。

(2) 漏电抗增大。

(3) 电源电压不变,但频率由 50Hz 变为 60Hz。

6-4 异步电动机定子绕组与转子绕组之间没有直接的联系,为什么负载增加时,定子电流和输入功率会自动增加,试说明其物理过程。从空载到满载电机主磁通有无变化?

6-5　异步电动机在轻载下运行时，试分析其效率和功率因数都较额定负载时低的原因。如定子绕组为△接线的异步电动机改为 Y 接线运行，空载和负载情况下对转速有何影响？对电机的过载能力又有何影响？

6-6　为什么相同容量的异步电机的空载电流比变压器的大很多？

6-7　异步电动机轴上所带的负载增大时，定子电流就会增大，试说明其原因和物理过程。

6-8　一台原来设计用在频率 60Hz 电源上的三相异步电动机，用在电压相同，而频率为 50Hz 的电源上，对电机的运行有什么影响？

6-9　异步电动机等效电路中的 $\frac{1-s}{s}R'_2$ 代表什么？能否不用电阻而用一个电感或电容去代替？

6-10　为什么异步电动机空载运行时，转子侧功率因数 $\cos\varphi_2$ 很高，而定子侧的功率因数 $\cos\varphi_1$ 却很低？

6-11　普通笼型异步电动机在额定电压下起动时，为什么起动电流很大，而起动转矩并不大？

6-12　漏抗大小对异步电动机的起动电流、起动转矩、最大转矩、功率因数等有何影响？

6-13　三相异步电动机在运行时有一相断线，能否继续运行？当电机停转后，能否再起动？

6-14　怎样改变单相电容电动机的旋转方向？对罩极式电动机，如不改变其内部结构，它的旋转方向能改变吗？

6-15　一台 50Hz、8 极的三相异步电动机，额定转差率 $s_N=0.04$，问该机的同步转速是多少？当该机运行在 700r/min 时，转差率是多少？当该机运行在 800r/min 时，转差率是多少？当该机运行在起动时，转差率是多少？

6-16　有一台 50Hz 三相 4 极异步电动机，$U_N=380$V，Y 接线，$\cos\varphi_N=0.83$，$R_1=0.35\Omega$，$R'_2=0.34$，$s_N=0.04$，机械损耗与附加损耗之和为 288W。设 $I_{1N}=I'_{2N}=20.5$A，求此电动机额定运行时的输出功率、电磁功率、电磁转矩和负载转矩。

6-17　一台三相异步电动机，$P_N=7.5$kW，额定电压 $U_N=380$V，定子△接线，频率为 50Hz。额定负载运行时，定子铜耗为 474W，铁耗为 231W，机械损耗 45W，附加损耗 37.5W，已知 $n_N=960$r/min，$\cos\varphi_N=0.824$，试计算转子电流频率、转子铜耗、定子电流和电机效率。

6-18　一台三相四极 50Hz 异步电动机，$P_N=75$kW，$n_N=1450$r/min，$U_N=380$V，$I_N=160$A，定子 Y 接线。已知额定运行时，输出转矩为电磁转矩的 90%，$p_{Cu1}=p_{Cu2}$，$p_{Fe}=2.1$kW。试计算额定运行时的电磁功率、输入功率和功率因数。

6-19　一台三相异步电动机，额定运行时的输入功率为 $P_1=3.6$kW，转子铜耗 $p_{Cu2}=100$W，额定转差率 $s_N=0.03$，机械损耗和附加损耗 $p_{mec}+p_{ad}=100$W，求：

(1) 电磁功率 P_{em}。

(2) 定子总损耗。

(3) 输出机械功率 P_2。

6-20 一台三相异步电动机，额定功率 $P_N=4$kW，额定电压 $U_N=380$V，△接线，额定转速 $n_N=1442$r/min，定、转子的参数如下：$R_1=4.47\Omega$，$R_2'=3.18\Omega$，$R_m=11.9\Omega$；$X_{1\sigma}=6.7\Omega$，$X_{2\sigma}'=9.85\Omega$，$X_m=6.7\Omega$。试求在额定转速时的电磁转矩、最大转矩、起动电流和起动转矩。

6-21 设有一台 $U_N=380$V、$f_1=50$Hz、$n_N=1450$r/min、$P_N=15$kW 的△接线的三相异步电动机，定子参数与转子参数折算到同一边时可认为相等，$R_1=R_2'=0.724\Omega$，每相漏抗为每相电阻的 4 倍，$R_m=9\Omega$，$X_m=72.4\Omega$，并且电流增减时漏抗近似为常数。试求：

(1) 在额定运行时的输入功率，电磁功率，总机械功率以及各项损耗。

(2) 最大电磁转矩，过载能力，以及出现最大转矩时的转差率。

(3) 为了在起动时得到最大转矩，在每相转子回路中应接入的电阻，并用转子电阻的倍数表示。

6-22 一台三相六极、50Hz 的绕线式异步电动机，额定负载时转速为 $n_N=980$r/min，折算为定子频率的转子每相感应电动势 $E_2'=110$V。问此时的转子电动势 E_2 和它的频率 f_2 为何值？若转子不动，定子绕组上施加某一低电压使电流在额定值左右，测得转子绕组每相感应电动势为 10.2V，转子相电流为 20A，转子每相电阻为 0.1Ω，忽略集肤效应的影响，试求额定运行时的转子电流 I_2 和转子铜耗 p_{Cu2} 为何值？

6-23 有一台三相四极绕线式异步电动机，$U_{1N}=380$V，Y 接线，$f_1=50$Hz。已知 $R_1=R_2'=0.012\Omega$，$X_{1\sigma}=X_{2\sigma}'=0.06\Omega$，在输入功率为 155kW 时，测得转子铜耗为 2210W，机械损耗为 1640W，附加损耗为 1310W。

试求：

(1) 此时的 P_{em}、s、n 和 T_{em}。

(2) 当负载转矩不变时（设电磁转矩也不变），在转子中每相串入电阻 $R_\Omega'=0.1\Omega$，则稳定后的 s、n、p_{Cu2} 各为多少？

第7章 三相异步电动机的电力拖动

在以交流电为主的船舶上，大多数的电力拖动机械都是采用异步电动机作为原动机。本章主要讨论三相异步电动机的机械特性，电动机的起动、调速和制动方法。

7.1 三相异步电动机的机械特性

三相异步电动机的机械特性是指电动机的转速 n 与电磁转矩 T_{em} 的关系，即 $n=f(T_{em})$。

7.1.1 固有机械特性

固有机械特性是指异步电动机在额定条件下，定转子电路不外接电阻、电感或电容时的机械特性，如图7-1所示。

图7-1中，第一象限的部分对应的是电动运行的状态，第二象限的部分是发电运行状态，第四象限的延伸部分对应的是电磁制动状态。对于电动机我们最关心的是电动运行状态，即第一象限的曲线，$0<n<n_1$，$0<s<1$。为了帮助理解特性，该曲线可以划分为两段。

（1）AC段：近似为一条直线，第三章提到的几种转矩特性的负载都能在此段稳定运行，称为机械特性曲线的工作段。

（2）CD段：恒转矩负载在此段不能稳定运行，风机、泵类负载可以在此段稳定运行，但因转差率大，定转子电流均很大，不宜在此段长期运行。称为机械特性曲线的过渡段。

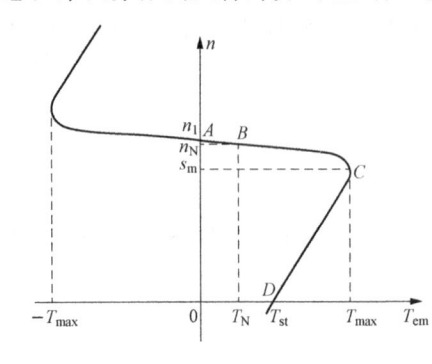

图7-1 三相异步电机的固有机械特性

该曲线上有四个特殊点。

（1）A点：同步运行点（理想空载转速点），对应 $n=n_1$，$s=1$，$T_{em}=0$。由于异步电动机空载时 $T_{em}=T_0\neq0$，所以实际中不可能工作于该点。

（2）B点：额定工作点，对应 $n=n_N$，$s=s_N$，$T_{em}=T_N$（忽略 T_0）。

（3）C点：最大转矩点，对应 $s=s_m$，$T_{em}=T_{max}$（忽略 T_0），最大转矩是三相异步电动机的重要性能指标，它反映了电动机的过载能力。

（4）D点：起动点，对应 $n=0$，$s=1$，$T_{em}=T_{st}$，起动转矩与额定转矩之比称为起动转矩倍数 K_{st}，一般 K_{st} 取 0.8～1.2。

以上两段、四点基本上就确定了机械特性的特点和曲线的轮廓。

7.1.2 人为机械特性

根据电磁转矩的参数表达式（6-82），异步电动机的人为机械特性可以通过改变定子电压 U_1、电源频率 f_1、极对数 p 以及电机本身参数 R_1、$X_{1\sigma}$、R_2、$X_{2\sigma}$ 来获得。其中改变极对数 p 和电源频率 f_1 的人为机械特性将在7.3节的调速部分讲述，本节主要介绍其他的几种情况。

1. 降低定子电压的人为机械特性

根据式（6-83）和式（6-87），最大电磁转矩 T_{max} 和起动转矩 T_{st} 与 U_1^2 成正比，当 U_1 下降时，T_{max} 和 T_{st} 大大降低。又根据式（6-83），临界转差率 s_m 与 U_1 无关。同步转速 n_1 也与 U_1 无关。因此，电源电压降低的人为机械特性是过同步运行点，并保持 s_m 不变的一组曲线，如图 7-2 所示。从图中可见，随着电源电压的降低，电磁转矩 $T_{em} \propto U_1^2$，迅速减小。

若电动机额定运行，工作于图中的固有机械特性上的 A 点。降压为 $0.8U_N$ 后，如果负载不变，电动机将会工作于图中的 B 点，电机转速下降，转差率增大，因此转子电流 I_2' 增大，相应的定子 I_1 也增大，超过额定电流值，如果长期运行，会烧坏绕组。如果继续降低电源电压至 $0.5U_N$，此时 $T_L > T_{max}$，电机转速急剧下降，直至堵转，如果不立即断开电源，电机会烧毁。

2. 定子电路串接三相对称电阻或电抗的人为机械特性

定子三相绕组串接三相对称电阻 R_C 或电抗 X_C 时，相当于增大定子电路的漏阻抗。此举不影响同步转速，因此特性曲线仍然过同步运行点。而根据式（6-83）和式（6-87），临界转差率 s_m、最大电磁转矩 T_{max} 和起动转矩 T_{st} 均随外串电阻或电抗值的增大而减小。相应的人为机械特性见图 7-3。

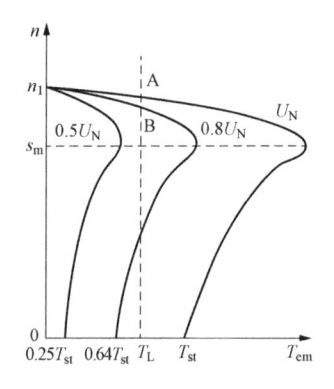

图 7-2 降低电源电压时的人为机械特性

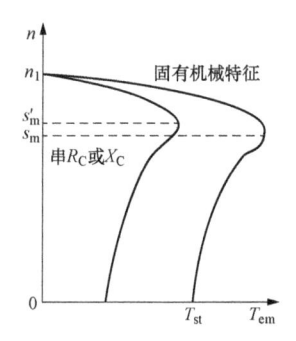

图 7-3 定子电路串电阻或电抗的人为机械特性

3. 转子电路串接三相对称电阻的人为机械特性

绕线式异步电动机可以在转子电路中串接三相对称电阻 R_Ω，相当于增大转子绕组每相的电阻值。串接电阻后，不影响电机的同步转速，其人为机械特性过同步转速点。而根据式（6-83）和式（6-87），临界转差率 s_m 随外串电阻值的增大而增大，最大电磁转矩 T_{max} 与转子电阻无关，因此串接电阻后 T_{max} 不变。起动转矩 T_{st} 随外串电阻值的增大而增大，但它不会无限增大，当 T_{st} 达到最大转矩值 T_{max} 后，T_{st} 不增反减。

当电动机其他参数不变时，在转子串接电阻前后，若电机带恒转矩负载，则电磁转矩 T_{em} 保持不变，电动机从图 7-4 中的 A 点变换到 B 点稳定运行，显然转速降低，转差率增大。由于电磁

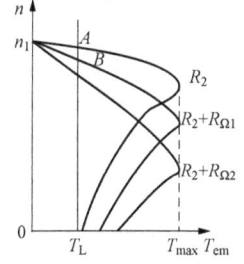

图 7-4 转子电路串电阻的人为机械特性

转矩 T_{em} 和同步转速不变，根据式（6-82），只有保持 $\dfrac{R_2'}{s}=\dfrac{R_2'+R_\Omega'}{s'}$ 不变才行。因此，串接电阻后，转差率增大，电机转速下降。从等效电路来看，转子串接电阻前后的转子电路参数保持不变，因此，在输入电压和其他参数都不变的前提下，异步电机的输入功率、定子电流、转子电流、电磁功率都不变。

7.2 三相异步电动机的起动

7.2.1 异步电动机起动的要求

异步电动机投入电网，电动机从静止状态（$n=0$，$s=1$）转动起来，升速并达到稳定转速运行的过程，称为起动过程。起动过程中，电流处于过渡过程，电机加速，转矩为动态转矩平衡。此时，异步电动机对电网呈现短路阻抗 Z_k，流过它的稳态电流称为起动电流。利用简化等效电路，并忽略励磁支路，则异步电动机的起动电流（相电流）为

$$I_{st}=\dfrac{U_1}{\sqrt{(R_1+R_2')^2+(X_{1\sigma}+X_{2\sigma}')^2}}=\dfrac{U_1}{Z_k} \qquad (7-1)$$

一般笼型异步电动机 $Z_k^*=0.14\sim0.25$，在额定电压（$U_1^*=1$）下直接起动，$I_{st}^*=4\sim7$，即起动电流倍数 $k_I=\dfrac{I_{st}}{I_N}=4\sim7$。

在图 6-16 所示的 T 形等效电路中，由于转子转速等于零，转差率 $s=1$，模拟电阻 $\dfrac{1-s}{s}R_2'=0$。因为 $Z_1\approx Z_2'$，故 $E_1\approx\dfrac{1}{2}U_1$，$\Phi_m\approx\dfrac{1}{2}\Phi_{mN}$。

转子回路功率因数很低

$$\cos\varphi_2=\dfrac{R_2'}{\sqrt{R_2'^2+X_{2\sigma}'^2}}\approx 0.25\sim 0.4$$

从上述各式可得，一般笼型异步电动机直接起动时，起动电流很大，而起动转矩并不大，起动转矩倍数 $K_{st}=0.9\sim1.3$。

起动电流大还会造成如下影响：一方面使电源电压在起动时下降，特别是电源容量较小时电压下降更大；另一方面，大的起动电流会在线路和电机内部产生损耗而引起发热。

起动转矩必须大于负载转矩才可能起动，起动转矩越大，加速越快，起动时间越短。

异步电动机在起动时，电网对异步电动机的要求与负载对它的要求往往是矛盾的。电网从减小它所承受的冲击电流出发，要求异步电动机起动电流尽可能小，但太小的起动电流所产生的起动转矩又不足以起动负载；而负载要求起动转矩尽可能大，以缩短起动时间，但大的起动转矩伴随着大的起动电流又可能不为电网所接受。

所以，异步电动机对起动的主要要求为：

（1）要有足够大的起动转矩，即需要的起动转矩倍数足够大。

（2）起动电流在允许范围内，通常按电网的容量和工作条件，给定允许起动电流倍数。

（3）起动时间合适和尽可能平滑起动。

（4）起动能耗少，设备可靠、经济，操作方便。

由于转子结构的不同，笼型异步电机和绕线式异步电机的起动方法也不相同，下面将分

别介绍。

7.2.2 笼型异步电动机的起动

对于不同电机容量、负载性质的笼型异步电动机，可以采用不同的起动方法。

1. 直接起动

直接起动适用于小容量电动机带轻载的情况。起动时，把电动机的定子绕组直接接通额定电压的电网。直接起动的优点是操作和起动设备都很简单，缺点是起动电流很大。对于经常起动的电动机，起动时引起的母线电压压降不大于10%，对于偶尔起动的电动机，此压降不大于15%。确定这一压降的依据如下：

(1) 假设电网电压降至额定电压的0.85，待起动的电动机的起动转矩为

$$\frac{T_{st}}{T_{stN}} = 0.85^2 = 0.723$$

等于额定电压起动转矩 T_{stN} 的 0.723 倍，对于轻载起动，可以满足要求。

(2) 假设电网上其他电动机最大转矩倍数 $K_M \geq 1.6$，当电网电压降至额定电压的 85% 时，它们的电磁转矩为

$$T_{max} = 1.6 \times 0.85^2 T_{emN} = 1.156 T_{emN}$$

因此这些电动机仍能拖动额定负载，不至于停转。对于额定电压为 380V 的电机而言，当 $P_N \leq 7.5kW$ 时，可以直接起动。

2. 降压起动

当电网容量不够大而不能采用直接起动时，用降低电压的方法来减小起动电流，称为降压起动。降压起动适用于容量大于或等于 20kW 并带轻载的情况。由于轻载，故电动机起动时电磁转矩很容易满足负载要求，要解决的主要问题是起动电流大，电网难以承受过大的冲击电流，因此必须降低起动电流。

在研究起动时，可以用短路阻抗 $R_k + jX_k$ 来等效异步电动机。电机的起动电流（即流过 $R_k + jX_k$ 上的电流）与端电压呈正比，而起动转矩与电机端电压的平方呈正比，这就是说起动转矩比起动电流降得更快。降压之后在起动电流满足要求的情况下，还要校核起动转矩是否满足要求。

常用的降压起动方法有三种：定子串电抗（或电阻）降压起动、自耦变压器降压起动、星形—三角形起动。

(1) 定子串电抗降压起动。笼型异步电动机定子串电抗起动的电路图如图 7-5 所示。起动时接触器开关 C1 断开，接触器开关 C2 闭合，将电抗串入定子绕组，通过起动电流在电抗上产生压降，使加在定子绕组的相电压从 U_1 减小为 U_1'，从而使起动电流从直接起动的 I_{st} 减小为 I_{st}'。待转速基本稳定时再合上开关 C1 将电抗切除。

图 7-6 是直接起动和定子串电抗起动的等效电路图，因为起动时定子电流远远大于励磁电流，所以忽略了励磁支路，图中短路电阻 $R_k = R_1 + R_2'$，短路电抗 $X_k = X_{1\sigma} + X_{2\sigma}'$。假设串电抗后，定子绕组的输入电压降为原来的 $\frac{U_1'}{U_1} = \frac{1}{a}$，则起动电流和起

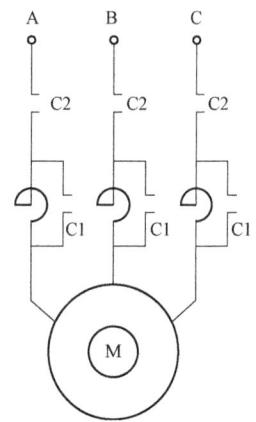

图 7-5 笼型异步电动机定子串电抗起动的电路图

动转矩与直接起动相比关系如下

$$\frac{I'_{st}}{I_{st}} = \frac{U'_1/Z_k}{U_1/Z_k} = \frac{1}{a}$$
$$\frac{T'_{st}}{T_{st}} = \frac{U'^2_1}{U^2_1} = \frac{1}{a^2} \tag{7-2}$$

也就是说，通过定子串电抗把起动电流降为原来的 $\frac{1}{a}$，则起动转矩将降至原来的 $\frac{1}{a^2}$，所以此法只能用于空载或轻载起动。

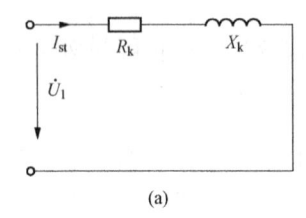

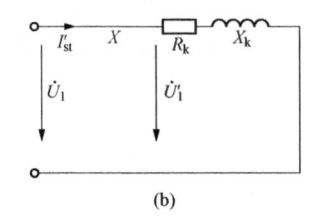

图 7-6 笼型异步电动机直接起动和定子串电抗起动的等效电路图
(a) 直接起动；(b) 定子串电抗起动

也可以用电阻代替电抗，只是用电阻降压起动时，由于电阻消耗较多电能，很不经济。

（2）自耦变压器降压起动。笼型异步电动机采用自耦变压器降压起动是在起动时利用自耦变压器把电网电压降低后再加到电动机上，待转速基本稳定时再把电动机直接接到电网上，其接线原理如图 7-7 所示。

电动机起动时，接触器开关 C2 断开，接触器开关 C1 闭合，将自耦变压器三相绕组接入电源，其二次侧抽头接电动机，使电动机降压起动。当转速接近正常运行转速时，将 C1 断开，C2 闭合，自耦变压器脱离电网，将电压加在电动机定子绕组上，电机进入正常运行状态。

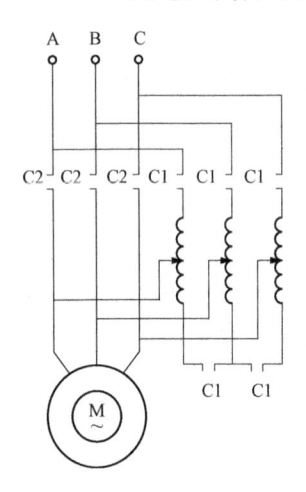

图 7-7 自耦变压器降压起动电路图

采用自耦变压器降压起动时，等效电路如图 7-8（a）所示。而异步电动机在全压下直接起动时等效电路如图 7-8（b）所示。两图虚框中短路阻抗 $R_k + jX_k$ 代表起动时的异步电动机的等效阻抗。对比图 7-8（a）、(b) 得到如下关系

$$\frac{U_x}{U_1} = \frac{1}{a} \tag{7-3}$$

$$\frac{I_x}{I_{st}} = \frac{1}{a} \tag{7-4}$$

在自耦变压器中，忽略励磁电流时，一、二次侧电流关系为

$$\frac{I_x}{I'_{st}} = a$$

故有

$$\frac{I'_{st}}{I_{st}} = \frac{I'_{st}}{I_x} \frac{I_x}{I_{st}} = \frac{1}{a^2} \tag{7-5}$$

$$\frac{T'_{st}}{T_{st}} = \left(\frac{U_x}{U_1}\right)^2 = \frac{1}{a^2} \qquad (7-6)$$

由上述分析可知，采用自耦变压器起动时，电动机的起动转矩、起动电流为全压直接起动的 $\frac{1}{a^2}$。国产的自耦变压器一般有三个抽头可供选择，分接电压分别是额定电压的 55%、64%、75%，其 a 值分别为 1.82、1.56、1.33。

（3）星形-三角形起动（Y-△起动）。Y-△起动只适用于正常运行时定子绕组接线为三角形的电动机。其接线原理如图 7-9 所示。Y-△起动器结构非常简单，就是一个三刀双掷开关，图中的开关

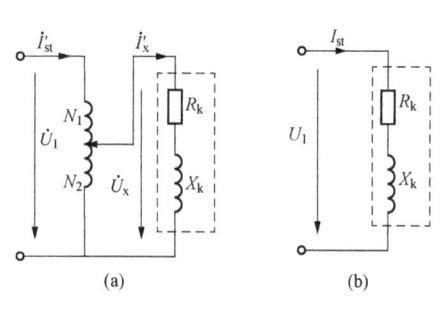

图 7-8 异步电机的起动等效电路
(a) 自耦变压器降压起动；(b) 直接起动

打向右边时，电机的三相定子绕组接成星形，电机开始起动。当电机接近稳定转速后，开关打向左边，定子绕组接成三角形。

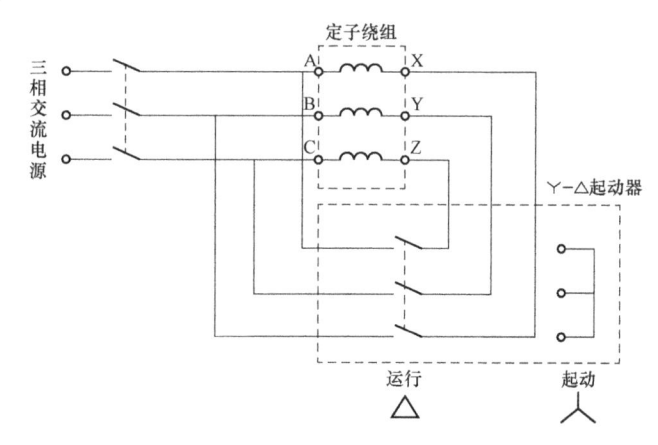

图 7-9 Y-△起动接线图

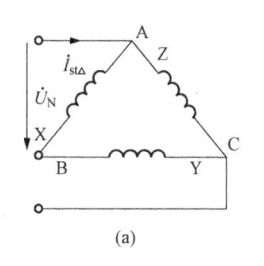

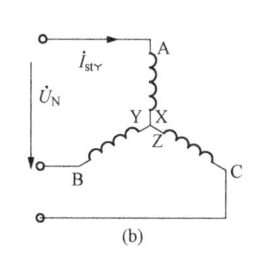

图 7-10 Y-△起动电路图
(a) △起动；(b) Y起动

如果额定电压下直接起动，定子三角形接法，如图 7-10（a）所示，相电压等于 U_N，起动相电流设为 I_{stN}，电网电流即线电流为 $I_{st\triangle} = \sqrt{3}I_{stN}$；用星形起动时，如图 7-10（b）所示，定子线电压为 U_N，则定子绕组相电压为 $U_N/\sqrt{3}$，定子相电流为 $I_{stN}/\sqrt{3}$，此时相电流等于线电流，即星形起动的电网起动电流 $I_{stY} = I_{stN}/\sqrt{3}$。由此可见，换接为星形接法起动时的电网起动电流 I_{stY} 与直接三角形接法起动时的电网起动电流 $I_{st\triangle}$ 之比为

$$\frac{I_{stY}}{I_{st\triangle}} = \frac{I_{stN}/\sqrt{3}}{\sqrt{3}I_{stN}} = \frac{1}{3} \qquad (7-7)$$

即 Y-△起动使电网起动电流减小到直接起动的 1/3；由于起动转矩与相电压的平方呈

正比，因此起动转矩也减小到 $(1/\sqrt{3})^2 = 1/3$，有

$$\frac{T_{stY}}{T_{st\triangle}} = \frac{1}{3} \tag{7-8}$$

由此可见，Y-△起动电网起动电流与起动转矩都降低同样倍数，效果相当于电压比 $K_A = \sqrt{3}$ 的自耦变压器降压起动。它比自耦变压器起动所用的附加设备少，操作也较简便，所以小型异步电动机常采用这种方法起动，为此常常把定子绕组设计为三角形接法。

例 7-1 有一台 $P_N = 5.5\text{kW}$ 三相异步电动机，额定电压 380V，Y 接线，额定电流 11A，额定转速 2900r/min，起动电流倍数 7.0，起动转矩倍数为 2。试问：

(1) 采用变比为 $\sqrt{3}$ 的自耦变压器起动，起动电流和起动转矩各为多少？

(2) 电网要求最大起动电流不得超过 40A，负载要求起动转矩不得低于 $10.5\text{N}\cdot\text{m}$，此时电动机能否起动？

(3) 该机能否采用 Y-△起动？

解 额定转矩

$$T_N = \frac{P_N}{\Omega} = \frac{5500}{\frac{2\pi \times 2900}{60}} = 18.11(\text{N}\cdot\text{m})$$

(1) 当用 $K_A = \sqrt{3}$ 的自耦变压器起动时，自耦变压器一次侧电流即电网侧起动电流为

$$I'_{st} = \frac{I_{st}}{K_A^2} = \frac{7 \times 11}{(\sqrt{3})^2} = 25.67(\text{A})$$

起动转矩

$$T'_{st} = \frac{T_{st}}{K_A^2} = \frac{2 \times 18.11}{(\sqrt{3})^2} = 12.07(\text{N}\cdot\text{m})$$

(2) 因为 $I'_{st} < 40\text{A}$，$T'_{st} > 10.5\text{N}\cdot\text{m}$，起动电流和起动转矩均符合要求，故可选用该自耦变压器起动。

(3) 该机正常运行时为 Y 接线，不能采用 Y-△起动。

3. 采用高起动转矩异步电动机

对于小容量电动机带重载的情况，由于降压起动造成的起动转矩过小，无法应用，这时可采用高起动转矩异步电动机。由于电动机容量小，起动电流对电网冲击不大，主要问题是重载起动要求电动机能提供较大的起动转矩。对于这种情况，当然可以选择容量大一些的电动机，但这样选择不仅设备投资大、起动电源变大，而且正常运行时能耗也增大了，因此是不经济的。合理的办法是选用高起动转矩异步电动机，例如深槽笼型异步电动机、双笼型异步电动机。这两种异步电动机的共同原理是：电机在起动时由于集肤效应导致转子电阻自动增大，而使得起动转矩增大。在正常运行时转子电阻又自动减小到正常值，使得其具有较高的效率。

(1) 深槽笼型异步电动机。这种电动机转子槽窄而深，槽深与槽宽之比为 10~12，由图 7-11 (a) 可见，与导条底部相交链的漏磁通比与槽口部分相交链的多得多。因此，如果将导条看成由若干沿槽高划分的小导体并联，则小导体越靠近槽底具有越大的漏电抗，越靠近槽口则漏电抗越小。在起动时，由于转子电流频率较高而漏电抗较大，因此各小导体中电流的分配将主要由漏电抗决定，漏电抗越大则电流越小，于是有如图 7-11 (b) 所示的电流密度分布曲线，这种现象称为集肤效应。

由于集肤效应的影响，流过电流的导体有效截面［图 7-11（c）］减小了，因此转子的等效电阻变大了。一般深槽笼型异步电动机在堵转时转子电阻可达到额定运行时的 3 倍，好像转子回路串入了一个电阻一样，可以获得较大的起动转矩以满足起动时的要求。

当起动完毕，电动机正常运行时，由于转子电流频率很低（一般为 1～3Hz），转子绕组的漏电抗比转子电阻小得多，因此前述各小导体中电流的分配将主要由电阻决定。

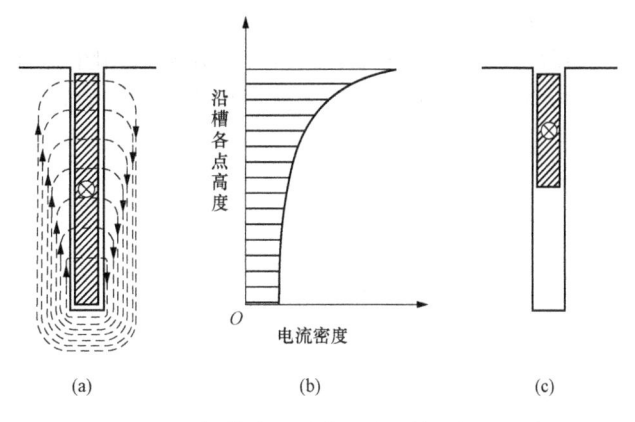

图 7-11 深槽笼型异步电动机转子槽与导条
(a) 槽漏磁分布；(b) 导条内电流密度分布曲线；
(c) 导条有效截面

由于各小导体电阻相等，导条中的电流将均匀分布，因此集肤效应基本消失，转子导条的电阻又重新变小，接近于直流电阻。由此可见正常运行的转子电阻会自动变小，从而满足了减小转子铜耗以提高电机效率的要求。但这时转子漏电抗比普通笼形转子大，所以深槽笼型异步电动机运行时功率因数和最大转矩都比普通笼型电动机低。这就是说，深槽笼型异步电动机起动性能的改善是靠牺牲一些正常运行时的性能换来的。

（2）采用双笼型异步电动机，可以进一步利用集肤效应来改善起动性能，双笼型就是最典型的结构——在转子中嵌放两套笼，即上笼和下笼，如图 7-12 所示。

上笼为起动笼，其导条截面积较小，通常用黄铜或铝青铜等电阻系数较大的材料制成，故电阻较大；下笼为工作笼，截面积较大，用电阻系数较小的紫铜制成，故电阻较小；通常两套笼各有自己的端环，可使上下笼因发热而各自自由伸长。从图 7-12 可见，下笼交链的漏磁通要比上笼的多很多，因此下笼的漏电抗要比上笼的大很多。

在起动时，$s=1$，$f_2=f_1$。无论是上笼或下笼，其漏电抗 $X_{2\sigma}$ 比电阻 R_2 大得多，故上下笼电流的分配主要由漏电抗决定。由于集肤效应

$$X_{2\sigma,\text{down}} \gg X_{2\sigma,\text{up}}$$

故

$$I_{2,\text{down}} \ll I_{2,\text{up}}$$

式中：$X_{2\sigma,\text{up}}$、$X_{2\sigma,\text{down}}$ 为上笼、下笼的漏电抗；$I_{2,\text{up}}$、$I_{2,\text{down}}$ 为上笼、下笼的电流。

因此起动时电流主要流过上笼。上笼电阻大，能产生较大的起动转矩，正因为如此，称上笼为起动笼。

在正常运行时，转子电流频率很低，$f_2=sf_1=(0.5\sim3)$Hz，转子漏抗远小于电阻，故上下笼中电流主要由上下笼中的电阻决定。转子电流大部分从电阻小的下笼中流过，产生正常运行时的电磁转矩，所以称下笼为工作笼。

双笼型电动机的机械特性可以看作是起动笼的机械特性 1 和工作笼的机械特性 2 的合成，如图 7-13 所示。从合成机械特性 3 可见，双笼型异步电动机具有较大的起动转矩，一般可带额定负载起动，同时，在额定负载下运行转差率也较小，性能较好。还可以通过改变上下笼的几何尺寸、材料特性、上下笼之间的缝隙尺寸灵活地改变上下笼的参数，从而得到各种不同的机械特性，以满足不同的负载要求。与普通笼形转子相比，双笼型异步电动机功

率因数、最大电磁转矩要小些。

为改善笼型异步电动机的性能，还常采用图 7 - 14 所示的转子槽形，它们都利用集肤效应来增大起动时的转子电阻，从而提高电动机的起动性能。

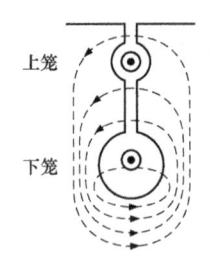

图 7 - 12　双笼型异步电动机的转子槽形

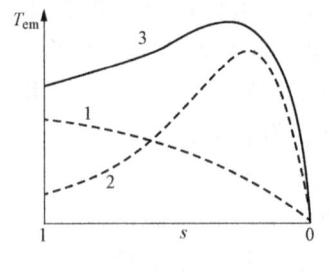

图 7 - 13　双笼型电动机的机械特性 $T_{em}=f(s)$

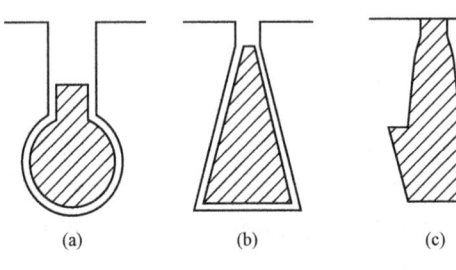

图 7 - 14　改善起动性能的转子槽形
(a) 瓶形槽；(b) 梯形槽；(c) 凸形槽

7.2.3　绕线式异步电动机的起动

绕线式三相异步电动机可以通过在转子回路串对称电阻以减小起动电流并增大起动转矩，起动结束后再切除外加电阻。所以，绕线式异步电动机可用于重载和频繁起动的生产机械上。

1. 转子串三相对称电阻分级起动

绕线式异步电动机转子串三相对称电阻起动时，采用分级切除起动电阻的方法，以提高平均起动转矩和减小起动电流与起动转矩的冲击，其接线图和机械特性曲线如图 7 - 15 所示。起动时，C1、C2、C3 全部断开，将最大起动电阻接入转子电路，电机从图 7 - 15 (b) 中的 a 点开始起动；随着转速的提高，电机沿着机械特性从 a 来到 b 点，这时闭合 C3 以切除 R_{s3}，电机的机械特性发生变化，由于机械惯性转速不会突变，因此从图中的 b 点变化到 c 点；c 点所对应的电磁转矩明显增大，电机转速继续提高，从 c 点来到 d 点，此时再闭合 C2 以切除 R_{s2}，电机的机械特性再次发生变化，从图中的 d 点变化到 e 点；电机的转速继续提高，从 e 点到达 f 点，再闭合 C1 切除 R_{s1}，显然电机工作点立即变化到 g 点，至此，转子绕组所有外串电阻全部切除，转子绕组与笼型电动机一样，处于自行短路状态，最后电机在 j 点达到转矩平衡，电动机带负载 T_L 稳定运行，起动过程结束。

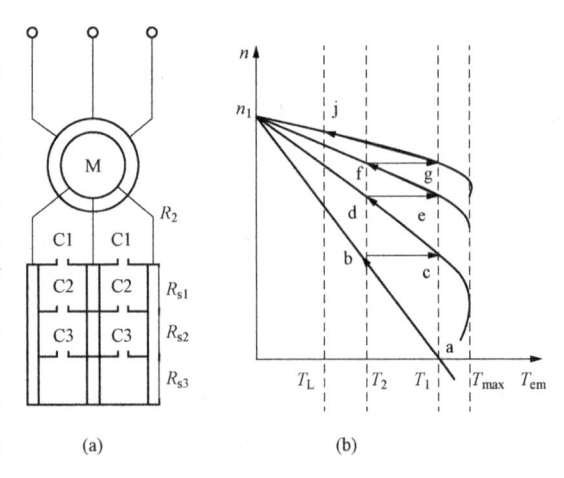

图 7 - 15　绕线式异步电动机
转子串电阻起动
(a) 接线图；(b) 机械特性

2. 转子串频敏变阻器起动

绕线式异步电动机转子串接频敏变阻器起动，也可以达到限制起动电流、增大起动转矩的目的。

频敏变阻器的铁心是由几片或十几片厚度为30～40mm的硅钢片叠压而成，三根铁心柱上绕着星形接线的三相绕组，如图 7-16 所示。频敏变阻器的单相等效电路如图 7-17 所示，图中 R_p 为频敏变阻器绕组的内电阻，X_{mp} 为带铁心绕组的电抗，R_{mp} 为反映铁耗的等效电阻，频敏变阻器的铁心叠片厚，铁耗较大，故 R_{mp} 的值比一般电抗器大。

当电机起动时，转子频率高，铁耗大，因此 R_{mp} 比 X_{mp} 大很多，相当于在转子侧串接了一个较大的电阻，使 I_{st} 小而 T_{st} 大。随着转速的升高，转子频率变小，铁耗减小，R_{mp} 随之减小，电抗 X_{mp} 与频率呈正比，也减小。在整个起动过程中，R_{mp} 和 X_{mp} 都自动地减小，使起动转矩保持较大的值。起动结束后，转子频率很低，只有1～3Hz，R_{mp} 和 X_{mp} 都降到很低的值，但为了减小不必要的损耗，应将集电环短接，切除频敏变阻器。

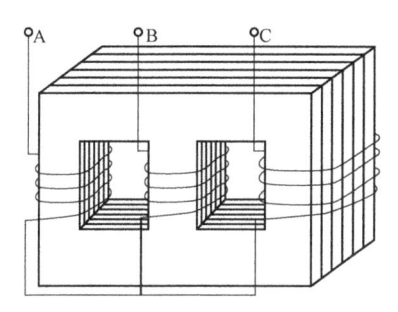

图 7-16 频敏变阻器结构示意图 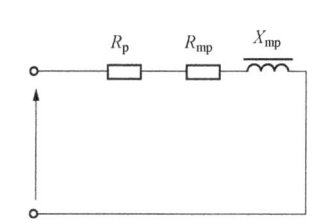　　　　图 7-17 频敏变阻器的单相等效电路图

频敏变阻器结构简单，运行可靠，价格便宜，无需经常维护。但是它的功率因数低，与转子串三相对称电阻起动相比，起动转矩小，最大转矩也略有下降，适用于频繁起动不需调速的场合。

7.3　三相异步电动机的调速

异步电动机具有结构简单、价格便宜、运行可靠、维护方便等优点，但调速性能比不上直流电动机。为了提高异步电动机调速性能，人们已研制出各种各样的异步电动机调速方式，并广泛应用于各个领域。根据异步电动机的速度公式

$$n = (1-s)n_1 = \frac{60f_1}{p}(1-s) \qquad (7-9)$$

可知异步电动机的调速方式有三种：
(1) 变极调速（改变 p）。
(2) 变频调速（改变 f）。
(3) 改变转差率调速。

7.3.1　变极调速

1. 变极原理

变极调速适用于笼型转子异步电动机，因为笼形转子的极对数能自动地随着定子极对数的改变而改变，使定、转子磁场的极对数总是相等而产生平均电磁转矩。当电源频率 f_1 一定时，改变极对数，同步转速 $n_1 = 60f_1/p$ 发生变化。显然，变极调速只能做到一级级地改变转速，做不到平滑调速。

要使定子具有两种极对数,可用双绕组变极,但不经济,为了提高材料利用率,理想的是只装一套定子绕组,即通过改变一套绕组的连接方式而得到不同极对数的磁通势,以实现变极调速。改变绕组接法的方法有多种方案,图 7-18 和图 7-19 是 2/4 极反向法倍极调速的连接方法。

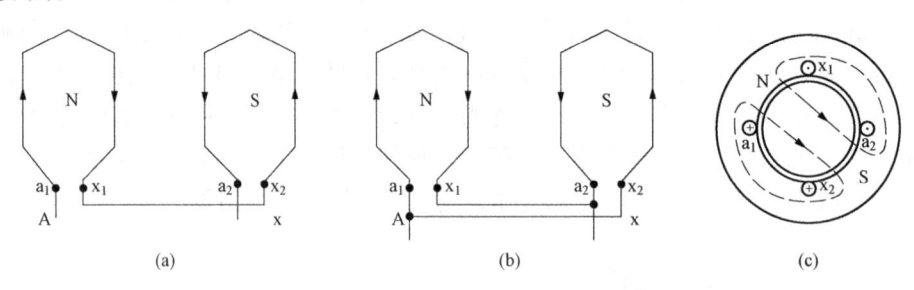

图 7-18 $p=1$ 的绕组连接和相应的磁场分布图

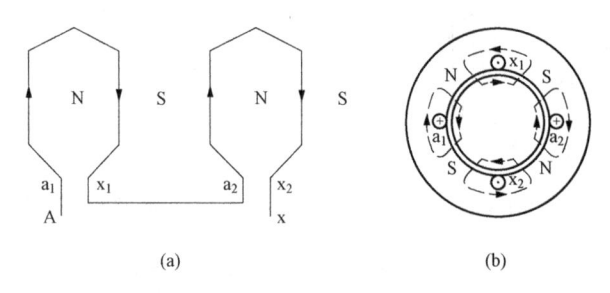

图 7-19 $p=2$ 的绕组连接和相应的磁场分布图

由图可见,反向法倍极的单绕组变极的方法是把 60°相带双层绕组中所有反接线圈组(即负相带构成的线圈组)改为顺接,以使其电流反向,变为极数比原来多一倍的 120°相带绕组。显然,倍极后空间电角度增大了一倍,B 相落后 A 相从 120°电角度增大为 240°(即超前 120°电角度),因此,如果两种接法的三相电流相序不变,则两种接法的旋转磁场转向将相反,随之变极后电动机变为反转了。为使变极后电动机的转向不改变,应在变极时把接至电动机的三根电源线对调其中两根。还可看出,变极前后绕组系数也变了,从而电机性能也有变化,这是设计者要认真协调的。

2. 变极调速方法

(1) Y-YY 接法如图 7-20 所示。Y 接法时,每相中的两个半绕组正向串联,见图 7-20 (a),极对数为 $2p$,同步转速为 n_1。YY 接法时,两个半绕组反向并联,见图 7-20 (b),极对数为 p,同步转速为 $2n_1$。

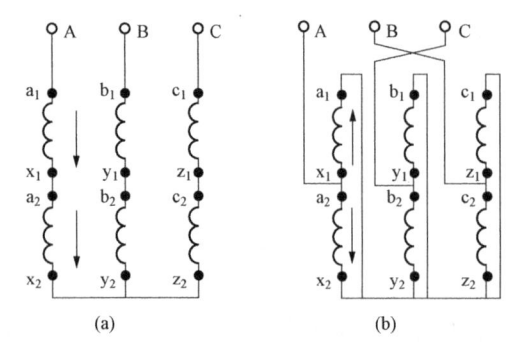

图 7-20 异步电动机 Y-YY 变极调速接线
(a) Y 接法;(b) YY 接法

设两个半绕组的参数相等,分别为 $R_1/2$、$R_2'/2$、$X_{1\sigma}/2$、$X_{2\sigma}'/2$,Y 接时两个半绕组正向串联,每相参数是半相绕组的 2 倍,为 R_1、R_2'、$X_{1\sigma}$、$X_{2\sigma}'$,YY 接时,两个半绕组反向并联,每相参数是半相绕组的 1/2,为 $R_1/4$、

$R'_2/4$、$X_{1\sigma}/4$、$X'_{2\sigma}/4$。两种接法时，定子相数相同，设为 m_1，每相电压 $U_1=U_N/\sqrt{3}$。根据异步电动机的电磁转矩的参数表达式，Y 接时电动机的最大电磁转矩为

$$T_{\text{maxY}} = \frac{m_1 2pU_1^2}{4\pi f_1 \left[R_1 + \sqrt{R_1^2 + (X_{1\sigma}+X'_{2\sigma})^2}\right]} \tag{7-10}$$

YY 接时电动机的最大电磁转矩为

$$T_{\text{maxYY}} = \frac{m_1 pU_1^2}{4\pi f_1 \left[\frac{R_1}{4} + \sqrt{\left(\frac{R_1}{4}\right)^2 + \left(\frac{X_{1\sigma}+X'_{2\sigma}}{4}\right)^2}\right]} = 2T_{\text{maxY}} \tag{7-11}$$

Y 接时电动机的临界转差率

$$s_{\text{mY}} = \frac{R'_2}{\sqrt{R_1^2 + (X_{1\sigma}+X'_{2\sigma})^2}} \tag{7-12}$$

YY 接时电动机的临界转差率

$$s_{\text{mYY}} = \frac{R'_2/4}{\sqrt{\left(\frac{R_1}{4}\right) + \left(\frac{X_{1\sigma}+X'_{2\sigma}}{4}\right)^2}} = s_{\text{mY}} \tag{7-13}$$

Y 接时电动机的起动转矩为

$$T_{\text{stY}} = \frac{m_1 2pU_1^2 R'_2}{2\pi f_1 \left[(R_1+R'_2)^2 + (X_{1\sigma}+X'_{2\sigma})^2\right]} \tag{7-14}$$

YY 接时电动机的起动转矩为

$$T_{\text{stYY}} = \frac{m_1 pU_1^2 R'_2/4}{2\pi f_1 \left[\left(\frac{R_1+R'_2}{4}\right)^2 + \left(\frac{X_{1\sigma}+X'_{2\sigma}}{4}\right)^2\right]} = 2T_{\text{stY}} \tag{7-15}$$

根据以上数据可以绘出 Y-YY 变极调速的机械特性曲线，如图 7-21 所示。

(2) △-YY 接法如图 7-22 所示。△接时，每相中的两个半绕组正向串联，三相为三角形接法，见图 7-22 (a)，极对数为 $2p$，同步转速为 n_1。YY 接时，两个半绕组反向并联，见图 7-22 (b)，极对数为 p，同步转速为 $2n_1$。

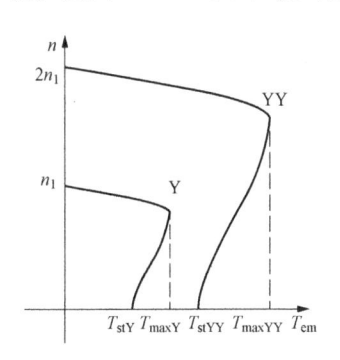

图 7-21 异步电动机 Y-YY 变极调速机械特性曲线

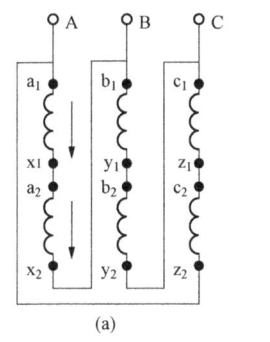

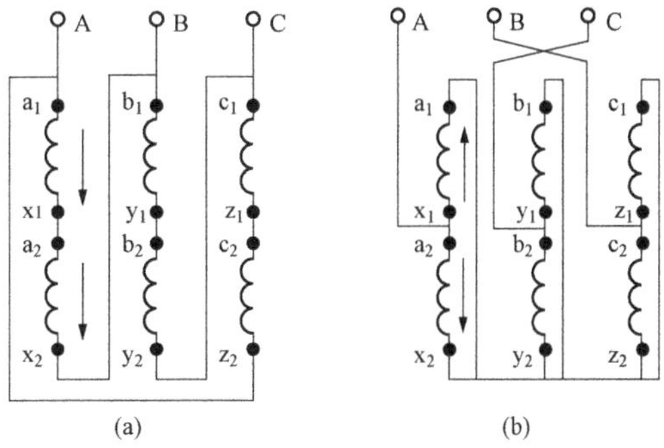

图 7-22 异步电动机 △-YY 变极调速接线
(a) △接法；(b) YY 接法

两种接法时，每相参数与 Y-YY 接法时相同。需要注意的是，△接时每相电压 $U_{1\triangle}=U_N$，而 YY 接时每相电压 $U_{1\text{YY}}=U_N/\sqrt{3}$。利用前面的假设与推导方法，可得：

最大转矩
$$T_{\text{maxYY}} = \left(\frac{2}{3}\right) T_{\text{max}\Delta} \tag{7-16}$$

临界转差率
$$s_{\text{mYY}} = s_{\text{m}\Delta} \tag{7-17}$$

起动转矩
$$T_{\text{stYY}} = \left(\frac{2}{3}\right) T_{\text{st}\Delta} \tag{7-18}$$

根据以上数据绘出的机械特性曲线如图 7-23 所示。

变极调速方法简单，运行可靠，机械特性较硬，但只能实现有极调速。单绕组三级调速电机绕组的接法已经相当复杂，故变极调速不宜超过三种速度。

7.3.2 变频调速

异步电动机的转速 $n = 60f_1(1-s)/p$，当转差率变化不大时，转速近似正比于频率 f_1，可见改变电源频率就能改变异步电动机的转速。改变电源频率时，电动机的同步转速和转子转速将随之变化。如果电源频率可以连续调节，则电动机的转速就可以连续、平滑地调节。

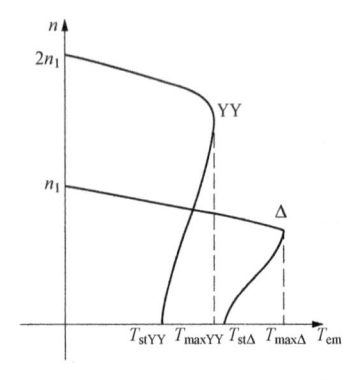

图 7-23 异步电动机 △-YY 变极调速机械特性曲线

变频调速时可以从基频（额定频率）向下或向上调节，调节的方法不同，下面分别进行阐述。

1. 由基频向下调速

在变频调速时，希望主磁通 Φ_m 基本保持不变；这样，磁路的饱和程度、励磁电流和电动机的功率因数均可基本保持不变。当忽略定子的漏阻抗压降时，有

$$U_1 \approx E_1 = 4.44 f_1 N_1 k_{N1} \Phi_m$$

故要保持 Φ_m 不变，应使定子端电压与频率成比例地调节，即 $U_1/f_1 =$ 定值。另外，从式（6-85）可知，最大电磁转矩为

$$T_{\text{max}} = \frac{m_1 p U_1^2}{4\pi f_1 (X_{1\sigma} + X'_{2\sigma})} = \frac{m_1}{2\Omega_1} \frac{U_1^2}{X_{1\sigma} + X'_{2\sigma}} = k \frac{U_1^2}{f_1^2}$$

$$k = \frac{m_1 p}{8\pi^2 (L_{1\sigma} + L'_{2\sigma})}$$

故若能使 $U_1/f_1 =$ 定值，则最大电磁转矩将保持不变。

最大电磁转矩所对应的临界转差率为 $s_m = \dfrac{R'_2}{X_{1\sigma} + X'_{2\sigma}} \propto \dfrac{1}{f_1}$，则最大电磁转矩处的转速降为

$$\Delta n_m = s_m n_1 = \frac{n_1 R'_2}{X_{1\sigma} + X'_{2\sigma}} = \frac{60 f_1}{p} \frac{R'_2}{2\pi f_1 (L_{1\sigma} + L'_{2\sigma})} = \frac{60 R'_2}{2\pi p (L_{1\sigma} + L'_{2\sigma})} = \text{常数}$$

综上可知，由基频向下变频调速中，若保持 $U_1/f_1 =$ 定值，最大电磁转矩 T_{max} 不变，且机械特性的工作段相互平行，硬度相同，如图 7-24 所示。

若进一步忽略调频前、后通风情况的变化，上述调速方案将允许同样大小的转子电流，因而具有同样的额定转矩，所以这是一种接近于恒转矩的调速方案。

2. 由基频向上调速

由基频向上调速时如果也要保持磁通恒定，定子电压就要高于额定电压，这是不允许的。因此，只能保持电压为额定值不变，随着频率 f_1 升高，气隙磁通将减小，相当于直流电动机的弱磁调速。

从基频向上调速时，最大电磁转矩为

$$T_{\max} = \frac{m_1 p U_1^2}{4\pi f_1(X_{1\sigma} + X'_{2\sigma})} \propto \frac{1}{f_1^2}$$

临界转差率 $s_{\mathrm{m}} = \dfrac{R'_2}{X_{1\sigma} + X'_{2\sigma}} \propto \dfrac{1}{f_1}$，最大电磁转矩时的转速降为

$$\Delta n_{\mathrm{m}} = s_{\mathrm{m}} n_1 = \frac{n_1 R'_2}{X_{1\sigma} + X'_{2\sigma}} = \frac{60 f_1}{p} \frac{R'_2}{2\pi f_1 (L_{1\sigma} + L''_{2\sigma})}$$
$$= \frac{60 R'_2}{2\pi p (L_{1\sigma} + L''_{2\sigma})} = 常数$$

因此，由基频向上变频调速时，最大转矩 $T_{\max}$ 减小，但 Δn_{m} 不变，如图 7-25 所示。

图 7-24 异步电动机由基频向下变频调速机械特性曲线

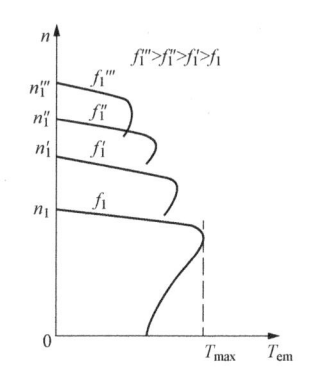

图 7-25 异步电动机由基频向上变频调速机械特性曲线

综上所述，异步电动机变频调速有以下特点：①由基频向下调速，在保持 $U_1/f_1=$ 定值时，是恒磁通调速；②由基频向上调速，电压保持额定值不变，是弱磁调速；③机械特性曲线的工作段基本平行，特性曲线较硬，调速范围宽，稳定性好；④运行时转差率 s 小，效率高；⑤频率连续可调，可实现无级调速，调速平滑性好。

异步电动机的变频调速从调速范围、平滑性、调速前后电机的性能等方面来看具有较大的优势，但需要专门的变频电源。近年来，由于变频技术的发展，变频装置的价格不断下降，性能不断提高，异步电动机变频调速系统已有取代直流电动机调速系统的趋势。

例 7-2 一台三相四极笼型异步电机的参数为：定子额定线电压 $U_{1N}=380\mathrm{V}$，$I_{1N}=30\mathrm{A}$，$n_N=1455\mathrm{r/min}$，$f_{1N}=50\mathrm{Hz}$。采用变频调速使 $T_L=0.8T_N$ 的恒转矩负载的转速为 $1000\mathrm{r/min}$。变频调速采用 $U_1/f_1=$ 定值的控制方式。求变频器输出至电动机的线电压和频率的值。

解 根据机械特性曲线（图 7-26），工作段近似为一条直线段，因此有

$$\frac{s_A}{s_B} = \frac{T_N}{0.8 T_N} \quad s_B = 0.8 s_A = 0.8 \times \frac{1500 - 1455}{1500} = 0.024$$

所以 B 点的转速降

$$\Delta n_B = n_1 s_B = 1500 \times 0.024 = 36 (\mathrm{r/min})$$

变频调速采用 $U_1/f_1=$ 定值的控制方式时，工作段相互平行，因此，B、C 两点的转速降相同。而 C 点的转速已知为 $1000\mathrm{r/min}$，所以可求出降低频率后的同步转速 n'_1 为

$$n'_1 = n_C + \Delta n_B = 1000 + 36 = 1036 (\mathrm{r/min})$$

变频器输出的频率

$$f'_1 = \frac{p n'_1}{60} = \frac{2 \times 1036}{60} = 34.53 (\mathrm{Hz})$$

变频器输出的线电压

$$U'_1 = U_{1N}\frac{f'_1}{f_{1N}} = 380 \times \frac{34.53}{50} = 262.4(\text{V})$$

7.3.3 改变转差率调速

改变转差率调速的共同特点是：在调速过程中均产生大量的转差功率，并消耗在转子电路上，使转子发热。除串级调速外，调速的经济性都较差。常用的改变转差率调速方法有：

(1) 改变定子电压调速。
(2) 转子回路串电阻调速。
(3) 电磁转差离合器调速。
(4) 串级调速。

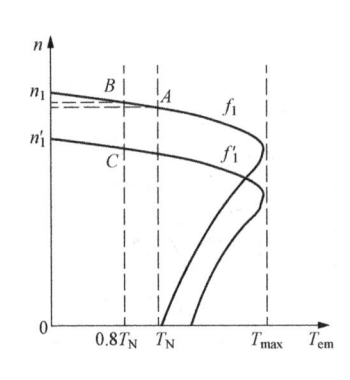

图 7-26 例 7-2 异步电机变频调速机械特性曲线

本节主要介绍前面两种方法。

1. 改变定子电压调速

在定子绕组串联电阻或电抗器的方法，或者用一套调压电源，都可改变定子绕组电压 U_1，实现变压调速。

如图 7-27 所示，当定子绕组端电压由 U_1 降低为 U_2 时，如果总负载转矩（$T_2 + T_L$）不变，工作点由 A 点变为 B 点。如果继续降低电压到 U_3，则工作点将变为 C 点。

如果负载为恒转矩负载，显然变压调速最大调速范围是 $0 \sim s_m$，调速范围很窄；若所带为风机类负载（$T'_2 \propto n^2$），如图 7-27 中的曲线 2，则调速范围显著扩大，但要注意，此时电机可能出现过电流问题。这种调速方法，在有无级调压电源时，是平滑调速；在串电抗调速时是有级调速。

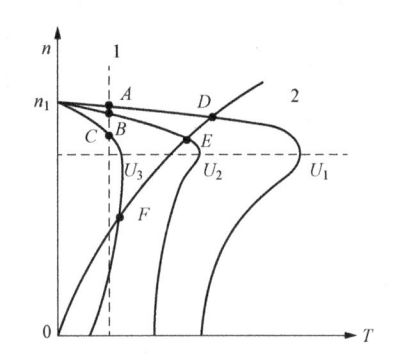

图 7-27 降压调速原理
1—恒转矩负载；2—风机和泵类负载

为了改善降低定子电压调速的性能，扩大调速范围，可综合运用降压调速和变极调速，用变极调速实现粗调，用降压调速实现细调，见图 7-28。这样既扩大了调速范围，提高了调速的平滑性，又可避免降压调速在高转差率下运行，减少转差损耗。其缺点是控制装置及定子绕组的接线比较复杂。

2. 转子回路串电阻调速

改变绕线式异步电动机转子回路串入电阻的大小，即可改变电动机的转速，其机械特性如图 7-29 所示。显然，所串电阻越大，转速越低。对恒转矩负载，稳定运行时电磁转矩不变，根据电磁转矩公式，有

$$\frac{R_2}{s} = \frac{R_2 + R_\Omega}{s'} \tag{7-19}$$

故转子串电阻前后功率因数不变，即

$$\cos\varphi'_2 = \frac{\frac{R_2 + R_\Omega}{s'}}{\sqrt{\left(\frac{R_2 + R_\Omega}{s'}\right)^2 + X_{2\sigma}^2}} = \frac{\frac{R_2}{s}}{\sqrt{\left(\frac{R_2}{s}\right)^2 + X_{2\sigma}^2}} = \cos\varphi_2 \tag{7-20}$$

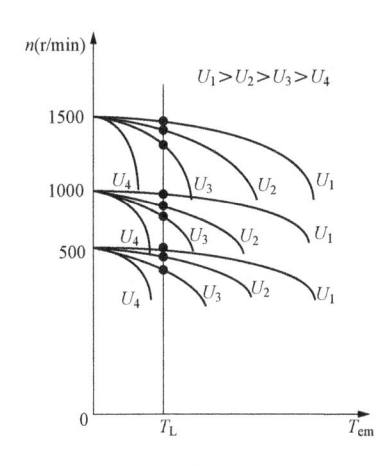

图 7-28 异步电动机变极、降压调速的机械特性曲线

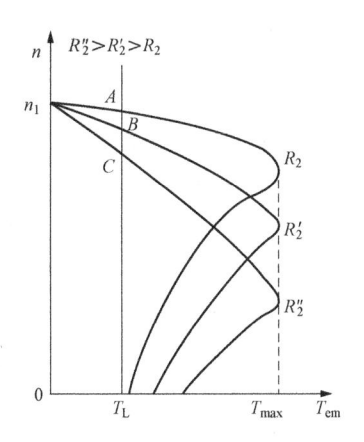

图 7-29 异步电动机转子回路串电阻调速的机械特性曲线

异步电动机的电磁功率、总机械功率和转差功率（即转子铜耗）之比为

$$P_{em} : P_{mec} : P_{Cu2} = 1 : (1-s) : s \tag{7-21}$$

带恒转矩负载时，电磁转矩和同步转速都不变，因此电磁功率 P_{em} 不变，这种调速方式通过消耗转差功率实现转速的调节。当 s 增大时，消耗在转子上的转差功率增大。低速时，s 大，电机的效率迅速下降，电机发热严重。

由于这种调速方法在低速下运行时机械特性软，负载转矩稍有变化即会引起转速较大波动，稳定性不好，因此调速范围不宽，负载较小时，调速范围就更小了。此外，该方法只能分级调节转速，且级数不可能太多，故调速平滑性较差。

转子串电阻调速的优点是设备简单，初期投入较小，调速与起动电阻可共用。通常多用于周期性断续工作方式、低速运行时间不长、调速性能要求不高的场合，如用于桥式起重机。

例 7-3 一台三相绕线式异步电机的转子绕组为 Y 接线，转子每相电阻 $R_2 = 0.16\Omega$，已知在额定运行时转子电流为 50A，转速为 1440r/min。现将转速降为 1300r/min，问每相应串入多大电阻（假定带恒转矩负载）？降速运行时电机的电磁功率是多少？

解 根据已知条件

额定转差率 $\quad s_N = \dfrac{n_1 - n_N}{n_1} = \dfrac{1500 - 1440}{1500} = 0.04$

调速后的转差率 $\quad s = \dfrac{n_1 - n}{n_1} = \dfrac{1500 - 1300}{1500} = 0.1333$

由于负载转矩恒定不变，所以两种转速下电磁转矩不变，则有

$$\frac{R_2}{s_N} = \frac{R_2 + R_\Omega}{s}$$

每相应串入电阻 $\quad R_\Omega = \dfrac{s}{s_N} R_2 - R_2 = \left(\dfrac{0.1333}{0.04} - 1\right) \times 0.16 = 0.373(\Omega)$

因电磁转矩不变，则电磁功率不变，降速运行时的电磁功率等于额定运行时的电磁功率，即

$$P_{em} = 3 I_2^2 \frac{R_2}{s_N} = 3 \times 50^2 \times \frac{0.16}{0.04} = 30(\text{kW})$$

7.4 三相异步电动机的制动

为了满足不同生产机械对电力拖动的要求，异步电动机与直流电动机一样，应具有各种运行状态，即电动状态以及各种制动运行状态。当 T_{em} 与 n 方向一致时为电动状态，此时电磁转矩为驱动转矩，从电源吸收电功率，输出机械功率，其机械特性在第一和第三象限。当 T_{em} 与 n 方向相反时为制动状态，此时电磁转矩为制动转矩，从轴上输入机械功率，转换成电功率，消耗于转子电阻或回馈到电网中去，其机械特性在第二或第四象限。

根据制动状态中 T_{em} 与 n 的不同情况，三相异步电动机的制动可分为反接制动、能耗制动与回馈制动。

7.4.1 反接制动

反接制动时转子的转向与定子旋转磁场的转向相反，故称为反接制动。反接制动的电路图见 7-30（a），正常运行时 S1 闭合、S2 断开，反接制动时 S1 断开、S2 闭合，将正在电动机状态下运行的异步电动机的定子三根供电线对调了两根，定子电流的相序发生改变，其所产生的旋转磁场立即反转，从原来与转子转向一致变为与转子转向相反，于是电机进入相当于 $s \approx 2$ 时的电磁制动状态，电磁转矩对转子产生较强的制动作用。为了使反接时电流不过大，若为绕线式异步电动机，反接时应在转子回路串入附加电阻。当电动机转速降至零时，必须立即切断定子电源，否则电动机将向相反方向旋转，如图 7-30（c）所示。

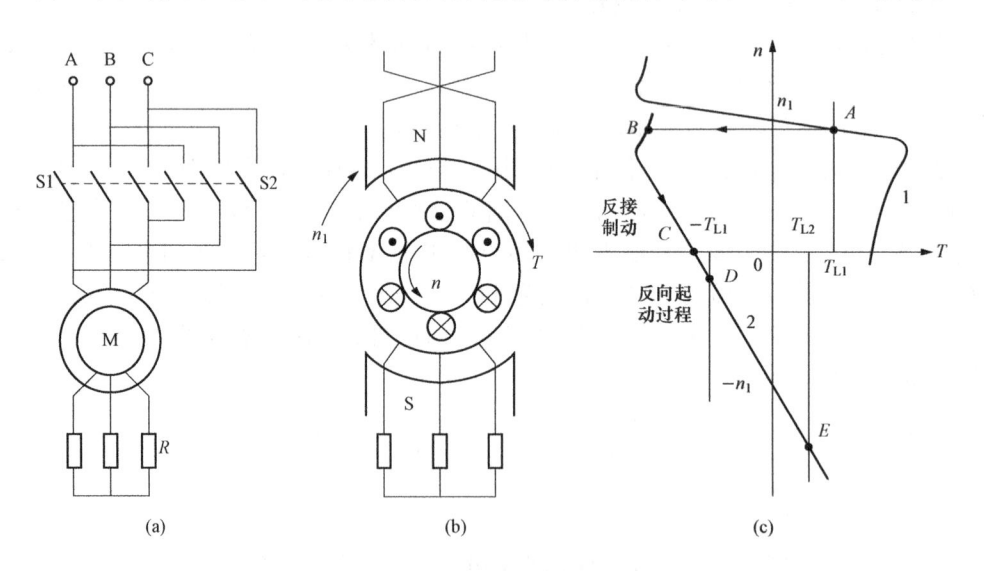

图 7-30 正转反接的反接制动
(a) 电路图；(b) 原理图；(c) 机械特性

反接制动时，电磁功率 P_{em}、总机械功率 P_{mec} 和转差功率（转子铜耗）p_{Cu2} 分别为

$$P_{em} = m_1 I_2'^2 \frac{R_2' + R_\Omega'}{s} > 0 \tag{7-22}$$

$$P_{mec} = (1-s)P_{em} < 0 \tag{7-23}$$

$$p_{Cu2} = P_{em} - P_{mec} = P_{em} + |P_{mec}| \tag{7-24}$$

可见，电动机既要从电网吸收电动率（$P_{em}>0$），又要从转轴上输入机械功率（$P_{mec}<0$），两者都变为转差功率 p_{Cu2}，消耗在转子电路的电阻上。因此，转子电路中应串入比起动电阻还要大的电阻，以负担大部分转子铜耗，使电机不至于因过热而损坏。

7.4.2 能耗制动

将正在运行的电动机的定子绕组从电网断开，接到直流电源上〔如图 7-31（a）所示〕，由于定子中流过直流电流 I，故没有电磁功率从定子方传递到转子方。定子的直流电流形成一恒定磁场，转子由于惯性继续转动，其导条切割定子的恒定磁场在转子绕组中感应电动势、电流，从而将转子动能变成电能消耗在转子电阻上，使转子发热，当转子动能消耗完毕，转子停止转动，这一过程称为能耗制动。能耗制动的机械特性曲线见图 7-31（b），由于能耗制动时电机内是静止恒定的磁场，可以认为同步转速 $n_1=0$，因此它的机械特性过原点。

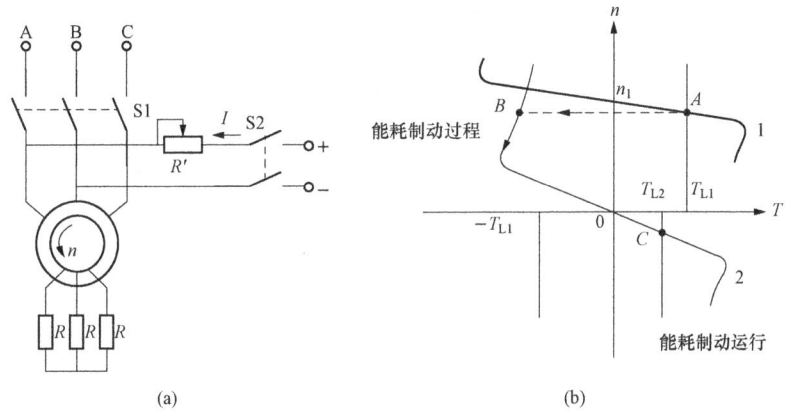

图 7-31 能耗制动
(a) 电路图；(b) 机械特性

对于反抗性负载，可以采用能耗制动实现快速、准确的停车，此时电动机将从电动状态机械特性曲线 1 上的运行点 A 过渡到能耗制动机械特性曲线 2 上的 B 点，然后沿曲线 2 转速下降为 0，系统停车。如果所带为位能性负载，转速为 0 后若不将转子卡住，在位能性负载的作用下，电机将反转，直至 C 点，转矩平衡，电机稳定下放重物。

7.4.3 回馈制动

当电机作电动机运行时，如果由于外来因素，使转子加速到超过同步转速，则电机进入回馈制动状态。例如起重机下降重物而仍按电动机状态运行时，转子转向和定子旋转磁场转向相同，则在电动机的电磁转矩和重物的重力产生的转矩双重作用下，重物以越来越快的速度下降，当 $n>n_1$ 时，电机就进入发电机状态运行，电磁转矩方向开始改变，一直到电磁转矩与重力转矩平衡时（如图 7-32 的 A 点），转子转速及相应的重物下降速度才稳定不变，使重物恒速下降。这时，重物下降失去的势能转换为电能送给电机所接的电网，因而称为回馈制动。

在变极调速和变频调速时，也常发生回馈制动。如图 7-33 所示，电动机原来在机械特性曲线 1 的 A 点运行，若突然将定子频率降低，电动机的机械特性变为曲线 2，其运行点将从 $A \rightarrow B \rightarrow C \rightarrow D$，最后稳定运行在 D 点。在减速过程的 BC 段，$n>n_1'$，$T_{em}<0$，电动机处于回馈制动状态。当然，BC 段只是调速过程中的过渡状态。

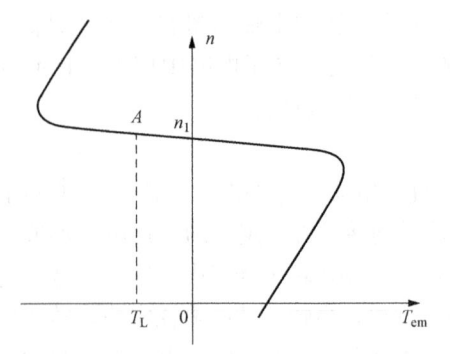

图 7-32　三相异步电机的回馈制动

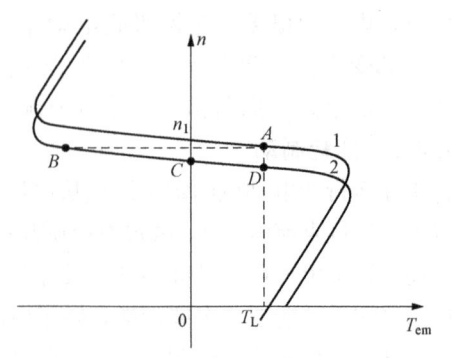

图 7-33　三相异步电机变频调速时的回馈制动过渡状态

本章小结

异步电动机具有结构简单、价格便宜、运行可靠、维护方便等优点，在以交流电为主的船舶上，大多数的电力拖动机械都采用异步电动机作为原动机。

异步电动机起动电流很大但起动转矩不大，刚好与生产机械对电动机的要求完全相反。为此，在限制起动电流的前提下，应保证具有一定的起动转矩。对于小容量的电动机可以直接起动；当电网容量不够大电动机不能采用直接起动时，采用降压起动的方法来减小笼型异步电动机的起动电流，降压起动适用于空载或轻载的情况；对于小容量电动机带重载情况，可采用高起动转矩笼型异步电动机。对于重载或频繁起动的生产机械，可以采用绕线式异步电动机，通过在绕线式三相异步电动机的转子回路串对称电阻以减小起动电流并增大起动转矩。

异步电动机在调速性能上比不上直流电动机。根据异步电动机的速度公式可知，异步电动机的调速方式有三种：①变极调速；②变频调速；③改变转差率调速。在变极调速中，变极前后绕组系数也变了，从而电动机性能也有变化，因而设计者要认真协调；变频调速从调速范围、平滑性、调速前后电动机的性能等方面来看具有较大的优势，但需要专门的变频电源，随着变频技术的发展，变频装置的价格不断下降，性能不断提高，异步电动机变频调速系统已有取代直流电动机调速系统的趋势；改变转差率调速的调速方式，在调速过程中产生大量的转差功率，消耗在转子电阻上，使转子发热，除串级调速外，调速的经济性都较差。

为了满足不同生产机械对电力拖动的要求，异步电动机与直流电动机一样，应具有各种运行状态，即电动状态以及各种制动运行状态。当 T_{em} 与 n 方向一致时为电动状态，此时电磁转矩为驱动转矩，从电源吸收电功率，输出机械功率，其机械特性在第一和第三象限。当 T_{em} 与 n 方向相反时为制动状态，此时电磁转矩为制动转矩，从轴上输入机械功率，转换成电功率，消耗于转子电阻或回馈到电网中去，其机械特性在第二或第四象限。根据制动状态中 T_{em} 与 n 的不同情况，三相异步电动机的制动可分为反接制动、能耗制动与回馈制动。

习 题

7-1 什么是三相异步电动机的固有机械特性和人为机械特性？

7-2 普通笼型异步电动机在额定电压下起动时，为什么起动电流很大，而起动转矩并不大？

7-3 三相异步电动机运行时，若负载转矩不变而电源电压下降10%，对电机的同步转速 n_1、转子转速 n、主磁通 Φ_m、功率因数 $\cos\varphi_1$、电磁转矩 T_{em} 有何影响？

7-4 绕线式三相异步电动机转子回路串入适当的电阻可以增大起动转矩，串入适当的电抗时，是否也有相似的效果？

7-5 两台同样的笼型异步电动机共轴连接，拖动一个负载。如果起动时将它们的定子绕组串联以后接至电网上，起动完毕后再改接为并联。试问这样的起动方式，对起动电流和起动转矩的影响怎样？

7-6 三相异步电动机的起动电流与外加电压、电机所带负载是否有关？关系如何？是否起动电流越大起动转矩也越大？

7-7 在绕线式异步电动机的转子回路中串接电抗器或电容器是否能改善起动性能？此时 T_{st}、T_{max}、s_m 和额定负载下的效率和功率因数如何变化？

7-8 和普通笼型异步电动机比较，但深槽笼型或双笼型电动机在额定电压下起动时，起动电流较小而起动转矩较大，为什么？

7-9 绕线式转子异步电动机在转子回路中串入电阻起动时，为什么既能降低起动电流，又能增大起动转矩？试分析比较串入电阻前后起动时的 Φ_m、I_2、$\cos\varphi_2$、I_{st} 是如何变化的？串入的电阻越大是否起动转矩越大？为什么？

7-10 一台笼型三相感应电动机，原来转子笼形绕组是铜条的，后因损坏，改为铝条。如果输出同样的转矩，电动机的运行特性有什么变化？

7-11 单绕组变极调速的基本原理是什么？一台四极异步电动机，采用单绕组变极方法改变为两极电机时，若外加电源电压的相序不变，电动机的转向将会怎样？

7-12 为什么在变频恒转矩调速时要求电源电压随频率呈正比变化？若电源的频率降低，而电压的大小不变，会出现什么后果？

7-13 一台星形接法的异步电动机，在运行中突然切断三相电流，并同时将任意两相定子绕组立即接入直流电源，这时异步电动机的工作状况如何？

7-14 一台三相四极50Hz绕线式异步电动机，转子每相电阻 $R_2=0.015\Omega$。额定运行时，转子相电流为200A，$n_N=1475$r/min，计算额定电磁转矩。若保持额定负载转矩不变，在转子回路串电阻，使转速降低到1200r/min，求转子每相应串入的电阻值，此时定子电流、电磁功率、输入功率是否变化？

7-15 一台三相四极50Hz绕线式异步电动机额定功率 $P_N=150$kW，额定电压 $U_N=380$V，转子铜耗 $p_{Cu2}=2210$W，机械损耗 $p_{mec}=2600$W，附加损耗 $p_{ad}=1000$W。试求：

（1）额定运行时的电磁功率，额定转差率的额定转速。

（2）已知每相参数 $R_1=R_2'=0.012$，$X_{1\sigma}=X_{2\sigma}'=0.06$，产生最大转矩时的转差率为多少。

(3) 若要求在起动时产生最大转矩，转子每相绕组应串入多大的电阻？

7-16 有一台三相四极的笼型异步电动机，电动机的额定功率 $P_N=17\text{kW}$，$U_{1N}=380\text{V}$△接线时，等值电路的参数为：$R_1=0.715\Omega$，$X_{1\sigma}=1.74\Omega$，$R_2'=0.416\Omega$，$X_{2\sigma}'=3.03\Omega$，$R_m=6.2\Omega$，$X_m=75\Omega$，电动机的机械损耗 $p_{\text{mec}}=139\text{W}$，额定负载时的杂散损耗 $p_{\text{ad}}=320\text{W}$。试求：

(1) 电动机在△接线、U_{1N} 为 380V 时的起动电流 $I_{\text{st}\triangle}$ 和起动转矩 $T_{\text{st}\triangle}$。

(2) 电动机在 Y 接线、U_{1N} 为 380V 时的起动电流 I_{stY} 和起动转矩 T_{stY}。

7-17 一台三相笼型异步电动机的有关参数为：$P_N=3\text{kW}$，$U_{1N}=380\text{V}$，$n_N=2930\text{r/min}$，$\eta_N=90\%$，$\cos\varphi_{1N}=0.85$，起动电流倍数 $K_i=5.5$，起动转矩倍数 $K_{\text{st}}=1.2$，定子绕组△接线。供电变压器允许起动电流为 150A 时，能否在下面情况下用 Y-△起动方法：

(1) 负载转矩为 $0.25T_N$。

(2) 负载转矩为 $0.4T_N$。

7-18 一台三相笼型异步电动机 $P_N=3\text{kW}$，$f_1=50\text{Hz}$，$U_{1N}=380\text{V}$，定子 Y 接法，定子额定电流 $I_{1N}=6.81\text{A}$，额定转速 $n_N=967\text{r/min}$，起动时电机参数：$R_1=2.08\Omega$，$X_{1\sigma}=2.36\Omega$，$R_2'=1.735\Omega$，$X_{2\sigma}'=2.8\Omega$。试求：

(1) 直接起动时的起动电流倍数和起动转矩倍数。

(2) 若自耦变压器降压起动，自耦变压器的变比 $k_A=2$，此时的起动电流倍数和起动转矩倍数为多少？

(3) 若定子串电抗器降压起动，降压值与（2）相同，其起动电流和起动转矩倍数是多少？

(4) 当应用 Y-△起动时，电网供给的起动电流和起动转矩减小为直接起动的多少？该电机能否应用 Y-△起动？

7-19 有一台三相四极的绕线式异步电动机，额定转速 $n_N=1485\text{r/min}$，转子每相电阻 $R_2=0.012\Omega$。设负载转矩保持为额定值不变，欲把转速从 1485r/min 下调到 1050r/min，问转子每相应串入多大的调速电阻？

7-20 一台三相四极 50Hz 绕线式异步电动机，转子每相电阻 $R_2=0.015\Omega$。额定运行时，转子相电流为 200A，$n_N=1475\text{r/min}$，计算额定电磁转矩 T_N。若保持 T_N 不变，在转子回路串电阻，使转速降低到 1200r/min，求转子每相应串入的电阻值，这时定子电流、电磁功率、输入功率是否变化？

7-21 一台三相笼型异步电动机，有关参数为：$P_N=11\text{kW}$，$U_{1N}=380\text{V}$，$f_N=50\text{Hz}$，$I_{1N}=21.8\text{A}$，$n_N=2930\text{r/min}$，过载能力 $K_M=2.2$，拖动 $T_L=0.8T_N$ 的恒转矩负载运行，求：

(1) 电动机的转速。

(2) 若电压降至 $0.8U_{1N}$，而频率不变，求电动机的转速。

(3) 若频率降低至 40Hz，保持 $\dfrac{U_1}{f_1}$ 不变，求电动机的转速。

第8章 同步电机

同步电机也是交流电机的一种。普通同步电机与异步电机的根本区别是转子侧（特殊结构时也可以是定子侧）装有磁极并通入直流电流励磁，因而具有确定的极性。由于定转子磁场相对静止及气隙合成磁场恒定是所有旋转电机稳定实现机电能量转换的两个前提条件，因此，同步电机的运行特点是转子的旋转速度与定子磁场的旋转速度严格同步，并因此而得名。同步电机主要用作发电机，同步电机也可作电动机运行，其特点是可以通过调节励磁电流来改变功率因数。

在船上，同步发电机是交流电站的主要组成部分。电站向全船电工设备供电，供电不仅要求能不间断，而且还要求有良好的供电质量，即供电的电压和频率都必须稳定。

本章主要讨论同步发电机的结构、基本工作原理、运行分析的方法、运行特性以及并联运行问题。

8.1 同步电机的基本工作原理和结构

8.1.1 同步电机的基本工作原理

以同步发电机为例来说明同步电机的基本工作原理。图 8-1 是一台两极三相同步发电机，它的定子三相绕组用空间互差 120°的三个线圈 AX、BY 和 CZ 来表示，当原动机拖动转子以转速 n_1 旋转且励磁绕组中通以直流电时，转子旋转磁场将在这三个线圈中感应出交流电动势 e_A、e_B 和 e_C。由于三相线圈的匝数相等，故三相感应电动势的有效值相等。又由于它们的位置在空间互差 120°电角度，假设转子转向为 A-B-C，当磁极旋转到 A 相轴线的位置 [图 8-1（a）]，则 A 相感应电动势为 0；经过 120°电角度，磁极将旋转到 B 相轴线的位置，B 相感应电动势将为 0；再经过 120°电角度，C 相感应电动势为 0。所以三相感应电动势在时间相位上互差 120°。此外，三相感应电动势的频率相等，皆为 $f=pn_1/60$。三相感应电动势的波形如图 8-1（b）所示。

8.1.2 同步电机的结构

按照结构形式，同步电机可以分为旋转电枢式和旋转磁极式两类。前者的电枢装在转子上，主磁极装在定子上，这种结构在小型同步电机中得到一定的应用。对于高压、大型的同步电机，通常用旋转磁极式结构。由于励磁部分的容量和电压常比电枢小得多，把主磁极装在转子上，电刷和集电环的负载就大为减轻。目前，旋转磁极式结构已成为中、大型同步电机的基本结构形式。

在旋转磁极式同式电机中，按照主极的形状，又可分为隐极式和凸极式，如图 8-2 所示。隐极式转子做成圆柱状，气隙均匀；凸极转子有明显的凸出的磁极，气隙不均匀。对于高速的同步电机（3000r/min），从转子机械强度和妥善地固定励磁绕组考虑，采用励磁绕组分布于转子表面槽内的隐极式结构较为可靠。对于低速电机（1000r/min 及以下），转子的离心力较小，故采用制造简单、励磁绕组集中安放的凸极式结构较为合理。

(a)

(b)

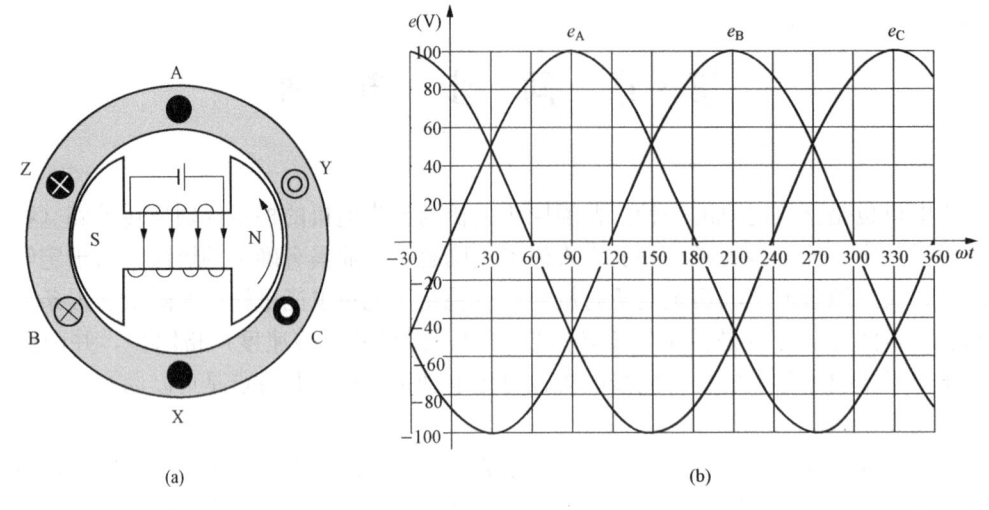

图 8-1 同步发电机的工作原理
(a) 同步电机的模型；(b) 三相感应电动势波形

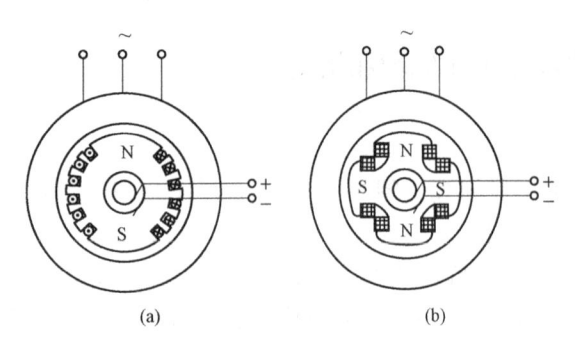

(a)　　　　　　(b)

图 8-2 旋转磁极式同步电机的类型
(a) 隐极式；(b) 凸极式

大型同步发电机通常采用汽轮机或水轮机作为原动机来拖动，前者称为汽轮发电机，后者称为水轮发电机。由于汽轮机是一种高速原动机，所以汽轮发电机一般采用隐极式结构。水轮机是一种低速原动机，所以水轮发电机一般采用凸极式结构。同步电动机、用内燃机拖动的同步发电机以及同步补偿机，大多做成凸极式，少数两极的高速同步电动机也有做成隐极式的。

同步电机与其他旋转电机一样，主要由定子和转子两部分组成。

1. 定子

定子（见图 8-3）主要由定子铁心、定子绕组、机座和端盖等构成。

（1）定子铁心用 0.5mm 厚、表面涂绝缘漆的硅钢片叠装而成。铁心内圆冲出一定形状的槽，用于嵌放定子绕组。定子铁心厚度每达 3 至 5cm 时，就要留 1cm 作为通风槽用。

（2）定子绕组。定子绕组的作用、要求、结构形式与三相异步电动机定子绕组相同，一般采用三相双层短距绕组。

（3）机座。机座用厚钢板焊接而成，用于固定定子铁心，要有足够的强度和刚度。

图 8-3 同步电机的定子

2. 转子

转子根据结构的不同，分为隐极式和凸极式两种。

(1) 隐极式转子，如图 8-4 所示。

1) 转子铁心。转子铁心是汽轮发电机最关键的部件之一，也是电机磁路的主要组成部分。它高速旋转时承受着很大的机械应力，故采用整块具有高机械强度和良好导磁性能的合金钢锻体。沿转子转轴方向，在转子铁心表面铣一定数量的槽，以便放置励磁绕组。槽的形状有两种，一种为辐射形排列，另一种是平行排列，我国生产的发电机多采用辐射形槽。

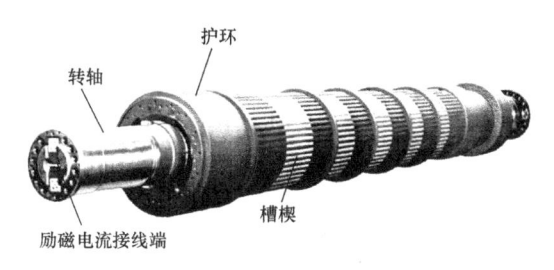

图 8-4 隐极式转子

2) 励磁绕组。励磁绕组用矩形的扁铜线制成同心式线圈。各匝之间及线圈与铁心间均有绝缘。

3) 其他部件：护环、中心环、滑环和风扇。护环是一个厚壁金属圆筒，用于保护励磁绕组的端部，使之不因离心力而甩出。中心环用于支撑护环并阻止励磁绕组端部轴向移动。滑环装在转子轴上，通过电刷将励磁电流引进励磁绕组。风扇主要起到通风的作用。

(2) 凸极式转子。凸极式转子有明显的磁极，主要由转轴、磁极、磁轭、励磁绕组、滑环和阻尼绕组等组成。目前中、小型同步电机倾向采用永磁式转子，它结构简单、功率因数高、高效节能。如图 8-5 所示。

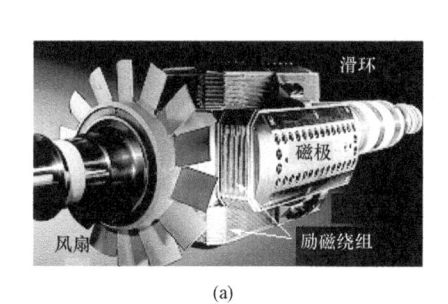

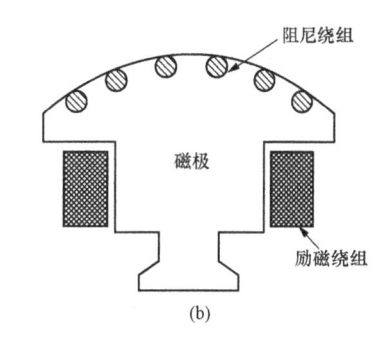

图 8-5 凸极式磁极与绕组
(a) 转子；(b) 磁极示意图

8.1.3 同步电机的励磁方式

同步电机运行时，必须在励磁绕组中通入直流电流，建立励磁磁场。相应地，将供给励磁电流的整个装置称为励磁系统。

励磁系统是同步电机的重要组成部分，并且可分为两大类：一类采用直流发电机供给励磁电流，另一类通过整流装置将交流电流变为直流电流以满足需要。下面简要介绍。

(1) 直流发电机励磁系统。是一种经典的励磁系统，如图 8-6 所示，称该系统中的直流发电机为直流励磁机。直流励磁机多采用他励或永磁励磁方式，且与同步发电机同轴旋转，输出的直流电流经电刷、滑环输入同步发电机转子励磁绕组。

(2) 静止式交流整流励磁系统。这种励磁系统以将同轴旋转的交流励磁机的输出电流经整流后供给发电机励磁绕组的他励式系统（图8-7），应用最普遍。与传统直流系统相比，其主要区别是变直流励磁机为交流励磁机，从而避开了直流励磁机的换向火花问题。

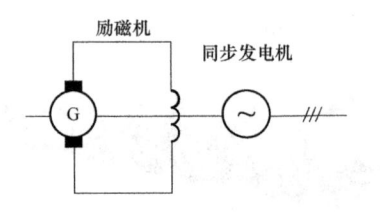

图8-6 带直流励磁机的直流励磁系统

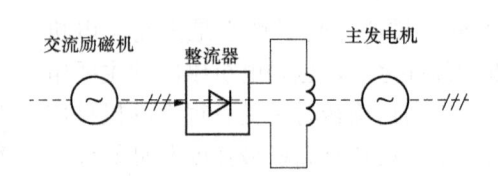

图8-7 带交流励磁机的静止整流器励磁系统

该励磁系统还可以利用发电机自身产生的交流电，经过静止整流器变成直流电，通入转子励磁绕组，叫做自励式同步发电机，如图8-8所示。这种自励式同步发电机在船舶电站中应用很广泛。

(3) 旋转式交流整流励磁系统（无刷励磁系统）。静止式交流整流励磁系统去掉了直流励磁机，解决了换向火花问题，但与励磁绕组相连的电刷和滑环依然存在，还是有触点系统。如果把交流励磁机做成转枢式同步发电机，并将整流器固定在转轴上一起旋转，就可以将整流输出直接供给发电机的励磁绕组，而无须电刷和滑环，构成旋转的无触点交流整流励磁系统，简称无刷励磁系统，如图8-9所示。无刷励磁系统运行比较可靠，这种系统大多用于大、中容量的汽轮发电机以及在防燃、防爆等特殊环境中工作的同步电机。

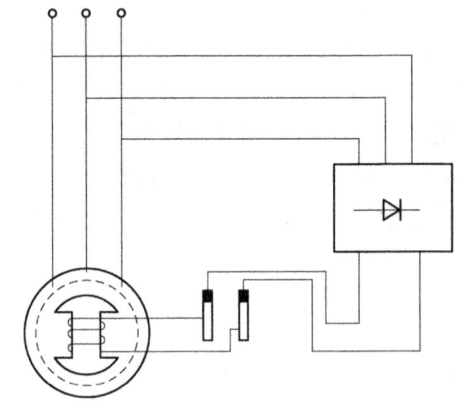

图8-8 自励式的静止整流器励磁系统

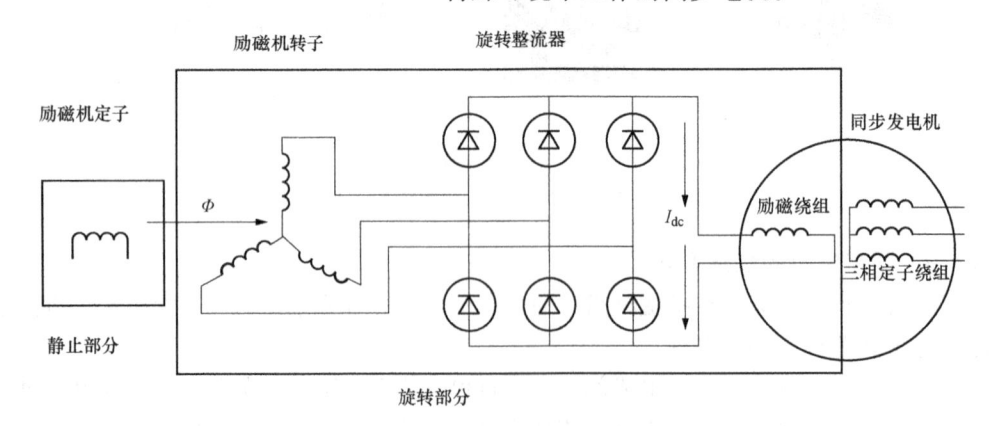

图8-9 无刷励磁系统

8.1.4 同步电机的额定值

同步电机的额定值主要有以下数据。

额定电压U_N：电机额定运行时定子的线电压，单位为V或kV。

额定电流 I_N：电机额定运行时定子的线电流，单位为 A。

额定功率因数 $\cos\varphi_N$：电机额定运行时的功率因数。

额定效率 η_N：电机额定运行时的效率。

额定容量 $S_N=\sqrt{3}U_N I_N$。对发电机，是出线端额定视在功率，单位为 VA、kVA；对调相机，为线端额定无功功率，单位为 var、kvar。

额定功率 P_N：对发电机为额定输出有功电功率

$$P_N = S_N\cos\varphi_N = \sqrt{3}U_N I_N\cos\varphi_N \tag{8-1}$$

对电动机为轴上输出的额定机械功率

$$P_N = S_N\cos\varphi_N\eta_N = \sqrt{3}U_N I_N\cos\varphi_N\eta_N \tag{8-2}$$

此外，铭牌上还有额定频率 $f_N(\text{Hz})$、额定转速 $n_N(\text{r/min})$、额定励磁电流 $I_{fN}(\text{A})$、额定励磁电压 $U_{fN}(\text{V})$。

8.2 同步发电机的运行分析

8.2.1 同步发电机空载运行分析

用原动机拖动同步发电机到同步转速，励磁绕组通入直流励磁电流，电枢绕组开路的情况，称为同步发电机的空载运行。

空载运行时，同步发电机内仅有由励磁电流所建立的主极磁场。图 8-10 表示一台四极同步发电机空载时的磁通示意图。从图可见，主极磁通分为主磁通 Φ_0 和主极漏磁通 Φ_{fo} 两部分，前者通过气隙并与定子绕组相交链，后者不通过气隙，仅与励磁绕组相交链。主磁通所经过的主磁路包括空气隙、电枢齿、电枢磁轭、磁极极身和转子磁轭五部分。

当转子以同步转速旋转时，主磁场将在气隙中形成一个旋转磁场，它"切割"对称的三相定子绕组后，就会在定子绕组内感应出一组频率为 f_1 的对称三相电动势，称为空载电动势或励磁电动势

$$\dot{E}_{0A} = E_0\angle 0°;\ \dot{E}_{0B} = E_0\angle -120°;$$
$$\dot{E}_{0C} = E_0\angle 120° \tag{8-3}$$

忽略高次谐波时，空载电动势（相电动势）的有效值为

$$E_0 = 4.44 f_1 N k_{N1}\Phi_0 \tag{8-4}$$

其中 Φ_0 为每极的主磁通量。这样，改变直流励磁电流 I_f，便可得到不同的主磁通 Φ_0 和相应的空载电动势 E_0，从而得到空载特性 $E_0=f(I_f)$，如图 8-11 所示。空载特性是同步发电机的一条基本特性。空载特性曲线的下部是一条直线，与下部相切的直线称为气隙线。随着 Φ_0 的增大，铁心逐渐饱和，空载曲线就逐渐弯曲。

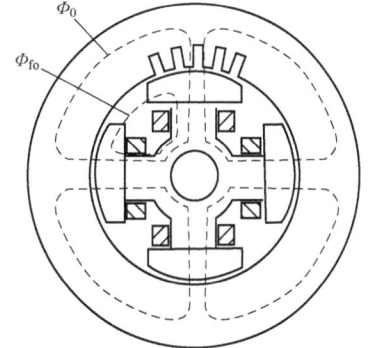

图 8-10 同步发电机的空载磁路

由于同步发电机中的励磁磁场是以同步电角速度 ω_1 在空间旋转，与由其产生的定子绕组中的以频率 ω_1 交变的正弦基波主磁通及其感应的正弦基波电动势在时空上同步变化，因此，可以将它们画在统一的时空矢量图上以简化分析，如图 8-12 所示。

图 8-12 中，只考虑基波的情况，忽略磁滞效应，励磁磁通势 F_f 和由它产生的气隙磁通密度 B_f 同相位，波幅同处于直轴正方向，以同步速 ω_1 旋转。相应的磁通相量 $\dot{\Phi}_0$ 的交变频率也为 ω_1，它所感应的电动势在时间上滞后它 90°。取定子各相绕组的时间参考轴（简称时轴）与绕组对称轴线重合后，$\dot{\Phi}_0$ 与 B_f 同方向。

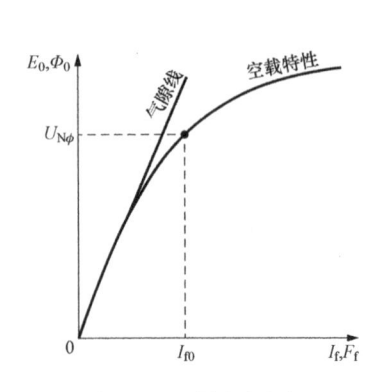

图 8-11 同步发电机的空载特性

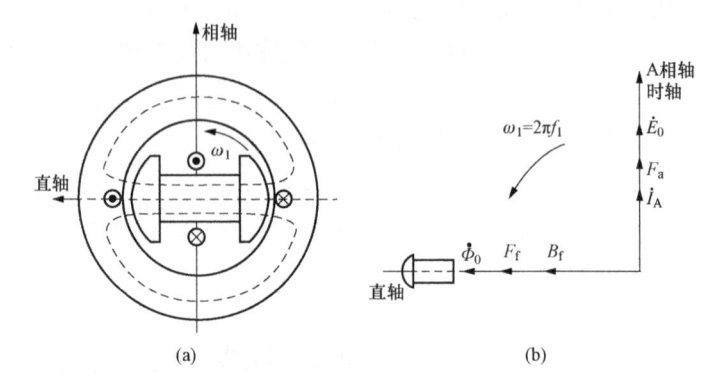

图 8-12 同步发电机空载时的时空相量图
(a) 同步发电机励磁磁通势；(b) 时空相量图

8.2.2 同步发电机负载时的电枢反应

同步发电机中，转子主磁极的励磁磁通势基波 F_f、励磁磁场磁通密度基波 B_f 两个空间相量在直轴（d 轴）上，对于时空相量图，由 B_f 形成的每极磁通量，相对于相绕组而言是时间相量 $\dot{\Phi}_0$，也在 d 轴上；由于 $\dot{\Phi}_0$ 在相绕组上的感应电动势 $\dot{E}_0$ 是时间相量，落后于 $\dot{\Phi}_0$ 90°。在相平面上它们以 ω 角速度旋转，相对位置不变。当同步发电机带对称三相负载时，三相对称电流通过三相电枢绕组，产生三相合成磁通势的基波 F_a 和相应的磁通密度 B_a，它们是空间相量，当选择 A 相电流为参考相时，在时空相量图上，空间相量 F_a 与 B_a 重合，并与 A 相电流 $\dot{I}_A$ 重合。在相平面上它们以角速度 ω_1 旋转，相对位置不改变。对称负载运行时，取 A 相为参考相，励磁电动势 $\dot{E}_0$ 与相电流 $\dot{I}_A$ 的相位差为 ψ_0，如果 ψ_0 一定，则超前于 $\dot{E}_0$ 90° 电角度的空间相量 F_f 与空间相量 F_a（和 $\dot{I}_A$ 同相）在空间相对位置一定，即定子、转子磁通势相对静止。

也就是说，同步发电机带上对称负载后，电枢绕组中将流过对称三相电流，此时电枢绕组就会产生电枢磁通势及相应的电枢磁场，其基波与转子同向、同速旋转。负载时，电枢电流产生的磁场对主磁极磁场产生影响，称为电枢反应。电枢反应的性质（增磁、去磁或交磁）取决于电枢磁通势和主磁极磁场在空间的相对位置。分析表明，此相对位置取决于励磁电动势 $\dot{E}_0$ 和负载电流 $\dot{I}$ 之间的相角差 ψ_0（ψ_0 称为内功率因数角）。下面分成两种情况来分析。

1. $\dot{I}$ 与 $\dot{E}_0$ 同相

图 8-13 (a) 表示一台两极同步发电机的示意图。图中电枢绕组每相用一个集中线圈来表示，$\dot{E}_0$ 和 $\dot{I}$ 的正方向规定为从绕组首端流出，从尾端流入。在图 8-13 (a) 所示瞬间，主极轴线与电枢 A 相绕组的轴线正交，与 A 相绕组连接的主磁通为零；因为电动势滞后于

感生它的磁通 90°，故 A 相励磁电动势 $\dot{E}_{0A}$ 的瞬时值达到正的最大值，其方向如图中所示（从 X 入，从 A 出）；B、C 两相的励磁电动势 $\dot{E}_{0B}$ 和 $\dot{E}_{0C}$ 分别滞后和超前于 $\dot{E}_{0A}$ 120°，如图 8 - 13（b）所示。

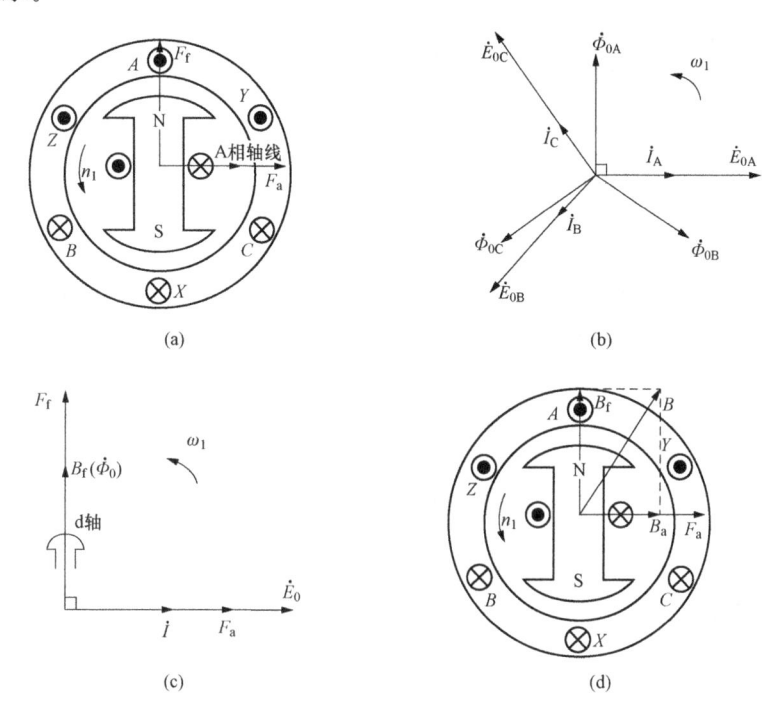

图 8 - 13 $\psi_0 = 0°$ 时同步发电机的电枢反应
（a）定子绕组内的电动势、电流和磁通势的空间矢量图；（b）时间相量图；
（c）时空统一矢量图；（d）气隙合成磁场与主磁场的相对位置

设电枢电流 $\dot{I}$ 与励磁电动势 $\dot{E}_0$ 同相位，即内功率因数角 $\psi_0 = 0°$，则在图示瞬间，A 相电流也将达到正的最大值，B 相和 C 相电流分别滞后于 A 相电流 120°和 240°，如图 8 - 13（b）中所示。从第 5 章中知，在对称三相绕组中通以对称三相电流时，若某相电流达到最大值，则在同一瞬间，三相基波合成磁通势的幅值将与该相绕组的轴线重合。因此在图 8 - 13（a）所示瞬间，基波电枢磁通势 F_a 的轴线应与 A 相绕组轴线和转子交轴重合。由于 F_a 与转子均以同步转速旋转，所以在其他瞬间，F_a 的轴线恒与转子交轴重合。由此可见，$\psi_0 = 0°$ 时，F_a 是一个交轴磁通势，即

$$F_a = F_{aq} \tag{8-5}$$

交轴电枢磁通势所产生的电枢反应称为交轴电枢反应。交轴电枢反应使气隙合成磁场 B 与主磁极磁场 B_f 在空间形成一定的相角差，如图 8 - 13（d）所示。对于同步发电机，当 $\psi_0 = 0°$ 时，主磁极磁场将超前于气隙合成磁场，于是主磁极将受到一个制动性质的电磁转矩。

从图 8 - 13（a）和（b）可见，用电角度表示时，主磁极磁通势 F_f 与电枢磁通势 F_a 之间的空间相位关系，恰好与 A 相的主磁通 $\dot{\Phi}_{0A}$ 和 A 相电流 $\dot{I}_A$ 之间的时间相位关系相一致，且图 8 - 13（a）的空间矢量与图 8 - 13（b）的时间相量均为同步旋转。于是，若把图 8 - 13（b）中的时间参考轴与图 8 - 13（a）中 A 相绕组的轴线取为重合（例如均取为水平），就可

以把图 8-13（a）和图 8-13（b）合并，得到一个时空统一矢量图，如图 8-13（c）所示。由于三相电动势和电流均为对称，所以在统一矢量图中，仅画出 A 相一相的励磁电动势、电流和与之交链的主磁通，并把下标 A 省略，写成 $\dot{E}_0$、$\dot{I}$ 和 $\dot{\Phi}_0$。在统一矢量图中，F_f 既代表主磁极基波磁通势的空间矢量，也表示时间相量 $\dot{\Phi}_0$ 的相位；$\dot{I}$ 既代表 A 相电流相量，又表示电枢磁通势 F_a 的空间相位。

2. $\dot{I}$ 与 $\dot{E}_0$ 不同相

下面进一步分析 $\dot{I}$ 与 $\dot{E}_0$ 不同相时的情况。在图 8-14（a）所示瞬间，A 相绕组的励磁电动势 E_0 达到正的最大值。若电枢电流滞后于励磁电动势某一相角 ψ_0（$90°>\psi_0>0°$），则 A 相电流在经过 $t=\psi_0/\omega_1$ 时间后才达到其正的最大值；换言之，在 $t=\psi_0/\omega_1$ 秒后，电枢磁通势的幅值才与 A 相绕组轴线重合。所以在图 8-14（a）所示瞬间，电枢磁通势 F_a 应在距离 A 相轴线 ψ_0 电角度处，即 F_a 滞后于主磁极磁通势 F_f 90°+ψ_0 电角度。由于 F_a 与 F_f 同向、同速旋转，所以它们之间的相对位置将始终保持不变。不难看出，此时 F_a 可以分成两个分量，一为交轴电枢磁通势 F_{aq}，另一为直轴电枢磁通势 F_{ad}，即

$$F_a = F_{aq} + F_{ad} \tag{8-6}$$

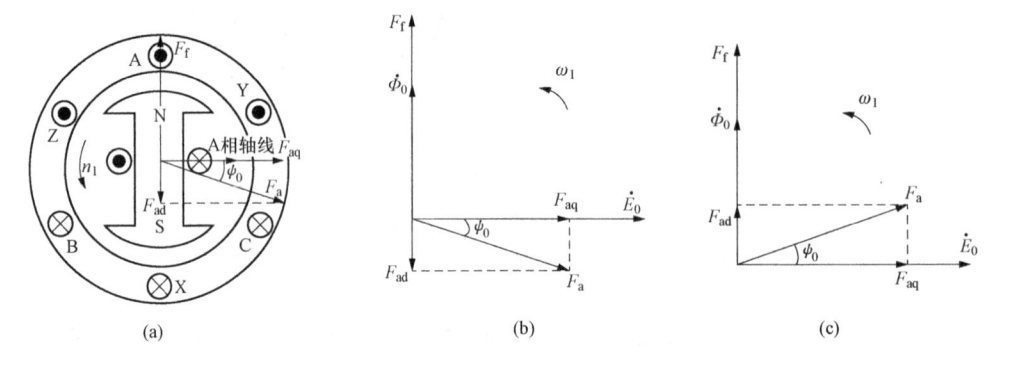

其中 $$F_{ad} = F_a \sin\psi_0 \quad F_{aq} = F_a \cos\psi_0 \tag{8-7}$$

图 8-14 $\psi_0 \neq 0$ 时同步发电机的电枢反应
(a) $\dot{I}$ 滞后于 $\dot{E}_0$ 时的空间矢量图；(b) $\dot{I}$ 滞后于 $\dot{E}_0$ 时的时空统一矢量图；
(c) $\dot{I}$ 超前于 $\dot{E}_0$ 时的时空统一矢量图

交轴电枢磁通势所产生的交轴电枢反应，其作用已在前面说明。直轴电枢磁通势所产生的直轴电枢反应，对主磁极而言，其作用可为去磁，也可为增磁，视 ψ_0 角的正、负而定。从图 8-14（b）、（c）不难看出，对于同步发电机，若电枢电流 $\dot{I}$ 滞后于励磁电动势 $\dot{E}_0$，则直轴电枢反应是去磁的；若 $\dot{I}$ 超前于 $\dot{E}_0$，直轴电枢反应将是增磁的。直轴电枢反应对同步电机的运行性能影响很大。若同步发电机单独供电给一组负载，则去磁或增磁性的直轴电枢反应将使气隙内的合成磁通减少或增加，从而使发电机的端电压产生变动；如果发电机接在电网上，其无功功率和功率因数是超前还是滞后与直轴电枢反应的性质密切相关。

8.2.3 隐极同步发电机的负载运行分析

上面分析了负载时同步发电机内部的磁场。在此基础上，即可导出隐极同步发电机的方

程,并画出相应的相量图和等效电路。

1. 不考虑磁饱和

同步发电机负载运行时,除了主磁极磁通势 F_f 之外,还有电枢磁通势 F_a。如果不计磁饱和(即认为磁路为线性),感应电动势则可应用叠加原理,把 F_f 和 F_a 的作用分别单独考虑,再把它们的效果叠加起来。设 F_f 和 F_a 各自产生主磁通 $\dot{\Phi}_0$ 和电枢磁通 $\dot{\Phi}_a$,并在定子绕组内感应出相应的励磁电动势 $\dot{E}_0$ 和电枢反应电动势 $\dot{E}_a$,把 $\dot{E}_0$ 和 $\dot{E}_a$ 相量相加,可得电枢一相绕组的合成电动势 $\dot{E}$(也称为气隙电动势)。上述关系可表示如下。

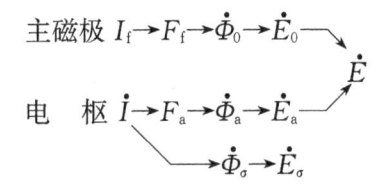

主磁极 $I_f \to F_f \to \dot{\Phi}_0 \to \dot{E}_0 \searrow$
$\dot{E}$
电　枢 $\dot{I} \to F_a \to \dot{\Phi}_a \to \dot{E}_a \nearrow$
$\searrow \dot{\Phi}_\sigma \to \dot{E}_\sigma$

再把气隙电动势 $\dot{E}$ 减去电枢绕组的电阻压降 $\dot{I}R_a$ 和漏抗压降 $j\dot{I}X_\sigma$(X_σ 为电枢绕组的漏电抗),便得电枢绕组的端电压 $\dot{U}$。采用发电机惯例,以输出电流作为电枢电流的正方向时,电枢的电压方程为

$$\dot{E}_0 + \dot{E}_a - \dot{I}(R_a + jX_\sigma) = \dot{U} \tag{8-8}$$

因为电枢反应电动势 $\dot{E}_a$ 的幅值正比于电枢反应磁通 Φ_a,不计磁饱和时,Φ_a 又正比于电枢磁通势 F_a 或电枢电流 I,即

$$E_a \propto \Phi_a \propto F_a \propto I$$

因此 E_a 正比于 I,在时间相位上,$\dot{E}_a$ 滞后于 $\dot{\Phi}_a$ 90°电角度,若不计定子铁耗,$\dot{\Phi}_a$ 与 $\dot{I}$ 同相位,则 $\dot{E}_a$ 将滞后于 $\dot{I}$ 90°电角度。于是 $\dot{E}_a$ 也可写成负电抗压降的形式,即

$$\dot{E}_a = -j\dot{I}X_a \tag{8-9}$$

式中:X_a 为与电枢反应磁通相应的电抗,称为电枢反应电抗。

将式(8-9)代入式(8-8),经过整理,可得

$$\dot{E}_0 = \dot{U} + \dot{I}R_a + j\dot{I}X_\sigma + j\dot{I}X_a = \dot{U} + \dot{I}R_a + j\dot{I}X_s \tag{8-10}$$

式中:X_s 为隐极同步发电机的同步电抗,$X_s = X_a + X_\sigma$,它是对称稳态运行时表征电枢反应和电枢漏磁这两个效应的一个综合参数。不计饱和时,X_s 是一个常值。

图 8-15(a)表示与式(8-10)相对应的相量图,图 8-15(b)表示与式(8-10)相应的等效电路。从图 8-15(b)可以看出,隐极同步发电机的等效电路由励磁电动势 E_0 和同步阻抗 $R_a + jX_s$ 串联组成,其中 E_0 表示主磁场的作用,X_s 表示电枢反应和电枢漏磁场的作用。

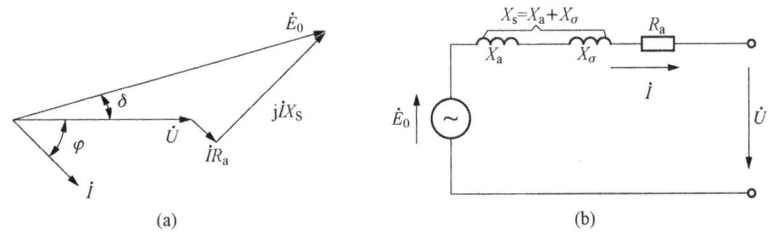

图 8-15 隐极同步发电机的相量图和等效电路
(a) 相量图;(b) 等效电路

例 8-1 有一台三相隐极同步发电机，电枢绕组 Y 接法，额定电压 $U_N=6300V$，额定电流 $I_N=572A$，额定功率因数 $\cos\varphi_N=0.8$（滞后），同步电抗 $X_s=2.32\Omega$，如果不计电阻压降，求此电机在额定运行时的励磁电动势 E_0。

解 根据图 8-15（a）的相量图可得

$$E_0=\sqrt{\left(\frac{U_N}{\sqrt{3}}\cos\varphi_N\right)^2+\left(\frac{U_N}{\sqrt{3}}\sin\varphi_N+I_NX_s\right)^2}$$

$$=\sqrt{\left(\frac{6300}{\sqrt{3}}\times 0.8\right)^2+\left(\frac{6300}{\sqrt{3}}\times 0.6+572\times 2.32\right)^2}=4559(V)$$

2. 考虑磁饱和时

考虑磁饱和时，由于磁路的非线性，叠加原理不再适用。此时，应先求出作用在主磁路上的合成磁通势 F，然后利用电机的磁化曲线（空载曲线）求出负载时的气隙磁通 $\dot{\Phi}$ 及相应的气隙电动势 $\dot{E}$，即

$$F_f \searrow$$
$$\quad\quad F \longrightarrow \dot{\Phi} \longrightarrow \dot{E}$$
$$F_a \nearrow$$

再从气隙电动势 $\dot{E}$ 减去电枢绕组的电阻和漏抗压降，得到电枢的端电压 $\dot{U}$，即

$$\dot{U}=\dot{E}-\dot{I}(R_a+jX_\sigma) \tag{8-11}$$

相应的矢量图、相量图和 $F\sim\dot{E}$ 间的关系如图 8-16（a）和（b）所示。图 8-16（a）中既有电动势相量，又有磁通势矢量，故称为电动势—磁通势图。

这里有一点需要注意，通常的磁化曲线习惯上用励磁磁通势 F_f 的幅值（对隐极电机，励磁磁通势为一梯形波，如图 8-17 所示）或励磁电流值作为横坐标，而电枢磁通势 F_a 的幅值则是基波的幅值，因此在 F_f 和 F_a 矢量相加时，需要把基波电枢磁通势 F_a 乘以换算系数 k_a，将 F_a 换算为等效梯形波的作用。k_a 的意义为，产生同样大小的基波气隙磁场时，一安匝的电枢磁通势相当于多少安匝的梯形波主磁极磁通势。通常 $k_a\approx 0.93\sim 1.03$。

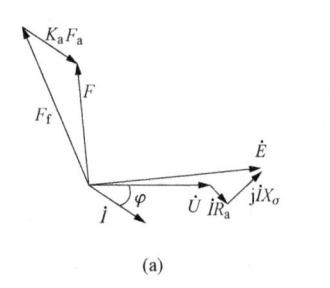

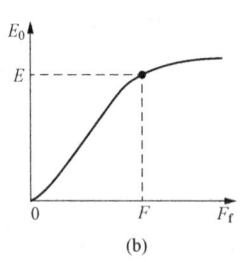

图 8-16 考虑磁饱和时隐极同步发电机的相量图
(a) 电动势—磁通势图；(b) 空载特性曲线

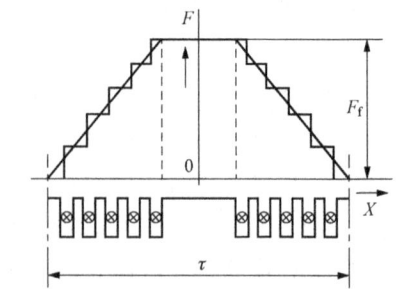

图 8-17 隐极同步发电机主磁极磁通势的分布

8.2.4 凸极同步发电机的双反应理论

凸极同步发电机的气隙是不均匀的，即使是同一电枢磁通势，作用在不同位置时所产生的电枢磁场和每极磁通量也将不一样。图 8-18 表示同一电枢磁通势分别作用在直轴和交轴位置时，电枢磁场分布图，其直轴磁场的基波幅值要比交轴磁场的基波幅值大得多。由图可

见，当电枢磁通势正好作用在直轴或交轴上时，所产生的电枢磁场波形对称，容易分析。当 ψ_0 为任意值时，电枢磁通势位置既不在直轴，又不在交轴上，磁场波形便不对称，分析起来就十分困难了。由于极面下气隙较小，两极之间气隙较大，故直轴下单位面积的气隙磁导 λ_d 要比交轴下单位面积的气隙磁导 λ_q 大很多，如图 8-19（a）所示。

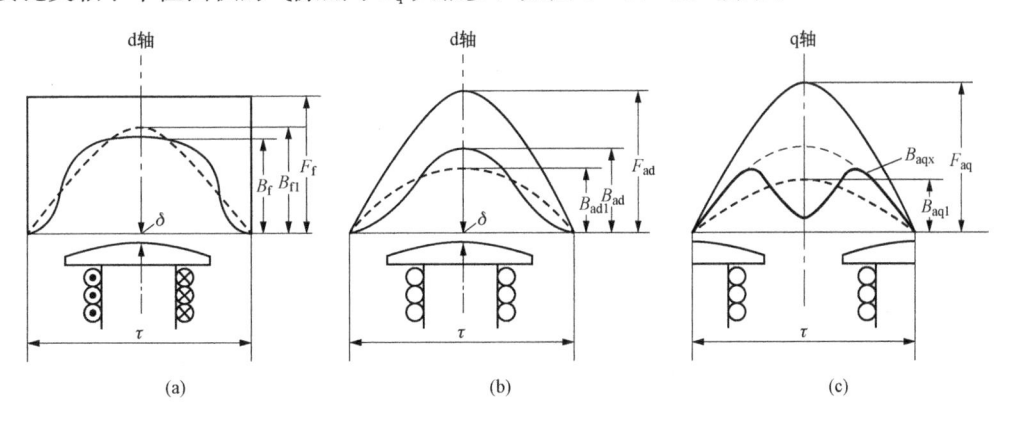

图 8-18 凸极同步发电机中的磁场
(a) 励磁磁场；(b) 直轴电枢磁场；(c) 交轴电枢磁场

当正弦分布的电枢磁通势作用在直轴上时，由于 λ_d 较大，故在一定大小的磁通势下，直轴基波磁场的幅值 B_{ad1} 相对较大。当同样大小的磁通势作用在交轴上时，由于 λ_q 较小，在极间区域，交轴电枢磁场出现明显下凹，相对来讲，基波幅值 B_{aq1} 将显著减小，如图 8-19（c）中所示。一般情况下，若电枢磁通势既不在直轴，也不在交轴，而是在空间任意位置处，可把电枢磁通势分解成直轴和交轴两个分量 [如图 8-19（b）]，再用对应的直轴磁导和交轴磁导分别算出直轴和交轴电枢反应，最后把它们的效果叠加起来。这种考虑到凸极电机气隙的不均匀性，把电枢反应分成直轴和交轴电枢反应分别来处理的方法，就称为双反应理论。实践证明，不计磁饱和时，这种方法的效果是令人满意的。

8.2.5 凸极同步发电机的负载运行分析

1. 不考虑饱和

不计磁饱和时，根据双反应理论，把电枢磁通势 F_a 分解成直轴和交轴磁通势 F_{ad}、F_{aq}，分别求出其所产生的直轴、交轴电枢磁通 $\dot{\Phi}_{ad}$、$\dot{\Phi}_{aq}$ 和电枢绕组中相应的电动势 $\dot{E}_{ad}$、$\dot{E}_{aq}$，再与

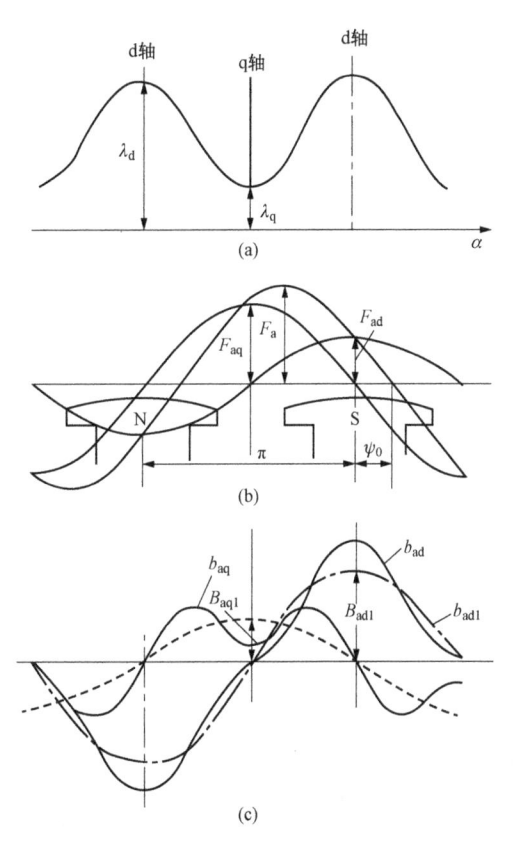

图 8-19 凸极同步电机的气隙磁导和双反应理论
(a) 气隙磁导分布；(b) 电枢磁通势分解为直轴分量和交轴分量；(c) 直轴和交轴电枢磁场分布

主磁通 $\dot{\Phi}_0$ 所产生的励磁电动势 $\dot{E}_0$ 相量相加,便得一相绕组的合成电动势 $\dot{E}$(通常称为气隙电动势)。上述关系可表示如下。

$$I_f \longrightarrow F_f \longrightarrow \dot{\Phi}_0 \longrightarrow \dot{E}_0$$
$$\dot{I} \longrightarrow F_a \begin{array}{c} \longrightarrow F_{ad} \longrightarrow \dot{\Phi}_{ad} \longrightarrow \dot{E}_{ad} \\ \longrightarrow F_{aq} \longrightarrow \dot{\Phi}_{aq} \longrightarrow \dot{E}_{aq} \\ \longrightarrow \dot{\Phi}_\sigma \longrightarrow \dot{E}_\sigma \end{array} \Bigg\} \dot{E}$$

再从气隙电动势中减去电枢绕组的电阻和漏抗压降,便得电枢的端电压 $\dot{U}$。采用发电机惯例,电枢的电压方程为

$$\dot{E}_0 + \dot{E}_{ad} + \dot{E}_{aq} - \dot{I}(R_a + jX_\sigma) = \dot{U} \qquad (8-12)$$

与隐极发电机相类似,由于 $\dot{E}_{ad}$ 和 $\dot{E}_{aq}$ 的大小分别正比于相应的 Φ_{ad}、Φ_{aq},不计磁饱和时,$\dot{\Phi}_{ad}$ 和 $\dot{\Phi}_{aq}$ 又分别正比于 F_{ad}、F_{aq},而 F_{ad}、F_{aq} 又正比于电枢电流的直轴和交轴分量 $\dot{I}_d$、$\dot{I}_q$,于是可得

$$E_{ad} \propto I_d \qquad E_{aq} \propto I_q$$

这里 $I_d = I\sin\psi_0$,$I_q = I\cos\psi_0$。在时间相位上,不计定子铁耗时,$\dot{E}_{ad}$ 和 $\dot{E}_{aq}$ 分别滞后于 $\dot{I}_d$、$\dot{I}_q$ 90°电角度,所以 $\dot{E}_{ad}$ 和 $\dot{E}_{aq}$ 可以用相应的负电抗压降来表示

$$\dot{E}_{ad} = -j\dot{I}_d X_{ad} \qquad \dot{E}_{aq} = -j\dot{I}_q X_{aq} \qquad (8-13)$$

式中:X_{ad} 为直轴电枢反应电抗;X_{aq} 为交轴电枢反应电抗。

将式(8-13)代入式(8-12),并考虑到 $\dot{I} = \dot{I}_d + \dot{I}_q$,可得

$$\begin{aligned}\dot{E}_0 &= \dot{U} + \dot{I}R_a + j\dot{I}X_\sigma + j\dot{I}_d X_{ad} + j\dot{I}_q X_{aq} \\ &= \dot{U} + \dot{I}R_a + j\dot{I}_d(X_\sigma + X_{ad}) + j\dot{I}_q(X_\sigma + X_{aq}) \\ &= \dot{U} + \dot{I}R_a + j\dot{I}_d X_d + j\dot{I}_q X_q \end{aligned} \qquad (8-14)$$

式中:X_d 和 X_q 分别称为直轴同步电抗和交轴同步电抗,它们是表征对称稳态运行时电枢漏磁和直轴或交轴电枢反应的一个综合参数。式(8-14)是凸极同步发电机的电压方程。图 8-20 表示与式(8-14)相对应的相量图。

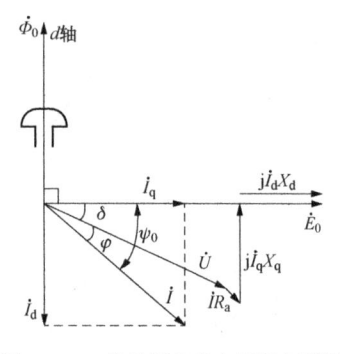

图 8-20 凸极同步发电机的相量图

要画出图 8-20 所示相量图,除需给定端电压 $\dot{U}$、负载电流 $\dot{I}$、功率因数 $\cos\varphi$ 以及电机的参数 R_a、X_d 和 X_q 外,必须先把电枢电流分解成直轴和交轴两个分量,为此须先确定 ψ_0 角。引入虚拟电动势 $\dot{E}_Q$,使 $\dot{E}_Q = \dot{E}_0 - j\dot{I}_d(X_d - X_q)$,可得

$$\dot{E}_Q = (\dot{U} + \dot{I}R_a + j\dot{I}_d X_d + j\dot{I}_q X_q) - j\dot{I}_d(X_d - X_q) = \dot{U} + \dot{I}R_a + j\dot{I}X_q$$

因为相量 $\dot{I}_d$ 与 $\dot{E}_0$ 相垂直,故 $j\dot{I}_d(X_d - X_q)$ 必与 $\dot{E}_0$ 同相位,因此 $\dot{E}_Q$ 与 $\dot{E}_0$ 也是同相位,如图 8-21 所示。将端电压 $\dot{U}$ 沿着 $\dot{I}$ 和垂直于 $\dot{I}$ 的方向分成 $U\sin\varphi$ 和 $U\cos\varphi$ 两个分量,由图 8-21 不难确定

$$\psi_0 = \arctan\frac{U\sin\varphi + IX_q}{U\cos\varphi + IR_a} \tag{8-15}$$

引入虚拟电动势 $\dot{E}_Q$ 后，可得凸极同步发电机的等效电路，如图 8-22 所示。此电路在计算凸极同步发电机的运行问题时常常用到。

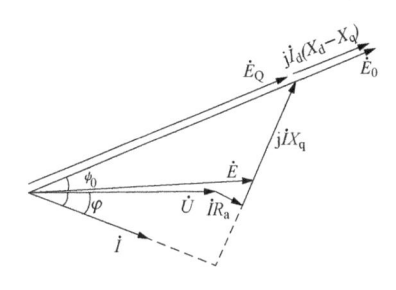

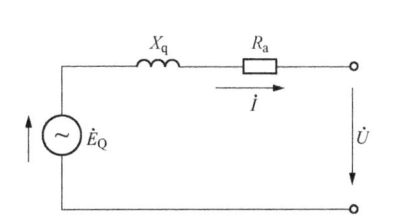

图 8-21　ψ_0 角的确定　　　　图 8-22　凸极同步发电机的等效电路

例 8-2　有一台凸极同步发电机，其直轴和交轴同步电抗标幺值分别等于 $X_d^* = 1.0$，$X_q^* = 0.6$，电枢电阻可以忽略不计。试计算发电机的额定电压、额定容量、$\cos\varphi = 0.8$（滞后）时发电机励磁电动势 E_0^*。

解　令　　　　　　　　　$\dot{U}^* = 1.0\angle 0°$
根据题意　　　　　　　　$\varphi = \cos^{-1}0.8 = 36.87°$
因此有　　　　　　　　　$\dot{I}^* = 1.0\angle -36.87°$
则

$$\begin{aligned}\dot{E}_Q^* &= \dot{U}^* + \mathrm{j}\dot{I}^* X_q^* \\ &= 1.0\angle 0° + \mathrm{j}1.0\angle -36.87° \times 0.6 \\ &= 1.36 + \mathrm{j}0.48 \\ &= 1.442\angle 19.44°\end{aligned}$$

$\dot{I}^*$ 与 $\dot{E}_0^*$ 的夹角为

$$\psi_0 = 19.44° + 36.87° = 56.31°$$

直轴电枢电流　　$I_d^* = I^* \sin\psi_0 = 1 \times \sin 56.31° = 0.832$
励磁电动势　　$E_0^* = E_Q^* + I_d^*(X_d^* - X_q^*) = 1.442 + 0.832(1 - 0.6) = 1.775$
因此　　　　　　　　　　$\dot{E}_0^* = 1.775\angle 19.44°$

2. 考虑饱和

考虑饱和时，各磁通势产生磁场不能各自计算，气隙合成磁场应由总的合成磁通势来计算，这时直轴的磁场除了主要取决于直轴上合成磁通势外，还受到交轴磁通势对直轴饱和程度的影响，反之亦然，因此在叠加原理基础上建立的双反应理论会带来较大的偏差。为了在工程上对饱和时凸极电机分析仍使用双反应理论，为此作下列近似假设：

(1) 凸极同步电机主磁路饱和程度较低。
(2) 不考虑交轴磁动势对直轴饱和程度的影响，认为交轴磁路是不饱和的。
(3) 饱和只影响直轴磁路。
(4) 交、直轴上磁场计算可各自进行。

因此，其磁场分析如下：

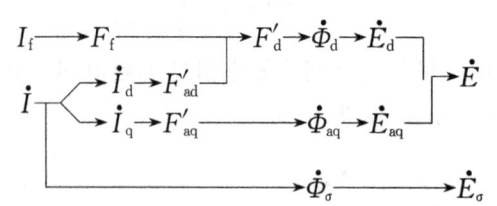

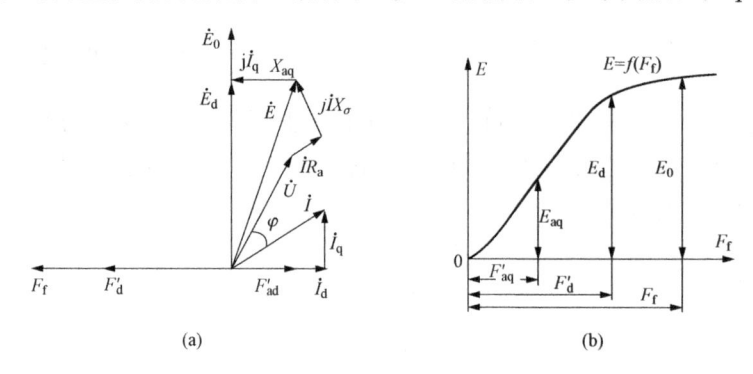

$$I_f \rightarrow F_f \rightarrow F'_d \rightarrow \dot{\Phi}_d \rightarrow \dot{E}_d$$
$$\dot{I} \begin{cases} \dot{I}_d \rightarrow F'_{ad} \\ \dot{I}_q \rightarrow F'_{aq} \rightarrow \dot{\Phi}_{aq} \rightarrow \dot{E}_{aq} \end{cases} \rightarrow \dot{E}$$
$$\rightarrow \dot{\Phi}_\sigma \rightarrow \dot{E}_\sigma$$

其中：F'_d、F'_{ad}、F'_{aq} 均为基波磁通势 F_d、F_{ad}、F_{aq} 折算到励磁绕组的等效励磁磁通势。用 F'_d、F'_{aq} 查图 8-23（b）所示空载特性可得其感应的电动势 $\dot{E}_d$ 和 $\dot{E}_{aq}$。$F'_d = F_f + F'_{ad}$ 称直轴合成磁通势，它是空间相量，在 d 轴上；$\dot{\Phi}_d$ 为 F'_d 的每极磁通量，单位 Wb，对相绕组而言是时间相量，在 d 轴上；$\dot{E}_d$ 为直轴合成电动势，落后于 $\dot{\Phi}_d$ 90° 电角度，与 $\dot{E}_0$ 同相，在 q 轴上。

图 8-23 饱和时凸极同步发电机的时空相量图
（a）时空相量图；（b）空载特性曲线

相电动势方程

$$\dot{E}_d + \dot{E}_{aq} + \dot{E}_\sigma = \dot{U} + \dot{I}R_a \tag{8-16}$$

由于气隙电动势

$$\dot{E} = \dot{E}_d + \dot{E}_{aq} \tag{8-17}$$

由于极间的气隙较大，因此交轴磁路接近于线性，此时 X_{aq} 基本上是常数，所以 $\dot{E}_{aq}$ 仍可写成

$$\dot{E}_{aq} = -j\dot{I}_q X_{aq}$$

代入式 (8-16)，得

$$\dot{E}_d = \dot{U} + \dot{I}R_a + j\dot{I}X_\sigma + j\dot{I}_q X_{aq} \tag{8-18}$$

式（8-18）没有对应的等效电路。由于上述各方程式均未能明确饱和时凸极同步发电机内部的电磁关系，因此通常要借助空载特性，由时空相量图配合分析，如图 8-23 所示。

8.3 同步发电机的运行特性

同步发电机的稳态运行特性包括外特性、调整特性和效率特性等。从这些特性中可以确定发电机的电压调整率、额定励磁电流和额定效率，这些都是标志同步发电机性能的基本数据。

8.3.1 外特性

外特性表示当发电机的转速为同步转速,且励磁电流和负载功率因数不变时,发电机的端电压与电枢电流(负载电流)之间的关系。即,$n=n_1$,I_f=常值,$\cos\varphi$=常值时,$U=f(I)$。

图 8-24 表示带有不同功率因数的负载时,同步发电机的外特性。从图可见,在感性负载和纯电阻负载时,外特性是下降的,这是由于电枢反应的去磁作用和漏阻抗压降所引起。在容性负载且内功率因数角 ψ_0 为超前时,由于电枢反应的增磁作用和容性电流的漏抗电压使端电压上升,外特性是上升的。

从外特性可以求出发电机的电压调整率。调节发电机的励磁电流,使电枢电流为额定电流、功率因数为额定功率因数、端电压为额定电压,此励磁电流 I_{fN} 称为发电机的额定励磁电流。然后保持励磁电流为 I_{fN},转速为同步转速,卸去负载($I=0$),此时端电压升高的百分值即为同步发电机的电压调整率,用 Δu 表示,即

$$\Delta u = \frac{E_0 - U_{N\phi}}{U_{N\phi}}\bigg|_{I_f=I_{fN}} \times 100\% \qquad (8-19)$$

凸极同步发电机的 Δu 通常在 18%~30% 以内;隐极同步发电机由于电枢反应较强,Δu 通常在 30%~48% 这一范围内。

8.3.2 调节特性

调节特性表示发电机的转速为同步转速、端电压为额定电压、负载的功率因数不变时,励磁电流与电枢电流之间的关系。即 $n=n_1$,$U=U_N$,$\cos\varphi$=常值时,$I_f=f(I)$。

图 8-25 表示带有不同功率因数的负载时,同步发电机的调节特性。由图可见,在感性负载和纯电阻负载时,为补偿电枢电流所产生的去磁性电枢反应和漏阻抗压降,随着电枢电流的增加,必须相应地增加励磁电流,此时调节特性是上升的。而对容性负载,因负载电流的增磁作用,调节特性是下降的。从调节特性可以确定额定励磁电流 I_{fN}。

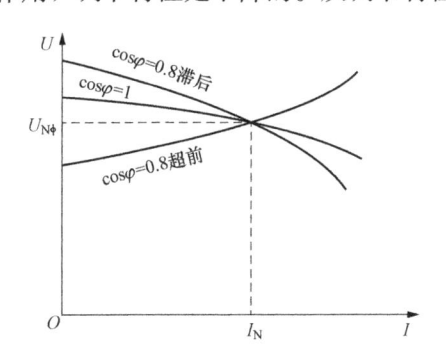

图 8-24 同步发电机的外特性

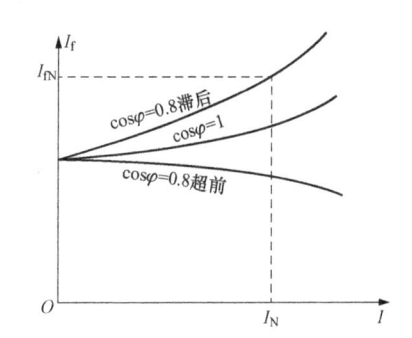

图 8-25 同步发电机的调整特性

8.3.3 效率特性

效率特性是指转速为同步转速、端电压为额定电压、功率因数为额定功率因数时,发电机的效率与输出功率的关系,即 $n=n_1$,$U=U_N$,$\cos\varphi=\cos\varphi_N$ 时,$\eta=f(P_2)$。

同步电机的基本损耗包括电枢的基本铁耗 p_{Fe}、电枢基本铜耗 p_{Cu}、励磁损耗 p_{Cuf} 和机械损耗 p_{mec}。电枢基本铁耗是指主磁通在电枢铁心齿部和轭部中交变所引起的损耗。电枢基本铜耗是换算到基准工作温度时,电枢绕组的电阻损耗。励磁损耗包括励磁绕组的基本铜耗、变阻器内的损耗、电刷的电损耗以及励磁设备的全部损耗。机械损耗包括轴承、电刷的摩擦

损耗和通风损耗。杂散损耗包括电枢漏磁通在电枢绕组和其他金属结构部件中所引起的涡流损耗，高次谐波磁场掠过主极表面所引起的表面损耗等。总损耗$\sum p$求出后，效率即可确定

$$\eta = \left(1 - \frac{\sum p}{P_2 + \sum p}\right) \times 100\% \qquad (8-20)$$

现代空气冷却的大型水轮发电机，额定效率大致在96%～98.5%这一范围内；空气冷却汽轮发电机的额定效率大致在94%～97.8%这一范围内；氢冷时，额定效率约可提高0.8%。图8-26是国产300MW双水内冷水轮发电机的效率特性。

8.3.4 空载特性

空载特性指转子转速$n=n_N$，且电机空载$I=0$时，端电压与励磁电流之间的关系$U=E_0=f(I_f)$。

用实验测定空载特性时，由于磁滞现象，当励磁电流I_f从零增大到某一最大值，再由此值减小到零时，将得到上升和下降两条曲线，一般采用从$U_0 \approx 1.3U_N$开始直至$I_f=0$的下降曲线。图8-27中$I_f=0$时的电动势为剩磁电动势。延长曲线与横轴相交，交点的横坐标绝对值Δi_{f0}作为校正量。在所有实验测得的励磁电流数据上加上此值，得通过原点的校正曲线，把它作为电机的空载特性，如图8-27所示。

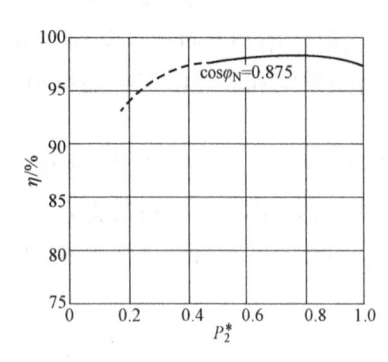

图8-26 300MW双水内冷水轮发电机的效率特性

空载特性可用实际值绘，也可用标幺值绘。后者取额定电压U_N作为电动势的基值，空载额定电压时的励磁电流I_{f0}作为励磁电流的基值。

8.3.5 短路特性

短路特性指转子转速$n=n_N$，定子出线端三相稳态短路$U=0$时，电枢电流和励磁电流之间的关系：$I_k=f(I_f)$。

1. 稳定短路时的电磁过程

由于$U=0$时，限制短路电流的只有发电机的同步阻抗，而电枢绕组的电阻远小于同步电抗，因此由励磁电动势$\dot{E}_0$引起的短路电流$\dot{I}_k$是纯感性

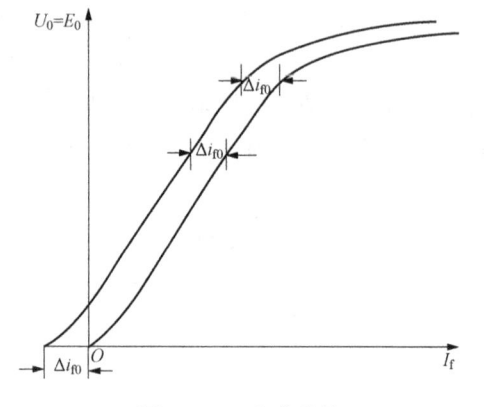

图8-27 空载特性

的，$\dot{E}_0$与$\dot{I}_k$相位差$\psi_0 \approx 90°$，即短路电流的交轴分量为零，$\dot{I}_k = \dot{I}_d$是直轴电流。因此，对称三相短路电流$\dot{I}_k$产生的合成电枢磁通势F_a是一个纯去磁作用的直轴磁通势，即$F_a = F_{ad}$，不存在交轴磁通势，$F_{aq}=0$。这样一来，不管是隐极机还是凸极机，它们的相电动势方程和相量图都相同。这时，气隙合成磁通势为

$$F'_d = F_f + F'_{ad} \qquad (8-21)$$

可见，各磁通势空间相量都在d轴上。根据合成磁通势F'_d再利用空载特性得到气隙合成电动势$\dot{E}_\delta$。此时电机的电动势平衡方程为

$$\dot{E}_\delta = \dot{U}_\delta + \dot{I}_k R_a + j\dot{I}_k X_\sigma \approx j\dot{I}_k X_\sigma \qquad (8-22)$$

可见，稳定短路时气隙电动势等于漏抗电压降，它的数值是很小的，因而E_δ也很小，电

机磁路处于不饱和状态,这与式(8-21)中 F'_{ad} 完全去磁作用一致。不饱和时,式(8-21)各磁通势所产生的电动势 $\dot{E}_\delta$、$\dot{E}_0$、$\dot{E}_{ad}$ 都由气隙线决定。

$$\dot{E}_\delta = \dot{E}_0 + \dot{E}_{ad} \tag{8-23}$$

电机不饱和,直轴电枢反应电抗为不饱和值,即 X'_{ad},故

$$\dot{E}_{ad} = -j\dot{I}_k X'_{ad} \tag{8-24}$$

代入式(8-22)和式(8-23)得

$$\dot{E}_0 = j\dot{I}_k X_\sigma + j\dot{I}_k X'_{ad} = j\dot{I}_k X'_d \tag{8-25}$$

由式(8-21)~式(8-23)得稳定短路时的时空相量图,及其在空载特性上的值,见图 8-28。

2. 短路特性 $I_k = f(I_f)$

由于电机不饱和,相电动势与产生它的励磁磁通势成比例,由气隙线决定,再考虑到式(8-22)、式(8-24)于是有 $F'_d \propto E_\delta \propto I_k$,$F'_{ad} \propto E_{ad} \propto I_k$,结合式(8-21)得 $F_f = F'_\delta - F'_{ad}$,于是有 $F_f \propto I_k$,故短路特性为一直线,见图 8-28(a)所示,相应的相量图见图 8-28(b)。

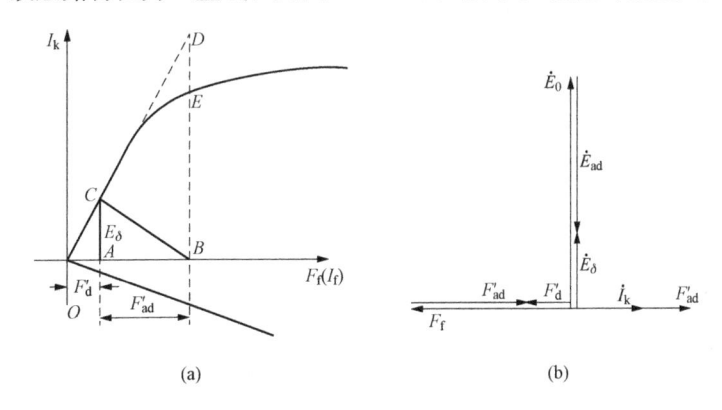

图 8-28 稳定短路特性与相量图
(a) 短路特性图;(b) 相量图

8.4 同步发电机的并联运行

在发电厂中,一般都是多台发电机并联运行,而更大的电力系统必然是多个发电厂的发电机同时并联运行,或者说,发电机都是与电网并联运行的。同样,在船上,为了保证不间断供电,提高电源的生命力,至少装有两台主发电机,这些发电机可以单独运行供电,也可以根据需要进行并联供电;此外,在换用发电机时,为使供电不间断,也需要将发电机暂时并联,进行负载转移。因此,大多数发电机都是运行于并联状态的。

8.4.1 并联接入条件

如图 8-29 所示,两台同步发电机准备并联运行。1 号发电机已经在向电网供

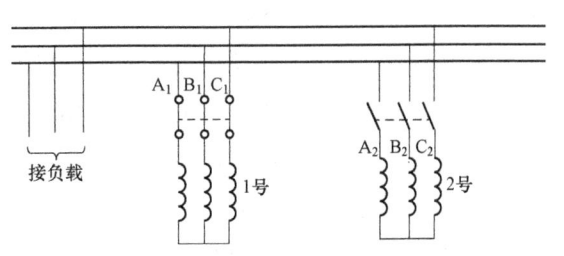

图 8-29 两台同步发电机准备并联运行

电,现在需要把2号发电机并联上去。2号发电机在接入并联时应满足哪些条件呢? 对于同步发电机来说,为使接入并联时对电网毫无影响,就要求2号发电机各相的电动势与电网各相的电压相等。

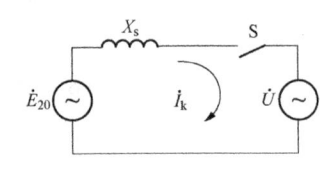

图 8-30 发电机与电网并联运行的电路图

在图 8-30 的电路中,标出了电网电压 $\dot{U}$、2 号发电机相电动势 $\dot{E}_{20}$。显然,并联时应使电压差 $\Delta \dot{U} = \dot{E}_{20} - \dot{U} = 0$,否则,开关 S 合闸后,会出现环流 $\dot{I}_k$,如果电压差较大,则过大的环流可能危害电机的安全。也就是说,当 2 号发电机并联接入时,它的电动势和电网电压必须相等,即 $\dot{E}_{20} = \dot{U}$。这一关系用瞬时值表示为

$$u = \sqrt{2} U \sin(2\pi f_1 + \psi_1) \tag{8-26}$$

$$e_{20} = \sqrt{2} E_{20} \sin(2\pi f_2 + \psi_2) \tag{8-27}$$

要使 $e_{20} = u$,则必须使待并发电机的空载电动势与电网电压有效值相等、频率相同、相位一致。此外,考虑到电机有三相绕组,两者相序应该相同。

由此得出同步发电机并联接入电网的条件为:

(1) 电压有效值相等,即 $U = E_{20}$。

(2) 频率相等,即 $f_2 = f_1$。

(3) 相位一致,即 $\dot{E}_{20}$ 和 $\dot{U}$ 应相位相同。

(4) 相序一致,两台电机的相序必须一致。

8.4.2 并联接入的方法

把同步发电机调整到满足并联条件,然后接入并联,这种方法称为整步方法。

检查同步发电机是否满足第一个并联条件,即电压有效值是否相等,可以用配有转换开关的电压表测量发电机电压和电网电压,然后根据测量结果调整待并发电机的励磁机的励磁电流,使发电机的电压等于电网电压。

对于其他三个并联条件,可以用同步指示灯来检查。同步指示灯由三个灯泡构成,它们的连接方法有暗灯法、旋转灯光法两种,下面分别说明这两种方法的线路、检查方法和原理。

1. 暗灯法

暗灯法线路如图 8-31 所示,将三个灯泡接在待并发电机和电网相应的各相上。

我们先设相序一致,且电压相等这两个条件已满足。这时若待并发电机的频率和电网频率不相等,于是三只灯泡将会同时周期性发亮和熄灭,且频率差越大,闪烁越快。对此,可用相量图来分析。如图 8-32 所示,加于 A 相灯泡两端电压 $\Delta \dot{U}_1 = \dot{U}_{A2} - \dot{U}_{A1}$(B、C 相灯泡上的电压与 A 相相等)。因此在频率不等时,如设 $f_2 > f_1$,即 $\omega_2 > \omega_1$,可以把电网电压的相量星形看成不动,待并发电机的电动势相量星形以 $\omega_2 - \omega_1$ 旋转。由图可知,相量 $\dot{U}_{A1}$ 和 $\dot{U}_{A2}$ 末端的连线即为 $\Delta \dot{U}_1$。因此,随着电动势相量星形不断旋转,加于灯泡上的电压也随之不断变化。当相量 $\dot{U}_{A1}$ 和 $\dot{U}_{A2}$ 相位相差 180°的时候,$\Delta \dot{U}_1$ 最大,灯最亮。当两个相量星形重合时,$\Delta \dot{U}_1$ 为 0,灯全暗。由此可见,相量 $\dot{U}_{A2}$ 相对于 $\dot{U}_{A1}$ 转过一圈,三个灯泡由暗变亮,再由亮变暗,闪烁一次。当灯光闪烁很快时,说明频率差较大,应调节待并发电机转速。当 $f_2 = f_1$ 时,灯光不再闪烁了。

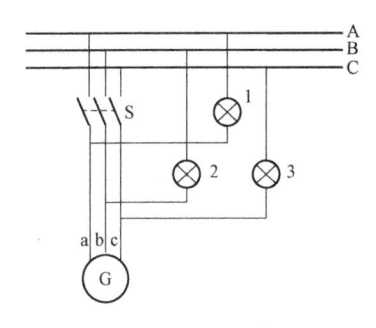

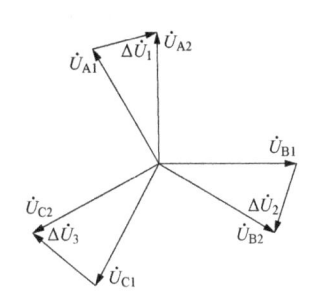

图 8-31 暗灯法线路图　　　　图 8-32 暗灯法时序相量图

实际操作时，很难达到而且也并不需要使 f_2 与 f_1 完全相等，只要调整 f_2 接近 f_1 就可以了。这时灯光闪烁很慢，待到灯光全部变暗时，说明两者相位相同，即可合闸，将待并电机接入并联。

在合闸的瞬间，虽然发电机电压与电网电压差 $\Delta u \approx 0$，从而保证了合闸时没有明显的电流冲击，但是由于 f_2 并未与 f_1 绝对相等，合闸后 Δu 又会增大起来。但是，正是 Δu 的存在所产生的自整步作用，使电机最终能够同步运行，即满足 $f_2 = f_1$ 的并联运行条件。具体分析如下。

合闸后，并网发电机的端电压用 $\dot{U}_2$ 表示，电网电压用 $\dot{U}_1$ 表示，为了分析的简洁，只画出其中一相电压之间的相量关系。设 $f_2 > f_1$，如图 8-33（a），则合闸后 $\dot{U}_2$ 将超前于 $\dot{U}_1$。显然 $\Delta \dot{U}$ 将在发电机和电网之间产生环流 $\dot{I}_\mathrm{h}$。由于同步电抗远大于电阻，故忽略电阻，$\dot{I}_\mathrm{h}$ 滞后 $\Delta \dot{U}$ 约 $90°$，也滞后 $\dot{U}_2$。因此，对于并网发电机来说，它是作发电运行，向电网输出电功率，它的轴上将承受一个制动性质的电磁转矩，这个制动转矩使发电机的转速变慢，频率降低，f_2 很快减小至 $f_2 = f_1$，从而实现同步运行。同理，如果 $f_2 < f_1$，见图 8-33（b），合闸后 $\dot{U}_2$ 将滞后于 $\dot{U}_1$。此时，并网发电机作电动运行，轴上承受一个驱动性质的电磁转矩，使之加速而升高频率，直至 $f_2 = f_1$，双方达到一致，满足并联运行条件。

这个方法，由于要求灯光全暗时接入并联，故称为暗灯法。

2. 旋转灯光法

三个灯的接法如图 8-34 所示，一个灯接在对应相之间，其余两灯接在不同相之间。

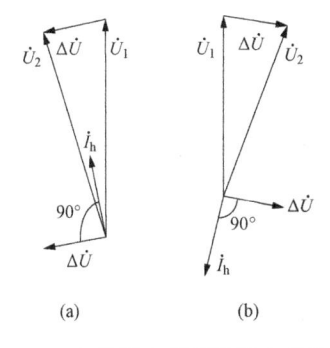

图 8-33 电机投入并联后的自整步作用
(a) $f_2 > f_1$；(b) $f_2 < f_1$

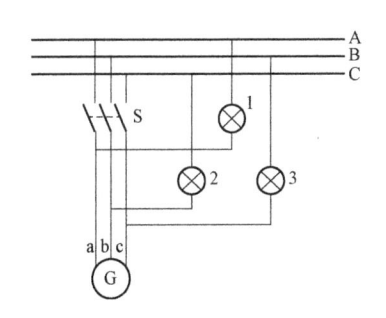

图 8-34 旋转灯光法线路图

采用这种接法的同步指示灯，在 $f_2 \neq f_1$ 时，三个灯依次轮流亮暗，好像在旋转，所以称为旋转灯光法。f_2 和 f_1 之差越大，灯光旋转越快。当 $f_2 > f_1$ 时，图中的三个灯按照 A—B—C 的顺序依次亮暗；如果 $f_2 < f_1$，则三灯按照 A—C—B 的顺序依次亮暗。因此，采用这种方法还可以知道待并发电机的转速是快了还是慢了。并联操作时，调节待并发电机转速，使 f_2 接近 f_1，这时三灯缓慢地轮流亮暗；当 A 相灯熄灭，而 B 相和 C 相灯亮度相同时，迅速合闸将待并发电机接入并联。

下面分析旋转灯光法原理。根据图 8-34 所示的线路，三个灯所承受的电压分别为 ΔU_1、ΔU_2、ΔU_3。当 $f_2 > f_1$ 时，和前面一样，可以看成 $\dot{U}_{A1}$、$\dot{U}_{B1}$、$\dot{U}_{C1}$ 三个相量不动而 $\dot{U}_{A2}$、$\dot{U}_{B2}$、$\dot{U}_{C2}$ 三个相量以 $\omega_2 - \omega_1$ 角速度旋转。由图 8-35 可以看出，三个灯泡上的电压不是同时增大或减小，而是交替变化的，所以三个灯泡交替着亮或暗。为了便于分析，我们观察灯泡最亮的时刻。在图 8-36（a）时刻，灯泡 3 的电压为两倍电网相电压，因此它最亮；当变化到图 8-36（b）时，1 号灯最亮；到图 8-36（c）时 2 号灯最亮。由此可见，三个灯泡最亮的次序为 1—2—3。反之，若 $f_2 < f_1$，则电动势的相量星形以 $\omega_1 - \omega_2$ 的角速度顺时针方向旋转，三个灯泡最亮的次序为 3—2—1。当满足四个并联条件时，此时 1 号灯熄灭，2 号和 3 号灯亮度相同。因此当灯光旋转缓慢，且灯 A 熄灭时即可合闸，并最终由自整步作用牵入同步运行。

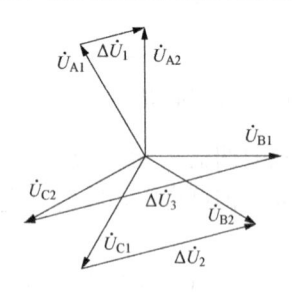

图 8-35 旋转灯光法时序相量图

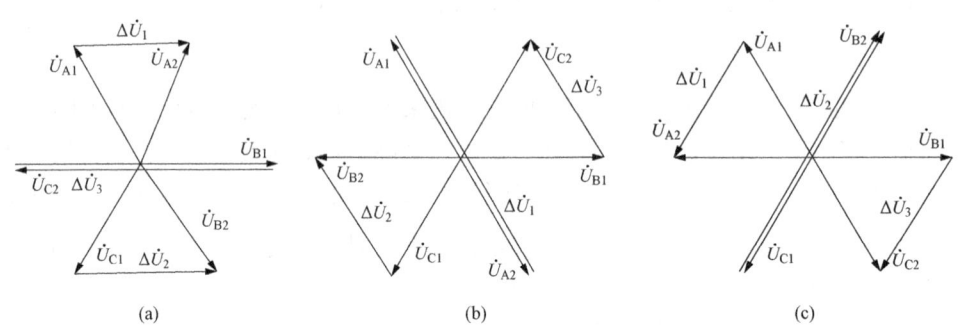

图 8-36 旋转灯光法的过程分析
(a) 3 号灯最亮；(b) 1 号灯最亮；(c) 2 号灯最亮

上面对暗灯法和旋转灯光法的分析都是在假设相序一致的情况下进行的。但在电机检修后线路有变动时，相序是否一致也可由上述的同步指示灯检查出来。如果按暗灯法接线，但发现灯光是旋转的，便说明相序反了。反之，如果按旋转灯光法接线，但发现灯光是同时亮暗的，也说明相序反了。这时切记不可接入并联，应调换端线使相序一致，然后再进行并联接入的操作。

同步指示灯用的是白炽灯，当电压小于其额定电压的 $\dfrac{1}{3}$ 时，灯就不亮了。因此灯暗并不能表明 $\Delta u = 0$。在船上，为了使并联接入的时间更准确，在主配电板上通常装有整步表。整步表轴上有一个可连续旋转的指针，表盘上标有零位和"快""慢"的方向，如图 8-37 所示。当待并发电机的频率高于电网频率时，指针向"快"方向旋转；反之向"慢"方向旋转。并联操作时，调整待并发电机的转速，使指针缓慢旋转，当其旋转到接近零位时，迅速合闸接入并联。

8.4.3 功率和转矩平衡方程式

1. 功率平衡方程

若转子励磁损耗由另外的直流电源供给，则发电机轴上输入的机械功率 P_1 扣除机械损耗 p_{mec} 和定子铁耗 p_{Fe} 后，余下的功率将通过旋转磁场和电磁感应的作用，转换成定子的电功率，所以转换功率就是电磁功率 P_{em}，即

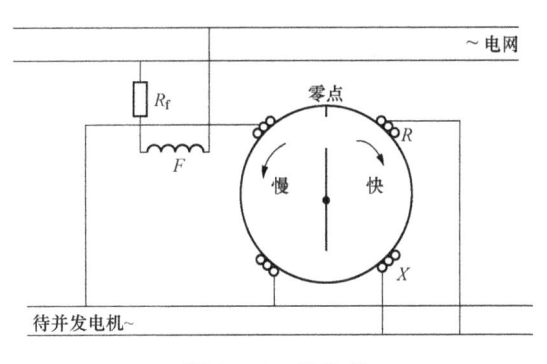

$$P_{em} = P_1 - p_{mec} - p_{Fe} \quad (8-28)$$

图 8-37 整步表

电磁功率是从转子方通过气隙合成磁场传递到定子的功率。发电机带负载时，定子电流通过电枢绕组要损失一部分功率（电枢铜耗 p_{Cua}），从电磁功率 P_{em} 中减去电枢铜耗 p_{Cua} 可得电枢端点输出的电功率 P_2，即

$$P_2 = P_{em} - p_{Cua} \quad (8-29)$$

式中

$$p_{Cua} = mI^2 R_a$$
$$P_2 = mUI\cos\varphi$$

式中：m 为定子相数。

式（8-28）和式（8-29）就是同步发电机的功率方程。

从式（8-29）可知，电磁功率 P_{em} 为

$$P_{em} = mUI\cos\varphi + mI^2 R_a = mI(U\cos\varphi + IR_a)$$

由图 8-38 可见，$U\cos\varphi + IR_a = E\cos\psi = E_Q\cos\psi_0$，故同步发电机的电磁功率也可写成

$$P_{em} = mEI\cos\psi = mE_Q I\cos\psi_0 \quad (8-30)$$

式中：ψ 是 $\dot{E}$ 与 $\dot{I}$ 的夹角。

对于隐极同步发电机，由于 $E_Q = E_0$，故有

$$P_{em} = mE_0 I\cos\psi_0 \quad (8-31)$$

对于凸极同步发电机，$E_Q = E_0 - I_d(X_d - X_q)$，因此凸极同步发电机的电磁功率为

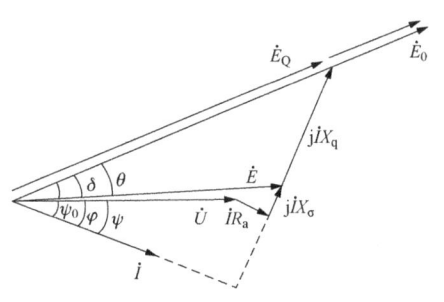

$$P_{em} = mE_Q I\cos\psi_0 = mE_0 I\cos\psi_0 - mI_d I_q(X_d - X_q) \quad (8-32)$$

图 8-38 用相量图分析同步发电机的电磁功率

式（8-32）表明，要进行能量转换，电枢电流中必须要有交轴分量 I_q。在 8.2 节中已经说明，在发电机中，交轴电枢反应使主磁极磁场超前于气隙合成磁场，使主磁极上受到一个制动性质的电磁转矩；在旋转过程中，原动机的驱动转矩克服制动的电磁转矩做功，同时通过电磁感应在电枢绕组内产生电动势并向电网送出有功电流，将机械能转换为电能。

2. 转矩平衡方程

把功率平衡方程式（8-29）除以同步角速度 Ω_1，可得转矩平衡方程

$$T_{em} = T_1 - T_0 \quad (8-33)$$

式中：T_1 为原动机的驱动转矩，$T_1 = \dfrac{P_1}{\Omega_1}$；$T_{em}$ 为电磁转矩，$T_{em} = \dfrac{P_{em}}{\Omega_1}$；$T_0$ 为发电机的空载

转矩，$T_0 = \dfrac{p_{\text{mec}} + p_{\text{Fe}}}{\Omega_1}$。

8.4.4 功角特性与静态稳定

1. 功角特性

在式（8-31）和式（8-32）中，隐极电机和凸极电机的电磁功率是以电动势、电枢电流以及它们之间的夹角来描述的，这在应用中并不方便。首先，ψ_0 角的物理意义不直观；其次，电枢电流和 ψ_0 角都是随负载变化的，它们之间关系复杂，难以单独处理。因此，有必要推导更便于计算和调节，也更能显示电机内部电磁关系的实用的电磁功率表达式，这就是同步发电机的功角特性。

在图 8-38 中，励磁电动势 $\dot{E}_0$ 与端电压 $\dot{U}$ 之间的夹角 δ 称为功率角。不难看出，I_q 越大，交轴电枢反应越强，功率角 δ 就越大；δ 越大，在一定的范围内，电磁转矩和电磁功率也越大。同步发电机的功角特性就是指电磁功率与功率角 δ 之间的关系，$P_{\text{em}} = f(\delta)$。

由于同步电抗的值远大于定子绕组的电阻 R_a，因此忽略 R_a，则

$$P_{\text{em}} \approx P_2 = mUI\cos\varphi = mUI\cos(\psi_0 - \delta) = mUI(\cos\psi_0\cos\delta + \sin\psi_0\sin\delta)$$
$$= mUI_q\cos\delta + mUI_d\sin\delta \tag{8-34}$$

又由图 8-20 可知

$$I_q = U\sin\delta/X_q$$
$$I_d = (E_0 - U\cos\delta)/X_d \tag{8-35}$$

因此式（8-34）可以进一步改写成

$$P_{\text{em}} = m\dfrac{E_0 U}{X_d}\sin\delta + m\dfrac{U^2}{2}\left(\dfrac{1}{X_q} - \dfrac{1}{X_d}\right)\sin 2\delta \tag{8-36}$$

式中：第一项 $m\dfrac{E_0 U}{X_d}\sin\delta$ 为基本电磁功率；第二项 $m\dfrac{U^2}{2}\left(\dfrac{1}{X_q} - \dfrac{1}{X_d}\right)\sin 2\delta$ 为附加电磁功率，是由于 d、q 轴磁路不对称产生的。

式（8-36）为凸极同步发电机功角特性的一般化表达式。

将隐极机看成 $X_d = X_q = X_s$ 时的特例，则附加电磁功率为零，功角特性简化为

$$P_{\text{em}} = m\dfrac{E_0 U}{X_s}\sin\delta \tag{8-37}$$

保持 E_0 不变（励磁电流不变），假设电网电压和频率保持恒定，则同步发电机的功角特性曲线如图 8-39 所示。

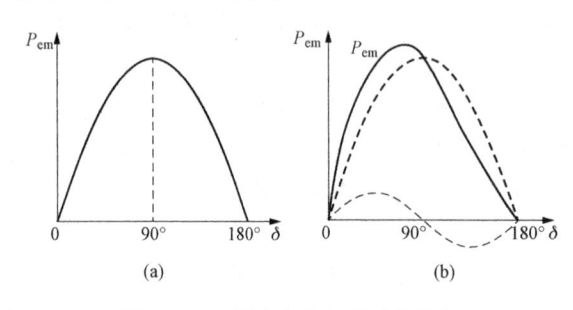

图 8-39 同步发电机的功角特性
(a) 隐极同步发电机；(b) 凸极同步发电机

此外，用功率角 δ 表征电磁功率 P_{em} 物理意义更加明确。我们知道，励磁磁通势 F_f 与气隙磁通势 F 之间的夹角就是它们产生的磁场所感应的电动势 $\dot{E}_0$ 和 $\dot{E}$ 之间的夹角 θ（见图 8-38）。如果忽略漏抗压降，则 $\delta \approx \theta$。也就是说，功率角 δ 可以视为主磁极磁场轴线与气隙磁场轴线之间的夹角，如图 8-40 所示。由于转子主磁极轴线超前气隙合成磁场轴线 δ 角，则磁

通从主磁极发出后向右扭斜，所产生的切向电磁力使转子受到一个制动的电磁转矩，它与原动机的驱动转矩相平衡，从而将轴上输入的机械能转换为定子绕组中的电能向外输出，实现机电能量的转换。事实上，正是因为这个原因，才把 δ 角称为功率角。

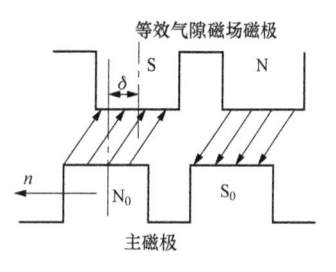

从相量图可知，只有当交轴分量 $\dot{I}_q \neq 0$ 时，才会有 $\delta \neq 0$，从而 $P_{em} \neq 0$，电机有电磁功率产生。因此，从电机实现机电能量转换的基本条件来看，交轴电枢反应具有特殊的重要意义。

图 8-40 同步发电机的主磁极磁场与气隙合成磁场的位置关系

2. 静态稳定

同步发电机能否稳定运行，与功角 δ 的大小密切相关。下面对这一问题进行分析。

为了简化分析，略去铁心损耗和机械损耗，原动机输入的机械功率约等于电磁功率 $P_1 \approx P_{em}$。图 8-41 中，设开始时从原动机输入的功率为 P_1，则发电机在图中的 A 点运行，对应的功角为 δ，发电机的电磁功率 P_{em} 与原动机输入的功率 P_1 相平衡。如果在某一时刻，突然增加原动机输入的功率至 P_1'，由于 $P_1' > P_{em}$，则此时发电机的转子上所受的驱动转矩大于制动转矩，转子开始加速，即转子以大于同步速 n_1 转动。如前所述，电网频率不变，合成磁场的转速仍然是同步速。因此，转子磁极与合成磁场之间发生相对运动，功角 δ 增大，P_{em} 随之增大。当功角 δ 增大至 δ'，$P_1' = P_{em}'$，两者再次平衡，转子转速再次稳定在同步速，发电机在图中的 B 点稳定运行。因此，在从 A 点到 B 点的过程中，发电机有自动保持同步的能力。改变原动机输入的机械功率，只会改变功角 δ 的大小，δ 在 $0° \sim 90°$，发电机都可以保持在同步速运行。因此，$\delta = 0° \sim 90°$，是发电机的稳定运行区域。

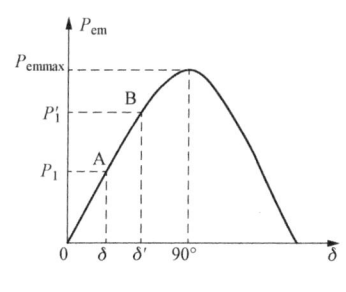

图 8-41 同步发电机的静态稳定条件

当增大原动机输入的机械功率，使功角增大至 $90°$，此时电磁功率 P_{em} 达到最大值，输入功率 $P_1 = P_{emmax}$，这是发电机稳定运行的极限值。如果再增加原动机输入的功率，转子将加速，$\delta > 90°$，从图 8-41 知，电磁功率 P_{em} 不增反减，输入功率 P_1 更加大于 P_{em}，转子速度越来越快，不可能回到同步速，这个现象称为失去同步（失步）。失步后，发电机和电网间将产生很大环流，因此，装在发电机和电网间的保护开关将发生动作，将发电机从电网上拉开。

8.4.5 有功功率调节

发电机在完全满足四个并联条件后接入并联，其电枢绕组中并没有电流通过，发电机处于空载运行状态。此时，如何把负载转移过来呢？我们知道，交流电流按照它对于电压的相位关系的不同，可以分为有功电流和无功电流。这两种电流所对应的功率分别称为有功功率和无功功率。因此同步发电机并联运行时负载的转移和调节，也必须从有功功率和无功功率这两方面来进行。

1. 发电机与大电网并联时的有功功率调节

为简便分析，以下都以隐极机为例，不计饱和影响，忽略电枢电阻，忽略铁心损耗和机械损耗。并且，视所并入的大电网为"无穷大电网"，其电压和频率始终不变。

当发电机并入电网时，根据并网条件，发电机的空载感应电动势 $\dot{E}_0$ 与电网电压 $\dot{U}$ 相等，发电机电流为 0，不会向电网输出任何功率。如果这时通过增大励磁电流来增大 $\dot{E}_0$ 的值，使发电机电流不为 0，如图 8-42 所示，该电流是无功电流，功角 $\delta=0°$，电磁功率 $P_{em}=0$，发电机还是没有向电网输出有功功率。

从功率平衡的观点来看，只有增加原动机的输入功率，才能增加发电机输出给电网的有功功率。当原动机为汽轮机时，可以调节它的气门，以增加输入的蒸汽量；当原动机为水轮机时，可以调节其水门，以增加输入的水量。原动机的输入功率增加以后，输入给发电机的机械功率 P_1 也同时增加，此时发电机的输入功率 P_1 大于电磁功率 P_{em}，转子上的驱动转矩大于制动转矩，转子开始加速，转子磁场和气隙合成磁场之间的夹角增大，即功角 δ 增大，电磁功率 P_{em} 随之增大，直至 $P_{em}=P_1$，发电机重新稳定运行于新的平衡位置。相量图如图 8-42 所示，功角 δ 增大，发电机的空载感应电动势幅值不变，但与相量 $\dot{U}$ 的夹角变大，因此，变化的 $\dot{E}'_0$ 沿着图中的虚线圆弧上移，相应的电流相量 $\dot{I}'$ 也可以通过相量图确定。由于是和无穷大电网并联，气隙合成磁场的转速等于同步转速 $n_1=\dfrac{60f_1}{p}$ 不变，因此转子短时加速后，最后还是会回到同步转速稳定运行。

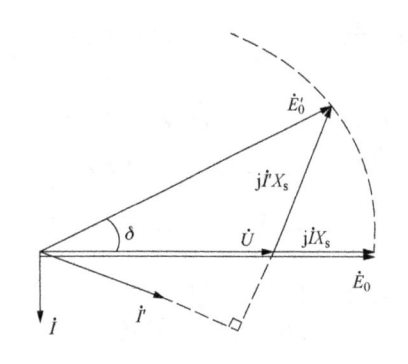

图 8-42 与无穷大电网并联的同步发电机的有功功率的调节

例 8-3 一台汽轮发电机额定运行时的功率因数为 0.8（滞后），同步电抗标幺值 $X_s^*=1.0$，忽略电枢电阻，该机与大电网并联运行，如励磁电流不变，输出的有功功率减半。求功率减半后电枢电流及功率因数。

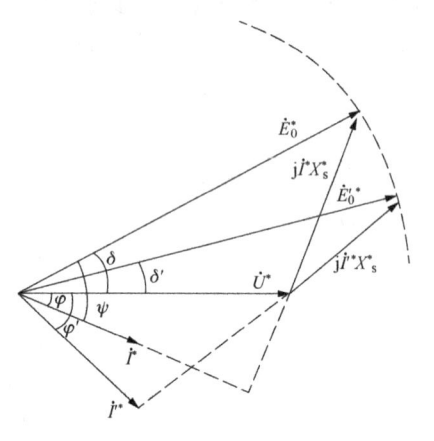

图 8-43 例 8-3 图

解 根据题意，以端电压 $\dot{U}^*=1\angle 0°$ 为基准相量，画出有功功率减半前后的发电机的电动势相量图，如图 8-43 所示。加 $'$ 表示功率减半后的相量。

依题意，选 $\dot{U}^*$ 为参考相量，输出为额定功率时

$$\dot{I}^* = 0.8 - j0.6$$

$$\dot{E}_0^* = \dot{U}^* + j\dot{I}^* X_s^* = 1.6 + j0.8 = 1.79\angle 26.6°$$

励磁电流不变，则空载感应电动势大小不变 $E'_0 = E_0$。输出的有功功率减半时，代入功角特性表达式，则

$$P_{em} = \frac{1}{2}P_{emN}$$

$$m\frac{E_0 U}{X_s}\sin\delta' = \frac{1}{2}m\frac{E_0 U}{X_s}\sin\delta$$

$$\sin\delta' = \frac{1}{2}\sin\delta$$

$$\delta' = 12.9°$$

根据余弦定理

$$(X_s^* I'^*)^2 = E_0'^{*2} + U^{*2} - 2E_0'^* U^* \cos\delta'$$

解得
$$I'^* = 0.845$$

根据调节前后的有功功率关系

$$U^* I'^* \cos\varphi' = \frac{1}{2} U^* I^* \cos\varphi$$

得调节后的功率因数
$$\cos\varphi' = \frac{1}{2} \times \frac{0.8}{1 \times 0.845} = 0.47$$

2. 双机并联时的有功功率调节

在船舶等小型的独立电站中，常常由两台发电机并联运行向全船供电。假设 1 号发电机已经联网运行，此时起动 2 号发电机，并使之与电网同步后合闸并网。同样的，并网后，2 号发电机并不向电网输出有功功率。要增大 2 号的输出有功功率，必须增大原动机输入的功率，在船上，根据原动机类型的不同，增加汽轮机的进汽量或增加内燃机的喷油量等。

但是当两台容量相近的同步发电机并联运行时，仅调节一台发电机输入功率在实际中将会使得电网的频率和电压发生变化。因为在有限容量的电网上，总的负载是有限的。如果增加并联的发电机的有功功率，而不相应地减少其他发电机的有功功率，将使电网总的输入功率多于负载的有功功率，多余的有功功率将使两部发电机的转子加速，电网的频率和电压都会升高。

因此，为了保持电网频率和电压不变，在转移有功负载时，应在增加一台发电机原动机输入功率的同时，相应地减少另一台发电机原动机的输入功率。在实际操作时，如原动机为内燃机，则应增大 2 号机的油门，同时减小 1 号机的油门；同时观察功率表，当两部电机的功率表读数相等时，停止调节油门，这时两部发电机并联向负载供电，且输出功率相等。

8.4.6 无功功率调节与 V 形曲线

1. 发电机与大电网并联时的无功功率调节

为简便起见，在调节无功功率时，假定发电机输出的有功功率保持不变（即不调节原动机的汽门或水门），于是

$$P_2 = mUI\cos\varphi = 常数 \tag{8-38}$$

$$P_{em} = m\frac{UE_0}{X_s}\sin\delta = 常数 \tag{8-39}$$

由于 m、U、I 均为定值，所以

$$I\cos\varphi = 常数 \tag{8-40}$$

$$E_0\sin\delta = 常数 \tag{8-41}$$

在保持有功功率不变的情况下，调节发电机无功功率的方法就是改变发电机的励磁电流，下面通过相量图进行分析。

图 8-44 中，当调节励磁电流使 $\dot{E}_0$ 变化时，由于 $I\cos\varphi=$ 常数，定子电流相量 $\dot{I}$ 的末端轨迹是一条与电网电压 $\dot{U}$ 垂直的水平线 AB；又由于 $E_0\sin\delta=$ 常数，相量 $\dot{E}_0$ 的末端轨迹为一条与电网电压 $\dot{U}$ 平行的直线 CD。

同步发电机并网运行调节无功功率时，分为以下几种情况（见图 8-45）：

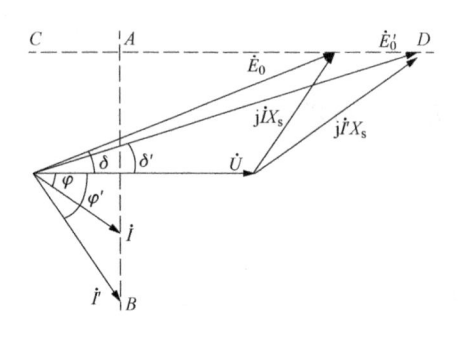

图 8-44 与无穷大电网并联的同步发电机的无功功率调节

(1) 当电流与电网电压同向时，如图 8-45 中的 $\dot{I}_1$，此时 $\cos\varphi=1$，发电机向电网输出的全部是有功功率，无功功率为 0，这时称为"正常励磁"状态。

(2) 励磁电流增大，使发电机的空载感应电动势增大至 $\dot{E}_{02}$，相应的定子电流为 $\dot{I}_2$，滞后于电网电压 $\dot{U}$，发电机输出滞后的无功功率，这时称为"过励"状态。

(3) 励磁电流减小，使发电机的空载感应电动势减小至 $\dot{E}_{03}$，定子电流 $\dot{I}_3$ 将超前电网电压 $\dot{U}$，发电机向电网输出超前的无功功率，称为"欠励"状态。

(4) 如果继续减小励磁电流，空载感应电动势继续减小，且功角进一步增大，当功角增大至 $\delta=90°$，如图所示的 $\dot{E}_{04}$ 的情况，发电机到达稳定运行的极限，若进一步减小励磁电流，电机将失去同步。

例 8-4 一台汽轮发电机额定容量 $S_N=31250\text{kVA}$，额定电压 $U_N=10500\text{V}$，定子绕组 Y 接线，额定功率因数为 $\cos\varphi_N=0.8$（滞后），定子每相同步电抗 $X_s=7\Omega$，不计电枢电阻，忽略饱和问题，如果把励磁电流增大 10%，求 P_{em}、δ 及 φ，问输出的有功功率及无功功率怎样变化？

解 额定运行时的电枢电流

$$I_N = \frac{S_N}{\sqrt{3}U_N} = \frac{31250\times10^3}{\sqrt{3}\times10500} = 1718(\text{A})$$

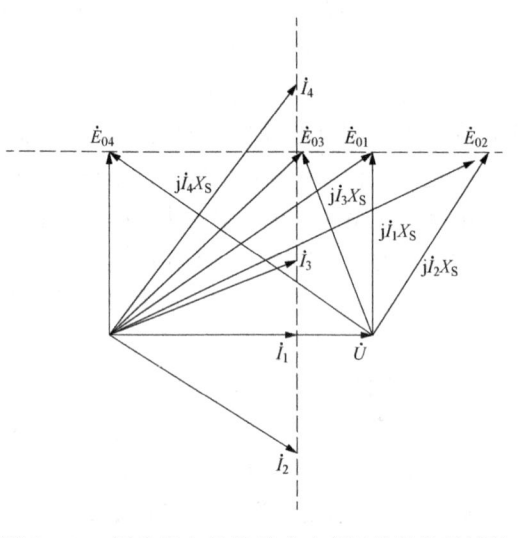

图 8-45 同步发电机的无功功率调节的几种情况

电网的相电压 $\quad U = \frac{U_N}{\sqrt{3}} = 6062(\text{V})$

电磁功率 $\quad P_{em} = P_2 = S_N\cos\varphi = 31250\times0.8 = 25000(\text{kW})$

根据相量之间的关系（见图 8-15），额定运行时的空载电动势

$$E_0 = \sqrt{(U\cos\varphi_N)^2 + (U\sin\varphi_N + I_N X_s)^2} = 16400(\text{V})$$

根据功角特性，求得功角正弦 $\sin\delta = \dfrac{P_{em}X_s}{3UE_0} = 0.587$

忽略饱和，把励磁电流增大 10%，空载电动势按比例增大

$$E_0' = 1.1 E_0 = 18040(\text{V})$$

只调节励磁电流，电磁功率不变，根据功角特性，励磁调节前后有以下关系

$$E_0'\sin\delta' = E_0\sin\delta$$
$$\sin\delta' = 0.533$$
$$\delta' = 32.24°$$

相量图可参照图 8-44，由余弦定理

$$I'X_s = \sqrt{E_0'^2 + U^2 - 2E_0'U\cos\delta'} = 13310(\text{V})$$

故

$$I' = \frac{13310}{7} = 1901.4(\text{A})$$

有功功率不变

$$P_2 = 3UI'\cos\varphi' = 25000(\text{kW})$$

$$\cos\varphi' = \frac{P_2}{3UI'} = \frac{25000\times10^3}{3\times6062.2\times1901.4} = 0.723$$

则

$$\varphi' = 43.7°$$

无功功率

$$Q_2 = 3UI'\sin\varphi' = 3\times6062\times1901.4\times\sin43.7° = 23890(\text{kvar})$$

因此无功功率增大。

2. 双机并联时的无功功率的调节

两台等容量同步发电机并联运行时，为了使它们都能得到充分的利用，除了保证有功功率要平均分配外，还应使它们的无功功率也平均分配，即两台发电机的功率因数要相等。如果分配不均，不仅减小了电机承担负载的能力，而且使两电机总的铜耗增加。

和与大电网并联时相同，无功功率的调节也是通过改变发电机的励磁电流来实现的。但是双机并联时，不能只调节一台发电机的励磁电流，这会造成电网电压的升高或降低。在实际调节时，可根据两电机功率因数表指示的数值来进行调节。对于滞后功率因数较低的一台发电机，应减少其励磁电流；而对于滞后功率因数较高甚至功率因数是超前的发电机，则应增加其励磁电流，直到两台发电机的功率因数相等。

在调节过程中，要注意保持电网电压为额定值。例如，当 $E_{20} > E_{10}$ 时，在调节励磁的过程中，若出现电网电压低于额定值，则应先增大 1 号电机励磁电流，直到电压回升到略高于额定值时，再适当地减小 2 号电机的励磁电流。若 $\cos\varphi_1 = \cos\varphi_2$，而电压高于或低于额定值，则应同时减小或增大两部电机的励磁电流。

综上所述，对于小型电站中容量相同的双机并联情况，假定 1 号发电机已经并网运行，将 2 号发电机接入并联运行的操作应按下述步骤进行：

(1) 起动 2 号电机，使其转速达到额定值。

(2) 将 2 号电机建立额定电压。

(3) 调节 2 号电机的转速，使同步指示灯亮暗变化很缓慢，当三个灯全暗时（假设使用的是暗灯法），迅速将 2 号电机接入并联。

(4) 增加 2 号电机原动机的输入功率，同时减少 1 号电机原动机的输入功率，观察功率表，使两部电机的输出功率相等。在调节过程中，要注意保持电网电压和频率为额定值。

(5) 观察功率因数表，对于滞后功率因数较低的电机，减小其励磁电流；对于滞后功率因数较高或功率因数超前的电机，增大其励磁电流，直到两部电机的功率因数相等。在调节过程中，要注意保持电网电压为额定值。

(6) 若要用 2 号电机替换 1 号电机，则应将 1 号电机的负载全部转移给 2 号电机。待 1 号电机的输出功率很小时，调整两部电机的励磁电流，使 1 号电机的电流减到很小，即可断开 1 号电机的开关，使它停止工作，由 2 号电机单独供电。

例 8-5 两台三相同步发电机并联，$U_N=3.3$kV，星形接法，同时向 800kW、$\cos\varphi=0.8$（滞后）的负载供电。调节原动机使一台电机输出的功率是另一台的两倍，其中重载的电机 A 每相同步电抗为 10Ω，调节它的励磁电流使 $\cos\varphi_A=0.75$（滞后）。另一台电机 B 的每相同步电抗为 16Ω，忽略电枢电阻。试求每台电机的电流、电动势、功率因数和功角。

解 首先需分别确定两台电机的电枢电流相量。根据题意

$$总负载电流\ I=\frac{P}{\sqrt{3}U_N\cos\varphi}=\frac{800\times10^3}{\sqrt{3}\times3.3\times0.8\times10^3}=174.95(\text{A})$$

以额定电压为参考相量，则负载电流相量 $\dot{I}=174.95\angle-36.9°$A。

假设 A 电机输出功率为 B 电机的两倍，则 A 电机输出有功电流为总负载有功电流的 $\frac{2}{3}$。

发电机 A 有功电流 $\quad I_{aA}=\frac{2}{3}\times174.95\times0.8=93.3(\text{A})$

发电机 A 功率因数角 $\quad \varphi_A=\cos^{-1}0.75=41.4°$

发电机 A 电流 $\quad I_A=\dfrac{I_{aA}}{\cos\varphi_A}=124.4(\text{A})$，相量为 $\dot{I}_A=124.4\angle-41.4°(\text{A})$

由相量计算得发电机 B 的电流 $\quad \dot{I}_B=\dot{I}-\dot{I}_A=46.6-j22.8(\text{A})$

发电机 B 功率因数 $\quad \cos\varphi_B=\dfrac{46.6}{\sqrt{46.6^2+22.8^2}}=0.9$

根据电压平衡方程 $\dot{E}_0=\dot{U}+j\dot{I}X_s$，分别求得

A 发电机电动势

$$\dot{E}_{0A}=\dot{U}+j\dot{I}_AX_{sA}=3300\angle0°+j124.4\angle-41.4°\times10=4123+j933=4227\angle12.7°(\text{V})$$

功角 $\quad\delta_A=12.7°$

B 发电机电动势

$$\dot{E}_{0B}=\dot{U}+j\dot{I}_BX_{sB}=3300\angle0°+j(46.6-j22.8)\times16=3665+j746=3740\angle11.5°(\text{V})$$

功角 $\quad\delta_A=11.5°$

3. 同步发电机的 V 形曲线

从无功功率调节的分析过程可知，在发电机输出有功功率 P_2 功率不变的情况下，改变励磁电流 I_f 将引起同步发电机定子电流 I 的大小和相位变化。发电机处于"正常励磁"时，定子电流最小；偏离此点，无论是增大还是减小励磁电流，定子电流都会增加。定子电流与励磁电流的这种内在联系可以通过实验方法确定，所得关系曲线如图 8-46 所示，称为 V 形曲线。对于每一个恒定的 P_2，都可以测得一条 V 形曲线。P_2 越大，曲线位置越往上移。每条曲线的最低点对应 $\cos\varphi=1$，电枢电流最小，输出全部为有功功率。将各条曲线最低点连接起来，得到 $\cos\varphi=1$ 的曲线，如图中虚线所示，在虚线的右边，发电机处于过励状态，功率因数滞后，发电机向电网输出滞后的无功功率；在它的左边，发电机处于欠励状态，功率因数是超前的，发电机从电网吸收滞后的无功功率。V 形曲线左侧还存在一个不稳定区，对应的是功角 $\delta>90°$ 的情况。

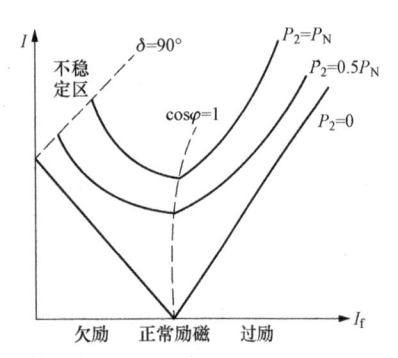

图 8-46 同步发电机的 V 形曲线

8.5 同步电动机和调相机

8.5.1 同步电动机的运行特性

1. 从发电机状态过渡到电动机状态

与其他电机一样,同步电机也是可逆的,既可作发电机运行,也可作电动机运行。设一台隐极同步电机并联运行于无穷大电网,处于发电机状态,其相量图如图 8-47(a)所示。此时,转子主磁极轴线沿转向超前于气隙合成磁场轴线 δ 角,因而作用于转子上的电磁转矩为制动转矩,将机械能转变为电能。

减少原动机的输入功率,使转子减速,功率角 δ 和电磁功率减小。当 $\delta=0$ 时,发电机变为空载,其输入功率正好抵消空载损耗,相量图如图 8-47(b)所示。

继续减小原动机的输入功率,则功率角 δ 和电磁功率变为负值,表明电机要从电网吸收一部分电功率,与原动机输入功率一起与空载损耗相平衡,以维持转子的同步旋转。如果再拆去原动机,就变成了空转的同步电动机,空载损耗必须全部由电网输入的电功率供给。如果在电机轴上再加上机械负载,则负值的 δ 和电磁功率更大,主磁极磁场落后于气隙合成磁场,电磁转矩为驱动性质,电机进入电动运行状态,将电网输入的电能转变为机械能。此时电机的相量图如图 8-47(c)所示。

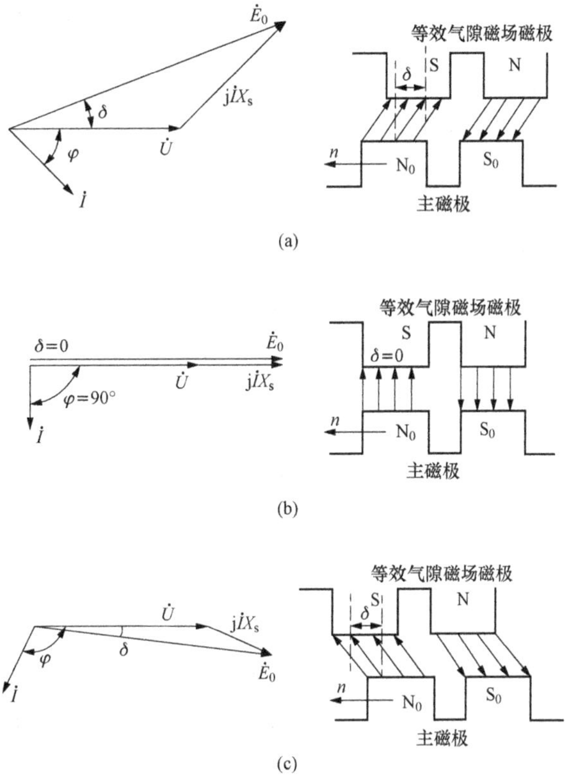

2. 电动势平衡方程与相量图

以上分析都是以发电机惯例为基础的,因此,当电机运行于电动机状态时,功率角 δ 和电磁功率 P_{em} 就变成了负值,且功率因数角 $\varphi>90°$。这对于同步电动机的分析显然很不方便。为此,按常规处理方法,同步电动机分析时要改用电动机惯例,这只要将发电机惯例时的电流方向改变即可,得到同步电动机的等效电路和相量图如图 8-48 所示。

图 8-47 从发电机状态过渡到电动机状态
(a) 发电机状态;(b) 过渡状态(调相机状态);(c) 电动机状态

根据图 8-48,可得隐极同步电动机的电动势平衡方程为

$$\dot{U} = \dot{E}_0 + \dot{I}R_a + j\dot{I}X_s \tag{8-42}$$

如果是凸极机,就是

$$\dot{U} = \dot{E}_0 + \dot{I}R_a + j\dot{I}_d X_d + j\dot{I}_q X_q \tag{8-43}$$

相应的相量图见图 8-49。

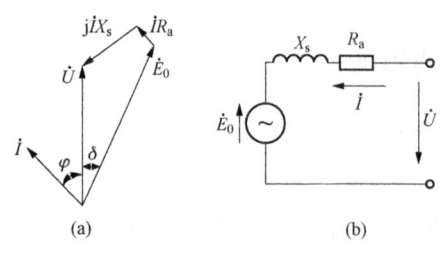

图 8-48 隐极同步电动机的相量图和等效电路
(a) 相量图；(b) 等效电路

3. 功角特性和功率平衡方程

同理，原适用于发电机的功角特性也要改用为电动机惯例。经推导，结果在形式上与发电机惯例时完全一样，即，对于凸极电动机，取 $\dot{U}$ 超前于 $\dot{E}_0$ 的功率角为正值，其功角特性为

$$P_{em} = m\frac{E_0 U}{X_d}\sin\delta + m\frac{U^2}{2}\left(\frac{1}{X_q} - \frac{1}{X_d}\right)\sin2\delta \tag{8-44}$$

电磁转矩为

$$T_{em} = m\frac{E_0 U}{\Omega X_d}\sin\delta + m\frac{U^2}{2\Omega}\left(\frac{1}{X_q} - \frac{1}{X_d}\right)\sin2\delta \tag{8-45}$$

令 $X_d = X_q = X_s$ 即可得隐极同步电动机的功角特性和转矩特性。

同步电动机运行时，由电网输入的电功率为 P_1，扣除定子铜耗 p_{Cua} 后，大部分通过电磁感应作用转换为机械功率 P_2 输出；另一部分则用于补偿机械损耗 p_{mec}、定子铁耗 p_{Fe} 和附加损耗 p_{ad}。综上，同步电动机的功率平衡方程为

$$P_1 = p_{Cua} + P_{em} \tag{8-46}$$

$$P_{em} = p_{mec} + p_{Fe} + p_{ad} + P_2 \tag{8-47}$$

4. 同步电动机无功功率调节

与同步发电机类似，当同步电动机输出有功功率 P_2 恒定而改变其励磁电流时，其无功功率是可以调节的。为简便起见，以隐极机为例，且不计磁路饱和，忽略电枢电阻，有 $P_{em} \approx P_1$。当 P_2 恒定，I_f 变化时，若视 I_f 与 p_{Fe} 和 p_{ad} 无关，则 P_{em} 为常数，即

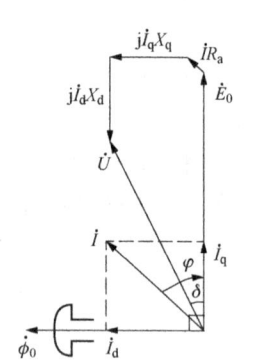

图 8-49 凸极同步电动机的相量图

$$P_{em} = m\frac{E_0 U}{X_s}\sin\delta = P_1 = mUI\cos\varphi = 常数 \tag{8-48}$$

即：$E_0\sin\delta=$ 常数，$I\cos\varphi=$ 常数。由此作出电机的相量图，如图 8-50 所示。图中，当励磁电流变化使得 E_0 变化时，$\dot{E}_0$ 的端点轨迹就落在与 $\dot{U}$ 平行的 $\overline{AB}$ 上，相应的，$\dot{I}$ 的端点轨迹就在与 $\dot{U}$ 垂直的 $\overline{CD}$ 上。此外，"正常"励磁时，电动机功率因数 $\cos\varphi=1$，电枢电流全部为有功电流，故数值最小。当励磁电流小于正常励磁值（欠励）时，$E_{03} < E_{01}$，为保持气隙合成磁场近似不变，电枢电流还必须出现起助磁作用的滞后无功分量（从发电机惯例看是超前无功分量）。反之，若励磁电流大于正常励磁值（过励），致使 $E_{02} > E_{01}$，电枢电流中将出现一个超前的无功分量，起去磁作用。

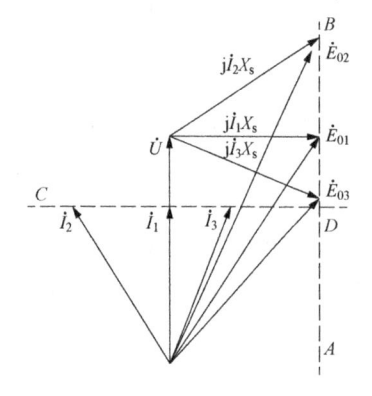

图 8-50 同步电动机改变励磁电流时的相量图

改变励磁电流可以调节电动机的功率因数，这是同步电动机最可贵的特性。因为普通电网上的负载主要是吸收感性无功的异步电机和变压器，因此，利用同步电动机功率因数可调的特点，从电网吸收容性无功，就可以改善电网的无功平衡状况，从而提高电网的功率因数和效益。为改善电网的

功率因数，并提高电机的过载能力，现代同步电动机的额定功率因数一般设计为 1～0.8（超前）。

8.5.2 同步电动机的起动与调速

1. 起动方法

同步电动机只有在定子旋转磁场与转子励磁磁场相对静止时，才能得到平均电磁转矩，稳定地实现机电能量转换。如将静止的同步电动机通入励磁电流后直接投入电网，则定子旋转磁场将以同步转速相对于转子磁场运动，转子上承受的是交变的脉振转矩，平均值为零。因此，同步电动机不能自起动，必须借助于其他起动方法。

同步电动机的常用起动方法有下列三种。

(1) 辅助电动机起动。通常选用与同步电动机极数相同的异步电动机（容量一般为主机的 5%～15%）作为辅助电动机。先用辅助电动机将主机拖至接近于同步速，然后用自整步法将其投入电网，并切断辅助电动机电源。这种方法只适合于空载起动，而且所需设备多，操作复杂。

(2) 变频起动。这是一种改变定子旋转磁场转速、利用同步转矩起动的方法。起动过程中，定子不是直接接电网，而是由变频电源供电。在开始起动时，转子绕组即接入励磁并把定子电源频率调低，使转子起动旋转，然后逐步上调至额定频率，则转子转速将随着定子旋转磁场的转速上升而同步上升，直至额定转速。变频起动过程平稳，性能优越，在大中型容量电机中应用日益增多。但这种方法必须有变频电源，而且励磁机必须是非同轴的，否则在最初低速时无法产生所需的励磁电压。

(3) 异步起动。同步电动机多数在转子上装有类似于异步电机笼形绕组的起动绕组（通称为阻尼绕组），因此，当定子接通电源时，便能产生使转子转动的异步转矩，并不断加速至接近同步转速，此时，再加入励磁，就可以用自整步法将电机牵入同步。异步起动法简便易行，在中小容量电机中有较多应用。

2. 调速方法

同步电动机通常应用于不需要调速的场合，少数情况下（如风机、水泵的节能运行），需要两至三种转速，也都用变极方式实现。其原理在异步电机调速中已阐述，不再重复。

然而，随着电力电子技术和计算机控制技术的发展，用同步电动机，特别是特种同步电动机（如永磁式同步电动机、磁阻式同步电动机、开关磁阻式同步电动机等）构成高品质交流传动系统已成为调速研究领域的主要发展趋势。其主要特点是系统简单、调速精度高效率高。

8.5.3 同步调相机

电网上的主要负载是异步电机和变压器，它们都是感性负载，需要从电网吸收感性无功功率，从而使电网的功率因数降低，线路压降和损耗增大，发电设备的利用率和效率降低。如能在适当地点装上调相机（补偿机），就地补偿负载所需的感性无功功率，即吸收容性无功、发出感性无功，就能显著地提高电力系统的经济性和供电质量。

1. 调相机的原理和用途

同步调相机又称为同步补偿机，实为不带机械负载的同步电动机，它利用同步电动机改变励磁可以调节功率因数的原理并联运行于电网上。因为同步调相机吸收的有功功率仅供给电机本身的损耗，因此它总是接近于零功率因数的情况下运行。

忽略调相机的全部损耗,则电枢电流只有无功分量($\dot{I} = \dot{I}_\mathrm{d}$, $\dot{I}_\mathrm{q}=0$),电动势平衡方程可简化为$\dot{U}=\dot{E}_0+\mathrm{j}\dot{I}X_\mathrm{s}$,由此可以画出过励和欠励的相量图,如图 8-51 所示。从图可见,过励时,电流超前电压 90°;欠励时,则滞后电压 90°。所以,只要调节励磁电流,就能灵活地调节无功功率的性质和大小。如上所述,电力系统在大多数情况下呈感性,故调相机通常都是在过励状态下运行,作为无功功率电源,提供感性无功,改善电网功率因数,保持电网电压稳定。

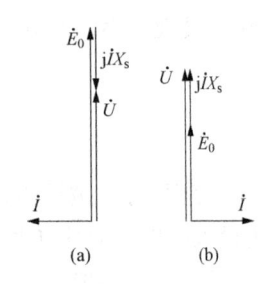

图 8-51 同步调相机的相量图
(a) 过励; (b) 欠励

2. 调相机的特点

同步调相机的特点有以下三个方面:

(1) 同步调相机的额定容量是指它在过励状态下的视在功率,这时的励磁电流为额定励磁电流。根据实际运行要求和稳定性需要,它在欠励运行时的容量只是过励时的 0.5~0.65 倍。

(2) 由于不拖动机械负载,调相机的转轴可以细一些,静态过载倍数也可以小一些,从而可以适当减小气隙和励磁绕组用铜量(减少匝数),使 X_d 增大,其标幺值可达 2 以上。

(3) 为提高材料利用率,减小体积,调相机的极数较少,大型调相机也多采用氢冷或双水冷方式。

8.6 特殊同步电机

8.6.1 磁阻同步电动机

磁阻同步电动机是一种用在各种自动和遥控装置、仪表、电钟和有声电影机里的电动机,其功率可以从百分之一瓦到数百瓦。因为其转矩是由于直轴和交轴磁路磁阻不同而产生的,又因磁场只有电枢反应磁场,故又称为反应式同步电机。

磁阻同步电动机转矩的产生可以用图 8-52 所示的简单模型来说明,图中 N、S 极表示电枢旋转磁场的磁极。

图 8-52 (a) 是一个圆柱形隐极转子,因此当转子不励磁时,由于磁路各向同性,无论转子直轴和电枢旋转磁场的轴线相差多大角度都不能产生切向电磁力及电磁转矩。图 8-52 (b) 是凸极的磁阻电动机的空转情况,忽略电机的机械损耗,故电机产生的电磁转矩 $T_\mathrm{em}\approx 0$,于是定子旋转磁场轴线和转子磁极轴线重合,磁力线不发生扭斜。当电动机加上机械负载时,则由于转矩不平衡,转子将发生瞬时减速,于是转子直轴将落后电枢旋转磁场轴线一个角度 δ,如图 8-52 (c)。由图可见,由于直轴磁路的磁阻较交轴的小很多,故磁力线仍由极靴处进入转子,使磁场发生扭斜,并因此产生与定子磁场转向相同的磁阻转矩 T'_em 和负载转矩相平衡,如果 δ 角继续增大到 90°,由图 8-52 (d) 可见,这时气隙磁场又是对称分布,其合成转矩又变成零。当转子不励磁时,电磁功率和对应的电磁转矩为

$$P_\mathrm{em} = \frac{mU^2}{2}\left(\frac{1}{X_q} - \frac{1}{X_d}\right)\sin 2\delta = mU^2\left(\frac{X_\mathrm{d}-X_\mathrm{q}}{2X_\mathrm{d}X_\mathrm{q}}\right)\sin 2\delta \quad (8-49)$$

$$T_\mathrm{em} = \frac{mU^2}{2\Omega_1}\left(\frac{X_\mathrm{d}-X_\mathrm{q}}{X_\mathrm{d}X_\mathrm{q}}\right)\sin 2\delta \quad (8-50)$$

由上式可见,电动机的电磁转矩与δ角的关系按照sin2δ规律变化。当δ=0°时转矩等于零,δ=45°时转矩最大,δ=90°时,转矩又等于零,与图8-52相同。

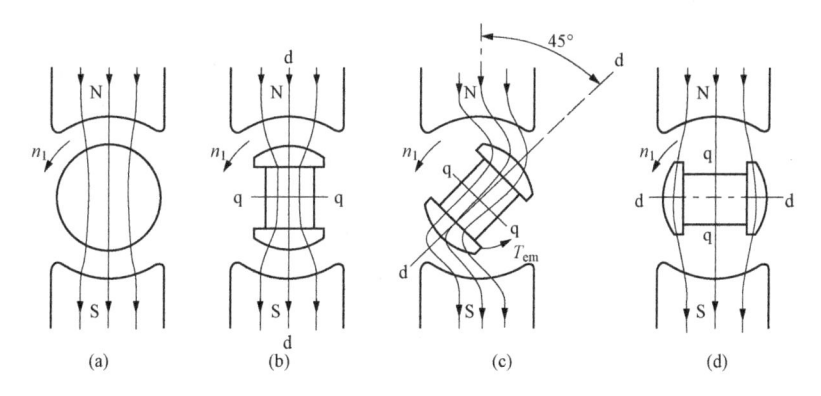

图8-52 磁阻同步电动机的运行模型
(a) 隐极转子;(b) 凸极转子(0°);(c) 凸极转子(45°);(d) 凸极转子(90°)

由式(8-49)和式(8-50)可见,电磁功率和电磁转矩的最大值为

$$P_{\text{emmax}} = mU^2 \left(\frac{X_d - X_q}{2X_d X_q} \right) \quad (8-51)$$

$$T_{\text{emmax}} = \frac{mU^2}{2\Omega_1} \left(\frac{X_d - X_q}{X_d X_q} \right) \quad (8-52)$$

电机的 X_q 越小,X_d/X_q 的数值越大,则 P_{emmax} 和 T_{emmax} 的数值越大。磁阻同步电动机采取特殊措施增大 X_d 与 X_q 的差别,使凸极比 X_d/X_q 可超过10甚至更大,这就显著地增大了电磁转矩值。具体措施就是采用钢片和非磁性材料,如图8-53所示。其中铝或铜部分可以起到笼形绕组的作用使电机起动,在正常运行时,气隙磁场基本上只能沿钢片引导的方向进入转子直轴磁路而使磁场显著扭斜,其对应的电抗为直轴电抗 X_d;而交轴磁路由于要多次跨入非磁性材料铝或铜的区域遇到的磁阻很大,所以对应的交轴电抗很小。

磁阻同步电动机一般靠实心转子中感应的涡流或镶嵌于导磁材料之间的导电材料(铝、铜片)起笼条作用来起动,单相形式时还会使用罩极绕组。当转速接近于同步速时,磁阻转矩开始起作用,并最终自动将转子牵入同步。在现代交流变速传动中,磁阻同步电动机由变频方式起动,故转子设计已较少考虑起动方面的问题,主要是尽可能提高凸极比。

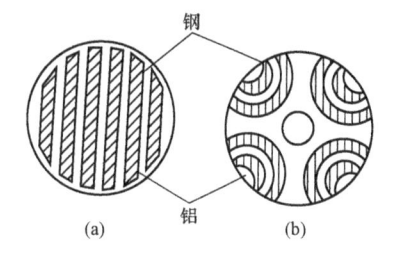

图8-53 磁阻电动机的相量图
(a) 二极式;(b) 四极式

8.6.2 同步反应式步进电动机

步进电动机是一种把电脉冲信号转换成相应的角位移的控制电机,故也称为脉冲电动机,它往往在数字程序控制系统中用作执行元件。由于其输入信号是脉冲电压,输出角位移是断续的,即每输入一个电脉冲信号时,转子就移一步,因此称为步进电动机。步进电动机的种类很多,目前应用最多的是同步反应式步进电动机。这里以三相反应式步进电动机为例来说明其工作原理。

图8-54表示一台三相反应式步进电动机结构图。定子为三相绕组,每相有两个磁极,

三相绕组为 Y 接法。转子铁心及定子极靴上均有小齿，且定、转子齿距相等。图中转子齿数为 40，因此每一齿距对应的空间角度为 9°。

在图 8-54 所示为 A 相绕组通电时的转子位置。此时电机内建立了以 A-A′为轴线的磁场。由于转子总是力求以整个磁路磁导最大来取向，故转子齿轴线一定与 A-A′相磁极齿的轴线对齐，1 号齿对准 A 极极轴。

B、C 两相与 A 相差 120°及 240°。A、B 两相间包含的齿距数为 $\frac{120°}{9°}=13\frac{1}{3}$，即 B 相定子齿轴线沿 A—B—C 方向超前转子 14 号齿轴线 1/3 齿距；同理，A、C 两相间包含的齿距数为 $\frac{240°}{9°}=26\frac{2}{3}$，即 C 相定子齿轴线沿 A—B—C 方向超前转子 27 号齿轴线 2/3 齿距。

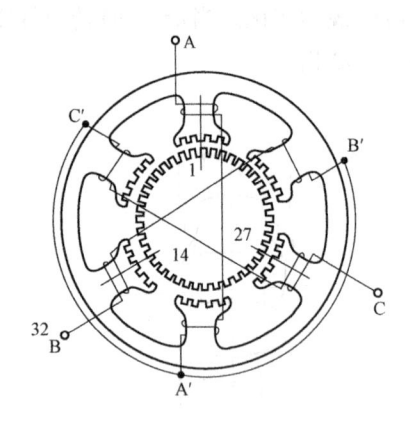

图 8-54 三相反应式步进电机结构图

在 A 相断电后，给 B 相通电，则建立以 B—B′为轴线的磁场，如图 8-55（b）所示，磁场轴线沿 A—B—C 方向转过 120°空间角度。同样的，转子齿的轴线将与 B 相定子齿轴线对齐，即转子将沿 A—B—C 方向转过 1/3 齿距，使 14 号齿与 B 极正中的齿对准。此时，C 相磁极轴线变为超前转子 27 号齿轴线 1/3 齿距，而 A 相磁极轴线超前转子 40 号齿轴线 2/3 齿距。

同理，在 B 相断电后，给 C 相通电，则建立以 C—C′为轴线的磁场，如图 8-55（c）所示。此时，转子又前移 1/3 齿距，这时 C 相极轴处的齿与转子 27 号齿对准。当一直以 A—B—C—A 的顺序分别给各相绕组通电时，磁场轴线即沿 A—B—C—A 方向继续转动，且每次换接绕组时，磁场均转过 120°而转子则移过 1/3 齿距。同理，如果电流按 A—C—B—A 顺序轮流换接，则磁场和转子都将反向，也沿 A—C—B—A 方向转动。

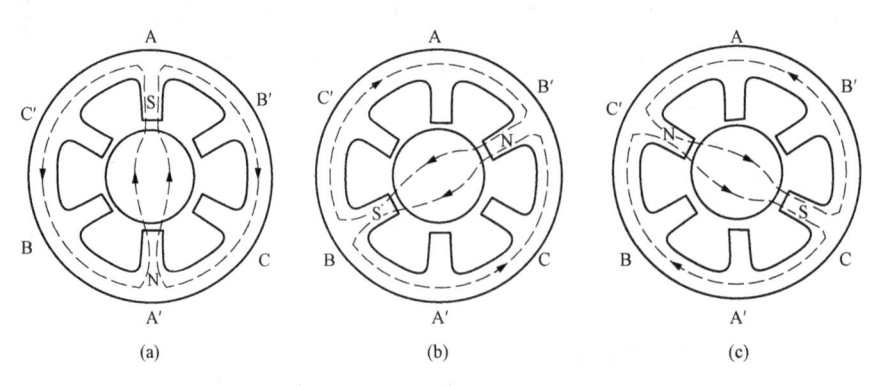

图 8-55 三相式反应步进电动机的主磁路
(a) A 相通电；(b) B 相通电；(c) C 相通电

转子是追随定子磁场转动的，二者的转动速度严格保持一定的比例关系，在此例中比例为 1∶40，即通电 40 个周期转子才转过一圈。定子磁场轴线的旋转速度和绕组通电换接的频率成正比，而绕组的通电换接是通过脉冲电源实现的。绕组的换接频率即为脉冲电源供给的每秒脉冲数，也即脉冲电源的频率。故转子旋转速度正比于脉冲电源的频率。

按上述方法运行称为"三相单三拍运行"。"三相"即具有三相绕组，"单"是指每次只是一相绕组通电，"三拍"指三次换接为一个循环，而第四次即为重复第一次的情况。类推下去，本例还可以有三相双三拍运行方式，通电顺序为 AB—BC—CA 或 AC—CB—BA，每次导通两相，甚至还常采用单、双相轮流切换的三相六拍运行方式。

设步进电动机转子齿数为 Z_γ，故每一齿距相当的空间角度为 $360°/Z_\gamma$。如果每换接一次绕组转子所转过的角度只是齿距的 $1/N$，则每次转过的步距角为

$$a_b = \frac{360°}{Z_\gamma N} \tag{8-53}$$

式中：N 为运行的拍数。

步距角是步进电机运行精度（分辨率）的衡量尺度，显然增加齿数和工作拍数有利于提高步进电机的工作精度。由于几何尺寸一定的电机，增加齿数是受到客观限制的，而工作拍数是绕组相数的整数倍，因此，为适应不同步距角的要求，现代步进电机还有做成二相、四相、五相、六相甚至八相的。

步进电动机在近十几年中发展很快，这是由于电子技术的发展解决了步进电动机的电源问题，而步进电动机能将电脉冲信号转换成角位移又正好适应了许多自动化系统的要求。步进电动机的步距或转速不受电压波动和负载变化的影响，也不受环境条件变化的影响，它只与脉冲频率有关。由于其每一步有固定的位置，故在不丢步的运行情况下，不会引起角位移误差的长期积累，尤其适合于数字控制的开环系统。

除反应式外，步进电机还有永磁式和永磁—反应混合式等结构。

8.6.3 永磁同步电机

采用永久磁铁的同步电机省去了滑环、电刷及励磁装置使电机结构简化，由于消除了励磁损耗，电机的效率也提高了。永磁同步电机的主要缺点是采用的高矫顽力的永磁材料价格十分昂贵。新型永磁材料自 1960 年以来，得到了快速发展，它们由铁、钴、镍和一种或多种稀土元素所组成。其中最好的几种之一是钐—钴，它的去磁曲线如图 8-56 所示。此材料的最大磁能积可达 160kJ/m^3。其去磁曲线仅在负的磁通密度下而且当负的磁场强度大于 10^6A/m 时才偏离直线，其直线部分的斜率较大，约为 $1.06\mu_0$，即回复磁导率。这种材料的剩余磁通密度高达 0.965T，而矫顽力也很大，为 -720kA/m。以上这些参数都说明此种永磁材料具有优越的磁性能。

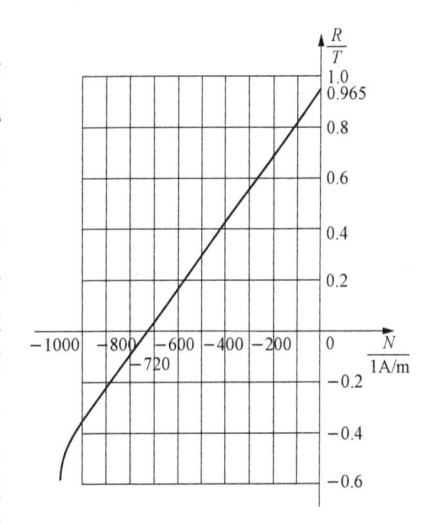

图 8-56 钐—钴材料的去磁曲线

为了提高电机气隙和齿的磁通密度，应当设法提高磁极横截面面积 A_m 与气隙面积 A_δ 的比值。为此通常都将永磁体横向放置，相邻极面为同极性，这样转子磁通路径为：永磁体 N 极→软铁极靴→套环的磁性材料段→气隙→定子铁心→气隙→套环的磁性材料段→软铁极靴→永磁体 S 极。而每块极靴传送从其两侧同极性面流出的磁通，具体结构见图 8-57 所示的一个四极永磁转子。

永磁同步电机的缺点是不能调节其发出电压，为了减少由于定子漏抗压降和电枢反应的去磁作用带来的负载时电机电压的降低，定子应采用开口槽并适当增大气隙，所以永磁电机的短路比（短路电流与额定电流之比）很大，可达到 3.5。当需要保持输出电压恒定时，应采取专门的措施，或者在定子轭部增加辅助的控制绕组，或者在输出回路中串联电容。

近年来，随着钕铁硼永磁材料耐高温性能的提高和价格的降低，钕铁硼永磁电机在国防、工农业生产和日常生活等方面得到更为广泛的应用，正向大功率化、高功能化和微型化方向发展，永磁电机的品种和应用领域不断扩大。

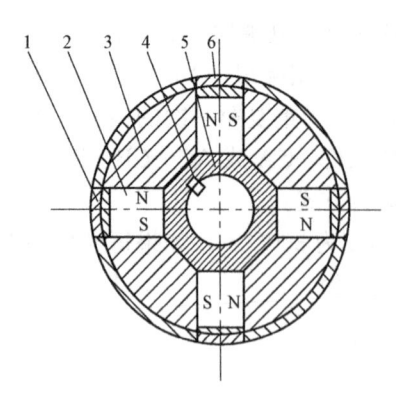

图 8-57 永磁同步电机的转子结构
1—套环；2—永磁体；3—软铁极靴；
4—键；5—衬套；6—垫片

8.6.4 多相整流型同步发电机

多相整流型无刷励磁同步发电机与传统的直流发电机相比，具有无换向火花、无碳粉污染、可以与中高速原动机配套、容量不受机械换向器限制、可靠性高、维护保养简单等一系列优点。因此，在许多领域中多相整流型发电机正在逐步地替代传统直流发电机作为大容量直流电源。

多相整流发电机的相数一般为 $m=3、6、9\cdots 3k(k=1、2、3\cdots)$，由于三相整流发电机结构与一般三相交流同步发电机相同，且脉动系数过大，除了小容量的整流发电机外，通常多相整流发电机是指 $m=3k$ 相 $(k>1)$，即六相、九相等多相带整流装置的同步发电机，其转子结构与常用三相交流同步发电机类似，可以采用无刷励磁方式励磁，定子绕组宜采用 k $(k>1)$ 个 Y 接法互移 $\frac{\pi}{3k}$ 电角度非对称接法绕组。下面以十二相整流发电机为例，十二相整流同步发电机原理图如图 8-58 所示。该发电机转子铁心与绕组结构形式和通常的三相交流发电机类似，定子十二相绕组采用 4Y 移 15°绕组，其定子相电压相量图如图 8-59 所示。

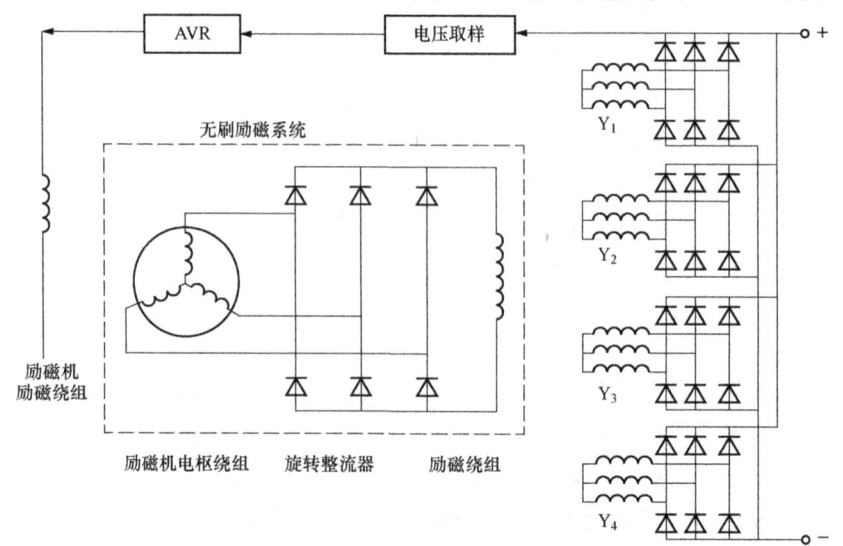

图 8-58 十二相整流同步发电机原理图

图 8-59 中十二相绕组由 4 个互移 15°电角度的三相绕组组成，四个三相绕组中点不连接在一起，每个三相交流绕组分别接到一个三相整流桥输入端，四个三相整流桥直流侧可以采用直接并联的接法（能够输出比较大的电流），也可以采用串联接法（能够输出比较高的电压），还可以采用两串两并的接法。为了提高电机集成化程度，减少电机引出电缆，降低电磁干扰，一般都将十二相整流装置、励磁调节装置设置在电机内部，与发电机共用一套冷却系统。

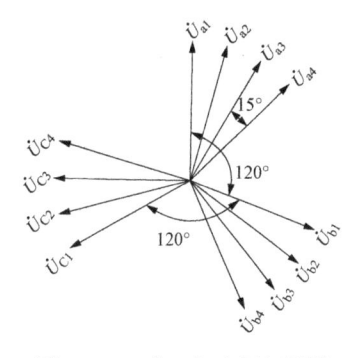

图 8-59 十二相电压相量图

8.6.5 交直流电力集成双绕组发电机

三相交流多相（六相、九相或十二相）整流同时供电的双绕组发电机，是一种全新的独立供电系统，该发电机具有体积小、重量轻、制造成本低和交流电压波形畸变率小及直流电压脉动系数小等一系列显著优点，特别适用于同时需要交流和直流电源的船舶、飞机、移动通信站、石油钻井平台等独立系统。

在发电机一套定子铁心槽内，布置有两套绕组：一套绕组是三相交流绕组，向外输出三相交流电，称为交流绕组；另一套多相绕组（一般取六相、九相或十二相），经集成于电机内的整流装置变换后直接输出直流电，称为直流绕组或整流绕组（如十二相绕组常采用 4Y 移 15°电角绕组，用 a_i、b_i、c_i，$i=1\sim 4$，分别表示 4 个三相绕组）。两套定子绕组共用一套定转子铁心和励磁绕组。转子上除了布置有与普通三相交流电机一样的励磁绕组（f_d）、直轴阻尼绕组（k_d）、交轴阻尼绕组（k_q）外，还有一套交轴稳定绕组（f_q），用于改善系统稳定性。

双绕组发电机励磁调节一般采用稳定调节交流电压，直流电压浮动的调节方式。

图 8-60 表示两套定子绕组和转子绕组的相对嵌放位置，图 8-61 表示双绕组发电机定转子电路原理。

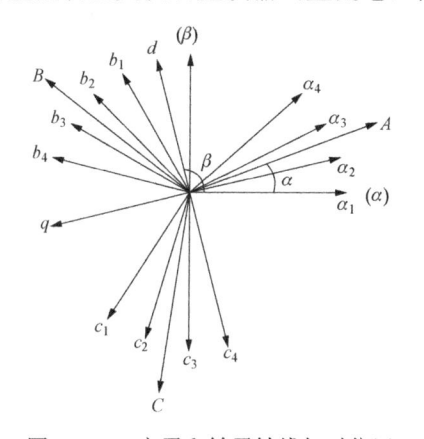

图 8-60 定子和转子轴线相对位置

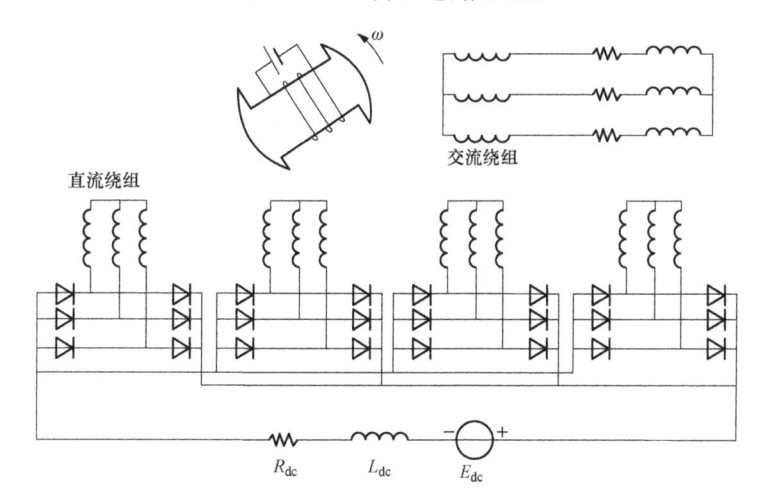

图 8-61 定转子电路原理

8.7 同步电机的故障与处理

同步发电机运行中常见的故障有电压不能建立，电压过高或过低，电压不稳，三相电压不对称，电刷下有火花和电机过热等。实践表明，励磁系统的故障最为常见；带有励磁机的同步电机，以励磁机发生故障的可能性为最大。以带励磁机的同步发电机为例，常见故障及处理方法见表 8-1。

表 8-1　　　　　　　　　　同步电机常见故障及处理方法

故障	产 生 原 因	处 理 方 法
电压不能建立	(1) 励磁机不发电或输出电压极低。 (2) 转子的励磁电路断路。 (3) 三相定子绕组断路	(1) 参看直流发电机故障。 (2) 用万用表测量转子励磁电路的阻值，找出断路或接触不良的部位。 (3) 检查熔断器和三相电路的通路
电压过低或过高	(1) 励磁机的磁场电阻太大或太小。 (2) 励磁机的电刷位置不对。 (3) 原动机转速太高或太低	(1) 调节磁场电阻。 (2) 用感应法检查电刷位置。 (3) 检查并调节原动机的转速为额定值
电压不稳	(1) 原动机的转速不稳。 (2) 励磁电路中的接头和触点接触不良	(1) 调节原动机。 (2) 检查励磁电路中各接头是否焊接良好，是否拧紧；电刷与换向器、电刷与滑环接触是否良好；磁场变阻器的接触点有无接触不良
三相电压不对称	(1) 各相负载分配不均。 (2) 一相电路断路。 (3) 定子绕组有短路（这时电机有局部过热和焦煳味）	(1) 检查各相的负载电流，并调节各相负载使之均衡。 (2) 检查熔断器是否有一相烧断，各相电路有无接头松脱或断线。 (3) 拆开电机用短路侦查器检查短路点，并修理定子绕组
滑环与电刷之间出现火花	(1) 滑环表面不光洁、不平整、不圆。 (2) 电刷过分磨损，或弹簧压力不足	(1) 打磨或精车滑环表面。 (2) 更换所有电刷，调节弹簧压力
定子局部过热	定子绕组有短路故障	拆开电机，用短路侦查器检查出短路线圈，然后修复定子绕组
电机整个机壳过热	(1) 发电机长时间过载。 (2) 通风道被堵，风扇叶片破损。 (3) 定子绕组受潮	(1) 减轻负载或加强通风冷却。 (2) 检查通风口和通风管道，更换破损的风扇叶片。 (3) 彻底烘干

本章小结

同步电机的基本特点是电枢电流的频率 f_1 与转速 n_1 之间有严格的关系 $f_1 = \dfrac{pn_1}{60}$。同步电机根据转子结构形式的不同，分为隐极机和凸极机。它的励磁方式也比较复杂，分为直流发电机励磁系统、静止式交流整流励磁系统和旋转式交流整流励磁系统。

同步电机负载运行时内部的电磁关系和各物理量之间的关系：基本方程式、相量图、运行特性等是本章研究、分析的主要内容。应着重掌握和理解电枢反应对气隙磁场的影响，电枢反应的性质取决于负载的性质和电机内部的参数，明确地说，它取决于 $\dot{E}_0$ 和 $\dot{I}$ 的夹角 ψ_0 的数值。当 $\psi_0=0°$ 时，为交轴电枢反应；当 $\psi_0=90°$ 时，为去磁的直轴电枢反应；当 $\psi_0=-90°$ 时，为增磁的直轴电枢反应。一般的负载运行情况下，$0°<\psi_0<90°$，此时电枢磁通势可以分解为交轴分量和直轴分量，其交轴分量产生交轴电枢反应，而直轴分量产生去磁的直轴电枢反应。

对隐极同步电机，由于气隙是均匀的，可以用单一的参数——同步电抗来表征电枢反应和漏磁所产生的效果。凸极同步电机则不同，它的气隙是不均匀的，同样大小的电枢磁通势作用在交轴或直轴上时，所建立的磁通大小不一样。这时要采用双反应理论，把电枢磁通势分解为交轴分量和直轴分量，分别研究它们产生的磁场和感应电动势。由双反应理论推导出交轴同步电抗 X_q 和直轴同步电抗 X_d 来分别表征直轴和交轴电流所产生的电枢总磁场（包括电枢反应和漏磁）的效果。

同步电机的运行特性主要有外特性、调节特性和效率特性。外特性说明负载变化而不调节励磁时电压的变化情况；调节特性说明负载变化时，为保持端电压恒定，励磁电流的调整规律；效率特性则说明当负载变化时，电机的效率变化情况。其他的特性，如空载特性和短路特性是为了测量电机参数用的。

同步发电机常需要并联运行。并联运行必须满足必要的条件，并且要采取合适的方法进行操作，主要介绍了暗灯法、旋转灯光法。发电机并联之后，还需要对它们的有功功率和无功功率进行调节，使负载的分配更加合理。调节有功功率时，根据功角特性，通过增大或减小 δ 角来改变输出的有功功率，尤其值得注意的是，对于两台容量相近的并联运行发电机，当增大一台的有功功率时，要同时减小另一台的有功功率。调节无功功率是通过调节励磁电流来实现的。同样的，对于两台容量相近的并联运行发电机，当增大一台的励磁电流时，要同时减小另一台的励磁电流。

同步电动机与同步发电机有功功率的传递方向不同，它是从电网吸收有功功率的。同步电动机最突出的优点是功率因数可以根据需要在一定的范围内调节。同步调相机作为无功功率电源，是现代电网中主要的电力设备之一，可以起到改善电网功率因数，保持电压稳定的作用。

特殊的同步电机介绍了磁阻同步电动机、同步反应式步进电动机、永磁同步电机、多相整流型同步发电机以及交直流电力集成双绕组发电机等。磁阻同步电动机转子无励磁，由直轴和交轴的磁阻不等形成的磁阻转矩而使电动机运行。步进电动机的步距或转速不受电压波动和负载变化的影响，也不受环境条件变化的影响，在不丢步的运行情况下，不会引起角位移误差的长期积累，尤其适合于数字控制的开环系统。永磁同步电机的励磁由永磁材料提供。第三代稀土永磁材料研制成功，使它异军突起，是颇有前途的一种同步电动机。多相整流型无刷励磁同步发电机具有无换向火花、无碳粉污染、可以与中高速原动机配套、容量不受机械换向器限制、可靠性高、维护保养简单等一系列优点。三相交流多相（六相、九相或十二相）整流同时供电的双绕组发电机，是一种全新的独立供电系统，该发电机具有体积小、重量轻、制造成本低和交流电压波形畸变率小及直流电压脉动系数小等一系列显著优点，特别适用于同时需要交流和直流电源的船舶、飞机、移动通信站、石油钻井平台等独立系统。

最后，对于同步电机运行中常见的故障，如电压不能建立、电压过高或过低、电压不稳等，应掌握故障的原因和处理的方法。

习 题

8-1 测定同步发电机的空载特性和短路特性时，如果转速降至 $0.95n_1$，对试验结果有什么影响？

8-2 为什么大容量同步电机采用磁极旋转式而不用电枢旋转式？

8-3 什么是同步电机？其感应电动势频率和转速有何关系？

8-4 同步发电机电枢反应性质由什么决定？

8-5 三相同步发电机带电阻负载时（$\cos\varphi=1$），其端电压为什么会随着负载电流的增大而降低？其电枢反应有无直轴去磁作用？

8-6 试述直轴和交轴同步电抗的意义？如何用试验方法来测定？

8-7 凸极同步电机中，为什么直轴电枢反应电抗 X_{ad} 大于交轴电枢反应电抗 X_{aq}？

8-8 根据交轴和直轴同步电抗的概念，分析下面几种情况对同步电抗有何影响？

（1）电枢绕组匝数增加。

（2）铁芯饱和程度提高。

（3）气隙加大。

（4）励磁绕组匝数增加。

8-9 为什么同步发电机的短路特性是一条直线？

8-10 写出同步电机的三种运行状态，并从磁场和功率的角度说明每种状态的特点。

8-11 什么是同步电机的功角特性？δ 角有什么意义？

8-12 一般同步发电机三相稳定短路，当 $I_k=I_N$ 时的励磁电流 I_{fk} 和额定负载时的励磁电流 I_{fN} 都已达到空载特性的饱和段，为什么前者 X_d 取未饱和值而后者取饱和值？

8-13 同步电机的气隙磁场，在空载时是如何激励的？在负载时是如何激励的？

8-14 负载的大小及性质对发电机外特性有何影响？对发电机的调整特性有何影响？

8-15 以隐极式同步发电机为例，发电机同步电抗 $X_s^*=1.0$，在下列负载情况下，电枢反应各起什么作用（忽略电枢绕组电阻）。

（1）三相对称电阻负载 $R_L^*=1.0$。

（2）电容负载 $X_C^*=0.8$。

（3）电感负载 $X_L^*=0.7$。

（4）电容负载 $X_C^*=1.2$。

8-16 三相同步发电机与大电网并联时需要满足 4 个条件，试述为什么要满足这些条件？

8-17 有一台船用同步发电机，其同步转速为 1500r/min，但长期运行于 1200r/min 而电压仍为额定值，后来励磁绕组被烧毁，这是什么原因？

8-18 决定同步发电机电枢反应性质的因素与直流电机有何不同？在直流电机中交轴电枢反应在不计入饱和影响时，并不使电枢电动势数值上发生变化，在同步电机中是否仍是这样？为什么？

8-19 并联运行的条件是什么？其中任一个条件不符合时将产生什么后果？当两台发电机频率略有差别时进行合闸，如何通过自整步作用达到完全同步运行？

8-20 同步发电机单机运行时，其功率因数取决于什么？当发电机与电网并联运行时，它的功率因数又取决于什么？

8-21 两台同步发电机并联运行，共同向感性负载供电，为什么有时会出现一台发电机功率因数超前的情况？

8-22 两台同容量同步发电机并联运行。它们的有功功率和功率因数都不相等，假定2号发电机功率因数落后，且数值很低，而其有功功率则超过1号发电机的有功功率，这时应当如何进行调节？

8-23 两台同容量的三相 Y 接同步发电机并联运行，它们的容量各为 33kVA，$X_s=3\Omega$，电枢绕组电阻可忽略。两机共同供给一个 40kW 的感性负载，设负载的端电压为 380V（线电压），功率因数为 0.8。今一台电机的电流表读数为 40A，功率因数为 0.707。试求：

(1) 另一台电机的电流与功率因数。

(2) 两台电机的输出功率。

(3) 两部电机的电动势。

(4) 欲使负载均衡分配应如何调节？

8-24 为什么同步电机稳态对称短路电流不太大，而变压器的稳态对称短路电流值却很大？

8-25 功角在时间上及空间上各表示什么含义？功角改变时，有功功率如何变化？无功功率会不会变化，为什么？

8-26 简述使用同步指示灯实现同步发电机电网并联的直接灯光方法的操作过程。

8-27 和大电网并联的隐极同步发电机，保持励磁不作调节，在调节有功功率时，输出无功功率是否改变？

8-28 与无限大容量电网并联运行的同步发电机如何调节无功功率？试用相量图分析说明。

8-29 一台并联于无限大电网运行的同步发电机，其电流滞后于电压。如果逐渐减小其励磁电流，试问电枢电流如何变化？

8-30 有一台三相汽轮发电机，$P_N=25000$kW，$U_N=10.5$kV，Y 接法，$\cos\varphi_N=0.8$（滞后），作单机运行。由试验测得它的同步电抗标幺值为 $X_s^*=2.13$。电枢电阻忽略不计。每相励磁电动势为 7520V，试求分下列几种情况接上三相对称负载时的电枢电流值，并说明其电枢反应的性质：

(1) 每相是 7.52Ω 纯电阻。

(2) 每相是 7.52Ω 纯电感。

(3) 每相是 (7.52−j7.52)Ω 电阻电容性负载。

8-31 有一台 $P_N=25000$kW，$U_N=10.5$kV，Y 接线，$\cos\varphi=0.8$（滞后）的汽轮发电机，$X_s^*=2.13$，电枢电阻略去不计。试求额定负载下励磁电动势 E_0 及 $\dot{E}_0$ 与 $\dot{I}$ 的夹角 ψ。

8-32　有一台 $P_N=725000$kW，$U_N=10.5$kV，Y 接法，$\cos\varphi_N=0.8$（滞后）的水轮发电机，$R_a^*=0$，$X_d^*=1$，$X_q^*=0.554$，试求在额定负载下励磁电动势 E_0 及 $\dot{E}_0$ 与 $\dot{I}$ 的夹角。

8-33　有一台三相 1500kW 水轮发电机，额定电压是 6300V，Y 接法，额定功率因数 $\cos\varphi_N=0.8$（滞后），已知额定运行时的参数：$X_d=21.2\Omega$，$X_q=13.7\Omega$，电枢电阻可略去不计。试计算发电机在额定运行时的励磁电动势。

8-34　三相隐极同步发电机，Y 接线，$S_N=60$kVA，$U_N=380$V，同步电抗 $X_s=1.55\Omega$。当发电机功率因数 $\cos\varphi=0.8$（滞后）、$S=37.5$kVA 时，线电压为额定值，求：电动势 E_0 和功率角 δ（电枢电阻忽略不计）。

8-35　一台 2 极汽轮发电机与无穷大电网并联运行，定子绕组 Y 接线，已知：$U_N=18000$V，$I_N=11320$A，$\cos\varphi=0.85$（滞后），$X_s=2.1\Omega$（不饱和值），电枢电阻忽略不计。当发电机输出额定功率时，试求：空载电动势 E_0 和功率角 δ_N，电磁功率 P_{em} 和过载能力。

8-36　一台 11kV、50Hz、四极、Y 接线的隐极同步发电机，同步电抗 $X_s=12\Omega$，不计电枢绕组电阻。该发电机并联于无限大电网运行，电网电压 $U_N=380$V，输出有功功率 3MW，功率因数为 0.8（滞后）。求：每相空载电动势 E_0 和功率角 δ；如果励磁电流保持不变，发电机不失去同步时所能产生的最大电磁转矩。

8-37　一台汽轮发电机额定运行时的功率因数为 0.8（滞后），同步电抗标幺值 $X_s^*=1.0$，该机与大电网并联运行，忽略电枢电阻，如励磁电流不变，输出的有功功率减少 30%。画出有功功率减少前后的发电机的电量相量图，求功率减少后的电枢电流及功率因数。

8-38　两台相同的三相同步发电机，已知 $S_N=40$kVA，$U_N=380$V，Y 接线，$\cos\varphi_N=0.8$，$X_d=4.5\Omega$，$X_q=3.6\Omega$，不计电枢电阻。两发电机并联运行，当一台发电机额定运行时，第二台发电机的定子电流为零，励磁电流为 $I_f=5$A。电压、频率和总负载不变，现要求两台发电机平均承担有功功率和无功功率，试求此时每台发电机的励磁电流是多少（不考虑磁路的饱和）？

参 考 文 献

[1] 许实章. 电机学. 2版. 北京：机械工业出版社，1988.
[2] 汤蕴璆，史乃. 电机学. 5版. 北京：机械工业出版社，2020.
[3] 李发海，陈汤铭，等. 电机学. 5版. 北京：科学出版社，1993.
[4] 辜承林，陈乔夫，等. 电机学. 4版. 武汉：华中科技大学出版社，2018.
[5] 麦崇裔. 电机学. 广州：华南理工大学出版社，2006.
[6] 陈世元. 电机学. 2版. 北京：中国电力出版社，2015.
[7] 刘信和. 电机学. 武汉：海军工程大学，1988.
[8] 马伟明，张晓锋，等. 中国电气工程大典. 第12卷：船舶电气工程. 北京：中国电力出版社，2009.